劳动经济评论

LABOR ECONOMIC REVIEW

第 15 卷　第 2 辑　2022 年 9 月
Volume 15　Number 2　September 2022

中国财经出版传媒集团
经济科学出版社
Economic Science Press

图书在版编目（CIP）数据

劳动经济评论．第15卷．第2辑/罗润东，刘文主编
．--北京：经济科学出版社，2022.9
ISBN 978-7-5218-3937-1

Ⅰ.①劳… Ⅱ.①罗…②刘… Ⅲ.①劳动经济-中国-文集 Ⅳ.①F249.2-53

中国版本图书馆CIP数据核字（2022）第151830号

责任编辑：陈赫男
责任校对：隗立娜
责任印制：范　艳

劳动经济评论
第15卷　第2辑　2022年9月
罗润东　刘　文　主编
经济科学出版社出版、发行　新华书店经销
社址：北京市海淀区阜成路甲28号　邮编：100142
总编部电话：010-88191217　发行部电话：010-88191522
网址：www.esp.com.cn
电子邮箱：esp@esp.com.cn
天猫网店：经济科学出版社旗舰店
网址：http://jjkxcbs.tmall.com
北京密兴印刷有限公司印装
787×1092　16开　20.25印张　410000字
2022年9月第1版　2022年9月第1次印刷
ISBN 978-7-5218-3937-1　定价：81.00元
（图书出现印装问题，本社负责调换。电话：010-88191510）

目　　录

劳动收入与人力资本

经济发展与劳动就业

企业劳动问题研究

CONTENTS

Labor Income and Human Capital

Economic Development and Labor Employment

Enterprise Labor Issues Research

助力共同富裕：社会救助的扶贫效果是否持久?

李军林　张黎阳*

摘　要： 中国全面建成小康社会后，把实现全体人民共同富裕作为下一阶段工作的着力点。在实现共同富裕的过程中，必须要加强基础性、普惠性、兜底性民生保障建设。本文运用 2010～2018 年中国家庭追踪调查（CFPS）面板数据研究了中国城镇地区社会救助对受助家庭未来长期贫困的影响。结果表明，2010 年获得社会救助有效降低了受助家庭在 2012～2018 年处于长期贫困的概率。进一步地分区域研究发现，社会救助通过提高中东部贫困家庭的劳动力供给和非转移支付收入来降低其在未来处于长期贫困的概率。社会救助体系在西部地区虽然没有起到鼓励贫困家庭自我“造血”的作用，但是改善了西部贫困家庭的食品消费、居住消费和能源消费状况，保障了贫困家庭基本消费需求。基于上述分析，本文提出了提高社会救助体系瞄准效率、鼓励受助家庭增加劳动供给和生产性投资等建议。

关键词： 共同富裕　社会救助　长期贫困　低收入家庭

一、导论

党的十八大以来，党中央把逐步实现全体人民共同富裕摆在更加重要的位置上，采取有力措施保障和改善民生，打赢脱贫攻坚战，全面建成小康社会，为促进共同富裕创造了良好条件。为了更好实现第二个百年奋斗目标、满足人民日益增长的美好生活需要，必须把促进全体人民共同富裕作为为人民谋幸福的着力点。2021 年 8 月 17 日，习近平总书记主持召开了中央财经委员会第十次会议，会议指出，

* 李军林，中国人民大学经济学院教授、博士生导师；张黎阳，中国人民大学经济学院博士生。

要坚持以人民为中心的发展思想，在高质量发展中促进共同富裕，正确处理效率和公平的关系，构建初次分配、再分配、三次分配协调配套的基础性制度安排，加大税收、社保、转移支付等调节力度并提高精准性，扩大中等收入群体比重，增加低收入群体收入。会议强调，要完善养老和医疗保障体系、兜底救助体系、住房供应和保障体系。[①] 这凸显了社会救助体系作为脱贫减贫、实现共同富裕的兜底性制度安排的作用。

实现共同富裕，要求我们要继续巩固拓展脱贫攻坚成果，意识到贫困问题的反复性和长期性，重视脱贫人口的返贫问题（汪晨等，2020；王小林和冯贺霞，2020；马忠和陈晨，2020）。据各地初步摸底，已脱贫人口中有近200万人存在返贫风险，边缘人口中还有近300万人存在致贫风险（刘新吾等，2020）。我们的扶贫工作不仅要关注当期贫困的解决，还要站在一个更长远的视角关注贫困家庭未来收入和生活水平的动态变化。社会救助体系对于解决贫困问题至关重要（徐月宾等，2007）。社会中总有一部分低收入群体由于不具备劳动能力和发展能力，无法通过自身努力实现稳定脱贫。将其纳入社会救助体系，是巩固拓展脱贫攻坚成果、实现全体人民共同富裕的重要步骤。2020年8月，中共中央办公厅、国务院办公厅印发了《关于改革完善社会救助制度的意见》，要求各地区各部门统筹发展社会救助体系，巩固脱贫攻坚成果，切实兜住兜牢基本民生保障底线。因此研究社会救助如何影响受助家庭未来长期贫困的状况显得十分必要。本文基于CFPS 2010～2018年数据，测度了中国城镇家庭长期贫困的状况。在此基础上，本文运用匹配和工具变量方法探究了社会救助对城镇家庭未来长期贫困的影响及其作用机制，并有针对性地提出了完善社会救助体系等政策建议。本文后续结构安排如下：第二部分进行文献回顾并指出本文贡献；第三部分是描述性分析；第四部分运用匹配和工具变量方法分析社会救助对城镇家庭未来处于长期贫困概率的影响；第五、第六部分分别是稳健性检验和拓展分析；第七部分是结论与政策建议。

二、文献综述

本文的研究是在以下三类文献的基础之上进行的。第一类文献研究各项社会救助政策的减贫效果。其中，许多学者发现政府的社会救助政策可以有效降低贫困率，改善贫困人口生活状况（Hjelm et al.，2017；Hanratty and Blank，1992；Azeem et al.，2019）。但是也有学者研究发现，社会救助的减贫效果不佳（Bauchet et al.，2015）。基于中国数据进行的此类研究也比较丰富，绝大部分学者的研究都

① 《习近平主持召开中央财经委员会第十次会议》，中国政府网，http：//www.gov.cn/xinwen/2021－08/17/content_5631780.htm。

证实了社会救助的积极减贫效果（邝希聪，2021；肖建华和李雅丽，2021；张楠等，2021；尹志超和郭沛瑶，2021）。而少数对中国农村地区低保制度进行的研究则发现减贫效果不能达到预期（朱梦冰、李实，2017；何欣、朱可涵，2019；Golan et al.，2017；Li and Walker，2018）。影响机制方面，学术界分别从受助家庭创业行为、劳动力供给、人力资本投资、医疗服务利用水平等方面解释了社会救助的正向减贫效果（Lichand，2010；Ardington et al.，2009；Benhassine et al.，2015；陈昊等，2020）。而拉尔和沙玛（Lal and Sharma，2009）与莫菲特和沃尔夫（Moffitt and Wolfe，1992）的研究则证实了社会救助也可能会减少来自私人的转移支付、降低受助家庭的劳动力供给，从而加重贫困状况。

第二类文献在当期贫困视角的基础上，关注到了贫困具有的动态性与反复性特征。国外学者的研究表明，贫困群体相对于非贫困群体在未来有更高的概率继续处于贫困状态，即贫困具有路径依赖特征（Cappellari and Jenkins，2002；Carter and May，2001；Okidi and McKay，2003）。而利用中国数据进行的研究则发现了不同结论。王朝明和姚毅（2010）基于中国健康与营养调查（CHNS）数据对中国城乡贫困的动态变化进行了研究。他们发现，贫困线以下的家庭，大约有40%会在下一期继续保持贫困，并且收入越低的群体，保持贫困的概率越高。而罗楚亮（2010）基于中国城乡劳动力流动调查（RUMIC）数据对中国农村地区2007～2008年贫困动态变化的研究表明，按照官方的贫困标准，2007年处于贫困的家庭在2008年继续处于贫困的比例并不高，两年均处于贫困的家庭占贫困家庭的比重不到10%。

第三类文献主要关注长期贫困的测量。基于贫困的反复性和动态性特征，学术界已经开始对贫困的类型进行更为细致的区分，并将贫困区分为长期贫困与暂时贫困。学术界使用较为普遍的测量长期贫困的方法有两种。第一种方法是持续时间分析法，一般将数据覆盖的时间内一半及以上年份处于贫困的家庭或者全部年份处于贫困的家庭认定为长期贫困家庭，不足一半年份处于贫困的家庭或者非全部年份处于贫困的家庭认定为暂时贫困家庭。金伯利（Kimberlin，2016）在研究了美国的贫困问题时将长期贫困家庭认定为超过一半年份处于贫困的家庭，其余经历过贫困的家庭为暂时贫困家庭。采用这样定义的还有盖哈和迪欧拉里卡（Gaiha and Deolalikar，1993）对印度长期贫困问题的研究。而古斯塔夫松和赛（Gustafsson and Sai，2009）在研究中国的长期贫困问题时采取了全部年份处于贫困则为长期贫困的定义，将长期贫困家庭认定为数据覆盖的三个年份均处于贫困的家庭，而将一个或两个年份处于贫困的家庭定义为暂时贫困家庭。第二种方法是贫困分解框架法，将总贫困拆解为长期贫困部分和暂时贫困两部分。这种方法由琼·罗杰斯和约翰·罗杰斯（Rodgers J R and Rodgers J L，1993）在研究美国的贫困问题时首先使用。他们将贫困距或平方贫困距分解为暂时的部分（暂时贫困）和长期的部分（长期贫困）。暂时贫困指贫困距或平方贫困距中由支出的跨时间变化所解释的部分，长期贫困指贫困距或平方贫困距中由持续的低平均支出所解释的部分。学术界对于巴基斯坦、俄罗斯和巴布亚新几内亚的研究发现，暂时贫困在总贫困中占据主导（McCulloch and Baulch，2000；Millsa and Mykerezib，2009；Gibson，2001）。对中国的研究方面，贾兰和拉瓦林（Jalan and Ravallion，1998，2000）基于中国农村家庭调查数据（RHS）和广东省的调查数据研究均发现，暂时贫困在总贫困中占比超过50%。而万和张（Wan and Zhang，2013）与杜克洛斯等（Duclos et al.，2010）的研究则发现中国农村地区以长期贫困为主，暂时贫困占比较低。

通过文献梳理，我们发现第一类文献虽然对社会救助的减贫效果进行了充分的实证研究，但主要集中在当期贫困，缺乏对贫困持续时间或者未来贫困的考虑。第二类和第三类文献虽然关注到了贫困的动态性特征，并对长期贫困的测度进行了充分的研究，但是很少进一步探究社会救助对受助家庭未来长期贫困的影响，基于中国数据进行的此类研究更为稀缺。据我们掌握的文献情况，研究中国社会救助对受助家庭未来长期贫困影响的文献有一篇：谢东梅（2016）基于福建省28个村庄182户农户调查数据研究了农村低保的瞄准效率和长期减贫效果。但是该研究样本量较小并且主要使用描述性分析，在样本选择、研究设计上缺陷较为明显，实证结果说服力不足。

本文在三个方面填补了现有研究中的空白：第一，基于CFPS微观数据构建了测度中国城镇家庭长期贫困状况的指标。而现有关于中国长期贫困问题研究的文献较少，又集中在农村地区，且研究城镇地区社会救助减贫效果的文献主要关注对受助家庭当期贫困的影响。第二，在实证方法上，本文构造了区县层面社会救助获得比例这个工具变量来研究城镇地区社会救助对受助家庭未来长期贫困的影响，能够较好解决遗漏变量问题，增强实证结论的可信度。而以往文献在研究此类问题时大部分仍采用描述性分析或简单回归方法，对内生性问题的讨论不足。第三，在影响机制上，本文从非转移支付收入、劳动力供给和家庭支出角度探究了社会救助对中东部贫困家庭和西部贫困家庭未来长期贫困不同影响的机制解释。上述研究发现对于完善社会救助体系、提高社会救助减贫的边际效率、巩固拓展脱贫攻坚成果提供了重要参考。

三、描述性分析

（一）数据来源

本文使用CFPS 2010~2018年的数据来探究社会救助对中国城镇家庭未来长期

贫困的影响。CFPS 是由北京大学中国社会科学调查中心（ISSS）实施的一项大型跟踪调查研究项目，它涵盖了个体、家庭、社区三个层次的数据，包括少儿、成人、家庭、社区四类问卷，对于研究中国的社会、经济、文化、教育、医疗、健康等问题具有重要帮助。这项调查从 2010 年开始在全国范围内正式进行，此后基本按照两年一次的频率对原有样本进行一次追踪调查。总体样本规模为 16 000 户家庭，这些家庭来自全国 25 个省级行政区，能够很好地代表全国的总体情况。被访者在专业调查员的监督与指导下完成问卷填写，问卷数据的质量和可信度较高。

（二）变量描述

本文所用的数据以 2010 ~ 2018 年 CFPS 家庭库数据为基础，将 2010 ~ 2018 年 CFPS 成人库中户主的相关变量（年龄、性别、受教育程度、个人健康）和 2010 ~ 2018 年县级统计年鉴中的县级财政收入、人口变量与 CFPS 家庭库进行后匹配得到。本文所用因变量为 2012 ~ 2018 年家庭是否处于长期贫困。如家庭在 2012 年、2014 年、2016 年、2018 年四个年份中均出现，并且有 3 个或 4 个年份处于贫困，则因变量取值为 1；如家庭在 2012 年、2014 年、2016 年、2018 年四个年份中均出现，并且有 0、1 或 2 个年份处于贫困，则因变量取值为 0。自变量为家庭 2010 年是否获得社会救助。[①] 基于相关文献，本文采用的控制变量包括 2010 年户主年龄、2010 年户主性别、2010 年户主受教育年限、2010 年户主个人健康、2010 年家庭人口规模、2010 年县级人均财政收入的对数。变量介绍和描述性分析结果如表 1、表 2 所示。

表 1　变量介绍

变量类型	变量	来源	备注
自变量	2010 年家庭是否获得社会救助	CFPS 家庭库	取值为 1，表示有；取值为 0，表示没有
因变量	家庭 2012 ~ 2018 年是否处于长期贫困	CFPS 家庭库	处于长期贫困，取值为 1；不处于长期贫困，取值为 0
控制变量	2010 年户主年龄	CFPS 成人库	
	2010 年户主性别	CFPS 成人库	0 表示女性，1 表示男性
	2010 年户主受教育年限（年）	CFPS 成人库	
	2010 年户主个人健康	CFPS 成人库	0 表示不健康，1 表示健康

① 来自在 CFPS 家庭库问卷中的问题——“您家是否有离/退休金/社会保障金/低保等收入来源”。

续表

变量类型	变量	来源	备注
控制变量	2010 年家庭人口规模	CFPS 家庭库	
	2010 年县级人均财政收入（元）	县级统计年鉴	用县级财政收入/该县人口得到

注：家庭是否处于长期贫困：如家庭在 2012 年、2014 年、2016 年、2018 年四个年份出现次数少于四次，记作缺失值。2014 年、2016 年、2018 年家庭是否处于贫困是通过将当年的人均总收入（包含各项转移支付收入的家庭总收入/家庭人口规模）与当年国家贫困标准（2012 年、2014 年、2016 年、2018 年分别为 2 300 元、2 800 元、3 146 元、3 535 元）相比得到。

表 2　描述性分析结果

变量	均值	最小值	最大值	样本量
家庭 2010 年是否获得社会救助	0.372	0	1	6 292
家庭 2012 ~ 2018 年是否处于长期贫困	0.018	0	1	2 919
2010 年户主年龄（岁）	50.501	17	97	6 293
2010 年户主性别为男性	0.660	0	1	6 293
2010 年户主受教育年限（年）	8.629	0	22	6 293
2010 年户主个人健康	0.918	0	1	6 292
2010 年家庭人口规模（人）	3.383	1	10	6 280
2010 年县级层面人均财政收入（元）	1 857.173	88.447	10 803.190	2 063

由表 2 可知，2010 年约有 37.2% 的城镇家庭获得了来自政府的社会救助，1.8% 的城镇家庭处于长期贫困。样本中的家庭平均包含 3.383 名家庭成员。就户主的特征来看，户主的平均年龄为 50.501 岁；66.0% 的户主为男性，34.0% 的户主为女性；户主的平均受教育年限为 8.629 年；91.8% 的户主处于健康状态，8.2% 的户主处于不健康状态。

四、基准回归

是否获得社会救助是与经济状况在内的多方面家庭特征相关的。是否获得社会救助并非随机抽样的结果，是使用最小二乘法（OLS）或 Logit 等简单回归方法进行回归存在的内生性问题。因此，本文首先使用倾向得分匹配（PSM）方法来减小选择性偏误，先构造获得社会救助的家庭并没有获得社会救助的反事实，再使用匹配后样本的平均处理效应（ATT）来估计获得社会救助对受助家庭长期贫困的影响。

本文的倾向得分匹配第一阶段采用 Logit 回归模拟社会救助的选择过程。基于 Logit 模型的回归系数，对每个样本家庭计算其倾向得分。在第二阶段，我们分别采用 1 对 1 临近匹配、1 对 4 临近匹配、半径匹配和核匹配来估计平均处理效应（ATT）。平均处理效应（ATT）反映了获得社会救助的家庭与假设这些家庭没有获得社会救助相比的长期贫困差异。公式（1）为平均处理效应（ATT）的定义。其中，$E(Y_{i,0} \mid T_i = 1)$ 为构造出的反事实。

$$ATT = E(Y_{i,1} - Y_{i,0} \mid T_i = 1) \tag{1}$$

表 3 展示了社会救助对受助家庭是否处于长期贫困以及贫困持续时间的影响。本文发现在 4 种匹配方法下，平均处理效应（ATT）均为负值，并且家庭是否获得社会救助的差异均在 1% 的水平上显著。这说明 2010 年获得社会救助有效降低了城镇家庭在 2012 ~ 2018 年处于长期贫困的概率，使得家庭处于长期贫困的概率平均下降了 5% 左右。同时家庭获得社会救助后在未来处于贫困的时间也显著减少了。

表 3　　2010 年家庭有无社会救助对长期贫困的影响

匹配方法	是否长期贫困	处于贫困的时间
1 对 1 临近匹配	-0.084***	-0.325***
1 对 4 临近匹配	-0.051***	-0.288***
半径匹配	-0.051***	-0.307***
核匹配	-0.048***	-0.266***
样本量	1 292	1 292

注：*、**、*** 分别表示 10%、5%、1% 的显著性水平。

表 4 报告了各控制变量的进行倾向得分匹配后的平衡性检验结果。可以看出除人均财政收入的对数（10.6%）外，各控制变量匹配后处理组和非处理组之间的标准化偏差均小于 10%。并且匹配前后的样本没有显著差异。图 1（各控制变量的标准化偏差图示）表明在匹配后，绝大部分控制变量的标准差明显减少了。图 2（倾向得分的共同取值范围）表明对照组和实验组较为对称。上述结论均证明模型匹配是有效的。

表 4　　主要变量的倾向得分匹配平衡性检验

变量	Mean			t-test	
	Treated	Control	% bias	t	p > t
2010 年户主年龄	55.415	55.363	0.4	0.050	0.960
2010 年户主性别	0.658	0.693	-7.7	-0.900	0.371
2010 年户主受教育年限	6.623	6.697	-1.6	-0.200	0.843

续表

变量	Mean			t-test	
	Treated	Control	% bias	t	p > t
2010 年户主个人健康	0.859	0.883	-7.9	-0.880	0.381
2010 年家庭人口规模	3.831	3.996	-9.9	-1.030	0.304
2010 年县级人均财政收入的对数	6.833	6.711	10.6	1.290	0.199

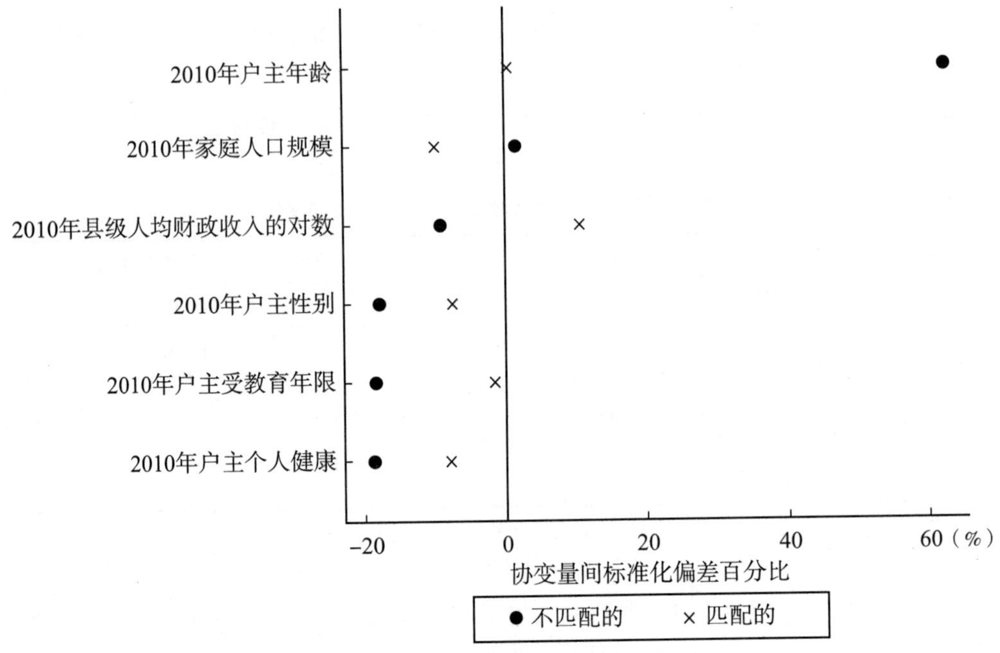

图 1　主要变量的标准化偏差

在上述的估计方程中，可能存在不可观测的家庭层面的因素同时影响家庭 2010 年是否获得社会救助和家庭 2012～2018 年是否处于长期贫困。本文使用工具变量法来解决上述内生性问题。我们所用的工具变量是样本中 2010 年县级层面除本家庭外的其他家庭获得社会救助的比例，该工具变量借鉴了王小龙和何振（2018）、贾男和马俊龙（2015）、周钦等（2015）等人研究中工具变量的构造。①

① 王小龙和何振（2018）、贾男和马俊龙（2015）、周钦等（2015）的研究中同样使用了样本中同一区域内其他家庭获得政府补助的平均比例作为工具变量。

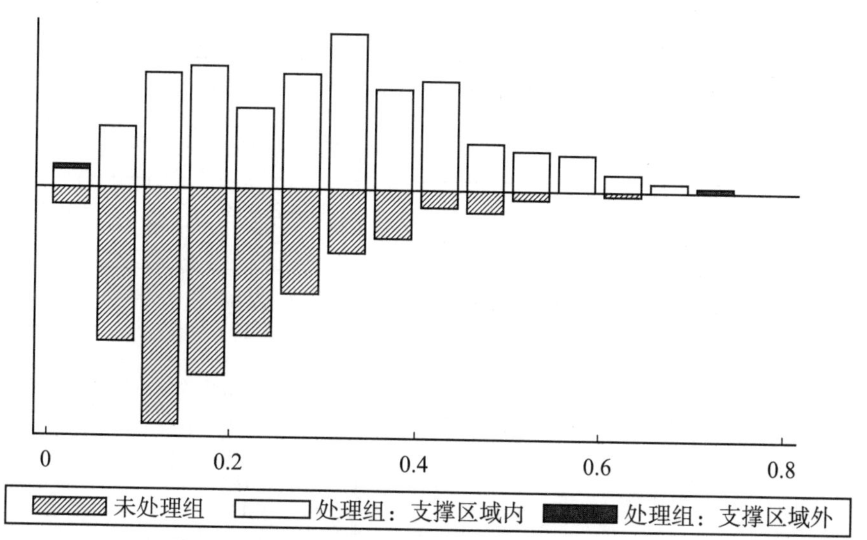

图 2　主要变量的倾向得分共同取值范围

由于在地理位置上距离近，在社会网络效应和示范效应的影响下，家庭是否获得社会救助容易受到同一区域内其他家庭的影响，因而工具变量的相关性是满足的。同时，县级层面除本家庭外的其他家庭获得社会救助的比例与家庭自身不可观测的因素不相关，不会通过其他途径影响家庭是否获得社会救助，因而工具变量的外生性也是满足的。工具变量回归的方程如下：

$$D_{ij} = \pi_0 + \pi_1 X_{ij} + \pi_2 DL_j + u_{ij}.\text{（第一阶段）} \tag{2}$$

$$Y_{ij} = \beta_0 + \beta_1 X_{ij} + \beta_2 \hat{D}_{ij} + e_{ij}..\text{（第二阶段）} \tag{3}$$

设 Y_{ij}代表在 j 县第 i 个家庭是否处于长期贫困，DL_j代表 j 县社会救助获得的比例，X_{ij}代表 j 县第 i 个家庭的控制变量，$\hat{D}_{ij}$表示运用 j 县社会救助获得的比例以及其他控制变量预测的每个家庭是否获得社会救助。

工具变量回归的结果如表 5 所示。回归（1）~回归（3）结果均表明，在控制了户主的年龄、性别、受教育年限、个人健康、家庭人口规模等变量后，2010 年获得社会救助在 1% 的水平上降低了家庭在 2012 ~2018 年处于长期贫困的概率。根据回归（1）结果计算边际效应可得，2010 年获得社会救助可以使得受助家庭在 2012 ~2018 年陷入长期贫困的概率降低 2.63%。回归（3）中 Cragg - Donald Wald F 统计量为 47.623，大于 10% 偏误下的临界值 16.38，表明用所在县当年其他家庭获得社会救助的比例做工具变量不存在弱工具变量问题。

表 5　工具变量回归

变量	IV probit 回归（极大似然法）(1)	IV probit 回归（两步法）(2)	两阶段最小二乘回归 (3)
2010 年是否有社会救助	-1.925*** (-4.08)	-2.498** (-2.15)	-0.126* (-1.84)
2010 年户主年龄	0.022*** (3.42)	0.029** (2.17)	0.001* (1.91)
2010 年户主性别	-0.222* (-1.71)	-0.289 (-1.52)	-0.014 (-1.14)
2010 年户主受教育年限	-0.031* (-1.76)	-0.040** (2.13)	-0.003** (-2.34)
2010 年户主个人健康	-0.196 (-1.08)	-0.255 (-1.03)	-0.016 (-0.88)
2010 年家庭人口规模	0.033 (0.96)	0.043 (0.94)	0.003 (1.14)
2010 年县级人均财政收入的对数	-0.273*** (-4.11)	-0.355*** (-3.93)	-0.020 (-4.02)
工具变量一阶段系数	0.771*** (6.92)	0.771*** (6.90)	0.771*** (6.90)
Cragg - Donald Wald F statistic			47.623 (16.38)
F 值			4.62
Wald 值	86.87	27.89	
样本量	1 292	1 292	1 292

注：*、**、*** 分别表示 10%、5%、1% 的显著性水平。工具变量为 2010 年所在县社会救助获得比例。各解释变量括号内为系数的 t 值。Cragg - Donald Wald F 统计量括号内为弱工具变量识别检验的 10% 临界值。回归时剔除了总样本中人均收入最高的 5% 观测值。

五、稳健性检验

（一）包含出现次数为 2 和 3 的观测值

基准回归中仅包含了 2012 年、2014 年、2016 年、2018 年四个年份均出现的家庭样本。现在我们将出现 2 个或 3 个年份的家庭样本也包含进来。当家庭在 2012 年、2014 年、2016 年、2018 年四个年份中出现 2 次或 3 次，并且有大于等于 2 个年份处于贫困状态，则因变量家庭是否处于长期贫困取值为 1；家庭在 2012 年、2014 年、2016 年、2018 年四个年份中出现 2 次或 3 次，并且有 0 或 1 个年份处于贫困，则因变量家庭是否处于长期贫困取值为 0。表 6 的回归（1）和回归（2）中核心自变量系数分别在 1% 和 5% 的水平上显著为负，回归（3）中核心自变量系数为负并且在 10% 的水平上边际显著。上述结果表明，2010 年获得社会救助显著降低了城镇家庭在未来处于长期贫困的概率，基准回归的结果是稳健的。

表 6　　包含出现次数为 2 和 3 的观测值

变量	IV probit 回归（极大似然法）(1)	IV probit 回归（两步法）(2)	两阶段最小二乘回归 (3)
2010 年是否有社会救助	−1.439*** (−2.97)	−1.743** (−2.01)	−0.111* (−1.64)
控制变量	是	是	是
工具变量一阶段系数	0.736*** (7.79)	0.736*** (7.78)	0.736*** (7.78)
Cragg − Donald Wald F statistic			60.480 (16.38)
F 值			7.85
Wald 值	98.69	47.28	
样本量	1 904	1 904	1 904

注：*、**、*** 分别表示 10%、5%、1% 的显著性水平。工具变量为 2010 年所在县社会救助获得比例。控制变量包括 2010 年户主年龄、2010 年户主性别、2010 年户主受教育年限、2010 年户主个人健康、2010 年家庭人口规模、2010 年县级人均财政收入的对数。各解释变量括号内为系数的 t 值。Cragg − Donald Wald F 统计量括号内为弱工具变量识别检验的 10% 临界值。回归时剔除了总样本中人均收入最高的 5% 观测值。

（二）贫困线采用世界银行标准

基准回归中确定家庭各个年份是否处于贫困，所用的贫困线为中国的贫困标准（以 2011 年 2 300 元不变价为基准）。罗楚亮（2010）的研究表明，采用中国的贫困标准和世界银行的贫困标准计算出来的中国贫困率以及动态变化会有较大差异。因此，本部分的贫困线采用世界银行标准。世界银行 2015 年 10 月公布的新的国际贫困线标准为每人每天 1.9 美元（根据即时汇率约为 4 486 元），在此之前为每人每天 1.25 美元（根据即时汇率约为 2 953 元）。我们将 2012 年、2014 年人均收入低于2 953元和2016年、2018年人均收入低于4 486元的家庭确定为当年处于贫困，然后将四个年份均处于贫困的家庭定义为长期贫困家庭，因变量取值为1。回归结果如表7所示。三项回归核心自变量系数均在1%水平显著为负，表明基准回归所发现的社会救助降低了城镇受助家庭在未来处于长期贫困的概率的结论是稳健的。

表7　　贫困线采用世界银行标准

变量	IV probit回归（极大似然法）(1)	IV probit回归（两步法）(2)	两阶段最小二乘回归 (3)
2010年是否有社会救助	-2.057*** (-5.84)	-2.781*** (-2.75)	-0.234*** (-2.68)
控制变量	是	是	是
工具变量一阶段系数	0.771*** (6.92)	0.771*** (6.90)	0.771*** (6.90)
Cragg - Donald Wald F statistic			47.623 (16.38)
F值			7.59
Wald值	158.46	42.73	
样本量	1 292	1 292	1 292

注：*、**、***分别表示10%、5%、1%的显著性水平。工具变量为2010年所在县社会救助获得比例。控制变量包括2010年户主年龄、2010年户主性别、2010年户主受教育年限、2010年户主个人健康、2010年家庭人口规模、2010年县级人均财政收入的对数。各解释变量括号内为系数的t值。Cragg - Donald Wald F统计量括号内为弱工具变量识别检验的10%临界值。回归时剔除了总样本中人均收入最高的5%观测值。

（三）不同回归方法

基准回归中用匹配方法和工具变量法检验了社会救助对城镇家庭在未来处于长期贫困概率的影响。我们现在使用简单线性回归和Logit回归等多种回归方法来进行稳健性检验，结果如表8所示。三项回归中核心自变量系数均在5%水平显著为负，表明基准回归所发现的社会救助降低了城镇家庭在未来处于长期贫困的概率的结论是稳健的。

表 8　　多种回归方法

变量	OLS 回归 (1)	Logit 回归 (2)	Probit 回归 (3)
2010 年是否有社会救助	-0.028** (-2.24)	-1.021** (-2.19)	-0.454** (-2.26)
控制变量	是	是	是
R^2/伪 R^2	0.0268	0.0893	0.0920
样本量	1 292	1 292	1 292

注：*、**、*** 分别表示 10%、5%、1% 的显著性水平。控制变量包括 2010 年户主年龄、2010 年户主性别、2010 年户主受教育年限、2010 年户主个人健康、2010 年家庭人口规模、2010 年县级人均财政收入的对数。各解释变量括号内为系数的 t 值。回归时剔除了总样本中人均收入最高的 5% 观测值。

（四）对贫困持续时间的影响

除了社会救助对受助家庭在未来处于长期贫困概率的影响外，社会救助如何影响城镇受助家庭未来处于贫困的时间也是本文所关心的问题。因此，我们将因变量替换为城镇家庭处于贫困的年份数来进行回归，结果如表 9 所示。四项回归中核心自变量系数均至少在 5% 水平显著为负，说明社会救助不仅降低了城镇家庭在未来处于长期贫困的概率，还减少了城镇家庭在未来处于贫困的时间。根据回归（2）和回归（4）两项工具变量回归结果，2010 年获得社会救助可以使城镇受助家庭在 2012~2018 年四个年份处于贫困的时间减少约 0.6 年。

表 9　　对家庭贫困持续时间的影响

变量	只包含出现次数为 4 的观测值		包括出现次数为 2 和 3 的观测值	
	OLS 回归 (1)	两阶段最小二乘回归 (2)	OLS 回归 (3)	两阶段最小二乘回归 (4)
2010 年是否有社会救助	-0.181*** (-3.54)	-0.619** (-2.23)	-0.094** (-2.37)	-0.590** (-2.51)
控制变量	是	是	是	是
工具变量一阶段系数		0.771*** (6.90)		0.736*** (7.78)

续表

变量	只包含出现次数为 4 的观测值		包括出现次数为 2 和 3 的观测值	
	OLS 回归 (1)	两阶段最小二乘回归 (2)	OLS 回归 (3)	两阶段最小二乘回归 (4)
Cragg - Donald Wald F statistic		47.623 (16.38)		60.480 (16.38)
F 值		14.75		19.50
R^2	0.0832		0.0717	
样本量	1 292	1 292	1 904	1 904

注：*、**、*** 分别表示 10%、5%、1% 的显著性水平。工具变量为 2010 年所在县社会救助获得比例。控制变量包括 2010 年户主年龄、2010 年户主性别、2010 年户主受教育年限、2010 年户主个人健康、2010 年家庭人口规模、2010 年县级人均财政收入的对数。各解释变量括号内为系数的 t 值。Cragg - Donald Wald F 统计量括号内为弱工具变量识别检验的 10% 临界值。回归时剔除了总样本中人均收入最高的 5% 观测值。

六、拓展分析

（一）对不同区域的影响

中国不同区域之间发展差异巨大。社会救助对受助家庭长期贫困的影响可能会因地域产生差别。因此我们根据西部地区、中部地区和东部地区三大经济地带的范围将样本分为三部分，进行分样本回归。四个年份均出现的家庭数量为 1 292 个，进行分组回归时仅包含四个年份均出现的观测值会导致部分区域样本量偏少。因此，本部分回归将出现 2 个或 3 个年份的家庭样本也纳入回归。表 10 的回归结果说明，社会救助对长期贫困的减弱作用在中部和东部地区较为明显，在西部地区不明显。根据回归（2）~回归（3）的结果来计算边际效应可得，获得社会救助会使得中部地区和东部地区受助家庭陷入长期贫困的概率分别降低 0.08% 和 1.31%。

表 10　　分区域回归

变量	西部地区 (1)	中部地区 (2)	东部地区 (3)
2010 年是否有社会救助	1.252 (1.00)	-1.270* (-1.83)	-2.662*** (-24.25)

续表

变量	西部地区 (1)	中部地区 (2)	东部地区 (3)
控制变量	是	是	是
工具变量一阶段系数	0.710*** (2.66)	0.873*** (5.93)	0.359** (2.24)
Wald 值	28.38	34.13	686.96
样本量	379	952	543

注：*、**、*** 分别表示 10%、5%、1% 的显著性水平。所有回归采用 iv probit 回归（MLE 法）。工具变量为 2010 年所在县社会救助获得比例。各工具变量回归的控制变量包括 2010 年户主年龄、2010 年户主性别、2010 年户主受教育年限、2010 年户主个人健康、2010 年家庭人口规模、2010 年县级人均财政收入的对数。各解释变量括号内为系数的 t 值。西部地区不包括户主个人健康变量。回归时剔除了总样本中人均收入最高的 5% 观测值。

（二）非转移支付收入

巴里恩托斯（Barrientos，2012）检验了社会救助的影响机制，发现社会救助通过提高贫困家庭非转移支付收入达到了减贫的效果。为检验社会救助是否通过这种影响机制来削弱长期贫困，我们将因变量更换为家庭 2012～2018 年非转移支付收入的对数进行两阶段最小二乘回归，结果如表 11 所示。回归（1）全样本回归的结果表明，2010 年获得社会救助在 1% 的水平上提高了受助家庭在未来的非转移支付收入，验证了这种影响机制的存在。回归（2）～回归（3）的结果进一步发现，2010 年获得社会救助对中部和东部家庭 2012～2018 年非转移支付收入的正向影响较为明显，但是对西部家庭 2012～2018 年非转移支付收入没有明显影响。这说明社会救助的收入激励作用局限于中东部城镇家庭，为表 10 分区域回归中发现 2010 年获得社会救助对城镇家庭长期贫困减弱作用存在区域差异提供了解释。

表 11　　对家庭总体非转移支付收入的影响

变量	全样本 (1)	西部地区 (2)	中部和东部地区 (3)
2010 年是否有社会救助	0.756*** (4.38)	-0.612 (-1.53)	1.117*** (5.13)
控制变量	是	是	是
年份固定效应	是	是	是

续表

变量	全样本 (1)	西部地区 (2)	中部和东部地区 (3)
工具变量一阶段系数	0.777*** (14.74)	0.821*** (6.24)	0.707*** (12.22)
Cragg - Donald Wald F statistic	217.289 (16.38)	38.998 (16.38)	149.342 (16.38)
F值	151.19	30.80	121.96
样本量	6 693	1 626	5 067

注：*、**、***分别表示10%、5%、1%的显著性水平。工具变量为2010年所在县社会救助获得比例。各工具变量回归的控制变量包括当年户主年龄、户主性别、当年户主受教育年限、当年户主个人健康、当年家庭人口规模、当年是否领政府补助、当年县级人均财政收入的对数。各解释变量括号内为系数的t值。Cragg - Donald Wald F统计量括号内为弱工具变量识别检验的10%临界值。回归时剔除了总样本中人均收入最高的5%观测值。各回归仅包含因变量大于0的观测值。

(三) 劳动力供给

阿丁顿等（Ardington et al.，2009）的研究证实了社会救助可能通过鼓励受助家庭的劳动力供给来实现减贫。为探究社会救助减少长期贫困以及提高非转移支付收入是否通过改变劳动力供给来发挥作用，我们将因变量替换为个体每周工作时间（小时）来进行两阶段最小二乘回归，如表12所示。回归（1）全样本回归的结果表明，2010年获得社会救助在5%的水平上提高了个体在2012~2018年每周的工作时间。回归（2）~回归（3）的结果进一步发现，2010年获得社会救助对中部和东部家庭2012~2018年劳动力供给的正向影响较为明显，但是对西部家庭2012~2018年的劳动力供给没有明显影响①。同等条件下，获得社会救助的中东部城镇家庭成员比未获得社会救助时的每周工作时间增加17.854小时。上述结果同样佐证了表10分区域回归中发现的2010年获得社会救助对城镇家庭长期贫困减弱作用在中东部地区明显、西部地区不明显的结论。

① 根据CFPS 2012年数据计算可得，样本中领取低保的成年个体有3 781人，其中因病残无法工作的有245人，占低保群体比例仅为6.47%。分区域来看，西部地区因病残无法工作的有50人，占低保群体比例为2.94%；中东部地区因病残无法工作的有195人，占低保群体比例为9.35%。因而我们可以排除社会救助对西部地区受助家庭的劳动力供给没有明显影响是因为西部地区受助群体中缺乏劳动能力的人群占比高的可能性。

表 12　对家庭成员每周工作时间（小时）的影响

变量	全样本 (1)	西部地区 (2)	中部和东部地区 (3)
2012 年是否有低保	12.607** (2.29)	-8.552 (-0.69)	17.854*** (2.68)
控制变量	是	是	是
年份固定效应	是	是	是
工具变量一阶段系数	0.624*** (11.52)	0.830*** (4.74)	0.560*** (9.80)
Cragg - Donald Wald F statistic	132.740 (16.38)	22.487 (16.38)	96.105 (16.38)
F 值	20.88	3.34	19.78
样本量	6 021	926	5 095

注：*、**、*** 分别表示 10%、5%、1% 的显著性水平。工具变量为 2010 年所在县社会救助获得比例。回归（1）~回归（3）的控制变量包括个体年龄、个体性别、个体受教育程度、个体健康、家庭人口规模、当年是否领社会救助、县级人均财政收入的对数。因 CFPS 2012 问卷不包含家庭成员每周工作时间的数据，回归（1）~回归（3）使用 CFPS 2014 ~ 2018 年数据。各解释变量括号内为系数的 t 值。Cragg - Donald Wald F 统计量括号内为弱工具变量识别检验的 10% 临界值。回归时剔除了总样本中人均收入最高的 5% 观测值。各回归仅包含因变量大于 0 的观测值。

（四）西部家庭食品消费、居住消费和能源消费

梁晓敏和汪三贵（2015）利用 2010 年贫困监测数据研究发现，低保补贴增加了受助家庭的食品和转移性支出。吴敏（2020）基于 CFPS 2010 ~ 2012 年面板数据研究，发现中国的城乡低保对受助家庭的总消费支出具有显著的正向影响。社会救助虽然没有在西部地区产生收入激励作用，但还是有可能对西部地区贫困家庭的消费状况有改善作用。

为检验社会救助是否改善了西部地区贫困家庭的食品消费、居住消费和能源消费状况，我们分别将因变量更换为家庭过去一年食品支出的对数、家庭每月伙食费的对数、家庭过去一年居住支出的对数、家庭每月电费的对数和家庭每月水费的对数来进行两阶段最小二乘回归，结果如表 13 所示。家庭每月电费和家庭每月水费变量仅在 CFPS 2014 ~ 2018 年问卷出现，故这两项回归仅用 2014 ~ 2018 年数据。家庭每月伙食费变量仅在 CFPS 2014 ~ 2016 年问卷出现，故此项回归仅用 2014 ~ 2016 年数据。其余两项回归使用 2012 ~ 2018 年数据。回归（1）~回归（2）的结

果表明，2010 年获得社会救助在 10% 的水平上提高了受助家庭在未来的食品消费支出；回归（3）结果表明，2010 年获得社会救助在 10% 的水平上提高了受助家庭在 2012 ~ 2018 年的居住消费支出；回归（4）~ 回归（5）结果表明，2010 年获得社会救助在至少 5% 的水平上提高了受助家庭在 2014 ~ 2018 年的能源消费支出。综上所述，西部地区受助家庭将社会救助资金主要用于改善自身的食品消费、居住消费和能源消费状况。社会救助体系在西部地区起到了保障贫困家庭食物、居住和能源方面的基本消费需求以及改善贫困家庭生活福利的作用。

表 13　　对西部家庭食品消费、居住消费和能源消费的影响

变量	过去一年食品支出的对数 (1)	每月伙食费的对数 (2)	过去一年居住支出的对数 (3)	每月电费的对数 (4)	每月水费的对数 (5)
2010 年是否有社会救助	0.493* (1.67)	0.720* (1.81)	0.757* (1.83)	1.210*** (3.60)	0.860** (2.53)
控制变量	是	是	是	是	是
年份固定效应	是	是	是	是	是
工具变量一阶段系数	0.870*** (6.68)	0.921*** (4.89)	0.882*** (6.69)	0.939*** (6.07)	1.028*** (5.72)
Cragg - Donald Wald F statistic	44.567 (16.38)	23.880 (16.38)	44.810 (16.38)	36.814 (16.38)	32.754 (16.38)
F 值	28.22	14.85	38.37	15.27	15.16
样本量	1 666	819	1 625	1 184	863

注：*、**、*** 分别表示 10%、5%、1% 的显著性水平。工具变量为 2010 年所在县社会救助获得比例。各工具变量回归的控制变量包括当年户主年龄、户主性别、当年户主受教育年限、当年户主个人健康、当年家庭人口规模、当年是否领政府补助、当年县级人均财政收入的对数。各解释变量括号内为系数的 t 值。Cragg - Donald Wald F 统计量括号内为弱工具变量识别检验的 10% 临界值。回归（1）~ 回归（5）仅包含因变量大于 0 的观测值。

七、结论

本文基于 CFPS 2010 ~ 2018 年的调查数据实证分析了社会救助对中国城镇家庭长期贫困的影响。研究发现，获得社会救助会降低受助家庭陷入长期贫困的概率。

在控制了户主的年龄、性别、受教育程度、健康程度、家庭人口规模等变量后，2010 年获得社会救助会使家庭在 2012 ~2018 年陷入长期贫困的概率比未获得社会救助时降低约 2.63%。经过多种回归方法、更换因变量等稳健性检验后，上述结论仍然成立。

进一步探究发现，获得社会救助对家庭未来长期贫困的减弱作用在中东部地区较为明显。通过机制分析我们发现，社会救助对中东部城镇家庭长期贫困的减弱作用可能是由于提高了受助家庭的劳动供给，进而增加了受助家庭的非转移支付收入。而社会救助在西部地区虽然没有起到收入激励和鼓励贫困家庭自我造血的作用，但增加了西部地区贫困家庭的食品消费、居住消费和能源消费支出，保障了西部地区贫困家庭食物、居住和能源方面的基本消费需求，改善了西部地区贫困家庭的生活福利。

减少长期贫困对于降低脱贫家庭的返贫率、巩固拓展脱贫攻坚成果、实现全体人民共同富裕具有重要意义。对此，政府既要进一步完善社会救助体系，通过多种测度标准更好识别贫困人群，提高转移支付的精准性，同时也要提高社会救助资金减贫的边际效率，挖掘低收入群体的内在脱贫动力，出台更多激励相容的脱贫、减贫政策，鼓励受助家庭特别是西部地区的低收入群体进行更多的劳动参与和生产性投资，增强社会救助体系的收入激励和持续造血作用。

参考文献

1. 陈昊、陈建伟、马超：《助力健康中国：精准扶贫是否提高了医疗服务利用水平》，载《世界经济》2020 年第 12 期。

2. 何欣、朱可涵：《农户信息水平、精英俘获与农村低保瞄准》，载《经济研究》2019 年第 12 期。

3. 贾男、马俊龙：《非携带式医保对农村劳动力流动的锁定效应研究》，载《管理世界》2015 年第 9 期。

4. 邝希聪：《财政和金融政策在扶贫中的非线性效应研究——基于 382 个贫困区县调查数据的 PSTR 分析》，载《农业技术经济》2021 年第 3 期。

5. 梁晓敏、汪三贵：《农村低保对农户家庭支出的影响分析》，载《农业技术经济》2015 年第 11 期。

6. 刘新吾、原韬雄、吴月：《如何防止脱贫人口再返贫?》，载《人民日报》2020 年 8 月 17 日。

7. 罗楚亮：《农村贫困的动态变化》，载《经济研究》2010 年第 5 期。

8. 马忠、陈晨：《巩固脱贫攻坚成果　全方位预防和化解返贫风险》，载《光明日报》2020 年 4 月 24 日。

9. 王朝明、姚毅：《中国城乡贫困动态演化的实证研究：1990 ~2005 年》，载《数量经济技术经济研究》2010 年第 3 期。

10. 王小林、冯贺霞：《2020 年后中国多维相对贫困标准：国际经验与政策取向》，载《中国农村经济》2020 年第 3 期。

11. 王小龙、何振：《新农合、农户风险承担与收入增长》，载《中国农村经济》2018 年第 7 期。

12. 汪晨、万广华、吴万宗：《中国减贫战略转型及其面临的挑战》，载《中国工业经济》2020 年第 1 期。

13. 吴敏：《低收入家庭现金转移支付的消费刺激作用——来自城乡居民最低生活保障项目的经验证据》，载《财政研究》2020 年第 8 期。

14. 徐月宾、刘凤芹、张秀兰：《中国农村反贫困政策的反思——从社会救助向社会保护转变》，载《中国社会科学》2007 年第 3 期。

15. 尹志超、郭沛瑶：《精准扶贫政策效果评估——家庭消费视角下的实证研究》，载《管理世界》2021 年第 4 期。

16. 张楠、寇璇、刘蓉：《财政工具的农村减贫效应与效率——基于三条相对贫困线的分析》，载《中国农村经济》2021 年第 1 期。

17. 周钦、袁燕、臧文斌：《医疗保险对中国城市和农村家庭资产选择的影响研究》，载《经济学（季刊）》2015 年第 3 期。

18. 朱梦冰、李实：《精准扶贫重在精准识别贫困人口——农村低保政策的瞄准效果分析》，载《中国社会科学》2017 年第 9 期。

19. Ardington C, Case A, Hosegood V. Labor supply responses to large social transfers: Longitudinal evidence from South Africa. *American Economic Journal - Applied Economics*, 2009, 1 (1): 22 - 48.

20. Azeem M M, Mugera A W, Schilizzi S. Do social protection transfers eeduce poverty and vulnerability to poverty in Pakistan? Household level evidence from Punjab. *Journal of Development Studies*, 2019, 55 (8): 1757 - 1783.

21. Barrientos A. Social transfers and growth: What do we know? what do we need to find out? *World Development*, 2012, 40 (1): 11 - 20.

22. Benhassine N, Devoto F, Duflo E, Dupas P, Pouliquen V. Turning a shove into a nudge? A "Labeled cash transfer" for education. *American Economics Journal - Economic Policy*, 2015, 7 (3): 86 - 125.

23. Bauchet J, Morduch J, Ravi S. Failure vs. displacement: Why an innovative anti-poverty program showed no net impact in South India. *Journal of Development Economics*, 2015, 116: 1 - 16.

24. Cappellari L, Jenkins S P. Who stays poor? Who becomes poor? Evidence from the British Household Panel Survey. *Economic Journal*, 2002, 112 (478): C60 - C67.

25. Carter M R, May J. One kind of freedom: Poverty dynamics in Post-apartheid South Africa. *World Development*, 2001, 29 (12): 1987 - 2006.

26. Duclos J, Araar A, Giles J. Chronic and transient poverty: Measurement and estimation, with evidence from China. *Journal of Development Economics*, 2010, 91 (2): 266 - 277.

27. Gaiha R, Deolalikar A B. Persistent, expected and innate poverty - Estimates for semiarid rural South - India, 1975 - 1984. *Cambridge Journal of Economics*, 1993, 17 (4): 409 - 421.

28. Gibson J. Measuring chronic poverty without a panel. *Journal of Development Economics*, 2001, 65 (2): 243 - 266.

29. Golan J, Sicular T, Umapathi N. Unconditional cash transfers in China: Who benefits from the

Rural Minimum Living Standard Guarantee (Dibao) program? *World Development*, 2017, 93: 316 - 336.

30. Gustafsson B R, Sai D. Temporary and persistent poverty among ethnic minorities and the majority in rural China. *Review of Income and Wealth*, 2009, 55 (s1): 588 - 606.

31. Hjelm L, Handa S, de Hoop J, Palermo T. Poverty and perceived stress: Evidence from two unconditional cash transfer programs in Zambia. *Social Science & Medicine*, 2017, 177: 110 - 117.

32. Jalan J, Ravallion M. Transient poverty in postreform rural China. *Journal of Comparative Economics*, 1998, 26 (2): 338 - 357.

33. Jalan J, Ravallion M. Is transient poverty different? Evidence for rural China. *Journal of Development Studies*, 2000, 36 (6): 82 - 99.

34. Kimberlin S. The influence of government benefits and taxes on rates of chronic and transient poverty in the United States. *Social Service Review*, 2016, 90 (2): 185 - 234.

35. Lal D, Sharma A. Private household transfers and poverty alleviation in rural India. Margin: *Journal of Applied Economic Research*, 2009, 3 (2): 97 - 112.

36. Lichand, Guilherme, Decomposing the effects of Ccts on entrepreneurship (October 1, 2010). World Bank Policy Research Working Paper No. 5457, Available at SSRN: https://ssrn.com/abstract=1697964.

37. Li M, Walker R. Targeting social assistance: Dibao and institutional alienation in rural China. *Social Policy & Administration*, 2018, 52 (3): 771 - 789.

38. Maria J H, Rebecca M B. Down and out in North America: Recent trends in poverty rates in the United States and Canada. *Quarterly Journal of Economics*, 1992, 107 (1): 233 - 254.

Helping Common Prosperity: Does the Poverty Alleviation Effect of Social Assistance Last?

Li Junlin　Zhang Liyang

Abstract: After building a well-off society in an all-round way, China will take realizing the common prosperity of all people as the focus of the next stage of work. In the process of realizing common prosperity, we must strengthen the construction of basic, inclusive and comprehensive livelihood security. Using the CFPS panel data from 2010 to 2018, this paper studies the impact of social assistance on the future long-term poverty of assisted families in urban areas of China. The results show that access to social assistance in 2010 effectively reduces the probability of urban assisted families falling into long-term poverty from 2012 to 2018. Further sub-regional research found that social assistance can reduce the probability of falling into long-term poverty in the future by improving the labor supply and non-transfer income of urban families in the Middle and East China. Although social assistance has not played a role in encouraging poor families to make blood by themselves in the western region, it has improved the food consumption, residential consumption and energy consumption of poor families in the western region, and guaranteed the basic consumption needs of poor families. Based on the above findings, this paper puts forward some suggestions to improve the targeting efficiency of social assistance and encourage assisted families to increase labor supply and productive investment.

Key words: *common prosperity*   *social assistance*   *long-term poverty*   *low-income families*

人工智能一定会降低我国劳动收入份额吗?

丁建勋 罗润东 张 鑫 沈 羽*

摘 要：人工智能究竟会对要素收入分配格局产生何种影响，学术界并未达成共识。鉴于此，本文首先构建了一个两部门模型，研究了人工智能对劳动收入份额的影响。理论分析结果表明，人工智能对劳动收入份额的影响并不能简单确定，可能会存在正向、负向或"U"形或倒"U"形非线性影响。其次，基于我国2005~2017年以及2015~2020年的省级面板数据，检验了人工智能对我国劳动收入份额的影响。实证研究结果发现，人工智能降低了我国劳动收入份额。再次，从人工智能蕴含和引致的异质型技术进步视角，进一步研究了人工智能抑制劳动收入份额的深层次原因。基于我国省级面板数据的中介效应分析结果显示，我国人工智能蕴含的技术进步降低了劳动收入份额，其引致的技术进步主要融合在资本中，也降低了劳动收入份额。最后，提出应加大研发力度以及协调各方力量联合进行人工智能研发以缓解劳动收入份额下降的应对之策。

关键词：人工智能 劳动收入份额 技术进步

一、引言

提高劳动收入份额，加快形成合理有序的收入分配格局，对我国高质量发展具有重要意义。然而，自20世纪90年代起，我国劳动收入份额却持续下降，从1992年的最高值54.6%下降到2011年的最低值44.9%，虽然2012年后止降转升，至2019年达到50.1%，但依旧较低且上升缓慢，这显然不利于促进收入分配的公平合理，也与高质量发展的要求相差甚远。是什么原因对我国劳动收入份额变动趋势产生了重要影响？在以往的文献中，技术进步无疑是一个备受关注的视角。近年来，作为新技术代表的人工智能获得了快速发展与广泛应用，也必定会对我国劳动收入份额产生重要影响。然而，目前学术界就人工智能究竟会对劳动收入份额产生

---

* 丁建勋，青岛理工大学商学院教授；罗润东，山东大学劳动经济与人力资源研究中心教授，本文通讯作者，E-mail：rundong_luo@163.com；张鑫，青岛理工大学商学院硕士研究生；沈羽，青岛理工大学商学院硕士研究生。本文受国家自然科学基金项目"异质性人工智能模式对人力资本的结构性替代与再配置效应研究"（项目编号：72073082）、山东省社会科学规划研究项目"基建序贯投资转向对山东省高质量发展路径演进的影响及其机理研究"（项目编号：21CJJJ04）的资助。

何种影响尚未达成一致观点。一种观点认为，人工智能的普及应用会对劳动收入份额产生抑制作用。其中，国外的学者，如布莱恩杰尔夫森等（Brynjolfsson et al.，2014）、本泽尔等（Benzell et al.，2015）以及奥特尔等（Autor et al.，2017）认为，人工智能或替代劳动或增加资本回报率从而使得资本收入份额上升和劳动收入份额下降。国内的学者，如陈永伟、曾昭睿（2019），芦婷婷、祝志勇（2021），余玲铮等（2020），周明海等（2021），宋旭光、杜军红（2021），程虹等（2021）的研究也表明，人工智能是对劳动收入份额造成向下冲击的主要影响因素。还有一种观点认为，人工智能的应用并不必然导致劳动收入份额的下降。国外的学者，如萨克斯和克特里考夫（Sachs and Kotlikoff，2012）、贝森（Bessen，2018）以及格雷茨和迈克尔斯（Graetz and Michaels，2018）等认为，由于人工智能是一种要素增强型技术，其对劳动收入份额的影响取决于资本和劳动的替代弹性，因而影响方向是不确定的；阿西莫格鲁和雷斯特雷波（Acemoglu and Restrepo，2018）以及奥特尔和萨洛蒙斯（Autor and Salomons，2019）等认为，长期中人工智能应用的生产率效应和岗位创造效应会占主导地位从而增加劳动力需求，因而人工智能并不必然导致劳动收入份额下降。国内学者，如郭凯明（2019）以及薛莹（2021）等的研究也表明，人工智能并非必然降低劳动收入份额。那么，作为新技术代表的人工智能究竟会对我国劳动收入份额产生何种影响呢？对处于高质量发展阶段的我国来说，面对人工智能在效率提升中的作用日益重要，以及提高劳动收入份额改善收入分配格局的内在要求，深入研究人工智能对劳动收入份额的影响，未雨绸缪制定行之有效的应对之策是非常必要的。

二、人工智能影响劳动收入份额的理论分析

借鉴王林辉、袁礼（2018）的研究思路，假设经济总体由采用人工智能的部门和其他部门构成，则经济的总劳动收入份额 LS 可表示为两类部门的劳动收入份额加权和：

$$LS = \sum s_i \cdot LS_i = s_a \cdot LS_a + s_n \cdot LS_n \quad (1)$$

其中，LS_i 为 i 部门劳动收入占本部门产出的份额；$s_i = Y_i/Y$ 为 i 部门产出占总产出的份额；i = a，n 分别为采用人工智能的部门和其他部门。将劳动收入份额的变化分解为产业效应 WE 和结构效应 SE 可得：

$$dLS = WE + SE = \sum s_i dLS_i + \sum LS_i ds_i \quad (2)$$

公式（2）表明，总劳动收入份额变动 dLS 不仅取决于各部门产值结构 s_i 不变时，部门内部劳动收入份额 LS_i 变化引起的总劳动收入份额变动部分，即产业效应 WE，也取决于产业部门内部劳动收入份额 LS_i 不变时，仅由产业结构 s_i 变化引起的总劳动收入份额变动部分，即结构效应 SE。

根据唐晓华、景文治（2021）的方法，假设采用人工智能部门的生产环节是可分的，其中实现智能化生产的环节为 N 个，此部分生产环节完全由机器或设备资本完成，其余 M 个生产环节雇佣劳动要素独立生产。因此，采用人工智能部门生产环节 q 的生产函数 X^q 为：

$$X^q = \begin{cases} K^q & \text{if } q \in [0,\ N] \\ L^q & \text{if } q \in (N,\ M+N] \end{cases} \tag{3}$$

其中，K^q 表示智能化生产环节 q 中所使用的机器或设备，L^q 是非智能化生产环节 q 中使用的劳动力。基于此，进一步假设采用人工智能的部门整体生产函数为各个生产环节的 CES 加总，表示为：

$$Y_a = A_a\left[\int_0^{M+N} (X^q)^{\rho_a} dq\right]^{1/\rho_a} \tag{4}$$

其中，Y_a 为采用人工智能部门的最终产品产出；A_a 为采用人工智能部门的全要素生产率，ρ_a 表示智能化生产环节对非智能化生产环节的替代弹性参数。于是，采用人工智能的部门整体生产函数可以化简为：

$$Y_a = A_a\left[N^{1-\rho_a}K_a^{\rho_a} + M^{1-\rho_a}L_a^{\rho_a}\right]^{1/\rho_a} \tag{5}$$

公式（5）意味着，随着人工智能水平的提高，原先无法用智能系统替代劳动的生产环节将越来越多地实现智能化生产，N 将随之提高。因此，可以用 N 反映人工智能给智能化生产程度带来的变化（陈彦斌等，2019），同时，N 也能够反映人工智能的发展程度（林晨等，2020）。

假设其他部门的生产函数为规模报酬不变的 CES 形式：

$$Y_n = A_n\left[\alpha K_n^{\rho_n} + (1-\alpha)L_n^{\rho_n}\right]^{1/\rho_n} \tag{6}$$

其中，K_n 为 n 部门的资本，这些资本并非包含人工智能的资本，L_n 为 n 部门劳动力，ρ_n 为 n 部门要素替代弹性参数。

在要素市场出清条件下，资本和劳动总量满足：$K = K_a + K_n$ 和 $L = L_a + L_n$。

基于公式（6）的生产函数，根据资本和劳动的实际报酬分别等于其边际产品，可以得到采用人工智能部门的劳动收入份额为：

$$LS_a = \left[1 + \left(\frac{N}{M}\right)^{1-\rho_a}\left(\frac{K_a}{L_a}\right)^{\rho_a}\right]^{-1} \tag{7}$$

通过公式（7），可以求得人工智能对采用人工智能部门劳动收入份额的影响为：

$$\frac{\partial LS_a}{\partial N} = -\left[1 + \left(\frac{N}{M}\right)^{1-\rho_a}\left(\frac{K_a}{L_a}\right)^{\rho_a}\right]^{-2} \frac{(1-\rho_a)}{N^{\rho_a}M^{1-\rho_a}}\left(\frac{K_a}{L_a}\right)^{\rho_a} \tag{8}$$

可以看到，反映人工智能给智能化生产程度带来变化的 N 越高，采用人工智能部门的劳动收入份额 LS_a 会越低。这意味着，对于既定的 ρ_a，人工智能带来的智能化生产程度越高，CES 生产函数中资本 K 前面的 $N^{1-\rho_a}$ 越大，则资本对采用人工智能部门的生产过程而言就会变得越来越重要，越来越多的生产环节用智能化生产来完成，资本替代劳动的现象越来越多，部门内部的收入分配也越来越倾向于资本。也就是说，人工智能对产业效应 WE 的影响为负。

事实上，人工智能不仅改变部门内的要素收入分配，也影响采用人工智能部门和其他部门的不同要素技术效率和生产率水平，通过诱致要素流动的方式推动产业结构变迁，最终影响整个社会的要素收入分配格局。为了观察人工智能发展如何通过推动产业结构变迁，对结构效应 SE 产生影响，将公式（2）中的 $\sum LS_i ds_i$ 进行变形可得到①：

$$SE = \sum LS_i ds_i = (LS_a - LS_n) s_a s_n d\ln(Y_a/Y_n) \tag{9}$$

根据公式（9），人工智能对结构效应的影响为：

$$\sum LS_i \frac{\partial s_i}{\partial N} = (LS_a - LS_n) s_a s_n \frac{\partial \ln(Y_a/Y_n)}{\partial N} \tag{10}$$

其中，$\frac{\partial \ln(Y_a/Y_n)}{\partial N} = \frac{1-\rho_a}{\rho_a} \frac{N^{-\rho_a} K_a^{\rho_a}}{N_a^{1-\rho_a} K_a^{\rho_a} + M_\alpha^{1-\rho_a} L_a^{\rho_a}}$，其符号取决于采用人工智能部门的智能化生产环节对非智能化生产环节的替代弹性参数 ρ_a 的大小。

于是，综合公式（8）和公式（10），可将人工智能对劳动收入份额的影响表示为：

$$\frac{\partial LS}{\partial N} = s_a \frac{\partial LS_a}{\partial N} + (LS_a - LS_n) s_a s_n \frac{\partial \ln(Y_a/Y_n)}{\partial N} \tag{11}$$

在公式（11）中，等号右边的第一项是人工智能对产业效应的影响，$s_a \frac{\partial LS_a}{\partial N} < 0$，而第二项是人工智能对结构效应的影响，其符号取决于 LS_a 和 LS_n 的对比以及 ρ_a 大小的不同假设。因此，人工智能对总劳动收入份额的影响并不能简单确定，需要根据其对产业效应和结构效应的影响来综合判断。

对于 ρ_a 的取值，不同学者的观点也不一致。阿吉翁（Aghion et al.，2017）以及陈彦斌等（2019）假设 $\rho_a < 0$，而唐晓华、景文治（2021）认为，由于其他潜在产业部门的存在，使得智能化升级存在内生动力，即智能化生产环节与非智能化生产环节间的结构不再是外生变量，在外部刺激下可能存在自发的智能化升级，故设 $0 < \rho_a < 1$。

---

① 已知 $\sum LS_i ds_i = LS_a ds_a + LS_n ds_n$，$s_a = Y_a/Y$，$s_n = Y_n/Y$，$Y = Y_a + Y_n$。求 $s_a = Y_a/(Y_a + Y_n)$ 和 $s_n = Y_n/(Y_a + Y_n)$ 的全微分为 $ds_a = \frac{Y_n}{(Y_a+Y_n)^2} dY_a - \frac{Y_a}{(Y_a+Y_n)^2} dY_n = \frac{Y_n}{Y^2} dY_a - \frac{Y_a}{Y^2} dY_n = \frac{s_n}{Y} dY_a - \frac{s_a}{Y} dY_n$ 和 $ds_n = \frac{Y_a}{(Y_a+Y_n)^2} dY_n - \frac{Y_n}{(Y_a+Y_n)^2} dY_a = \frac{Y_a}{Y^2} dY_n - \frac{Y_n}{Y^2} dY_a = \frac{s_a}{Y} dY_n - \frac{s_n}{Y} dY_a$。则可以得到 $\sum LS_i ds_i = LS_a ds_a + LS_n ds_n = LS_a \left(\frac{s_n}{Y} dY_a - \frac{s_a}{Y} dY_n\right) - LS_n \left(\frac{s_n}{Y} dY_a - \frac{s_a}{Y} dY_n\right) = (LS_a - LS_n)\left(\frac{s_n}{Y} dY_a - \frac{s_a}{Y} dY_n\right)$

将 $s_a = Y_a/Y$ 和 $s_n = Y_n/Y$ 变形，$Y = Y_a/s_a$ 和 $Y = Y_n/s_n$，并代入上式得到：$\sum LS_i ds_i = (LS_a - LS_n)\left(\frac{s_n s_a}{Y_a} dY_a - \frac{s_a s_n}{Y_n} dY_n\right) = (LS_a - LS_n) s_n s_a \left(\frac{dY_a}{Y_a} - \frac{dY_n}{Y_n}\right) = (LS_a - LS_n) s_n s_a d\ln(Y_a/Y_n)$。

如果像唐晓华、景文治（2021）一样，假设采用人工智能部门的 $0<\rho_a<1$，那么 $\frac{\partial \ln(Y_a/Y_n)}{\partial N}>0$，这更符合实际情况。其原因是，采用人工智能进行智能化生产，一个重要目的就是提高生产效率，必会使得采用人工智能部门的产出提高速度高于其他部门，否则采用人工智能进行智能化生产就失去了意义。以此反推，唐晓华、景文治（2021）关于 $0<\rho_a<1$ 的假设或许更为合理。则此时公式（11）中各项符号如公式（12）所示：

$$\frac{\partial LS}{\partial N}=s_a\frac{\partial LS_a}{\partial N}+(LS_a-LS_n)s_as_n\frac{\partial \ln(Y_a/Y_n)}{\partial N} \tag{12}$$

根据公式（12），人工智能对总劳动收入份额的影响又可以分为三种情形：

情形 1：在采用人工智能的部门中，虽然智能化生产环节完全由机器或设备资本完成，但智能化生产环节数量较少，资本在收入分配中所占的比重比较低，可能会出现采用人工智能部门的劳动收入份额 LS_a 高于其他部门的劳动收入份额 LS_n，即 $LS_a>LS_n$。若 $LS_a-LS_n>0$，则 $(LS_a-LS_n)s_as_n\frac{\partial \ln(Y_a/Y_n)}{\partial N}$的符号为正，而 $s_a\frac{\partial LS_a}{\partial N}$的符号为负。那么，人工智能对总劳动收入份额的影响取决于上面两项的正负对比，这也可能产生两种情形：①$\frac{\partial LS}{\partial N}>0$ 或$\frac{\partial LS}{\partial N}<0$，即人工智能提高或降低总劳动收入份额；②$\frac{\partial LS}{\partial N}=0$，即人工智能对总劳动收入份额产生“U”形或倒“U”形非线性影响。

情形 2：在采用人工智能的部门中，智能化生产环节数量较多，生产任务将更多地用资本代替劳动加以完成，因而资本在分配中所占的比重比较高，可能会出现 $LS_a<LS_n$。若 $LS_a-LS_n<0$，则 $(LS_a-LS_n)s_as_n\frac{\partial \ln(Y_a/Y_n)}{\partial N}$和 $s_a\frac{\partial LS_a}{\partial N}$的符号都为负，因而人工智能对总劳动收入份额产生负向影响。

情形 3：在整个经济中，采用人工智能的部门劳动收入份额正好等于其他部门的劳动收入份额，即 $LS_a=LS_n$，则 $(LS_a-LS_n)s_as_n\frac{\partial \ln(Y_a/Y_n)}{\partial N}$为 0。那么，人工智能带来的智能化生产 N 对劳动收入份额 LS 的影响取决于 $s_a\frac{\partial LS_a}{\partial N}$的符号，即人工智能对劳动收入份额的影响也为负。

综上所述，基于唐晓华、景文治（2021）$0<\rho_a<1$ 的假设，上述分析框架既考虑了人工智能对产业部门内部要素收入分配的影响，也考虑了其推动产业部门结构变化进而使得要素收入分配格局发生变化。结论显示，人工智能对总劳动收入份额的影响并不能简单确定，可能会存在正向或负向线性影响或者“U”形或倒“U”形非线性影响。

实际上，即使像阿吉翁等（Aghion et al.，2017）以及陈彦斌等（2019）那样假设 $\rho_a<0$，同样也不能简单地确定人工智能对劳动收入份额的影响。

三、人工智能对我国劳动收入份额的影响及深层次原因研究

基于理论分析，我们无法确定人工智能对我国劳动收入份额的影响，下面求助于实证研究，并对其深层次原因进行探讨。

（一）人工智能影响我国劳动收入份额的实证分析

1. 样本选取与数据来源

由于所使用的劳动收入份额数据统计口径不一致，因此实证研究使用了2005～2017年和2015～2020年两个样本区间的我国30个省、自治区和直辖市（西藏除外）的面板数据。原始数据均来自各年份《中国统计年鉴》《全国科技经费投入统计公报》以及各年份各地区统计年鉴。所用数据以2005年为不变价计算。

2. 模型设定

上述理论分析表明，人工智能对劳动收入份额可能产生正向或负向线性影响或"U"形或倒"U"形非线性影响。为了实证检验人工智能会对我国劳动收入份额产生的影响，构建如下模型：

$$LS_{jt}=\alpha_0+\alpha_1 N_{jt}+\alpha_2 N_{jt}^2+\alpha_x x_{jt}+\varepsilon_{jt} \tag{13}$$

其中，下标 $j(j=1,2,\cdots,30)$ 表示我国30个省级行政区（西藏除外），下标t表示时间，$t(t=1,2,\cdots,13)$ 表示2005～2017年13个年份或 $t(t=1,2,\cdots,6)$ 表示2015～2020年6个年份。如果人工智能对我国劳动收入份额产生线性影响，则 $\alpha_2=0$；如果人工智能对我国劳动收入份额产生非线性影响，则 $\alpha_2\neq 0$。回顾我国改革开放以来的发展历程，可以发现，政府对经济的主导作用和对外开放是我国转型式增长模式的两个显著特征，这两个特征构成了我国改革开放以来经济增长模式的核心（靳涛、陶新宇，2016），因此政府作用和对外开放就成为影响劳动收入份额的重要因素。除此之外，有一些学者认为，城市化和产业结构也是影响我国劳动收入份额的因素。因而控制变量 x_{it} 中包括政府支出、对外开放度、城市化和产业结构，ε_{jt} 为随机扰动项。为了简便，下文中各变量的下标j和t被省略。

3. 变量说明和统计描述

（1）被解释变量：劳动收入份额"LS"。①2005～2017年劳动收入份额数据

用的是地区生产总值收入法构成项目中的劳动者报酬占国内生产总值（GDP）比重，记为LS_1。之所以样本区间至2017年，是因为全国及各省份统计年鉴中缺乏2017年之后地区生产总值收入法构成项目中的劳动者报酬数据。②为了观察近年来劳动收入份额的情况，选择2015～2020年的地区人均可支配性收入中工资性收入×地区人口数，再除以地区人均可支配性收入×地区人口数的值来近似衡量劳动收入份额，记为LS_2。

（2）核心解释变量：人工智能“N”。对人工智能的衡量，学术界也没有达成共识。我们采用各省份信息传输、计算机服务和软件业固定资产投资与生产总值的比值，来衡量人工智能的应用程度（Borland and Coelli，2017；蔡啸、黄旭美，2019；马国旺、李焙尧，2021）。

（3）控制变量：①政府支出“go”，用财政支出占GDP比重来衡量；②对外开放度“tr”，用进出口总额与GDP比率来衡量；③产业结构“is”，采用第二产业占GDP比重来衡量；④城市化率“ur”，用城镇人口占总人口比重来衡量。

（4）变量的统计性质。各变量的统计性质包括均值、中位数、最大值、最小值以及标准差，如表1所示。

表1　变量的统计性质

变量	样本区间	均值	中位数	最大值	最小值	标准差
LS_1	2005～2017年	0.4799	0.4804	0.5825	0.3936	0.0466
LS_2	2015～2020年	0.3512	0.3430	0.6241	0.1497	0.1029
N	2005～2020年	0.0085	0.0072	0.0381	0.0013	0.0060
go	2005～2020年	0.2469	0.2263	0.6269	0.1162	0.1010
tr	2005～2020年	0.2463	0.1297	1.2764	0.0116	0.2639
is	2005～2020年	0.4387	0.4591	0.5730	0.1901	0.0812
ur	2005～2020年	0.5766	0.5507	0.8960	0.3783	0.1193
TCS	2005～2020年	13.0548	9.7847	43.4782	0.5574	9.9981

4. 实证研究结果

（1）基准回归结果。下面用我国2005～2017年的省级面板数据对模型（13）进行估计，以检验人工智能与劳动收入份额之间的关系，从而观察人工智能对劳动收入份额产生的影响。首先应判断是采用固定效应模型（FE）还是采用随机效应模型（RE）。Hausman检验表明应该选择固定效应模型。当然，考虑面板数据可能存在异方差，进一步采用面板校正标准误（PSCE）方法调节模型中存在的截面异方差和序列相关问题，PSCE方法的结论更具有稳健性。估计结果如表2所示。

表 2　人工智能对劳动收入份额的影响

解释变量	样本区间			
	2005～2017 年		2015～2020 年	
	被解释变量：LS_1		被解释变量：LS_2	
	模型 1 (PSCE)	模型 2 (PSCE)	模型 3 (PSCE)	模型 4 (PSCE)
N	-0.6151 (-0.7681)	-0.7040** (-2.3215)	-0.1337 (-0.1752)	-1.1840*** (-3.3143)
N^2	1.2706 (0.0438)		-34.2178 (-1.3958)	
go	0.0971*** (3.5608)	0.0920*** (3.4279)	0.6661*** (12.0244)	0.6730*** (12.1879)
tr	-0.0885*** (-9.1414)	-0.0804*** (-8.4929)	0.1268*** (4.8791)	0.1223*** (4.9365)
ur	0.2281*** (8.1146)	0.2445*** (8.8267)	-0.4510*** (-7.7740)	-0.4698*** (-8.3024)
is	-0.1495*** (-4.6041)	-0.1687*** (-5.3196)	-0.4616*** (-7.9183)	-0.4809*** (-8.4028)
常数项	0.4194*** (19.0680)	0.4191*** (20.3189)	0.6404*** (10.7414)	0.6638*** (11.5059)
R^2	0.8751	0.7710	0.9766	0.9636

注：括号内的数值为 t 值；***、** 分别代表在 1%、5%、10% 显著性水平下显著。

首先看核心解释变量——人工智能对劳动收入份额的影响。第一，看人工智能对劳动收入份额是否存在非线性影响。表 2 中的模型 1 显示，人工智能 N 的系数为负以及其二次项 N^2 的系数为正，但都不显著。这表明，人工智能对我国劳动收入份额可能并不存在非线性的“U”形或非“U”形影响。第二，看人工智能对劳动收入份额是否存在正向或负向线性影响。为了考察人工智能对劳动收入份额是否存在线性影响，将二次项 N^2 去掉，留下一次项 N，观察其系数的符号及显著性。模型 2 的结果显示，人工智能 N 的系数显著为负。这基本上可以表明，人工智能对劳动收入份额 LS_1（地区生产总值收入法构成项目中的劳动者报酬占 GDP 比重）产生了负向影响。由此可以判断，在我国人工智能的发展抑制了劳动收入份额的提高。

其次看控制变量的估计结果。可以看到，财政支出占 GDP 比重 go 以及城市化率 ur 的系数都显著为正，表明政府支出增加和城市化率的提高都对劳动收入份额产生正向作用；第二产业占 GDP 比重 is 和对外开放度 tr 的系数都显著为负，表明第二产业的发展以及对外开放程度的加深往往会带来资本深化而不利于劳动收入份额的提高。

（2）稳健性检验。为了检验上述结果的稳健性，我们用 2015 ~ 2020 年的地区人均可支配性收入中工资性收入 × 地区人口数，再除以地区人均可支配性收入 × 地区人口数的值来近似衡量劳动收入份额，记为 LS_2，进一步观察人工智能对近年来我国劳动收入份额的影响。首先 Hausman 检验表明应选择固定效应模型（FE），其次表 2 给出了面板校正标准误（PSCE）的估计结果。可以看到，表 2 中模型 3 和模型 4 的结果显示，人工智能对劳动收入份额不存在非线性影响，而存在负向线性影响。这表明，人工智能的发展导致我国劳动收入份额下降的结论具有较强的稳健性。

控制变量的估计结果与表 2 中模型 2 存在一些差异。对外开放度 tr 的系数符号并不一致。其中，模型 2 中 tr 的系数显著为负，而模型 4 中 tr 的系数显著为正。这可能意味着对外开放对收入差距的影响在不同时期有所差异（韩军等，2015）。同样，城市化率 ur 的系数符号也不相同。其中，模型 2 中 ur 的系数显著为正，而模型 4 中 ur 的系数显著为负。这可能是由于城镇内部的收入分配不平等程度一般要大于农村地区，因此，随着城镇化进程的逐渐深入，会导致社会整体收入分配状况不断恶化（姚玉祥、吴普云，2019）。

5. 人工智能降低我国劳动收入份额的原因解释

（1）人工智能与技术进步的关系及其对收入分配的影响。为什么人工智能对劳动收入份额变化的产业效应 WE 和结构效应 SE 产生影响，在我国表现为不利于劳动收入份额呢？要揭示其深层次原因，显然应将视角转向人工智能与技术进步的关系以及其对收入分配产生的影响。

人工智能与技术进步是什么关系呢？首先，人工智能本质上是技术进步的一种形式。人工智能或被视为实现自动化生产方式的一种技术，因此更可能替代劳动（Acemoglu and Restrepo，2018；郭凯明，2019），或被视为生产要素增强型技术，如资本增强型技术（Sachs and Kotlikoff，2012；Nordhaus，2015；Graetz and Michaels，2018）和劳动增强型技术（Bessen，2018）。其次，人工智能的发展也会带来技术进步（林晨等，2020）。人工智能本身是技术进步的结果，而且人工智能还会通过“机器学习”以及激发配套创新科技等方式促进全社会技术进步（Brynjolfsson et al，2017；陈彦斌等，2019）。其创造性特征将通过知识生产促进技术进步（蔡跃洲、陈楠，2019）。由此可见，人工智能不仅自身就是技术进步或蕴含着技术进步，也会引致和促进全社会技术进步，其蕴含和引致的技术进步形式不仅包含体现式的也包含非体现式的。

人工智能自身蕴含和引致的技术进步如何影响收入分配呢？显然，其自身蕴含和引致的异质型技术进步会带来差异性收入分配效应。第一，若人工智能自身蕴含或引致的技术进步是融合在资本中的，可能会恶化劳动收入份额。因为这种融合在资本中的技术，可以提升资本生产率（张鑫、王明辉，2019），提高资本要素回报率，扩大劳动要素与资本要素的回报差距（Autor，2014）。而且，人工智能技术的应用推广也是资本深化的过程，将进一步降低劳动报酬在国民收入中的比重，加剧资本和劳动在国民收入中的占比差距（蔡跃洲、陈楠，2019）。第二，若人工智能自身蕴含或引致的是要素增强型技术进步其对要素收入分配的影响并不能简单确定。因为要素增强型技术进步属于独立于生产要素的非体现式技术进步，主要依靠研发获得，其对要素收入份额的影响由要素增强型技术进步与要素替代弹性共同决定。

就我国而言，由于人工智能自身蕴含和引致的技术进步具有异质性，因而也无法直接判定各类技术进步的综合收入分配效应。若要厘清上述异质型技术进步究竟会如何影响我国劳动收入份额，从而揭示人工智能对我国劳动收入份额产生抑制效应的深层次因素，需求助于实证检验。

（2）中介效应分析。根据上述分析，人工智能自身就是技术进步或自身蕴含着技术进步，会直接影响劳动收入份额，人工智能也会引致和促进全社会技术进步进而对劳动收入份额产生影响。如果将资本体现式技术进步（etc）与非体现式技术进步（netc）的投入比例 TCS = etc/netc 定义为技术结构，以及将资本体现式技术进步和非体现式技术进步的衡量指标选择为设备工器具投资和 R&D 投入（王林辉、董直庆，2012），那么就可以观察人工智能通过以下直接和间接路径对劳动收入份额产生的影响：

第一，直接路径——人工智能直接影响劳动收入份额。

第二，间接路径——人工智能通过影响技术结构再作用于劳动收入份额，技术结构是传导的中介变量。

而欲证明上述路径的存在，可以使用中介效应分析方法。中介效应是指自变量 X 影响因变量 Y 时，若 X 通过 M 来影响 Y，则 M 就是中介变量，中介变量对应中介效应。通过图 1 的中介效应示意图来考察人工智能对劳动收入份额的影响，检验步骤如下：

第一步，检验系数 c 是否显著。若 c 显著，则进行第二步检验；若 c 不显著，不存在中介效应。实际上，我们在表 2 中检验的就是第一步。

第二步，检验系数 a 和 b 是否显著。若 a 和 b 都显著，则检验 c′是否显著；若系数 c′显著，则中介效应显著；若系数 c′不显著，则为完全中介效应。

第三步，若系数 a 和 b 中至少有一个不显著，则进行 Sobel 检验。若 Sobel 统计量显著，说明存在显著的中介效应，不显著则不存在中介效应。

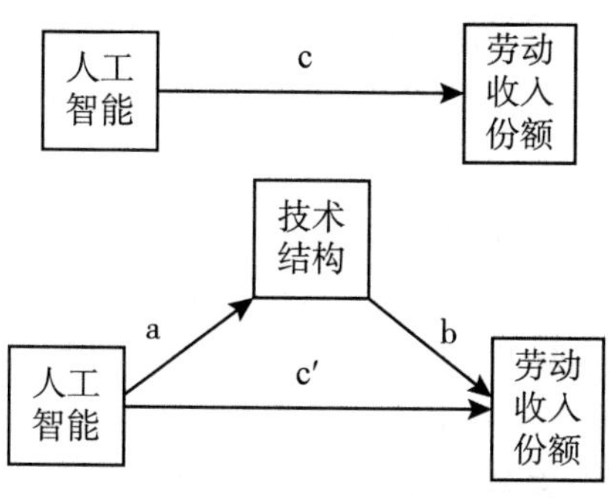

图 1　中介效应示意

下面用我国 2005 ~ 2017 年的省级面板数据进行中介效应分析，分析结果如表 3 中模型 1、模型 2 所示。在进行中介效应分析的每一步检验时，首先根据 Hausman 检验判断应选择固定效应模型（FE），然后进一步采用面板校正标准误（PSCE）方法给出估计结果。

表 3　中介效应检验

解释变量	样本区间			
	2005 ~ 2017 年		2015 ~ 2020 年	
	第二步	第三步	第二步	第三步
	被解释变量：TCS	被解释变量：LS_1	被解释变量：TCS	被解释变量：LS_2
	模型 1（PSCE）	模型 2（PSCE）	模型 3（PSCE）	模型 4（PSCE）
N	89. 1035 *** (5. 3990)	-0. 3558 ⊗ (-1. 5455)	55. 5452 ⊗ (1. 6072)	-1. 2144 *** (-3. 6086)
TCS		-0. 0009 *** (-4. 0129)		-0. 0012 *** (-2. 7133)
go	3. 3410 ** (2. 2079)	0. 0881 * (1. 7927)	-10. 3609 ** (-2. 2319)	0. 6899 *** (13. 6277)
tr	0. 3661 (0. 8565)	-0. 0868 *** (-7. 6005)	-1. 3757 (-0. 9042)	0. 0890 *** (4. 2131)
ur	-3. 8125 *** (-3. 3958)	0. 2287 *** (3. 8839)	-51. 6600 *** (-9. 1235)	-0. 4297 *** (-7. 5993)
is	6. 2781 *** (4. 4298)	-0. 1422 *** (-4. 8444)	0. 4027 (0. 0729)	-0. 4304 *** (-8. 1402)
常数项	10. 7306 *** (14. 1921)	0. 4277 *** (17. 4426)	44. 7764 *** (8. 1724)	0. 6365 *** (11. 5908)
R^2	0. 8045	0. 8908	0. 9088	0. 9628

注：括号内的数值为 t 值；***、**、*、⊗分别代表在 1%、5%、10%、15% 显著性水平上显著。

首先看核心解释变量 N 和 TCS 的估计结果。可以看到，模型 1 中人工智能 N 的系数显著为正，模型 2 中人工智能 N 的系数在 15% 的显著水平下是显著的，技术结构 TCS 的系数显著为负。这大体可以认为，c、a、b 和 c′是显著的。按照三步检验法，此时中介效应显著。即人工智能影响劳动收入份额的直接路径和间接路径都是存在的。这意味着：第一，我国人工智能自身蕴含的技术进步降低了劳动收入份额。同时也表明，由于我国人工智能主要集中在应用领域，众多企业投入到人工智能产业的深度运用中，对于技术领域和基础领域的研究相对较少（郑言，2021），因而，无论我国要素替代弹性是大于还是小于 1，由人工智能研发形成的增强型技术进步对我国劳动收入份额的影响都会比较小。而人工智能体现的技术进步蕴含在资本设备中，对劳动收入份额的影响会占主导地位，这使得人工智能自身蕴含的技术进步对我国劳动收入份额产生负向影响。第二，人工智能引致的技术进步更多地蕴含在资本中，提高了设备工器具投资与 R&D 投入的比率，既提高了技术结构（资本体现式技术进步与非体现式技术进步的比率），也降低了劳动收入份额。

其次看控制变量的估计结果。在模型 1 中，政府支出（go）和第二产业占 GDP 比重 is 的系数显著都为正，表明政府支出增加和第二产业的发展提高了 TCS；城市化率 ur 的系数显著为负，表明城市化的发展降低了 TCS；对外开放度 tr 的系数为正但不显著，表明对外开放度没有明显提高 TCS。模型 2 中的结果与表 2 中模型 2 的结果保持一致，即政府支出（go）和城市化率（ur）有利于劳动收入份额的提高，而对外开放度（tr）和第二产业占 GDP 比重 is 都不利于劳动收入份额的提高。

（3）稳健性检验。下面用 2015 ~ 2020 年的地区人均可支配性收入中工资性收入 × 地区人口数，再除以地区人均可支配性收入 × 地区人口数的值来近似衡量劳动收入份额，记为 LS_2，运用中介效应分析方法进一步检验人工智能直接和间接影响劳动收入份额的路径是否真的存在。首先 Hausman 检验表明应选择固定效应模型（FE），其次也给出了面板校正标准误（PSCE）的估计结果，如表 3 中模型 3 和模型 4 所示。可以看到，模型 3 中人工智能 N 的系数为正但在 15% 的显著性水平下显著，模型 4 中人工智能 N 和技术结构 TCS 的系数都显著为负。这也大体可以认为，在三步检验中，c、a、b 和 c′依旧是显著的，此时中介效应显著。这意味着上述中介效应分析结果是稳健可靠的。最后看控制变量的估计结果。政府支出 go 的系数由模型 1 中显著为正变为模型 3 中显著为负，意味着政府支出由更多促进资本体现式技术进步可能转向促进非体现式技术进步；第二产业占 GDP 比重 is 的系数都为正但在模型 3 中变得不显著了，表明第二产业的发展的资本体现式技术进步的促进作用可能已逐渐减弱。表 3 中模型 2 和模型 4 的结果分别与表 2 中模型 2 和模型 4 的结果是一致的。

（二）人工智能与劳动收入份额之间的权衡与兼容分析

上述分析表明，目前人工智能对我国劳动收入份额产生负向影响。这是否意味着为了提高劳动收入份额而应减缓人工智能的应用呢？答案当然是否定的。

人工智能是新一轮科技革命和产业变革的重要驱动力量，其发展将带来全社会技术的进步和全要素生产率的提升，真正实现以创新和知识驱动为特征的高质量增长。但当人工智能处于更多应用而较少研发的阶段时，其所蕴含以及引致的技术可能会融合在资本中，因而在一定时期内加速人工智能与提高劳动收入份额之间的权衡还会存在。

但从长期来看，二者的权衡并非严重的问题。这是因为，随着我国人工智能的发展，从应用阶段逐渐走向研发阶段，其所蕴含以及引致的技术进步形式也会从以资本体现式技术进步为主转变为以非体现式技术进步为主，而人工智能蕴含和引致的要素增强型技术进步与劳动收入份额实现兼容还是可能的。虽然我们不能结合我国要素替代弹性（尚未达成共识）直接判断人工智能蕴含和引致的要素增强型技术进步对劳动收入份额会产生何种影响，但根据许多学者的研究结论可以推知，人工智能蕴含和引致的要素增强型技术进步对劳动收入份额的抑制作用也逐渐减弱。例如，阿西莫格鲁（Acemoglu，2002，2003）以及钟世川、刘娟（2015）等认为，在短期中，若要素收入份额偏离经济稳态的增长路径，诱致性技术进步可能变为资本增强型技术进步或劳动增强型技术进步；在长期中，虽然上述两种技术进步会同时存在，但劳动增强型技术进步是技术进步的主要方向，从而保证要素收入份额在长期内保持不变。也就是说，经济转型路径上的技术进步大多为资本增强型，要素收入份额会发生变化，而在均衡增长路径上的技术进步是劳动增强型的，劳动收入份额稳定不变（Gollin，2002）。1965 年大卫（David）等更是指出，在工业化过程的初期阶段，技术进步往往是资本偏向型的，资本收入份额会上升，而劳动收入份额下降。随着技术逐渐扩散之后，资本积累速度加快，资本和劳动要素的相对稀缺性发生变化，于是劳动份额会逐渐上升，呈现“U”形或波动的“W”形（文雁兵、陆雪琴，2013）。因而可推知，至少在长期中，人工智能蕴含和引致的要素增强型技术进步与劳动收入份额之间是可以兼容的。

综上所述，考虑到国民收入初次分配中劳动份额呈“U”形演变规律（李稻葵等，2009），以及人工智能发展进程中蕴含和引致的技术进步类型的演变，我们推测，长期中人工智能与劳动收入份额之间可能呈现出理论分析中的非线性“U”形关系，即人工智能先降低而后提升劳动收入份额。显然，目前我国正处于“U”形的左半支的下降阶段，但随着人工智能的发展，我国会进入“U”形的右半支的上升阶段，人工智能与劳动收入份额之间的权衡问题终将得到缓解。

四、结论与启示

人工智能究竟会对要素收入分配格局产生何种影响，学术界并未达成共识。鉴于此，首先，本文构建了一个两部门模型，研究了人工智能对劳动收入份额的影响。理论分析结果表明，人工智能对劳动收入份额的影响并不能简单确定，可能会存在正向、负向或“U”形或倒“U”形非线性影响。其次，基于我国 2005 ~ 2017 年以及 2015 ~ 2020 年的省级面板数据，检验了人工智能对我国劳动收入份额的影响。实证研究结果发现，人工智能降低了我国劳动收入份额。最后，从人工智能蕴含和引致的异质型技术进步视角，进一步研究了人工智能抑制劳动收入份额的深层次原因。基于我国省级面板数据的中介效应分析结果显示，我国人工智能蕴含的技术进步降低了劳动收入份额，其引致的技术进步主要融合在资本中，也降低了劳动收入份额。基于研究结果，本文得出以下三点决策启示：

第一，应重视人工智能对我国劳动收入份额的抑制效应。人工智能对劳动收入份额的负向影响表明，至少在人工智能发展进程中的某一阶段，生产效率与成果共享可能存在冲突，故关注人工智能对劳动收入份额的抑制作用是十分必要的。

第二，加大人工智能的研发投入力度。研发的投入在目前通用的生产率的研究中并不包括在投入要素内，依靠这种方式取得的技术进步属于不包括资本投入的技术进步（林毅夫、任若恩，2007），因而有可能与劳动收入份额的提升实现兼容。同时，我国人工智能基础研究还比较薄弱，需要加大在人工智能研发方面的投入力度：一是政府应增加人工智能的研发投入。应建立政府在人工智能研发投入上的稳定增长机制，除了提高财政经费投入在人工智能研发中的增幅外，还应通过发行国债等多种途径筹集资金定向投向人工智能研发项目。二是引导激励社会增加人工智能研发投入。发挥政府在社会研发投入中的引导和激励作用，制定落实财税金融政策等，引导、鼓励和支持企业和社会资本加大人工智能的研发投入。基于此，形成以政府公共研发投入为引导，以企业和社会资本研发投入为主体的多元化、多渠道、多层次的人工智能研发投入体系。

第三，要协调各方力量联合进行人工智能研发。政府和市场形成引导技术创新的两种力量，要明确它们在人工智能研发中的角色，形成合理分工，协调联合人工智能研发。企业是技术创新的主体，应鼓励和支持企业成为人工智能的研发主体。但企业进行人工智能研发活动会受到外部环境的影响和制约，离不开政府的支持，因而需要发挥政府的引导、服务和推动作用。政府应通过改进自身服务、制定落实财税金融政策等，为企业的研发提供良好的外部环境。同时，也要发挥政府主导组织联合人工智能研发的作用，引导企业联合高校、科研机构组建产学研创新联合体，集中优质研发资源，在较短的时间实现人工智能技术的突破。

总之，加大人工智能研发力度，使人工智能从应用阶段逐渐过渡到研发阶段，人工智能所蕴含和引致的技术进步由以资本体现式为主转向以非体现式为主，其对劳动收入份额所产生的抑制作用或许能得到有效缓解。

参考文献

1. 程虹、王华星、石大千：《使用机器人会导致企业劳动收入份额下降吗?》，载《中国科技论坛》2021 年第 2 期。

2. 蔡啸、黄旭美：《人工智能技术会抑制制造业就业吗？——理论推演与实证检验》，载《商业研究》2019 年第 6 期。

3. 陈彦斌、林晨、陈小亮：《人工智能、老龄化与经济增长》，载《经济研究》2019 年第 7 期。

4. 陈永伟、曾昭睿：《“第二次机器革命”的经济后果：增长、就业和分配》，载《学习与探索》2019 年第 2 期。

5. 蔡跃洲、陈楠：《新技术革命下人工智能与高质量增长、高质量就业》，载《数量经济技术经济研究》2019 年第 5 期。

6. 杜丽、高帅雄：《资本体现式技术进步、资本深化与经济增长》，载《产业组织评论》2017 年第 3 期。

7. 李稻葵、刘霖林、王红领：《GDP 中劳动份额演变的 U 型规律》，载《经济研究》2009 年第 1 期。

8. 李光泗、沈坤荣：《技术进步路径演变与技术创新动力机制研究》，载《产业经济研究》2011 年第 6 期。

9. 芦婷婷、祝志勇：《人工智能是否会降低劳动收入份额——基于固定效应模型和面板分位数模型的检验》，载《山西财经大学学报》2021 年第 11 期。

10. 林毅夫、任若恩：《东亚经济增长模式相关争论的再探讨》，载《经济研究》2007 年第 8 期。

11. 郭凯明：《人工智能发展、产业结构转型升级与劳动收入份额变动》，载《管理世界》2019 年第 7 期。

12. 靳涛、陶新宇：《政府支出和对外开放如何影响中国居民消费？——基于中国转型式增长模式对消费影响的探究》，载《经济学（季刊）》2017 年第 1 期。

13. 马国旺、李焙尧：《人工智能应用、劳动报酬份额与失业率动态关系的实证分析》，载《深圳大学学报（人文社会科学版）》2021 年第 2 期。

14. 宋旭光、杜军红：《智能制造如何影响劳动收入份额——基于中国省级面板数据的实证研究》，载《经济理论与经济管理》2021 第 11 期。

15. 唐晓华、景文治：《人工智能赋能下现代柔性生产与制造业智能化升级研究》，载《软科学》2021 年第 8 期。

16. 王林辉、董直庆：《资本体现式技术进步、技术合意结构和我国生产率增长来源》，载《数量经济技术经济研究》2012 年第 5 期。

17. 王林辉、袁礼：《有偏型技术进步、产业结构变迁和中国要素收入分配格局》，载《经济研究》2018 年第 11 期。

18. 文雁兵、陆雪琴：《非劳动偏向型技术进步扩大收入差距》，载《中国社会科学》2013年第2期。

19. 薛莹：《货币政策、人工智能水平与劳动收入份额》，载《统计与决策》2021年第19期。

20. 余玲铮、魏下海、吴春秀：《机器人对劳动收入份额的影响研究——来自企业调查的微观证据》，载《中国人口科学》2019年第4期。

21. 周明海、郑天翔、王秋实：《工业机器人应用的要素收入分配效应》，载《浙江社会科学》2021年第6期。

22. 钟世川、刘娟：《技术进步偏向与收入不平等的关系研究评述》，载《重庆理工大学学报（社会科学）》2015年第12期。

23. 张鑫、王明辉：《中国人工智能发展态势及其促进策略》，载《改革》2019年第9期。

24. 张勇、古明明：《再谈中国技术进步的特殊性——中国体现式技术进步的重估》，载《数量经济技术经济研究》2013年第8期。

25. 郑言：《中国人工智能产业区域发展差异性研究》，载《技术经济与管理研究》2021年第7期。

26. 赵志耘、吕冰洋、郭庆旺、贾俊雪：《资本积累与技术进步的动态融合：中国经济增长的一个典型事实》，载《经济研究》2007年第11期。

27. Acemoglu D. Directed technical change. *Review of Economic Studies*, 2002, 69 (4): 781 - 809.

28. Acemoglu D. Labor-and capihal-augmenting technical change. *Journal of the European Economic Association*, 2003, 01 (3): 1 - 37.

29. Acemoglu D, Restrepo P. The race between man and machine: implications of technology for growth, factor shares, and employment. *American Economic Review*, 2018, 108 (6): 1488 - 1542.

30. Aghion P, Jones B F, Jones C I. Artificial intelligence and economic growth. NBER Working Papers, 2017.

31. Autor D, Dorn D, Katz L F, et al. Concentrating on the fall of the labor share. *American Economic Review*, 2017, 107 (5): 180 - 185.

32. Autor D, Salomons A. Robocalypse Now: dose productivity growth threaten employment? . NBER Working Papers, 2019.

33. Benzell S, Kotlikoff L, LaGarda G, Sachs. Robots are us: some economics of human replacement. Working Paper, 2015.

34. Bessen J. Automation and Jobs: When technology boosts employment. Working Paper, 2018.

35. Borland J, Coelli M. Are robots taking our jobs? *Australian Economic Review*, 2017, 50 (4): 377 - 397.

36. Brynjolfsson E, Mcaffe A, Spence M. Labor, capital, and ideas in the power law economy. *Foreign Affairs*, 2014 (4): 44 - 53.

37. David Autor. Polanyi's Paradox and the shape of employment growth. NBER Working Papers, 2014.

38. Gollin D. Getting income shares right. *Journal of Political Economy*, 2002, 110 (2): 458 - 474.

39. Graetz G, G Michaels. Robots at work. *Review of Economics and Statistics*, 2018 (100):

753 - 768.

40. Nordhaus W. Are we approaching an economic singularity? Information technology and the future of economic growth. Working Paper, 2015.

41. Sachs Jeffrey D, Laurence J. Kotlikoff. Smart machines and Long - Term misery. NBER Working Paper, 2012.

Will Artificial Intelligence Certainly Reduce Chinese Labor Income Share?

DingJianxun　Luo Rundong　Zhang Xin　Shen Yu

Abstract: The academic community has not reached a consensus on the impact of artificial intelligence on the pattern of factor income distribution. Firstly, this paper constructs a two sector model to study the impact of artificial intelligence on labor income share. The results of theoretical analysis show that the impact of artificial intelligence on labor income share can not be simply determined, and there may be positive, negative or U - shaped or inverted U - shaped nonlinear effects. Secondly, based on the provincial panel data from 2005 to 2017 and 2015 to 2020, this paper tests the impact of artificial intelligence on China's labor income share. The empirical results show that AI reduces the share of labor income in China. Thirdly, from the perspective of heterogeneous technological progress contained and caused by AI, this paper further studies the deep-seated reasons why AI inhibits the share of labor income. The intermediary effect analysis results based on China's provincial panel data show that the technological progress contained in China's artificial intelligence reduces the share of labor income, and the resulting technological progress is mainly integrated into capital and reduces the share of labor income. Finally, it puts forward that we should strengthen R&D and coordinate all forces to jointly carry out artificial intelligence R&D in order to alleviate the decline of labor income share.

Key words: *artificial intelligence　labor income share　technical advancement*

结婚年龄与异质性人力资本对生育意愿的影响

辛　波　娄译丹　钟彬斌[*]

摘　要： 本文基于中国综合社会调查2017年的数据（CGSS2017），运用O－Logit模型研究了异质性人力资本和结婚年龄对于适龄夫妻初始生育意愿和多孩生育意愿的影响。研究结果表明：结婚年龄对生育意愿具有显著的负向影响，并且多孩生育意愿所受影响强于初始生育意愿；异质性人力资本对于生育意愿均具有显著的负向影响，且随着人力资本的逐渐积累，生育意愿所受影响程度呈现出倒“U”形的变化趋势。另外，通过对不同经济状况的家庭进一步研究后发现，异质性人力资本和结婚年龄对于生育意愿的影响存在明显的差异性。据此，本文提出了优化教育资源供给、提升托育服务水平、保障女性工作权益等有助于提升适龄夫妻生育意愿的建议。

关键词：生育意愿　人力资本　婚姻状况

一、引言

众所周知，人口是一个国家赖以生存和发展的基石。目前我国老龄化人口正在逐渐攀升，预计“十四五”时期末60岁以上人口将达到总人口数量的20%以上①，并很快会跨入中度老龄化社会。与此同时，不婚群体逐渐增多，更加剧了我国少子化问题的严重性。为解决生育意愿不足、老龄化程度加深等问题，中共中央政治局于2021年5月31日召开了专门的会议，指出“为进一步优化生育政策，实施一对夫妻可以生育三个子女政策及配套支持措施”。② 这一政策的推出，对于缓解适龄夫妻生养的压力、降低生育成本、提升生育意愿，无疑都会起到一定的促进作用，

* 辛波，山东工商学院金融学院教授，E－mail：ytxinbo9898@126.com；娄译丹，山东工商学院金融学院硕士研究生；钟彬斌，山东工商学院金融学院硕士研究生。本文受山东省教育科学“十三五”规划2020年度重点项目“山东省高校财政拨款知识溢出与企业创新相关性分析”（项目编号：2020ZD032）、2018年山东省社会科学规划重点研究项目“山东省美丽乡村建设中公共产品供给侧改革问题研究”（项目编号：18BJJJ04）的资助。感谢编辑及评审人员，文责自负。

① 国家卫健委等：《“十四五”健康老龄化规划》，中国政府网，http：//www.nhc.gov.cn/lljks/pqt/202203/c51403dce9f24f5882abe13962732919.shtml。

② 《中共中央国务院关于优化生育政策促进人口长期均衡发展的决定》，中国政府网，http：//www.gov.cn/zhengce/2021－07/20/content_5626190.htm。

但是实际的实施效果如何，还要做进一步的观察与分析。这是因为，适龄夫妻的生育意愿会受到各种因素的影响，是一个集主观与客观变量共同决定的复合函数。例如，即使社会提供了比较好的生育环境及条件，但适龄夫妻却不一定愿意做出多生孩子的决策，且不同人力资本的夫妻其生育意愿也可能具有较大的差异性。另外，夫妻结婚年龄同样也会对未来的生育意愿产生重要影响。

二、文献回顾

目前，学术界对于适龄夫妻生育意愿研究的文献虽然比较多，但大部分是从社会学或人类学的层面来探讨这一问题。至于从经济学层面展开对适龄夫妻生育意愿探讨的相关文献并不太多，只是近些年来特别是"二孩"政策推出以后，国内有部分学者才开始涉及这一领域的研究。

有的学者从经济状况的视角来探讨此问题，例如，霍德罗伊安尼（Hondroyiannis，2010）指出，经济的不确定性会加重夫妻对未来收入不确定性的担忧，从而减弱生育意愿；伊勇等（Inyong et al.，2016）和席尔瓦等（Silva et al.，2017）等研究发现，随着经济收入的增加，人们对于生育的期望反而会下降。还有的学者从人力资本的角度来分析此问题，例如，贝克尔等（Becker et al.，2013）指出，女性受教育水平会对生育率产生负向影响，并且陈卫和靳永爱（2011）、海普等（Hippe et al.，2017）等也得出了类似的结论；周晓蒙（2018）研究发现，适龄夫妻的教育水平对期望生育数量具有明显的负向影响；张樨樨等（2020）利用CGSS2015的相关数据，研究了人力资本对多孩生育意愿的影响，其结果也显示，人力资本的不断积累与其生育意愿呈显著的负相关性；但也有观点指出，生育意愿和人力资本的关系并不一定是负相关，周云（2016）的研究就得出了受教育程度对生育意愿的影响方向不定的结论；王猛等（2017）根据互联网调查问卷得到的数据进行分析，结果显示受教育程度对生育意愿有一定的促进作用；罗伊等（Roy et al.，2018）研究发现，夫妻双方的教育水平均会对其生育决策形成重要影响，并且母亲影响的权重更大。

此外，还有学者从婚姻状况和夫妻双方的个人特征来阐释影响适龄夫妻生育意愿的因素。例如，约翰等（John et al.，2001）认为，夫妻双方在决定生育问题的具体实施过程中会由于各自经济背景的不同而产生较多的分歧，如生育子女的数量以及生育时间等；哈特曼等（Hutteman et al.，2013）等通过对相关调查数据的统计分析，发现夫妻双方的不同生育观会对生育选择造成一定的干扰，从而会延长初始的生育年龄；卿石松等（2015）指出，夫妻双方的生育意愿差异会导致实际的生育行为受阻，从而导致生育意愿的下降。与此同时，周兴等（2017）研究表明，结婚年龄和生育意愿之间存在着一定的关联性；阳义南（2020）研究也发现，较晚的结婚年龄会对生育意愿产生一定程度的抑制作用，而夫妻之间婚龄上的差别则会对生育意愿产生倒“U”形的影响。

总之，现有文献虽然从不同的视角探讨了适龄夫妻生育意愿的影响因素，但其核心变量的多样性稍显不足。例如，在婚姻状况对于生育意愿影响的研究中，多数学者对于夫妻双方生育态度差异上聚焦过多，而对于其共同特征的关注点不够重视。另外，在人力资本对于生育意愿影响的研究中，多数文献将人力资本对生育意愿的影响看作一种线性关系，而实际情况却可能更为复杂一些。因此，本文拟在借鉴他人研究的基础上，选择年龄相仿的适龄夫妻作为研究对象，着重从异质性人力资本与结婚年龄两个视角对其初始和多孩生育意愿所受影响展开较为深入的分析，以期得出一些有启发意义的结论。

三、研究设计

（一）数据来源

为了保障样本的可靠性，本文采用了中国综合社会调查（CGSS）2017 年的相关数据。2017 年的 CGSS 是我国第一个全国性、综合性的调查项目，其范围涵盖了我国最具代表性的居民家庭和社会样本。且根据研究需要，本文从全国 24 个不同省份及 4 个直辖市筛选出“初婚有配偶”的个体样本 7 077 条。

（二）相关变量取舍

1. 被解释变量

一般来说，生育意愿可被表征为是否决定生育以及对生育子女个数的选择。参照学者阳义南（2020）的处理方式，并根据 2017 年 CGSS 调查问卷的相关问题，本文以在没有政策限制的情况下希望生育的子女数量作为主要参考，将被解释变量设置为初始生育意愿（child1）和多孩生育意愿（child2）。由于以前生育政策的限制，生育二孩及多孩子女在最近几年才逐渐兴起，但该群体有逐渐增大的趋势，因此本文在对初始生育意愿分析的基础上，对多孩生育意愿也进行探讨。为了研究的方便，本文采用虚拟变量编码，把二孩及以上期望子女数量设为 1，二孩以下期望子女数量设为 0。

2. 核心解释变量

虽然目前很多的研究文献时常把“结婚与否”作为适龄青年婚姻状况的研究

条件，但由于“结婚与否”仅能表现婚姻状况的一维特征，无法体现出其他方面的差异性，故本文将结婚年龄作为核心解释变量。根据 2017 年 CGSS 2017 调查问卷中“您第一次结婚的时间”的问题以及答案，利用该时间减去调查个体的出生年份从而得到其结婚年龄（fma）。另外，人力资本作为影响适龄夫妻生育意愿的重要因素，虽然是劳动者知识技能、文化水平、身体健康等各方面的积聚或体现，但学习经历无疑是其中的重要表征，故本文采用个体受教育年限（edu）作为人力资本方面的核心解释变量。

3. 控制变量

本文选择以下能对被解释变量产生重要影响的控制变量：性别（gender，男性 =1，女性 =0）；是否有宗教信仰（relig，有 =0，无 =1）；政治面貌（group，共产党员 =1，其他 =0）；户口状况（hk，农业户口 =1，非农业户口 =0）；配偶的政治面貌（sgroup，共产党员 =1，其他 =0）；配偶的户口状况（shk，农业户口 =1，非农业户口 =0）；是否时常学习充电（study，取值 1 ~5，分别对应：从不、很少、有时、经常、非常频繁）；与朋友进行社交娱乐活动的频繁程度（enjoy，取值 1 ~3，频繁程度逐渐上升）；是否有工作（labor，拥有工作 =1，没有工作 =0）；配偶就业情况（slabor，目前有工作 =1，目前无业 =0）；住房的套内建筑面积（houses，取对数处理）；是否拥有小汽车（car，有 =1，无 =0）；家庭经济状况在所在地属于哪一档（hes，取值 1 ~3，分别对应低于平均水平、平均水平、高于平均水平）；社会阶层（ps）；自身收入对平均收入的比值（pac，大于 1 =1，小于 1 =0）；自身收入对数（pilog）；“女大三”式婚姻（nds，妻子年龄比丈夫大 3 岁以上 =1，妻子年龄小于丈夫或大 3 岁以内 =0）；婚配模式（mode，传统恋 =1，姐弟恋 =0）；地区变量（area，东部 =3，中部 =2，西部 =1）。

（三）模型构建

根据 2017 年 CGSS，适龄夫妻初始生育意愿这一被解释变量一共有 8 种可能的选项（即从 0 个孩子到 7 个孩子），分别代表着夫妻不同程度的生育意愿。其期望子女数量越多，生育意愿就越高。对于适龄夫妻多孩生育意愿而言，其本质也是生育意愿强弱程度的变化，因此本文选择 Ordered Logit 模型进行分析。

假设适龄夫妻生育意愿为 Y_i，则 $Y_i = \alpha + \beta x_{i1} + \gamma x_{i2} + \eta X_{i3} + \varepsilon_i$，其中 x_{i1}、x_{i2} 分别为两个核心解释变量，X_{i3} 为控制变量的向量，ε_i 为残差项。由于适龄夫妻生育意愿具有一定的选择空间，即阈值 c_t，t =1，2，3，…，k，因此当其生育意愿超过 c_t 时，生育意愿等级就会上升，生育更多子女的可能性就会增大；若是 $c_t < Y_i \leqslant c_{t+1}$，则第 i 个适龄夫妻的生育意愿为 c_{t+1}。

综上所述，模型方程如下所示：

$$P(Y_i = c_{t+1}) = P(c_t < \alpha + \beta x_{i1} + \gamma x_{i2} + \eta X_{i3} + \varepsilon_i \leqslant c_{t+1}) \quad (1)$$

在公式（1）中，分别对解释变量求取偏导数，就可以得到各个解释变量对生育意愿的边际影响。

四、实证结果分析

（一）描述性统计

描述性统计如表1所示。被解释变量初始生育意愿的均值约为2.1，说明想生育两个孩子的夫妇达到67.53%，为最大期望数量群体；生育意愿的第二、第三大群体分别为生育一个子女和三个子女，占比分别为13.66%、10.64%，三者合计为91.83%。适龄夫妻样本主要结婚年龄集中在18～30岁，平均值为23.72岁，整体呈现出正态分布。完成九年义务教育的群体占比为32.7%，受教育年限在12年及以下的群体占比为84.76%。个体受教育年限平均为8.83年。

表1　　描述性统计结果

变量名称	para	N	mean	sd	min	max
初始生育意愿	child1	7 077	2.105	0.851	0	7
多孩生育意愿	child2	7 077	0.849	0.358	0	1
结婚年龄	fma	7 077	23.72	4.203	11	67
受教育年限	edu	7 077	8.830	4.447	0	19
婚配模式	mode	7 077	0.831	0.375	0	1
“女大三”式婚姻	nds	7 077	0.260	0.439	0	1
性别	gender	7 077	0.472	0.499	0	1
宗教信仰	relig	7 077	0.104	0.305	0	1
是否从事有偿劳动工作	labor	7 077	0.551	0.497	0	1
配偶是否从事有偿劳动	slabor	7 077	0.557	0.497	0	1
配偶的政治面貌	sgroup	7 077	0.105	0.306	0	1
配偶的户口状况	shk	7 077	0.572	0.495	0	1
充电学习频率	study	7 077	1.883	1.052	1	5
社交娱乐活动频繁程度	enjoy	7 077	2.209	0.820	1	3
是否拥有小汽车	car	7 077	0.304	0.460	0	1
家庭经济地位	hes	7 077	1.641	0.607	1	3

续表

变量名称	para	N	mean	sd	min	max
政治面貌	group	7 077	0. 117	0. 322	0	1
户口状况	hk	7 077	0. 571	0. 495	0	1
社会地位	ps	7 077	4. 175	1. 696	1	10
收入与平均收入对比	pac	7 077	1. 004	2. 363	0	121. 3
取对数后个人收入	pilog	7 077	8. 549	3. 679	0	15. 30
地区	area	7 077	2. 262	0. 762	1	3

（二）模型参数估计结果分析

1. 受教育年限及结婚年龄对生育意愿的影响

由表2第（1）~第（4）列结果可知，受教育年限对生育意愿具有显著负向影响，并且，这种强负向影响持续显著，但随着控制变量的逐渐增加，这种负向影响不断减弱。例如，第（4）列中的受教育年限对初始生育意愿的影响为 -0. 061，其优势比约为 exp（ -0. 061）=0. 94，即当受教育年限每增加一个等级时，在 1%的显著性下，初始生育意愿会下降 5. 9%左右。这是因为受教育程度越高的适龄夫妻，对生活品质的要求就越高，他们不愿意为哺育孩子付出过多的成本，由此导致其生育意愿下降，这一结论与方大春等（2018）的分析结果基本一致。同时，表2中第（4）、第（8）列显示，虽然受教育年限对多孩生育意愿的影响也是负面的，即为 -0. 055，但在1%显著性水平下小于初始生育意愿所受的影响。这表明受教育年限的提升能在一定程度上促进适龄夫妻生育多孩意愿的增强。这可能是由于适龄夫妻生育第一个孩子以后，出于生育经验的积累与孩子更好成长环境的考虑（如多孩更有利于孩子良好性格的培养等），使得他们对于多孩生育的态度较以往会发生较为明显的改变。

表2　　　　生育意愿的主回归结果

解释变量	初始（1）	初始（2）	初始（3）	初始（4）	多孩（5）	多孩（6）	多孩（7）	多孩（8）
受教育年限	-0. 081*** （0. 006）	-0. 075*** （0. 007）	-0. 066*** （0. 008）	-0. 061*** （0. 008）	-0. 067*** （0. 008）	-0. 059*** （0. 010）	-0. 060*** （0. 011）	-0. 055*** （0. 011）
结婚年龄	-0. 050*** （0. 006）	-0. 051*** （0. 006）	-0. 047*** （0. 007）	-0. 046*** （0. 007）	-0. 049*** （0. 008）	-0. 045*** （0. 008）	-0. 041*** （0. 008）	-0. 037*** （0. 008）
性别		0. 311*** （0. 053）	0. 316*** （0. 058）	0. 312*** （0. 058）		0. 180** （0. 071）	0. 210*** （0. 078）	0. 197** （0. 078）

续表

解释变量	初始（1）	初始（2）	初始（3）	初始（4）	多孩（5）	多孩（6）	多孩（7）	多孩（8）
宗教信仰		0.600*** (0.082)	0.554*** (0.082)	0.560*** (0.082)		0.378*** (0.126)	0.334*** (0.127)	0.344*** (0.127)
配偶户口		0.082 (0.098)	0.075 (0.099)	0.067 (0.099)		0.227* (0.129)	0.186 (0.131)	0.170 (0.132)
充电学习频度		0.052* (0.029)	0.060** (0.029)	0.061** (0.029)		0.094** (0.038)	0.093** (0.039)	0.095** (0.039)
社交娱乐频度		-0.049 (0.032)	-0.058* (0.032)	-0.049 (0.032)		0.024 (0.044)	-0.006 (0.045)	-0.003 (0.045)
政治面貌		0.545*** (0.084)	0.469*** (0.085)	0.466*** (0.085)		0.630*** (0.118)	0.565*** (0.119)	0.563*** (0.120)
户口状况		0.403*** (0.101)	0.408*** (0.101)	0.403*** (0.102)		0.438*** (0.132)	0.429*** (0.135)	0.409*** (0.135)
是否工作			-0.068 (0.094)	-0.048 (0.095)			-0.161 (0.142)	-0.141 (0.143)
配偶是否工作			-0.229*** (0.060)	-0.222*** (0.060)			-0.062 (0.084)	-0.066 (0.084)
住房面积			0.297*** (0.042)	0.285*** (0.043)			0.378*** (0.058)	0.347*** (0.058)
是否拥有汽车			-0.102* (0.061)	-0.079 (0.061)			-0.056 (0.082)	-0.026 (0.083)
家庭经济阶层			0.033 (0.049)	0.047 (0.049)			0.033 (0.067)	0.040 (0.068)
社会地位阶层			0.095*** (0.017)	0.099*** (0.017)			0.095*** (0.024)	0.098*** (0.024)
收入对比			0.021* (0.011)	0.021* (0.012)			0.036 (0.023)	0.040* (0.023)
个人收入			-0.022** (0.008)	-0.021** (0.008)			-0.007 (0.012)	-0.005 (0.012)
健康问题困扰				0.194*** (0.059)				0.150* (0.084)

续表

解释变量	初始（1）	初始（2）	初始（3）	初始（4）	多孩（5）	多孩（6）	多孩（7）	多孩（8）
“女大三”式婚姻				0.099* （0.059）				0.0004 （0.080）
婚配模式				0.048 （0.068）				0.038 （0.092）
地区				-0.064* （0.036）				-0.178*** （0.052）

注：* P<0.1，** P<0.05，*** P<0.01，括号内是系数值的标准误。下同。

另外，适龄夫妻的生育意愿不仅会受到其教育年限的影响，同时其结婚年龄、个体条件等方面因素也会产生相应的作用。由表 2 第（4）列可知，适龄夫妻的结婚年龄对初始生育意愿的优势比约为 exp（-0.0462）=0.955，即结婚年龄每晚一档所导致的初始生育意愿就会下降约 4.5%。即使加入控制变量后，其负向影响也会保持近似的程度。目前，在我国婚姻领域中存在着很严重的结构性不匹配问题，这导致了大量的适龄男女在择偶时难以找到合意的结婚对象（彼此条件不满足，如年龄、性格、住房、收入等）而不得不推后婚期，并导致其身体机能的下降与生育意愿的降低。表 2 中第（4）、第（8）列显示，适龄夫妻结婚年龄对于多孩生育意愿的优势比约为 exp（-0.0372）=0.963，即结婚年龄每晚一档所导致的初始生育意愿就会下降约 3.7%，低于初始生育意愿的受影响幅度。

2. 客观控制变量对生育意愿的影响

在这里，控制变量主要包括性别、是否有宗教信仰、家庭住房面积、户口状况、政治面貌等。就性别而言，适龄夫妻初始生育意愿系数为 0.312，但男性的生育意愿比女性高 36.6%；多孩生育意愿系数为 0.197，但男性的多孩生育意愿比女性高 21.8%；该现象说明男性比女性具有更强的生育倾向。在我国居民中，虽然具有宗教信仰的群体并不大，但是宗教信仰却对生育意愿产生了较强的正向影响，这可能是由于多数宗教对于适龄夫妻生育子女基本都持有较为积极的态度所致。众所周知，住房面积的大小对于孩子的养育非常重要，住房的面积越大自然就会对适龄夫妻的生育意愿产生积极的促进作用，表 2 中的 O-Logit 回归结果也同样验证了这一结论。至于户口状况对于适龄夫妻生育意愿的影响，由表 2 中第（4）列可知，农村户口居民的初始生育意愿高于城市户口居民接近 50%，多孩生育意愿更高。究其原因：一方面，是由于城市户口居民通常要面对更加高昂的生育成本和更大的生存压力；另一方面，是由于农村户口居民更容易受到“多子多福”或“重男轻女”等传统思想的影响，由此导致了农村户口居民的初始生育意愿和多孩生育意愿都远超城市户口居民。除此之外，党员身份也会对生育意愿产生显著正向影响，该影响在多孩生育意愿中表现得更加突出，如表2中第（2）~第（4）、第（6）~第（8）所示。党员身份为代表的政治面貌对多孩生育意愿产生的影响要比初始生育意愿高16.2%，主要原因可能是党员身份意味着有较高的社会地位，或未来能有更多的社会资源，或担任公职能有更稳定的经济收入。至于家庭拥有汽车对于适龄夫妻生育意愿的影响，虽然回归系数不显著，但影响方向为负，这意味着家庭需要负担额外的相关支出，可能会加重经济负担，因此家庭拥有汽车对于生育意愿的阻碍作用大于促进作用。

3. 主观控制变量对生育意愿的影响

生育意愿不仅受到客观因素的影响，也与适龄夫妻主观控制变量有关。通过实证分析可知，充电学习频率对于适龄夫妻生育意愿会产生5%的正向影响，且多孩生育意愿的优势比为exp（0.0953）=1.100，这说明适龄夫妻持续且有规律地进行学习，不仅能不断提升自己的人力资本，而且也能够促进其生育意愿的提高。且学习频率每增加一个等级，初始生育意愿就提高6.26%，多孩生育意愿就上升10%。同时，适龄夫妻娱乐和社交活动参与的频繁程度对于其生育意愿会产生一定的负向影响，虽然这一结果并不显著，但是其方向为负，这说明频繁参与社交活动的适龄夫妻缺乏足够的精力与能力来承担抚育子女的成本。另外，适龄夫妻的个人特征也会对其生育意愿产生显著影响。由表2可知，配偶是否有工作对其初始生育意愿有-1%的显著性影响，但对多孩生育意愿的影响却不显著，这一现象说明，偏好生育多孩的家庭的经济条件可能较好，配偶是否工作对生活质量影响不大。至于个人收入状况对适龄夫妻生育意愿的影响，结果显示二者的相关性差异比较大，即个人收入对初始生育意愿具有5%显著性的负向影响，但对多孩生育意愿影响不显著。这可能是由于本文所采取的样本大多为工薪阶层的个体，其收入来源主要是工资，而资产性收入群体较少，且偏好多孩生育者大多具有较好的经济基础，个人收入对其多孩生育意愿影响不会像依靠工资收入群体那么大。

4. 初始生育意愿与多孩生育意愿的差异性

综合表2的结果可知，核心解释变量和控制变量均对适龄夫妻的初始生育意愿和多孩生育意愿产生了不同程度的影响，方向基本一致，但程度不同。相比较而言，受教育年限和结婚年龄对初始生育意愿影响程度更强，而对多孩生育意愿影响程度相对要弱；同时，控制变量对于初始生育和多孩生育意愿具有显著的异质性影响。例如，性别、配偶户口、宗教信仰、个人收入等控制变量对初始生育意愿产生的影响更大一些，而充电学习频率、政治面貌等变量则对多孩生育意愿的影响要更多一点。

5. 异质性人力资本对生育意愿的影响

一般来说，学习年限的差别会导致人力资本的异质性，而异质性人力资本对于适龄夫妻生育意愿必定会产生重要的影响。由表 3 可知，只接受过小学教育的群体其生育意愿是很低的，优势比为 exp（-0.462）=0.630，不仅初始生育意愿下降了约 37%，多孩生育意愿也受到程度类似的负向影响。经过初中和高中教育后，其回归系数分别为 -0.806、-0.918，优势比分别为 0.447、0.399，且在 1% 显著性下，初始生育意愿下降约 55.3%、60.1%。这说明随着初等教育水平的提高，适龄夫妻受教育年限对初始生育意愿具有负向的影响，且程度也逐渐增强。当接受专科、本科、研究生等高等教育后，适龄夫妻受教育年限对初始生育意愿的负向影响开始减弱，且下降速度逐渐加快。专科教育的优势比为 0.403，本科教育的优势比为 0.477，虽然研究生教育的回归系数不显著，但基于系数对比，研究生教育对初始生育意愿的负向影响将更小。该结论表明，随着高等教育水平的提高，适龄夫妻素质与经济收入使其更具备哺育下一代的能力，这在一定程度上提高了他们的初始生育意愿。

表 3　　异质性人力资本对生育意愿的影响

异质性人力资本变量	初始 OLS（1）	多孩 OLS（2）	初始 Ologit（3）	多孩 Ologit（4）
小学	-0.196*** (0.035)	-0.036** (0.015)	-0.462*** (0.090)	-0.455*** (0.163)
初中	-0.314*** (0.035)	-0.069*** (0.015)	-0.806*** (0.091)	-0.748*** (0.156)
高中	-0.347*** (0.042)	-0.089*** (0.018)	-0.918*** (0.109)	-0.865*** (0.172)
专科及职业技术教育	-0.346*** (0.054)	-0.101*** (0.024)	-0.910*** (0.141)	-0.937*** (0.203)
本科	-0.284*** (0.058)	-0.075*** (0.025)	-0.740*** (0.150)	-0.788*** (0.216)
研究生	-0.112 (0.114)	-0.066 (0.049)	-0.232 (0.305)	-0.742* (0.395)

至于异质性人力资本对于适龄夫妻多孩生育意愿的影响，虽然从变化趋势上来看与初始生育意愿相似，但变化幅度更为平缓且峰值出现得较晚。并且，研究生教育的回归系数在 10% 的条件下显著，这说明异质性人力资本不管对于适龄夫妻的初始生育意愿还是多孩生育意愿，其影响都呈现出一种非线性的倒“U”形变化关

系，也就是说适龄夫妻受教育年限长短或学历的高低，对于其生育意愿的影响均属于非线性变化。

（三）内生性问题处理

鉴于受教育年限与结婚年龄对于适龄夫妻生育意愿影响的过程中，可能存在其他潜在因素的作用，为了保证结果的稳健性，本文采用了工具变量法来解决潜在的内生性问题。由于本文的核心解释变量分别是适龄夫妻受教育年限和结婚年龄，为满足相关性等必要条件，分别选取了配偶的受教育年限和结婚年龄作为两者的工具变量。

经检验，配偶的受教育年限变量的 LM 值为 1 237.24，p 值为 0，满足工具变量不可识别的要求；Cragg - Donald Wald F 值为 497.88，远大于临界值和经验标准，说明配偶的受教育年限并非弱工具变量；进一步检验 Sargan 值和 C 值，分别为 2.578、1.635，p 值均远大于 0.1，无法拒绝原假设：工具变量为外生变量，并且对于多孩生育意愿而言，该工具变量同样有效，Sargan 值和 C 值分别为 0.785、0.125，p 值均大于 0.1，检验可以通过。对于配偶的结婚年龄，其 LM 值为 4 695.12，p 值为 0；Cragg - Donald Wald F 值为 4 632.26，符合通过标准，不存在弱工具变量问题；Sargan 值和 C 值分别为 3.718、1.601，p 值均远大于 0.1，该工具变量为严格外生变量，并且多孩生育意愿的亦可通过检验，限于篇幅此处不再赘述。结合表 4 的 2sls 回归结果表明，受教育年限和结婚年龄对适龄夫妻生育意愿的影响在 1% 水平上显著为负。随着适龄夫妻受教育年限的提高，其初始生育意愿下降 6.24% 左右，下降幅度与主回归结果接近，工具变量方向与主回归相同。综上所述，2SLS 回归结果与主回归结果一致，主回归结论稳健。

表 4　　2sls 回归结果

解释变量	初始检验（1）	初始检验（2）	多孩检验（3）	多孩检验（4）
结婚年龄	-0.025*** (0.003)		-0.008*** (0.001)	
受教育年限		-0.061*** (0.007)		-0.017*** (0.003)
控制变量	yes	yes	yes	yes

（四）分样本回归结果

由于经济状况与生育意愿之间存在着必然的联系，因此适龄夫妻家庭的收入自然会对其生育意愿产生重要的影响。为了进一步探讨这一问题，本文将适龄夫妻的家庭样本划分为两个群体，即年收入低于平均水平的相对贫困家庭和年收入处在平均水平及以上的相对富裕家庭，以验证教育年限和结婚年龄对适龄夫妻生育意愿的影响，结果如表5所示。

表5　不同收入家庭回归结果

解释变量	低于平均—初始 (1)	低于平均—多孩 (2)	平均及以上—初始 (3)	平均及以上—多孩 (4)
受教育年限	-0.069*** (0.011)	-0.063*** (0.016)	-0.058*** (0.011)	-0.050*** (0.016)
结婚年龄	-0.051*** (0.010)	-0.036*** (0.012)	-0.041*** (0.009)	-0.038*** (0.012)
控制变量	yes	yes	yes	yes

针对相对贫困家庭而言，受教育年限每增长一个等级，适龄夫妻初始生育意愿下降6.7%，而相对富裕家庭下降5.6%，多孩生育意愿下降幅度两者差距接近1.2%。由此可见，随着教育年限的增加，富裕家庭适龄夫妻生育意愿受影响程度要低于贫困家庭，或者说家庭收入高对于适龄夫妻生育意愿的下降有一定的抑制作用，即富裕家庭的多孩生育意愿更高一些。另外，随着适龄夫妻结婚年龄的增长，不同收入家庭的初始生育意愿和多孩生育意愿均在1%水平下显著，但相对而言，富裕家庭的多孩生育意愿所受影响略大于相对贫困家庭。

（五）稳健性检验

为保证主回归结果的可靠性，本文进行稳健性检验。步骤如下：使用配偶受教育程度和配偶结婚年龄替代核心解释变量，结合o-probit模型回归进行分析。稳健性检验的结果如表6所示，配偶的受教育年限和结婚年龄方面均会对适龄夫妻生育意愿产生显著的负向影响，稳健性检验的结果与主回归结果基本一致，据此可推断，本文估计结果是稳健的。

表6　o-probit回归结果

解释变量	初始生育意愿		多孩生育意愿	
	核心 o-probit	全变量 o-probit	核心 o-probit	全变量 o-probit
配偶受教育年限	-0.050*** (0.003)	-0.032*** (0.004)	-0.044*** (0.004)	-0.031*** (0.006)

续表

解释变量	初始生育意愿		多孩生育意愿	
	核心 o-probit	全变量 o-probit	核心 o-probit	全变量 o-probit
配偶结婚年龄	-0.024*** (0.003)	-0.025*** (0.003)	-0.024*** (0.004)	-0.023*** (0.004)
控制变量	yes	yes	yes	yes

五、结论与建议

（一）主要结论

本文基于2017年CGSS的调查数据，分析了异质性人力资本和婚姻状况等因素对适龄夫妻生育意愿的影响。研究表明：第一，异质性的人力资本会对适龄夫妻生育意愿产生非线性影响。且随着受教育年限的增加，适龄夫妻生育意愿所受到的负向影响程度呈现出倒“U”形变化趋势。即随着个体的受教育年限的增加，其生育意愿会先下降，当人力资本积累到一定程度之后，生育意愿会受到某些积极作用的影响，从而升高。第二，结婚年龄对适龄夫妻多孩生育意愿的影响要弱于对初始生育意愿的影响。由于多孩生育意愿涉及更复杂的影响因素，因此结婚年龄的重要性会逐渐下降。第三，适龄夫妻初始生育意愿和多孩生育意愿所受影响存在着显著差异，各变量对初始和多孩生育意愿的影响侧重点不同，例如，针对核心解释变量而言，人力资本方面侧重于影响初始生育意愿，婚姻状况方面则更侧重于影响多孩生育意愿。对于控制变量而言，性别、配偶户口、宗教信仰、个人收入等变量对初始生育意愿会产生更大的作用，而学习频度、政治面貌等变量则更倾向于影响多孩生育意愿。第四，不同经济状况家庭的生育意愿所受核心变量影响的侧重点存在差异，即相对贫困家庭个体的结婚年龄对其生育意愿的影响更大，而相对富裕家庭个体的生育意愿受到来自教育年限的影响更大。

（二）政策建议

第一，需要持续优化生育政策，不断降低适龄夫妻生育成本，坚持“婚嫁、生育、养育、教育一体考虑”。应进一步加强婚育教育，化解人力资本与生育意愿的负相关性问题，引导适婚青年树立正确的婚恋观、家庭观、教育观，加强对婚嫁陋俗、天价彩礼等社会不良风气的治理。当达到法定结婚年龄后，应适当鼓励尽早成婚。逐步优化社会教育资源配置，提高优质教育资源供给，确保不同经济状况家庭的教育公平性。应将房价控制在合理区间内，并且进一步推出针对高生育家庭的购房补贴、贷款利率下调、税收减免等配套政策。

第二，应加速推进我国 0~3 岁婴幼儿托育服务机构与设施的建设。根据卫健委开展的调查显示，城市中超过 1/3 的 3 岁以下婴幼儿家庭存在托育服务需求，并且在没有老人帮助照料的情况下这种需求更高。因此，应不断加大普惠式托育服务机构与设施供给，以缓解适龄夫妻照料子女的压力。并且托育服务机构与设施的供给与建设，要坚持以非营利性公立机构为主、社会资本补充为辅的原则。

第三，应充分保障适龄妇女的工作与生活权益。目前对于多数适育妇女而言，决定生育就意味着自己的事业必将受到一定程度的影响，轻则失去晋升机会，重则失业。为此，政府可考虑出台一系列保障女性工作权益与工作便利等政策，在保证女性工作机会与环境的前提下，同步加大生育补贴、延长夫妻双方产假及育儿假期、提高医疗补贴等，以进一步优化生育环境，提高适龄夫妻的生育意愿。除此之外，还可通过直接发放多孩生育津贴、教育津贴等方法不断提高适龄夫妻的多孩生育意愿。

参考文献

1. 陈卫、靳永爱：《中国妇女生育意愿与生育行为的差异及其影响因素》，载《人口学刊》2011 年第 2 期。

2. 周晓蒙：《经济状况、教育水平对城镇家庭生育意愿的影响》，载《人口与经济》2018 年第 5 期。

3. 张樨樨、崔玉倩：《高人力资本女性更愿意生育二孩吗——基于人力资本的生育意愿转化研究》，载《清华大学学报（哲学社会科学版）》2020 年第 2 期。

4. 周云：《中日两国生育意愿、生育水平及影响因素比较》，载《人口与社会》2016 年第 1 期。

5. 王猛、梁闻焰、黄妍妮：《女性生育意愿及其实现——基于互联网问卷调查数据的实证研究》，载《华中科技大学学报（社会科学版）》2017 年第 4 期。

6. 卿石松、丁金宏：《生育意愿中的独生属性与夫妻差异——基于上海市夫妻匹配数据的分析》，载《中国人口科学》2015 年第 5 期。

7. 周兴、王晶晶、张东玉：《生育需求、婚姻匹配与夫妻结婚年龄差距——来自中国城乡家庭的研究》，载《人口学刊》2017 年第 6 期。

8. 阳义南：《结婚年龄推迟、婚龄差对生育意愿的影响》，载《南方人口》2020 年第 3 期。

9. 方大春、裴梦迪：《居民二孩生育意愿的影响因素研究——基于 CGSS2015 数据的经验研究》，载《调研世界》2018 年第 9 期。

10. Hondroyiannis G. Fertility determinants and economic uncertainty：An assessment using european panel data. *Journal of Family and Economic Issues*, 2010, 31 (1): 33-50.

11. Inyong S. Caroline E. Change and prediction of income and fertility rates across countries. *Cogent Economics & Finance*, 2016, 4 (1): 1119367.

12. de Silva, Tiloka, and Silvana Tenreyro. Population Control Policies and Fertility Conver-

gence. *Journal of Economic Perspectives*, 2017, 31 (4): 205 - 262.

13. Becker S O, Cinnirella F, Woessmann L. Does women's education affect fertility? Evidence from pre-demographic transition Prussia. *European Review of Economic History*, 2013, 17 (1): 24 - 44.

14. Hippe R, Perrin F. Gender equality in human capital and fertility in the European regions in the past. *Investigaciones de Historia Económica*, 2017, 13 (3): 166 - 179.

15. Roy S, Morton M, Bhattacharya S. Hidden human capital: Self-efficacy, aspirations and achievements of adolescent and young women in India. *World Development*, 2018, 111: 161 - 180.

16. John B. Fertility and reproductive preferences in Post - Transitional societies. *Population and Development Review*, 2001, 27.

17. Hutteman R, Bleidorn W, Penke L, et al. It takes two: A longitudinal dyadic study on predictors of fertility outcomes. *Journal of Personality*, 2013, 81 (5): 487 - 498.

The Influence of Marriage and Heterogeneous Human Capital on the Willingness to Bear Children of Right-age Couples

Xin Bo Lou Yidan Zhong Binbin

Abstract: Based on the data from the China Comprehensive Social Survey 2017 (CGSS2017), this paper uses the O - Logit model to study the influence of heterogeneous human capital and marriage age on the initial willingness to bear children and the willingness to have multiple births of suitable-age couples. The research results show that marriage age has a significant negative impact on the willingness to bear children, and the willingness to have multiple births is more affected than the initial willingness to bear children; heterogeneous human capital has a significant negative impact on the willingness to bear children, and with the increase of human capital. With the gradual accumulation of fertility, the degree of influence of the willingness to bear children presents an "inverted U - shaped" change trend. In addition, after further research on families with different economic conditions, it is found that there are obvious differences in the influence of heterogeneous human capital and marriage age on the willingness to bear children. Based on this, this article puts forward suggestions for optimizing the supply of educational resources, improving the level of childcare services, and protecting women's working rights and interests, etc., which will help improve the willingness of couples to have children.

Key words: *childbearing willingness human capital marital status*

地区高质量发展是否能有效改善农民收入结构

——来自农业全要素生产率变动视角的实证研究

段龙龙　裴广睦　赵天皓*

摘　要： 在乡村振兴中稳步改善并优化农民收入结构，着力提高农民财产性收入和转移性收入两个比重是后全面小康时代扎实推动共同富裕的必然选择，地区高质量发展转型为其提供了可能。本文基于 DEA - Malmquist 指数测算农业全要素生产率变动的独特视角，借助熵权 TOPSIS 评价模型、可行广义最小二乘估计、拓展回归模型和联立方程模型深入探讨了我国省际高质量发展对农民收入结构调整的影响，研究发现：以充分体现五大发展理念为导向的地区高质量发展能够显著提高农民财产性收入相对份额和转移性收入比重；农业全要素生产率变动可在嵌入地区高质量发展进程中，起到改善农民两类收入结构的协同效应；我国高质量发展驱动农民收入结构调整具有明显的地区异质性，在地区高质量发展提升农民财产性收入相对份额的贡献边际上，东部最强、中部次之、西部最弱，而在高质量发展改善农民转移性收入比重边际上，中部最强、东部次之、西部最弱，实施稳健性检验之后，结果依然成立；研究最后还证实，我国的省际农民收入结构调整具有典型的路径依赖效应，在提升农民财产性收入和转移性收入份额的路径设计上，应灵活注重与分权战略、经济结构变迁、市场化改革及农民主体间财富创造能力的有机适配，形成农民持续增收的系统性合力。

关键词： 高质量发展　农民收入结构　农业全要素生产率　面板数据

一、引言

实现农民生活富裕、有效缩小城乡收入差距是新时代我国乡村振兴战略实施的重大方位性目标，也是全面小康后扎实推进全体人民共同富裕的必然选择。而要想在新型城镇化不断提速的背景下有效实现农民生活富裕，必须持续推动农民增收。

---

* 段龙龙，四川大学经济学院副教授。E - mail：duanlonglong2006@126.com。本文受国家社会科学基金项目“新时代建设现代化经济体系的理论依据及指标体系构建研究”（项目编号：18KXS009）；教育部人文社会科学基金项目“新时代我国城镇化与逆城镇化协同发展路径研究”（项目编号：19YJC710016）；四川大学 0 - 1 创新研究项目“新发展格局视域下我国更高质量就业指标评价体系构建与实现路径研究”（项目编号：2021CXC10）资助。

《中共中央 国务院关于建立健全城乡融合发展体制机制和政策体系的意见》中明确提出：要建立健全有利于农民收入持续增长的体制机制，其中最为关键的是要协同推进农民工资性收入、经营性收入、财产性收入和转移性收入的全面提高。据农业农村部的统计监测数据显示，截至2020年底，在我国农村居民人均可支配收入中占比最大的是工资性收入，比重达40.7%，其次是经营性收入35.5%，转移性收入21.4%和财产性收入2.4%；[①] 虽然整个“十三五”时期，农民四类收入均有不同程度的稳步增长，但财产性收入和转移性收入的年均增速仍明显落后于农民可支配收入的年均增速值，成为农民稳定增收的结构性短板（姜长云等，2021）。为此，《中华人民共和国国民经济和社会发展第十四个五年规划和2035年远景目标纲要》提出，要多渠道增加城乡居民财产性收入，提高农民土地增值收益分享比例，并加大中央财政转移支付支持农业农村力度，试图通过进一步完善和优化农民收入结构来巩固农民持续增收成效。

在我国成功取得脱贫攻坚收官战的胜利之后，我国农业农村发展也全面转入高质量发展的新阶段，这就对我国农业的效率变革、动力变革和质量变革提出了新要求，而农业农村的高质量发展与乡村振兴战略目标一脉相承，最终都是要解决城乡发展的不协调、农业农村发展的不充分问题（刘志彪等，2020）。当前，我国城乡发展不协调、农业农村发展不充分，最大的症结在于城乡收入差距的持续扩大和农业工业部门全要素生产率的不均衡，直接导致了农民生产积极性低、农村空心化和村庄衰退等困境。因此，也要通过大幅度增加农民可支配收入，通过改革拓宽农民增收渠道，提高农民财产性收入和转移性收入比重来加以克服。那么，高质量发展模式的转型是否能够有助于农民收入结构的改善和优化就成为检验我国新发展阶段下乡村振兴阶段性愿景顺利达成的关键，这也在我国着力扩大中等收入群体和有效推动共同富裕取得实质性进展过程中具有重大的理论和实践意义。

二、文献回顾

理论界研究经济增长或经济发展对农民收入变动影响的文献汗牛充栋，但是从发展质量的角度考察其对一国或地区农民收入结构变迁影响的文献却相对较少，结合本文的需要详细梳理学术界的已有相关文献，发现目前理论界主要在以下三个方面进行了前瞻性研究：

第一，探讨了不同国家的发展模式和发展质量对农民收入增长的潜在影响，多数文献习惯于将其放在劳动力迁徙、城镇化或者就业变动的历史格局中加以考察，得出了较为丰富的研究成果（Kumar and Garg，2021；Foltz et al.，2020）。例如，

① 《如何稳步迈向共同富裕?》，光明网，https：//m. gmw. cn/baijia/2022－08/05/35935714. html。

一些基于欠发达国家的研究发现：相较于农业人口向城市转移的城镇化进程而言，依靠传统农业的经营很难支撑农民收入的持续增长和脱贫（Bou et al.，2018；王芳等，2021；杨怡，2021）；发达国家基于市场化和开放原则的发展后果是，农民群体会根据自身的人力资本情况、区位及迁徙的成本高低产生较强的内部分化，留在农村地区的人口，其收入增长的可能性要么依靠适宜性技术的采纳和推广，要么必须放弃其赖以生存的土地权力，通过土地资本化、土地非农化结构变迁来推动农民增收（Ding and Meriluoto，2011；Miljkovic et al.，2008）。从这个意义上来讲，政府的主要作用就在于尽可能地通过资源的引入和市场环境的搭建来构建农村专业化的生产经营体系或者推动农村产业结构的升级变迁，以最大化保障农民不同群体间同步增收的可能性并抑制农民内部群体的不平等性分化（Chamberlin et al.，2020；Han et al.，2021；许秀川，2015）。

第二，关注了农业生产率变化对农民收入的影响，该领域的研究较为集中且存在一些争议。例如，有文献认为：农业生产率的变化会显著性地提高农民收入水平，尽管这种提高速度可能从不同历史时期或地区角度来看存在一定差异（Zhang et al.，2020；张宽等，2017），但也有文献证实：农业生产率的增进对农民收入水平的影响是不确定的（Djido and Shiferaw，2018；陈斌开等，2020），这是因为尽管从理论上容易证明农业生产率可以毫无疑问地增进农民的经营性收入，但是如果这种生产率增加是典型的劳动节约型进步，会导致严重的就业替代效应，造成农民的实质性失业问题（Nguyen et al.，2021），而对于更广泛的发展中国家而言，似乎提高农业生产率的发展诉求不如提高农民收入来得迫切。因此相较于通过生产率来增加农民收入的传统方式而言，这些后发国家和地区更偏好于采取迁徙、非农就业的方式来实现农民收入的多样化，但如此一来，似乎农民的收入增长就与农业生产率的变化没有多大关系了（Abbeam et al.，2020）。

第三，分析了农民收入或农民收入结构变动的长期趋势。特别是国内的相关研究，在该领域取得了非常丰硕的研究成果。一些学者认为：虽然随着经济增长或者包容性增长进程的提速，农民收入和经营性收入占大头的收入结构有长期向好趋势（刘芳，2014；孙大岩等，2020），但是在国家和地域间依旧存在着较强的异质性，这种异质性产生的原因，要么与农产品价格波动、农业组织的形成、农业生产率增进动力等因素有关（Yang and Liu，2012；吴国松，2021），要么与政府财政支农、农业补贴的强度有一定关系（肖卫，2013）。发达国家由于有健全的农业保护制度，农民的收入波动性相对较低，收入结构相对稳定，而在欠发达国家，由于疾病、灾荒或者政治不稳定性的存在，农民的增收前景往往不明确（Basurto et al.，2020）。对于中国而言，当前的发展目标主要致力于提高农民的财产性收入和转移性收入，并在城镇化和乡村振兴中致力于稳住工资性收入和经营性收入的增长态势（王小华，2014），如此一来，中国农民收入结构的长期变动趋势应该是有效提高财产性收入比例和转移性收入比例份额。一些学者转而研究影响农民财产性收入和转移性收入的决定因素，发现扩大土地流转、赋予农民建设性用地的财产权利、政府财政支农规模的进一步扩大、稳定农民专业化种植的积极性和培育农业生产的合作中介组织是支撑两类收入持续增长的决定性变量（丁忠民等，2015；何蒲明；2020；Jiao and Xu，2021）。

总的来看，现有文献主要集中在对农民收入规模、收入结构上的微观考察，基于跨国的研究也初步关注到了政府的财政支农政策、技术推广政策、产业政策对农民收入的影响后果，但是对经济发展方式转型、发展路径的制度性转轨对农民收入影响的趋势研究关注明显不足。尤其是当技术因素、产业因素、制度因素、再分配因素和市场化因素相互叠加时，如何影响农民收入结构变动的研究尚未出现。因此，本文的边际贡献在于：一是借助中国新时代经济发展模式转轨的典型事实，整合各微观变量从中观和宏观的角度集成主流研究所涉及的多种因素，系统性地研究了高质量发展模式对农民收入结构变动的影响；二是针对主流研究农民收入增长的生产率决定之谜，基于中国发展数据的客观事实，重新检验并澄清了生产率与农民收入结构之间的相互关系；三是基于生产率的独特视角，构建了高质量发展影响农民收入结构的理论和机制框架，为后续研究起到了抛砖引玉的作用。本文的余下部分做如下安排：第三部分是理论框架与研究设计；第四部分是实证分析；第五部分是稳健性检验；第六部分是结论与政策意蕴。

三、理论框架与研究设计

根据文献评述，我们的研究聚焦三个问题进行阐释：一是我国的地区高质量发展如何影响农民收入结构变化，特别是对于财产性收入份额和转移性收入份额这两个我国现阶段最重视的农民收入变量而言，地区高质量发展起到了什么关键作用？二是地区高质量发展过程中非常关键的一个指标——农业全要素生产率变动，在高质量发展作用于农民收入结构的机制中起到了一个什么作用？三是不同地区在推进高质量发展过程中，是否对改善农民收入具有明显的异质性效应，具体的差别体现在哪些方面？根据上述三个研究目标，我们需要先构建高质量发展影响农民收入结构变动的基础理论框架。

（一）理论框架

传统古典或新古典经济增长模型表明：经济增长的成果可以通过初次分配和再分配传导至不同阶层的收入增长上来，因此，农民的收入结构也可以看作不同生产要素投入参与收入分配的差异化结果。但高质量发展与之不同，高质量发展不仅注重适度的经济增长，还更为强调增长过程中的公平正义、动能转换、结构性协调及可持续，并且除了更加注重效率变革之外，还注重包容性、普惠式和绿色化的增长结果，在分配上更加体现公平和政府的调节作用（李金昌，2018）。因此我们认为：高质量发展是传统效率式发展和包容性发展、绿色发展的复合叠加。

在这种条件下，我们可以清晰地看到，高质量发展在地区尺度上影响农民收入结构变动就存在以下三个传导逻辑：

第一，高质量发展的收入替代效应。在传统经济发展模式中，农民多受到户籍制度和二元经济结构的约束，收入来源较为单一；进入高质量发展阶段后，城乡融合发展体制开始逐步建立，基于要素市场自由流动的制度创新赋予农民重新“用脚投票”的能力，因此可以大幅增加农民的外出务工收入，同时也可通过土地流转或入股来获得财产性收入。收入结构中的工资性收入和财产性收入比重趋于上升。

第二，高质量发展的生产率效应。创新驱动是高质量发展的核心，而技术进步在农业上的广泛运用也是高质量发展的重要组成部分，因此形成了高质量发展作用于农民创收的生产率效应。高质量发展所引致的农业机械化、种养模式变化和农业规模化、绿色化、智慧化转型可迅速提高农业全要素生产率，从而增加农民的经营性收入（王亚辉，2018）。同时生产率效应还可派生出劳动节约型技术进步，释放更多农业剩余劳动力进入非农行业，提高工资性收入份额。

第三，高质量发展的再分配效应。共享发展是高质量发展目标，因此在高质量发展阶段，各级政府会千方百计地增加财政支农投入，并围绕城乡基础设施、公共服务均等化展开大规模的“补短板、强弱项”行动，从而大幅度提升农民的转移性收入，缩小城乡居民收入差距。在这里，高质量发展的成果导致了十分明显的城乡收入再分配效应，提高农民转移性收入份额比重。

从上述传导逻辑中我们不难发现，高质量发展对农民收入结构影响的三大效应虽然同时并存，但也存在明显的期限错配问题，理论上来看，收入替代效应和再分配效应可以在短期内迅速发挥作用改变农民收入结构，而生产率效应具有中长期累积性，需要一定的时间才能有效改善农民收入结构，因此我们构建出本文所需的理论框架（见图 1）。

（二）变量界定

1. 因变量：农民收入结构的测量和指标选择

农民收入结构，是指农民在可支配收入中根据收入来源不同所形成的各类收入之间的比例关系。基于国家统计局的农村调查统计口径，我国的农民可支配收入来源主要包括：以外出务工或成为产业工人所获取的工资性收入，以农业经营和种植养殖所获取的经营性收入，以宅基地使用权、房屋不动产、土地承包经营权转让或其他股份合作经营形式所获取的财产性收入（陈晓枫，2018），以及政府的财政支

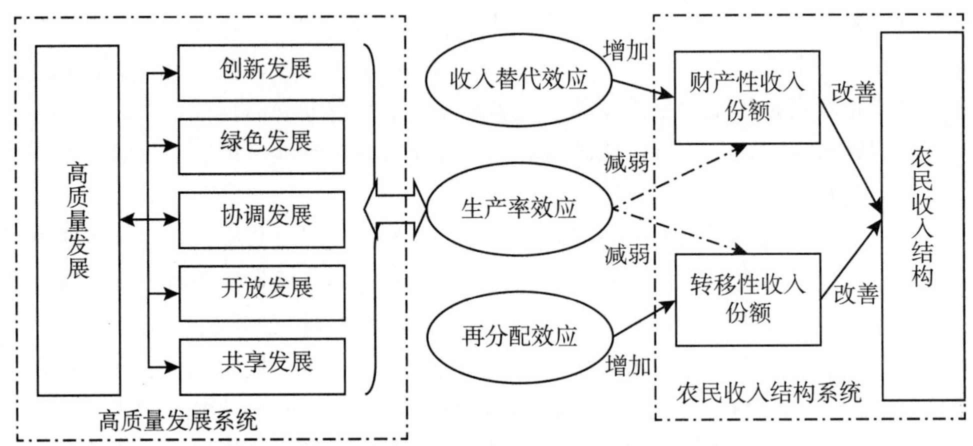

图 1　高质量发展影响农民收入结构变动的理论框架

注：实线表示短期，虚线表示长期。

农、社会保障及救济行为所获取的转移性收入。四类收入中两两间的比例或几类间的比例构成学术上的农民收入结构范畴（温涛等，2013）。当前，学术界对农民收入结构的指标性测量主要有以下两种思路：一是以四类收入中的两种进行测度，如借助经营性收入与工资性收入的比值、财产性收入与工资性收入的比值作为忖度农民收入结构的替代性变量（刘芳，2014；胡愈，2012）；二是对四类收入的性质进行合并，将转移性收入与其他三类收入形成的非转移收入或将生产劳动性收入（包含经营性收入和工资性收入）与非生产劳动性收入（包含财产性收入和转移性收入）做比形成需要的农民收入结构变量进行替代（张平淡，2017）。我们对以上两种思路都持赞同意见。考虑到本文的研究目标，在这里我们将上述两种农民收入结构的测量思路结合起来：一是使用农民财产性收入与经营性收入的比值（FIFC）作为第一种反映农民收入结构的指代性变量，以反映出农民财产性收入的相对份额变动；二是使用转移性收入与其他三类非转移性收入的比重（FIST）作为第二种反映农民收入结构的替代性变量，以衡量农民收入结构中政府再分配职能和协调发展的实施效果。

2. 核心自变量：地区高质量发展指数（HQI）的测量和确定

高质量发展的概念在我国最早是出现在党的十九大报告之中，其本质是与高速发展相对应，在新发展阶段全面体现新发展理念的全新发展模式。实际上，这一理念在国外近似于增长质量的概念，但其外延又比增长质量丰富得多①。当前国内学术界对高质量发展的内涵有多种解读，但最接近中央政策精神且又被理论界所接纳的共识性定义是将高质量发展看作一种系统、集成且全面反映五大发展理念的发展

① 增长质量虽然有质量的多视角考察，但紧紧局限在总量的层面，其内涵比经济发展要狭窄得多。

道路（马茹等，2019；魏敏等，2018），即认为高质量发展是由创新发展为牵引，以协调发展、绿色发展和开放发展为手段，以共享发展为目标的一种包容可持续发展模式，并倡导根据这一本质内涵建构多层次指标评价体系进行测度（李梦欣，2019）。我们根据上述定义分别从新发展理念的不同层面上构建起了测度中国省域高质量发展指数的指标体系框架（见表1），并借助系统评价技术工具来合成本文所需的高质量发展指数指标。

表1　中国省域高质量发展指标体系

准则层	目标层	指标层	指标属性
A. 创新发展	A1 创新要素集聚	A11 规模以上工业企业企均 R&D 人员全时当量（人年）	正向（+）
		A12 规模以上工业企业企均新产品研发经费（万元）	正向（+）
		A13 规模以上工业企业企均 R&D 研发项目数（个）	正向（+）
	A2 创新成果	A21 万人有效发明专利数（件）	正向（+）
		A22 高新技术产业万人新产品开发项目数（个）	正向（+）
		A23 万人引进技术合同总金额（万美元）	正向（+）
B. 协调发展	B1 城乡协调	B11 农业机械总动力（万千瓦）	正向（+）
		B12 城镇化率（%）	正向（+）
		B13 城乡居民人均储蓄余额（亿元）	正向（+）
	B2 人口经济社会协调	B21 人口抚养比（%）	负向（-）
		B22 地均 GDP（亿元/平方公里）	正向（+）
		B23 财政收入占 GDP 比重（%）	负向（-）
C. 开放发展	C1 开放水平	C11 贸易依存度（%）	正向（+）
		C12 外资企业投资总额（亿美元）	正向（+）
	C2 开放能力	C21 货物贸易竞争力指数	正向（+）
		C22 非金融类对外直接投资额（万美元）	正向（+）
		C23 国际旅游外汇收入（百万美元）	正向（+）
D. 绿色发展	D1 绿色生产与消费	D11 农药使用量（吨）	负向（-）
		D12 万人拥有城市公共交通车量数（台/万人）	正向（+）
	D2 生态资源保有量	D21 森林覆盖率（%）	正向（+）
		D22 人均水资源量（立方米/人）	正向（+）
	D3 环境治理	D31 工业污染治理投资额（万元）	正向（+）
		D32 水土流失治理面积（千公顷）	正向（+）

续表

准则层	目标层	指标层	指标属性
E. 共享发展	E1 民生保障	E11 城镇登记失业率（%）	负向（-）
		E12 每千人拥有卫生技术人员数（人/千人）	正向（+）
		E13 万人人均教育经费投入（万元/万人）	正向（+）
	E2 收入分配	E21 城乡居民可支配收入比	负向（-）
		E22 公益慈善类基金会个数（家）	正向（+）
		E23 城镇基本养老保险参保人数占比（%）	正向（+）

从表 1 中我们可以看到，每一种发展理念都使用了 2～3 个目标层二级指标和多个三级指标进行测度，由于三级指标数量较多，我们需要选择合适的指标合成方法来确定所需的省际高质量发展指数。

总的来看，当前学术界对于指标评价和指标合成有多种成熟工具可以使用，例如，德尔菲-AHP、模糊数学、灰色关联、BP 神经网络、熵值法、TOPSIS 等都是较为通用的评价工具，相较于一些主观赋权评价方法而言，由于熵值客观基准赋权法搭配 TOPSIS 评价技术能够剔除主观人为的干扰并且更加突出数据内部的关联性和自然波动规律，使其成为近几年较为前沿的赋权评价工具。

从理论上来看，单一使用熵值法仅能实现多级指标的权重计算，无法构建出最终的评价指数，而单一使用 TOPSIS 方法的权重选择过于主观化，也会导致结果的科学性大大降低。因此，学术界为克服上述两个方法各自的弊端，将两者有机结合起来，形成了较为新兴的熵权 TOPSIS 评价技术。

熵权 TOPSIS 评价法的核心思想是充分利用原始数据的信息，通过计算信息熵来测度指标值的变异程度，从而客观计算指标的权重值，而后引入 TOPSIS 法，通过检测评价对象与“理想解”和“负理想解”的距离来进行排序，若其中有一个方案最接近理想解，而同时又远离负理想解，则该方案是备选方案中最好的方案。

与传统 TOPSIS 方法比较起来，熵权 TOPSIS 评价法最大化保留了原始数据的特征及变异情况，使用熵权法赋权后替换原数据，也更好地体现了数据指标之间的层次和差异性，能够更加精确地反映测量结果。

熵权 TOPSIS 评价的计算过程如下：

假设有 n 个待评价样本、p 项评价指标，形成原始指标数据 n 行 p 列矩阵 X。

第一步：求比值。

$$p_{ij} = \frac{x_{ij}}{\sum_{i=1}^{n} x_{ij}} \tag{1}$$

第二步：求信息熵。

$$e_j = -\frac{1}{\ln n}\sum_{i=1}^{n} p_{ij}\ln p_{ij};\ e_j \in [0,1] \tag{2}$$

第三步：计算信息冗余值。

$$d_j = 1 - e_j \tag{3}$$

第四步：定权。

$$\omega_j = \frac{d_j}{\sum_{j=1}^{p} d_j} \tag{4}$$

第五步：无纲量化。

分别对激励性指标和约束性指标实施正向化和逆向化处理，公式如下：

正向化：
$$Z_{ij} = \frac{Z_{ij} - \min}{\max - \min} \tag{5}$$

逆向化：
$$Z_{ij} = \frac{\max - Z_{ij}}{\max - \min} \tag{6}$$

第六步构造加权矩阵。

$$Z_{ij}^{*} = Z_{ij} \times \omega_j \tag{7}$$

第七步：寻找最优、最劣方案。

$$\begin{cases} Z_{ij}^{*+} = \max(Z_1^{*+},\ Z_2^{*+},\ \cdots,\ Z_p^{*+}) \\ Z_{ij}^{*-} = \min(Z_1^{*-},\ Z_2^{*-},\ \cdots,\ Z_p^{*-}) \end{cases} \tag{8}$$

第八步：计算最优、最劣距离。

$$\begin{cases} D_i^{+} = \sqrt{\sum_j (Z_{ij}^{*} - Z_j^{*+})^2} \\ D_i^{-} = \sqrt{\sum_j (Z_{ij}^{*} - Z_j^{*-})^2} \end{cases} \tag{9}$$

第九步：构造相对接近度并排序。

$$C_i = \frac{D_i^{-}}{D_i^{+} + D_i^{-}} \tag{10}$$

其中，C_i 越大，表明评价结果越好。

根据公式（1）~公式（4）我们逐一计算每一项指标层指标权重，并根据指标层指标赋权结果汇总计算目标层指标和准则层指标的权重（见表2），最终根据公式（5）~公式（10）合成地区高质量发展水平指数（HQI）。

表2　基于熵权 TOPSIS 法的中国省域高质量发展指标体系赋权结果

准则层/权重	目标层/权重	指标层	指标权重（%）
创新发展（24.84%）	创新要素集聚（6.00%）	规模以上工业企业企均 R&D 人员全时当量（人年）	1.31
		规模以上工业企业企均新产品研发经费（万元）	2.35
		规模以上工业企业企均 R&D 研发项目数（个）	2.34

续表

准则层/权重	目标层/权重	指标层	指标权重（%）
创新发展（24.84%）	创新成果（18.84%）	万人有效发明专利数（件）	5.70
		高新技术产业万人新产品开发项目数（个）	4.70
		万人引进技术合同总金额（万美元）	8.44
协调发展（15.48%）	城乡协调（6.35%）	农业机械总动力（万千瓦）	3.29
		城镇化率（%）	0.82
		城乡居民人均储蓄余额（亿元）	2.24
	人口经济社会协调（9.13%）	人口抚养比（%）	0.90
		地均 GDP（亿元/平方公里）	7.88
		财政收入占 GDP 比重（%）	0.35
开放发展（24.4%）	开放水平（10.7%）	贸易依存度（%）	4.58
		外资企业投资总额（亿美元）	6.12
	开放能力（13.7%）	货物贸易竞争力指数	0.89
		非金融类对外直接投资额（万美元）	7.38
		国际旅游外汇收入（百万美元）	5.43
绿色发展（23.74%）	绿色生产与消费（3.21%）	农药使用量（吨）	0.70
		万人拥有城市公共交通车辆数（台/万人）	2.51
	生态资源保有量（14.48%）	森林覆盖率（%）	1.97
		人均水资源量（立方米/人）	12.51
	环境治理（6.05%）	工业污染治理投资额（万元）	3.20
		水土流失治理面积（千公顷）	2.85
共享发展（11.54%）	民生保障（4.35%）	城镇登记失业率（%）	1.25
		每千人拥有卫生技术人员数（人/千人）	1.15
		万人人均教育经费投入（万元/万人）	1.95
	收入分配（7.19%）	城乡居民可支配收入比	0.60
		公益慈善类基金会个数（家）	4.95
		城镇基本养老保险参保人数占比（%）	1.64

3. 核心自变量：农业全要素生产率（TFP）的测量

当前学术界对于农业全要素生产率的测度，主要包括索洛生产函数法和数据包络分析法两种思路，前者通过构建新古典经济增长模型求解模型中的索洛余值来衡量国别或地区农业全要素生产率水平（武宵旭等，2019），后者则借助投入产出的参数或非参数生产率方法来研究创新驱动的效果（郑晶，2021；高帆，2015），我们认为后者的方法更加科学且更为普及。

在测度农业全要素生产率方法中，既有传统的DEA方法，也有新兴的SFA方法、超效率方法和Malmquist指数方法（张乐，2013），考虑到我们使用的是面板数据，在这里我们将数据包络分析（DEA）方法和Malmquist方法结合起来，使用DEA－Malmquist指数工具来测算我国31个省份不同时间阶段的农业全要素生产率动态变化情况。

DEA－Malmquist指数模型的形式如下：

假定存在n个决策单元，每个决策单元在t时期用m种创新投入获得了s种创新产出。

则令：$x_j^t=(x_{1j}^t, x_{2j}^t, \cdots, x_{mj}^t)^T$ 表示第j个决策单元在t期的投入指标值。$y_j^t=(y_{1j}^t, y_{2j}^t, \cdots, y_{nj}^t)^T$ 表示第j个决策单元在t期的产出指标值。$t=1, 2, \cdots, T$。

在规模不变的情况下，令（x^t，y^t）在t期的距离函数为 $E^t(x^t, y^t)$，在t+1期的距离函数为 $E^{t+1}(x^t, y^t)$；（x^{t+1}，y^{t+1}）在t期的距离函数为 $E^t(x^{t+1}, y^{t+1})$，在t+1期的距离函数为 $E^{t+1}(x^{t+1}, y^{t+1})$。

在t期技术条件下，从t期到t+1期的技术效率变化值为：

$$MPI^t=\frac{E^t(x^{t+1}, y^{t+1})}{E^t(x^t, y^t)} \tag{11}$$

在t+1期技术条件下，从t期到t+1期的技术效率变化值为：

$$MPI^{t+1}=\frac{E^{t+1}(x^{t+1}, y^{t+1})}{E^{t+1}(x^t, y^t)} \tag{12}$$

为了把两个时期的技术水平都纳入考虑，我们取它们的几何平均值：

$$MPI^G=(MPI^tMPI^{t+1})^{1/2}=\left[\left(\frac{E^t(x^{t+1}, y^{t+1})}{E^t(x^t, y^t)}\right)\cdot\left(\frac{E^{t+1}(x^{t+1}, y^{t+1})}{E^{t+1}(x^t, y^t)}\right)\right]^{1/2} \tag{13}$$

该生产率指数又可以分解为面向输入的效率变化（EFFCH）和技术效率（TECHCH），技术效率又可以分解为规模效率（SECH）和纯技术效率（PECH）两部分：

$$MPI^G=(EFFCH)\cdot(TECHCH^G)=\left(\frac{E^{t+1}(x^{t+1}, y^{t+1})}{E^t(x^t, y^t)}\right)\cdot\left[\left(\frac{E^t(x^t, y^t)}{E^{t+1}(x^t, y^t)}\right)\cdot\left(\frac{E^t(x^{t+1}, y^{t+1})}{E^{t+1}(x^{t+1}, y^{t+1})}\right)\right]^{1/2}$$

$$SECH=\left[\frac{E_{vrs}^{t+1}(x^{t+1}, y^{t+1})/E_{crs}^{t+1}(x_{t+1}, y_{t+1})}{E_{vrs}^{t+1}(x^t, y^t)/E_{crs}^{t+1}(x^t, y^t)}\cdot\frac{E_{vrs}^t(x^{t+1}, y^{t+1})/E_{crs}^t(x^{t+1}, y^{t+1})}{E_{vrs}^t(x^t, y^t)/E_{crs}^t(x^t, y^t)}\right]^{1/2} \tag{14}$$

$$PECH=\frac{E_{vrs}^{t+1}(x^{t+1}, y^{t+1})}{E_{crs}^t(x^t, y^t)} \tag{15}$$

其中，CRS表示规模不变，VRS表示规模可变。

在本文的研究中，我们分别选择6种农业投入指标和6种农业产出指标作为测度每个决策单元的指标集合，并根据投入导向的DEA－Malmquist指数模型依次计算出省际农业全要素生产率（TFP）指数，具体的投入与产出指标选择如表3所示。

表3　　农业全要素生产率计算所需投入及产出指标体系

农业投入	选择视角	农业产出	选择视角
人均财政支农规模	农业资本投入	农业增加值	价值产出
农户固定资产投资额		农村消费品零售额	产业化
农村常住人口数	农业可用劳动力	粮食人均占有量	实物产出
农村电力使用量	农业基础设施投入	肉类人均占有量	
耕地有效灌溉面积	农业土地投入	水产品人均占有量	
农用化肥施用量	农业技术投入	每百户家用计算机拥有量	生活质量转化

4. 其他控制变量的选择与确定

除了上述核心变量以外，研究中还需使用到一些其他控制变量，由于我们在前面的省域高质量发展指数评价和农业全要素生产率测度中已使用了不少经济社会指标，因此在控制变量的选择上需要严格满足不遗漏关键变量且不与已使用指标重复这两个条件，以最大化避免模型设定偏误和内生性问题，为此，我们选择的控制变量包括：反映中国压力式体制和央地政府间关系的财政分权指标（FDM）、反映市场化改革和中国市场经济体制完善程度的市场化指数指标（MI）、反映地区农民群体发展要素禀赋和群体分化的指标［农村内部基尼系数（RGINI），以及反映国家工业化水平、经济结构调整的产业结构指标（IS）］。其中，财政分权指标我们根据中国分税制改革和财税体制变迁的实践特点，采用牛美丽（Niu，2013）等人提出的包含支出型分权和收入型分权相结合的综合型分权方法予以测算；市场化指数指标则以樊纲和王小鲁（2014、2016、2019）编写的《中国分省份市场化指数报告》为直接依据，农村内部基尼系数测算使用段龙龙（2020）的计算结果，产业结构指标则使用第二、第三产业与第一产业的比值作为替代指标。

需要强调的是，之所以选择上述控制变量：一是因为上述变量均已被证实是影响农民收入结构变动的关键变量（郇红艳，2014；郭平等，2017；朱学新，2014；Weng，2021）；二是因为实证研究的实际需要。上述变量的数据来源除特别说明之外，均可在历年《中国劳动统计年鉴》《中国农业统计资料》《中国统计年鉴》上找到，在此一并交代。

（三）模型设定与初步统计分析

在构建计量经济模型之前，我们需要先对变量间的关系进行假设检验，根据计量经济学建模的基本方法和步骤，进行变量间关系检验的较好办法是先绘制散点图。因此，我们分别以前面计算出的地区高质量发展指数（HQI）作为横轴，以两类代表农民收入结构的替代性变量：农民财产性收入与经营性收入比（FISC）和对数化农民转移性收入与非转移性收入比（LnFIST）作为纵轴绘制散点图，并根据散点图走势拟合相应的线性回归线，结果如图 2、图 3 所示。

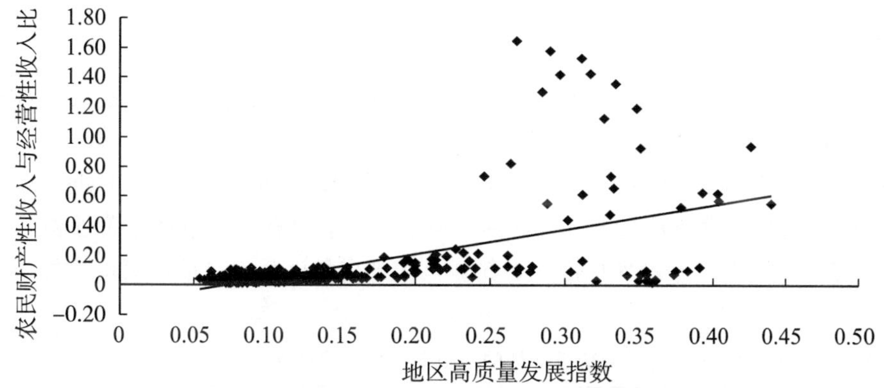

图 2　地区高质量发展指数与农民财产性收入与经营性收入比之间的线性拟合

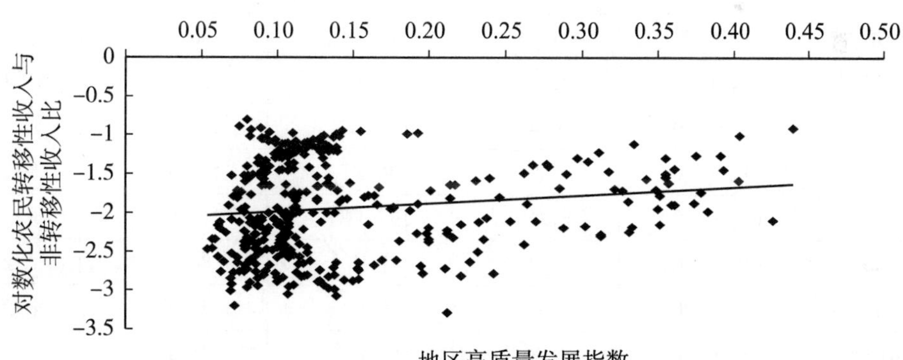

图 3　地区高质量发展指数与对数化农民转移性收入与非转移性收入比之间的线性拟合

从图 2 和图 3 的线性拟合结果来看，样本期内我国省际高质量发展指数与测度两类农民收入结构的指标——农民财产性收入与经营性收入比、对数化农民转移性收入与转移性收入比均呈现近似正相关关系，为了进一步探讨地区高质量发展对农民收入结构变动的影响机制，我们需要借助更全面的面板数据模型进行参数估计，表 4 展示了所有变量的描述性统计结果。

表 4　　变量序列的描述性统计

变量	FISC	FIST	HQI	ATFP	IS	FDM	RGINI	MR
均值	0.119	0.171	0.144	0.987	23.11	0.061	0.427	6.248
中位数	0.055	0.142	0.111	0.983	9.273	0.032	0.429	6.230
最大值	1.645	0.447	0.440	1.948	332.33	0.484	0.510	11.40
最小值	0.013	0.037	0.054	0.591	2.333	0.000	0.350	-1.420
标准差	0.239	0.099	0.083	0.106	48.44	0.082	0.047	2.188
偏度	4.443	0.672	1.670	2.095	4.133	2.774	0.004	-0.286
峰度	23.44	2.285	4.913	22.46	21.23	11.72	1.792	3.564
样本量	372	372	372	372	372	372	372	372

在进行参数估计之前，我们需对相关变量进行单位根检验，以避免伪回归问题。当前计量经济学界对面板数据实施的单位根检验，可用方法已有多种，一种常见的方法是：分别选用 Levin - Lin - Chu 检验（LLC 检验）、ADF - Fisher 检验和 PP - Fisher 检验三种方法进行联合诊断，若三种方法中有两种通过显著性检验，则可判定某一系列满足平稳性标准。表 5 展示了各变量序列面板单位根检验的结果。

表 5　　各变量序列的面板单位根检验结果

检验序列	检验方法（C，T，K）	LLC 检验	Fisher - ADF 检验	Fisher - PP 检验	结论
FISC	(1，0，0)	-5.33***	90.76**	96.2***	平稳
FIST	(1，1，0)	-2.9***	48.4	54.6	不平稳
LnFIST	(0，0，0)	-9.4***	163.4***	241.7***	平稳
HQI	(1，1，0)	-7.8***	96.2***	118.5***	平稳
ATFP	(1，0，0)	-14.4***	197.1***	211.0***	平稳
IS	(1，1，0)	-3.88***	79.97*	86.0**	平稳
FDM	(1，0，0)	-4.7***	59.6	75.4*	平稳
RGINI	(1，0，0)	-13.8***	205.8***	255.8***	平稳
MR	(1，1，0)	-12.7***	130.4***	127.1***	平稳

注：检验方法中的 C 表示在面板单位根检验中是否考虑截距项，T 表示是否考虑时间趋势项，K 表示是否考虑差分，0 表示不选择，1 表示选择。只要三类检验中至少有 2 个通过显著性检验则可判定为序列平稳。

表 5 中的诊断结果显示：除衡量农民收入结构的核心变量——农民转移性收入与非转移性收入比（FIST）指标之外，其他变量均符合平稳性标准，为后续计量

估计便利，我们需对不平稳序列进行变换，通常可采取差分、对数化或平滑化等手段，在这里我们对农民转移性收入与非转移性收入比变量采用了对数化变换的方式，经变换后再次实施检验发现其满足平稳性条件，我们最终将所有平稳化后的序列纳入计量回归模型当中进行估计。

因此，我们构建的面板模型设定形式如下：

$$FISC_{it} = \alpha_i + \beta_0 HQI_{it} + \beta_1 ATFP_{it} + \beta_2 HQI_{it} \times ATFP_{it} + \sum_{i=1}^{5} Control_{it} + \mu_{it} \tag{16}$$

$$LnFIST_{it} = \delta_i + \phi_0 HQI_{it} + \phi_1 ATFP_{it} + \phi_2 HQI_{it} \times ATFP_{it} + \sum_{i=1}^{5} Control_{it} + \nu_{it} \tag{17}$$

其中，$FISC_{it}$和$LnFIST_{it}$分别表示农民财产性收入与经营性收入比和对数化农民转移性收入与转移性收入比；$Control_{it}$为一系列控制变量，分别包括财政分权（FDM）、市场化指数（MI）、农村内部基尼系数（RGINI）和产业结构（IS）；μ_{it}和ν_{it}为随机扰动项，性质满足独立同方差假定。同时，在这里，由省际面板模型个体数量与时序数量分布的经验推断可知，选择变系数不变截距模型是合理的。

四、实证分析

基于前面已建立的回归模型，我们根据研究目标采取多类估计方法来探讨地区高质量发展与农民收入结构变动之间的相关关系，同时纳入农业全要素生产率这一视角性因素。我们采用静态面板回归模型进行基准的参数估计。

（一）基准回归：静态面板模型的实证分析

在全国样本层面，我们暂不考虑地区异质性和跨期问题，先使用静态面板模型的可行最小二乘估计方法进行基准回归，估计出高质量发展影响两类农民收入结构的具体参数。在估计的实施过程中，由于自变量较多，我们需要消除多重共线性和异方差的影响，因此在参数修正方面，我们引入逐步回归和加权回归工具（怀特诊断）加以解决，同时针对静态面板模型的特点，需要借助豪斯曼（Hausman）检验来确定模型固定效应和随机效应形式的选择问题，我们在模型的估计结果中也已列出。使用 STATA 15.0 的参数估计结果如表 6 所示。

表 6　地区高质量发展影响农民收入结构变动的可行广义最小二乘估计结果（全国样本）

变量	因变量：农民收入结构（财产性收入与经营性收入比）（FISC）				因变量：农民收入结构（对数化转移性收入与非转移性收入比）（LnFIST）			
	模型 1	模型 2	模型 3	模型 4	模型 5	模型 6	模型 7	模型 8
HQI	0.09** (1.9)			-1.65*** (-2.6)	3.07*** (2.3)			1.09*** (3.5)
ATFP		0.13* (1.7)	-0.01** (-1.96)	-0.22* (-1.8)		0.28* (1.62)	-1.18*** (-3.6)	0.25*** (4.7)
HQI × ATFP			0.13** (2.12)	3.08*** (4.66)			9.8*** (10.6)	-0.71*** (-2.66)
IS	-0.001 (-1.2)	0.004*** (19.6)	-0.01 (-1.1)		-0.01*** (-7.05)	-0.01** (-4.9)	-0.01*** (-3.9)	
FDM	-0.19*** (-2.62)	0.16 (1.3)	-0.19*** (-4.1)	0.01** (2.3)	-1.93* (-1.77)	0.83 (0.56)	0.21 (0.13)	-0.5* (-1.6)
RGINI	-0.01 (-0.9)	-0.04 (-0.2)	-0.02** (-2.1)	-0.19 (-1.3)	-0.32 (-1.25)	-0.19 (-0.6)	-0.39** (-1.8)	0.06 (1.02)
MR	0.003** (2.2)	0.003 (0.59)		0.01*** (2.7)	0.51*** (11.1)	0.53*** (8.6)	-1.87*** (-5.63)	-0.03*** (-4.7)
C	0.12*** (11.5)	-0.11 (-1.01)	0.15*** (12.0)	0.15 (1.1)	-5.14*** (-20.3)	-5.34*** (-13.0)	0.22*** (5.2)	4.71*** (11.5)

续表

变量	因变量：农民收入结构（财产性收入与经营性收入比）（FISC）				因变量：农民收入结构（对数化转移性收入与非转移性收入比）（LnFIST）			
	模型 1	模型 2	模型 3	模型 4	模型 5	模型 6	模型 7	模型 8
R^2	0.82	0.61	0.80	0.5	0.75	0.66	0.6	0.65
F 统计量	42.9***	33.4***	38.4***	20.5***	28.4***	19.1***	11.74***	38.9***
Hausman 检验	569.3***	22.5***	514.4***	33.4***	243.9***	296.7***	63.9***	467.5***
估计方法	FE FGLS	FE FGLS	FE FGLS	FE FGLS	FE FGLS	FE FGLS	FE FGLS	FE FGLS
修正方法	White cross section	ordinary	Cross - section SUR（PCSE）	Period White	White cross section	White period	White cross section	Period SUR
样本量	372	372	372	372	372	372	372	372

注：*** 表示假设检验在置信水平为99%时统计显著，** 表示置信水平 95% 时统计显著，* 表示置信水平在 90% 时统计显著；括号内为 T 统计量；FE 表示固定效应，RE 表示随机效应。

表6中的模型1至模型4汇报了高质量发展对农民财产性收入与经营性收入比的参数影响，模型5至模型8则报告了高质量发展对转移性收入与非转移性收入比的参数影响，同时为了测度农业全要素生产率这一核心自变量对我国农民收入结构的实质性影响，我们还加入了农业全要素生产率和高质量发展指数的交互项，以实证检验两者的协同效应对农民收入结构调整的作用效果，从参数估计的最终结果来看，我们可以发现以下规律：

第一，从测度农民收入结构的财产性收入与经营性收入比这一因变量来看，基于全国样本的实证结果表明：地区高质量发展进程和农业全要素生产率的增进均显著提高了农民财产性收入的相对比重，地区高质量发展和农业全要素生产率的变动除了能在单一维度上对提高农民财产性收入相对比重发挥积极作用，还能通过协同效应更快地提升农民财产性收入相对份额，起到了显著的正向调节效果。

第二，从测度农民收入结构的转移性收入与非转移性收入比这一因变量来看，静态面板模型的参数估计结果显示：地区高质量发展水平的提速和农业全要素生产率的改进也都有利于提高农民转移性收入的相对占比份额，且针对转移性收入而言，地区高质量发展的边际贡献要远大于全要素生产率，纳入交互项后进一步发现，由于农民转移性收入更多依靠政府的再分配之手而非市场调节行为，因此在能否同步发挥改善农民转移性收入份额的机制层面上，还是体现出一定的拮抗特征，在统计上表现为明显的负向调节效应。

第三，从其他控制变量的回归估计结果来看，各控制变量的参数响应基本符合理论预期，如产业结构的非农化调整会导致农村人口的大量流出，从而在一定程度上改善财产性收入份额削弱转移性收入比重；财政分权的扩张会刺激地方政府进行生产性支出膨胀，进而抑制农民财产性收入份额和转移性收入份额的增长；农民内部收入分配不平等性的加剧会制约整体财产性收入比例的提升，同时也会压制当期转移性收入份额的扩张；市场化可帮助农民实现资产可交易性渠道的畅通，有助于增加农民财产性收入份额，但是对转移性收入比重的影响不明确。

总的来看，使用静态面板数据模型作为基准回归，能够较大幅度地呈现出各关键变量的实证结果，揭示出地区高质量发展对农民收入结构变动的影响机制和方向，但少数变量仍然出现了参数估计不确定性的非稳健特征，表明模型可能存在内生性问题且尚未得到有效处理。因此，我们需要进一步借助其他计量工具来进一步诊断并刻画高质量发展与农民收入结构的线性关系。接下来，我们进一步考虑地区异质性因素和内生性问题，借助分地区拓展回归模型和联立方程模型，重新识别相应参数。

（二）考虑地区异质性并消除内生性：面板拓展回归模型（PERM）实证分析

由于我国不同地域间发展不平衡不充分特征突出，加之自然禀赋、地理区位和历史文化等因素的长期嵌入特质，我国省域高质量发展水平与农民收入结构调整均存在明显差异，这就需要我们更进一步考虑地区异质性对核心变量关系造成的影响。因此，我们借助先验研究中关于我国中东西部三大政策区的划分方法，探索不同地域尺度上地区高质量发展对地方政府规模的影响程度，同时考虑到全国样本可能存在的内生性偏误问题，我们在参数重估中采用了学术界最新应用的面板拓展回归模型进行处理，该模型有别于一般均值估计的最大优势在于：能够最大化消除因变量内生性和样本归并截断所产生的参数有偏性问题，通过极大似然估计方法和Heckman两步法估计来同时估计新的参数，同时适用于大样本和小样本并存的计量模型。我们利用STATA 15.0重复对三类政策区实施面板拓展回归估计，最终估计结果如表7和表8所示。

在表7中，我们先使用农民财产性收入与经营性收入比作为衡量农民收入结构变化的替代性变量进行实证检验，同时在假设检验中考虑地区异质性，我们分别实施了全国和东部、中部、西部三个区域尺度上的参数回归，观察最终的实证结果，我们得出以下四个结论：

第一，全国样本实证结果表明：消除内生性后，地区高质量发展和农业全要素生产率改进仍显著有利于农民财产性收入相对份额的提高，且影响边际进一步扩大；农业全要素生产率的正向贡献意义高于地区高质量发展；观察变量符号，与静态面板模型估计结果基本一致，这说明全国层面上的实证检验结果具有稳健性。

第二，东部地区的参数估计结果显示：东部地区的高质量发展转型和农业全要素生产率的提高均能够帮助改善农民财产性收入的相对份额；同时，与全国平均水平相比，高质量发展对东部地区农民财产性份额改善的贡献边际更强，亦强于该地区农业全要素生产率的正向贡献，这表明东部地区在高质量发展的系统推进上已取得了显著成效，能够囊括全要素生产率对农民结构性增收产生显著推力。

第三，中西部地区的实证检验结果表明：两地区全要素生产率的提高均对提升农民财产性收入相对份额具有积极意义，但西部地区的边际系数更强。在地区高质量发展层面，中西部产生了较为明确的异质性现象，西部地区与全国和东部地区类似，其高质量发展转型能够在较弱尺度上发挥提高农民财产性收入份额的正向效应，但是中部地区的这一结论则不明确，中部地区的高质量发展转型是否有助于农民财产性收入份额增加有待进一步的验证。

第四，其他控制变量如产业结构变动与农民财产性收入相对份额之间呈现显著的正相关关系，农民内部基尼系数与农民财产性收入相对份额间呈现明显的负相关关系，这与静态面板模型估计结果总体一致，但在财政分权指标和市场化指数层面，东中西部的估计结果有较大差异。其中对于分权指标而言，中西部地区的分权对农民财产性收入份额的影响结果与全国和东部恰好相反，这说明地方政府在支出行为偏好上具有一定的差异性，而类似的还有市场化指标，结果表明：相对西部地区而言，东部和中部相对发达地区的市场化进程似乎更有利于改善的是农民的经营性收入而非财产性收入，这可能与城乡一体化的程度及发展阶段有一定关系。

表 7　地区高质量发展影响农民收入结构变动的拓展回归模型（ERM）估计结果（一）（全国与地区样本）

变量	因变量：农民收入结构（财产性收入与经营性收入比）（FISC）							
	全国		东部		中部		西部	
	模型 9	模型 10	模型 11	模型 12	模型 13	模型 14	模型 15	模型 16
HQI	1.99*** (6.3)	0.28* (1.62)	2.6*** (5.03)	4.4** (2.4)	-0.34*** (-2.9)	0.28* (1.7)	0.03*** (4.33)	0.5* (1.6)
ATFP	4.5** (2.4)	0.11* (1.6)	0.23* (1.62)	0.23* (1.67)	0.78* (1.7)	0.03* (1.66)	4.21*** (4.1)	-0.004 (-0.33)
IS		0.003*** (13.1)		0.002*** (2.96)		0.003*** (6.99)		0.005*** (7.2)
FDM	-0.68*** (-4.3)		-0.43* (-1.67)		0.12* (1.67)		0.37*** (4.4)	
RGINI	-0.27* (-1.6)		-13.6** (-1.92)		-0.31** (-2.2)		-0.05* (-1.62)	
MR		0.01* (1.7)		-0.2** (-1.92)		-0.02*** (-3.3)		0.01** (1.62)
C	-4.5*** (-2.4)	-0.13* (-1.7)	5.35* (1.75)	0.63 (1.2)	-0.56 (-1.5)	0.08*** (2.7)	0.03 (1.2)	-0.08 (-1.24)
Log likelihood	405.5	-574.6	264.3	-221.4	298.2	119.8	557.4	558.1
Wald - χ^2	50.5***	459.3***	42.1***	136.5***	14.6***	17.0***	32.3***	52.9***
内生性是否消除	是	是	是	是	是	是	是	是
样本量	372	372	156	156	72	72	144	144

注：*** 表示假设检验在置信水平为 99% 时统计显著，** 表示置信水平为 95% 时统计显著，* 表示置信水平为 90% 时统计显著；括号内为 Z 统计量。

表 8　地区高质量发展影响农民收入结构变动的拓展回归模型（ERM）估计结果（二）（全国与地区样本）

变量	因变量：农民收入结构（对数化转移性收入与非转移性收入比）（LnFIST）							
	全国		东部		中部		西部	
	模型 17	模型 18	模型 19	模型 20	模型 21	模型 22	模型 23	模型 24
HQI	2.32*** (4.03)	2.36*** (4.1)	4.15*** (3.4)	4.3*** (3.4)	58.2*** (5.4)	19.5** (1.93)	2.2*** (3.3)	2.1*** (3.2)
ATFP	7.8* (1.7)	0.74*** (2.6)	2.0 (0.6)	2.11* (1.6)	0.3 (0.53)	0.63* (1.62)	11.7* (1.7)	1.08*** (3.1)
IS	-0.002** (-1.93)		-0.002* (-1.8)		0.11*** (8.3)		0.05** (2.55)	
FDM	-1.94*** (-3.6)		-1.24** (-2.3)		-17.8** (-2.2)		-1.98** (-2.3)	
RGINI		-0.11* (-1.6)		-0.72* (-1.6)		-1.8 (-1.2)		-0.92* (-1.7)
MR		0.04** (2.1)		-0.72** (-2.2)		0.48*** (3.7)		0.1*** (3.6)
C	-9.8*** (-2.2)	-51.1 (-1.2)	-4.6* (-1.62)	-3.3 (-0.7)	-8.45*** (-8.7)	-8.6*** (-4.9)	-13.96* (-1.8)	1.83* (1.7)
Log likelihood	-14.8	289.2	38.2	-212	200.6	165.1	8.9	2.5
Wald - χ^2	21.6***	24.6***	32.3***	26.5***	111.3***	17.8***	31.1***	290***
内生性是否消除	是	是	是	是	是	是	是	是
样本量	372	372	156	156	72	72	144	144

注：*** 表示假设检验在置信水平为 99% 时统计显著，** 表示置信水平为 95% 时统计显著，* 表示置信水平为 90% 时统计显著；括号内为 Z 统计量。

与表 7 相类似，表 8 中我们使用替代农民收入结构的另一指标——对数化农民转移性收入与非转移性收入比来进行实证检验，继续分区域实施参数估计并进行地区尺度比较，我们可以观察到以下四点规律：

第一，从全国样本的实证检验结果来看，仍然证实了地区高质量发展和农业全要素生产率提高分别与农民转移性收入比重间存在正相关关系的结论，这种统计学关系在消除内生性之后依然成立。同时，全国尺度上的几个控制变量与静态模型的估计结果和符号基本一致，表明假说中分权、产业结构、农民内部基尼系数及市场化水平的变动与农民转移性收入份额间的线性关系是正确的。

第二，从三大区域内部来看，不论是东部、中部还是西部地区，高质量发展战略均能显著提高农民转移性收入所占比例，并且参数估计结果也证实，农业全要素生产率的增进也是助推农民转移性收入比例扩张的重要积极因素，东部和中部地区的农民转移性收入份额贡献因素中，高质量发展进程的系统贡献要显著大于生产率，而西部地区却恰好相反，这表明西部欠发达地区仍然处于工业反哺农业、城市带动乡村发展的前期阶段。

第三，从全国和三大区域之间的比较来看，高质量发展驱动农民转移性收入份额提升的贡献边际中部最大、东部次之、西部最弱，东中部均超过全国平均水平，而西部稍弱于全国平均水平；但在另一层面，西部地区却在生产率驱动农民转移性收入份额的贡献边际中处于领先地位，东部次之、中部最弱，对这一结果进行分析不难发现，其与各地区城镇化和农业农村现代化所处的阶段十分密切，由于经济增长动力、实现路径和城乡关系的不同，其高质量发展和生产率变动所引发的农民收入结构变动机制也有所不同，因而导致了上述差异性后果。

第四，比较一下三大区域控制性变量的参数符号和系数，可以发现，东部地区的市场化调节力量更强，更加依赖的是跨越中等收入阶段后成熟市场的涓滴效应，而中西部地区更加偏好政府调节，其中，西部地区的政府干预属性更强。

（三）考虑间接效应机制：面板联立方程模型（PSEM）的实证分析

基于前面的统计检验结果，我们已基本识别并计算出了省际高质量发展和农业全要素生产率变动对农民收入结构影响的直接效应，但从理论上来看，持续的全要素生产率增进本来就会产生高质量发展的必然结果，是高质量发展的重要组成环节（王芳、曾令秋，2021）。因此，基于全要素生产率的视角，仍然存在通过高质量发展进一步引致农民收入结构变迁的间接效应，我们需要对其进行分解和识别。为达到这一目的，我们需要借助面板联立方程模型，通过关键方程识别的两阶段最小二乘估计法，来诊断间接机制的存在性和大小，构建的面板联立方程模型设定形式如下：

$$\begin{cases} FISC_{it} = \alpha_i + \beta_0 HQI_{it} + \beta_1 IS_{it} + \beta_2 FDMI_{it} + \beta_3 RGINI_{it} + \beta_4 MR_{it} + \varepsilon_{it} & (18) \\ HQI_{it} = \lambda_i + \phi_0 ATFP_{it} + \phi_1 IS_{it} + \phi_2 FDM_{it} + \phi_3 RGINI_{it} + \phi_4 MR_{it} + \eta_{it} & (19) \end{cases}$$

$$\begin{cases} LnFIST_{it} = \alpha_i + \beta_0 HQI_{it} + \beta_1 IS_{it} + \beta_2 FDMI_{it} + \beta_3 RGINI_{it} + \beta_4 MR_{it} + \varepsilon_{it} & (20) \\ HQI_{it} = \lambda_i + \phi_0 ATFP_{it} + \phi_1 IS_{it} + \phi_2 FDM_{it} + \phi_3 RGINI_{it} + \phi_4 MR_{it} + \eta_{it} & (21) \end{cases}$$

模型（18）至模型（21）分别表示了包含两种地方政府规模变量情境下的联立方程。其中，模型（19）和模型（21）是恰好识别方程，模型（18）和模型（20）是待估方程，根据联立方程估计识别的阶条件，可以使用两阶段最小二乘法（2SLS）对模型（18）和模型（20）进行参数估计，我们使用 STATA 16.0 估计的参数结果如表 9 所示。

表 9　地区高质量发展影响农民收入结构变动的联立方程模型估计结果（全国样本）

序列	因变量：农民收入结构（财产性收入与经营性收入比）（FISC）		因变量：农民收入结构（对数化转移性收入与非转移性收入比）（LnFIST）	
	模型 25	模型 26	模型 27	模型 28
HQI	1.41* (1.6)	1.92*** (5.9)	20.5* (2.45)	23.9*** (8.1)
IS	0.003** (2.47)		-0.01*** (-3.67)	
FDM	-0.89* (-1.66)		-6.7** (-2.2)	-7.37*** (-7.5)
RGINI		-0.26* (1.66)	-0.18 (-0.5)	-0.67*** (-2.71)
MR	-0.01 (-1.3)	0.01*** (3.7)	0.27** (2.2)	
C	0.11*** (8.0)	-0.12* (-1.58)	-5.73*** (-18.5)	-4.63*** (-9.8)
R^2	0.66	0.6	0.7	0.55
F - statistic	28.7***	23.9***	20.1***	15.3***
模型形式	FE - 2SLS	FE - 2SLS	FE - 2SLS	FE - 2SLS
修正方法	Ordinary	Cross-section SUR（PCSE）	White cross-section	White period
样本量	372	372	372	372

注：*** 表示假设检验在置信水平为 99% 时统计显著，** 表示置信水平为 95% 时统计显著，* 表示置信水平为 90% 时统计显著；括号内为 T 统计量；FE 为固定效应，RE 为随机效应。

表 9 中的模型 25 和模型 26 汇报了地区高质量发展对农民财产性收入相对份额

的影响，而模型27和模型28汇报了地区高质量发展对农民转移性收入比重的影响，观察实证结果，可以发现：

第一，考虑农业全要素生产率对地区高质量发展的间接效应后，全国层面上地区高质量发展进程对农民两类收入结构的正向边际影响明显提升，说明地区高质量发展作为一个系统性发展战略，可以与农业全要素生产率进步相协同，最大化提升农民财产性收入份额和转移性收入份额的积极效果。

第二，纳入间接传导效应后，所有控制变量的符号与之前的没有明显差别，只是系数大小略有波动，表明我们的估计结果总体上是可靠的，进一步观察各控制变量，仍然可以发现，分权和农民内部分化程度与两类农民收入结构间具备负相关关系，市场化程度与两类农民收入间具有正相关关系，产业非农化结构变动在有利于农民财产性收入份额提升的同时，在一定程度上也会抑制转移性收入份额的增进，是一把“双刃剑”。

五、稳健性检验

在前面，我们已通过多种模型和多重视角深入探析了地区高质量发展与农民收入结构之间的关系，并纳入农业全要素生产率变动这一中间性因素进一步考察了两者之间关系变动的机理，但是高质量发展本身是一个较为复杂的系统，高质量发展对农民收入结构的影响也是一个长期缓慢的过程，因此必须考虑跨期因素的影响；加之对于地区高质量发展水平的测度，仅使用一种评价方法可能存在选择性偏误问题，为了解决以上问题，我们需要对之前的参数估计实施稳健性检验，来确保参数估计的准确性。

实施稳健性检验，理论界常用的方法包括：工具变量（IV）法、样本替换法、变更模型法等都多种手段。对于我们的研究而言：一是可以使用工具变量的方法实施重估，在得到参数估计之后进行比较；二是可以使用变换模型的方法实施重估，以便更好地观察参数的可靠性。结合我们的需要，可将上述两种方法结合起来，一方面利用动态面板系统广义矩估计（SYS－GMM）方法诊断已有参数的符号，并验证农民收入结构跨期滞后效应的存在性。另一方面使用工具变量法，利用组合CRITIC权重评价法重新测度省域高质量发展指数 HQI_a 来替代现有高质量发展指标HQI，从而诊断参数有效性[①]。使用SPSSAU和STATA 15.0软件分别实施两种估计进行稳健性检验的结果如表10所示。

① 由于篇幅所限，使用组合CRITIC权重评价法测度省域高质量发展指数的具体步骤省略，指标体系仍沿用的是表1中的指标体系。

表 10　地区高质量发展影响农民收入结构变动的稳健性估计结果（SYS－GMM 与 IV 方法）

变量	因变量：农民收入结构（财产性收入与经营性收入比）（FISC）				因变量：农民收入结构（对数化转移性收入与非转移性收入比）（LnFIST）			
	模型 29 SYS－GMM	模型 30 SYS－GMM	模型 31 IV	模型 32 IV	模型 33 SYS－GMM	模型 34 SYS－GMM	模型 35 IV	模型 36 IV
FISC（－1）	0.89*** (718.9)	0.85*** (779.8)	0.85*** (203.4)	0.9*** (151.9)				
LnFIST（－1）					0.85*** (14.7)	0.87*** (37.4)	0.15** (2.4)	0.05*** (4.3)
HQI	0.18*** (64.6)	0.03*** (8.2)			－0.48 (－0.7)	0.2*** (5.1)		
HQI_a			0.13** (6.8)	0.28*** (8.3)			4.37*** (3.2)	
ATFP	0.01* (24.9)	0.02*** (45.3)	0.01*** (2.9)	0.01** (2.2)	0.24*** (5.01)	0.21** (17.1)	－0.14* (－1.94)	0.05** (2.1)
IS		0.0003*** (100.3)	0.0004* (19.1)			－0.003*** (－7.6)	－0.01*** (－4.7)	
FDM	－0.05** (－12.4)			－0.04** (－2.2)	－0.21* (－1.6)			－1.06*** (－3.5)
RGINI		－0.01** (2.94)	－0.01* (－1.6)			－0.08*** (－2.9)		－0.1* (－1.67)

续表

变量	因变量：农民收入结构（财产性收入与经营性收入比）(FISC)				因变量：农民收入结构（对数化转移性收入与非转移性收入比）(LnFIST)			
	模型 29 SYS－GMM	模型 30 SYS－GMM	模型 31 IV	模型 32 IV	模型 33 SYS－GMM	模型 34 SYS－GMM	模型 35 IV	模型 36 IV
MR	0.001*** (4.2)			－0.001* (－1.67)	0.04*** (5.8)		－0.04*** (－1.69)	0.27*** (2.9)
C	－0.03*** (－18.7)	－0.02*** (－46.7)	－0.04*** (－4.9)	－0.07*** (－7.3)	－0.62*** (－12.1)	－0.42*** (－20.5)	－3.2*** (－6.2)	－1.74*** (－28.3)
R^2			0.99	0.99			0.86	0.61
F 统计量	5220***	4989***	3913***	1797***	3221***	5053***	39.9***	37.1***
Arellano－Bond test for AR (1)	－1.7*	－1.75*			－4.33***	－4.3***		
Arellano－Bond test for AR (2)	－0.32	－0.3			1.6	1.58		
Sargan test/ Hausman test	27.1 (1)	28.7 (1)	10.8**	22.3***	29.6 (1)	30.6 (1)	274.4***	26.0***
估计方法	两阶段稳健估计	两阶段稳健估计	固定效应估计	固定效应估计	两阶段稳健估计	两阶段稳健估计	固定效应估计	固定效应估计

注：*** 表示假设检验在置信水平为 99% 时统计显著，** 表示置信水平为 95% 时统计显著，* 表示置信水平为 90% 时统计显著；Sargan test 中的括号表示卡方检验的显著性概率值；FISC（－1）表示 FISC 的滞后 1 期变量。

表10中的模型29、模型30、模型33和模型34汇报了系统广义矩估计（SYS - GMM）的实证结果，而模型31、模型32、模型35和模型36呈现了工具变量法的参数检验结果。其中在系统广义矩估计中，我们使用AR阶数来表示动态滞后项，用Sargan检验来验证工具变量内生性的消除情况；在工具变量法中，我们的实施过程仍然使用的是Hausman检验来验证固定效应或随机效应。根据各模型的检验结果，我们可以得到以下结论：

第一，从动态面板模型视角来看，两类代表农民收入结构的变量均具有十分显著的路径依赖现象，跨期棘轮效应非常明显。同时，地区高质量发展水平和农业全要素生产率增进均能够从统计上起到提高农民财产性收入相对份额和转移性收入比重的积极作用，这与静态面板模型的估计总体一致。

第二，使用工具变量替换原地区高质量发展指标后的实证检验表明：高质量发展和全要素生产率对同步改善两类农民收入结构的结论是稳健且可靠的，特别是在帮助改善农民转移性收入比重的尺度上，高质量发展的驱动能力要远大于全要素生产率的增进。

第三，验证其他控制变量的稳健性并比较发现，财政分权扩张与农民内部收入分化加剧的确会抑制农民财产性收入份额与转移性收入比重的逐步提升，而非农化产业结构的变动却会在提高农民财产性收入比例的同时，削弱农民转移性收入增长的份额。市场化水平虽然有助于提高农民的财产性收入相对份额，但是在是否影响农民转移性收入比例变动的维度上，结论仍不明确。

总之，通过表10的稳健性检验，我们基本上验证了核心待估参数的有效性，其主要结论也大都与前期的假设检验预期相一致。极少数未能通过一致性检验的变量，可能是由于其理论传导机制的复杂性和政策变迁的时效性所致，我们可留下作为未来研究的主攻方向。

六、结论与政策意蕴

以城乡高质量发展稳步推动农民增收和收入结构优化是我国“后全面小康时代”扎实推动全体人民共同富裕、实现乡村振兴的重大战略，而农民收入结构优化调整必须抓住扩宽农民增收渠道、实质性改善农民财产性收入可获得性和补齐农民转移性收入短板，消除城乡整体收入差距这两个“牛鼻子”（陈寒冰，2019）。因此，就需要各级政府从发展战略、农业政策和再分配机制多个维度设计农民收入结构调整的时间表和路线图。本文以农业全要素生产率作为独特视角，利用全国省际面板数据详细地考察了地区高质量发展与农民收入结构变动的相关关系，在系统性评估各省份研究期内农业TFP和高质量发展水平客观趋势的同时，也澄清了高质量发展影响农民收入结构的逻辑机制和相互关系，为我国政府在新发展阶段坚定实施农民收入倍增计划和中等收入群体培育计划提供了坚实的学理支撑。由于研究过程复杂且结论较多，我们梳理后总结归纳如下：

第一，我们的实证认为：高质量发展作为我国城乡经济发展模式的实践转型，其引发的动力变革、效率变革和质量变革可以系统性地推动我国农民收入结构改善。这种改善一方面体现在农民财产性收入份额的显著性提高，另一方面则体现在国家调节城乡收入层面转移性收入比重的明显上升。

第二，立足农业全要素生产率变动这一独特视角，我们发现：高质量发展推动农民两类收入结构改善涉及了直接引致效应和间接引致效应两个层面，除了已证实的直接效应外，高质量发展还可以通过迅速推动农业全要素生产率增进或与农业全要素生产率协同对农民收入结构改善起到助推作用。

第三，更加有趣的是，我们的研究进一步探讨了高质量发展影响农民收入结构变动的区域特征，发现地区异质性效应的真实存在性，东部地区因高质量发展水平一马当先，在快速提升农民财产性收入份额层面已处于“雁首”位置，而中西部地区虽然有“追赶之势”，但因受发展阶段所限，难免任重道远。所幸的是，中部地区已在有序提高农民转移性收入比重层面率先迈出了一步。

第四，我们的研究还顺便检验了影响农民收入结构其他关键变量的作用机制，发现分权体制、以城镇化和工业化为带动的产业结构变动、农民的群体收入分化、市场化转轨都对农民收入结构有深刻影响，其中，分权、产业结构、农民群体收入不平等对两类收入结构的影响是比较清晰的，但市场化是一把“双刃剑”，在持续推动改革的进程中，需要秉持更为审慎的态度。

结合上述结论，我们有以下政策建议供地方部门参考：

第一，实现地区高质量发展是一盘“大棋”，它是城市和农村、农业和非农业整体高质量发展转型的系统过程。因此，我们建议地方政府在推动农民增收或收入结构优化的过程中，不要将农村发展与城市发展、农业发展与非农业发展割裂开来，应将地区整体高质量发展的成果向农村和农业延伸，以更好、更快地带动农业全要素生产率的增长并推动农民财产性收入和转移性收入份额提高。

第二，要正确看待地区高质量发展对农民各类收入的差异化影响过程。根据我们的研究结果，高质量发展或农业全要素生产率的提高，会使农民的财产性收入和转移性收入增加更快，这体现在相对速度而非绝对规模上，并不等于高质量发展或农业全要素生产率的提高会抑制农民经营性收入或工资性收入的增长。事实上，由于现阶段农民增收最为困难的是财产性收入和转移性收入，因此应优先克服主要矛盾，再着力解决四类收入的相对协调问题。

第三，各地区应根据自己所处的发展阶段、经济结构和民生诉求及时调整部分体制机制安排，如东部地区要注意过度分权和市场化对提高两类收入结构的不利影响，而中西部地区则要更加小心防范农民内部财富分化对两类收入结构提升的抑制性后果，国家也要在整体层面做好全国尺度上农民内部群体不平等状况的侦测及干预。同时，注重城乡产业结构调整与农民收入结构变动方向的适配性。

参考文献

1. 陈斌开、马宁宁、王丹利：《土地流转、农业生产率与农民收入》，载《世界经济》2020年第10期。

2. 陈寒冰：《土地权利与农民财产性收入增长的关系》，载《郑州大学学报（哲学社会科学版）》，2019年第4期。

3. 陈晓枫、翁斯柳：《“三权”分置改革下农民财产性收入的特点和发展趋势》，载《政治经济学评论》2018年第2期。

4. 丁忠民、玉国华、王定祥：《土地租赁、金融可得性与农民收入增长——基于CHFS的经验》，载《农业技术经济》2017年第4期。

5. 段龙龙、王林梅：《财政支农、劳动力流动与城乡收入不平等》，载《劳动经济评论》2021年第2期。

6. 高帆：《我国区域农业全要素生产率的演变趋势与影响因素——基于省际面板数据的实证分析》，载《数量经济技术经济研究》2015年第5期。

7. 郭平、胡艺蝶、潘郭钦：《省直管县政策对农民收入的影响》，载《财经理论与实践》2017年第5期。

8. 何蒲明：《农民收入结构变化对农民种粮积极性的影响——基于粮食主产区与主销区的对比分析》，载《农业技术经济》2020年第1期。

9. 胡愈、陈晓春、许红莲：《城乡居民收入差距及农民收入结构分析——来自湘南国家示范区三市的证据》，载《经济理论与经济管理》2012年第10期。

10. 姜长云、李俊茹、王一杰、赵炜科：《近年来我国农民收入增长的特点、问题与未来选择》，载《南京农业大学学报（社会科学版）》2021年第3期。

11. 李金昌、史龙梅、徐蔼婷：《高质量发展评价指标体系探讨》，载《统计研究》2019年第1期。

12. 李梦欣、任保平：《新时代中国高质量发展的综合评价及其路径选择》，载《财经科学》2019年第5期。

13. 刘志彪、凌永辉：《结构转换、全要素生产率与高质量发展》，载《管理世界》2020年第7期。

14. 马茹、罗晖、王宏伟、王铁成：《中国区域经济高质量发展评价指标体系及测度研究》，载《中国软科学》2019年第7期。

15. 孙大岩、华志强、陈文茹：《基于SVAR模型的中国农民不同类型收入与“四化”关系》，载《重庆社会科学》，2020年第4期。

16. 王亚辉、李秀彬、辛良杰：《农业劳动生产率的提高缩小了农村居民收入差距吗?》，载《自然资源学报》2018年第3期。

17. 王小华：《中国农民收入结构的演化逻辑及其增收效应测度》，载《西南大学学报（社会科学版）》2019年第5期。

18. 王小鲁、樊纲、胡李鹏：《中国分省份市场化指数报告（2018）》，社科文献出版社2019年版。

19. 温涛、田纪华、王小华：《农民收入结构对消费结构的总体影响与区域差异研究》，载

《中国软科学》2013 年第 3 期。

20. 魏敏、李书昊：《新时代中国经济高质量发展水平的测度研究》，载《数量经济技术经济研究》2018 年第 11 期。

21. 吴国松、姚升：《要素市场扭曲背景下不同地域农民收入变动与结构优化研究》，载《经济经纬》2021 年第 1 期。

22. 肖卫、肖琳子：《二元经济中的农业技术进步、粮食增产与农民增收——来自 2001 ~ 2010 年中国省级面板数据的经验证据》，载《中国农村经济》2013 年第 6 期。

23. 许秀川、温涛：《经济增长、产业贡献与农民收入增长波动——基于宏观收入分配计量模型与谱分析的实证》，载《中国农业大学学报》2015 年第 3 期。

24. 郇红艳、谭清美、孙君：《工业化城镇化对农民增收影响的空间计量分析——基于安徽省县域数据》，载《统计与信息论坛》2014 年第 2 期。

25. 杨怡、王钊：《社会资本、制度质量与农民收入——基于 CHFS 数据的微观计量分析》，载《宏观经济研究》2021 年第 8 期。

26. 张乐、曹静：《中国农业全要素生产率增长：配置效率变化的引入——基于随机前沿生产函数法的实证分析》，载《中国农村经济》2013 年第 3 期。

27. 张宽、邓鑫、沈倩岭、漆雁斌：《农业技术进步、农村劳动力转移与农民收入——基于农业劳动生产率的分组 PVAR 模型分析》，载《农业技术经济》2017 年第 6 期。

28. 张平淡、袁赛：《决胜全面小康视野的农民收入结构与农业面源污染治理》，载《改革》2017 年第 9 期。

29. 郑晶、高孟菲：《农业机械化、农村劳动力转移对农业全要素生产率的影响研究——基于中国大陆 31 个省（市、自治区）面板数据的实证检验》，载《福建论坛（人文社会科学版）》2021 年第 8 期。

30. 朱学新：《我国农民收入的结构性差异与内部分化研究》，载《财政研究》2014 年第 11 期。

31. Abbeam G, Dagunga G, Ehiakpor D. Rural non-farm income diversification: implications on smallholder farmers' welfare and agricultural technology adoption in Ghana. *Heliyon*, 2020, 6 (11): 53 - 63.

32. Basurto M, Dupas P, Robinson J. Decentralization and efficiency of subsidy targeting: Evidence from chiefs in rural Malawi. *Journal of Public Economics*, 2020, 185 (3): 104 - 127.

33. Chamberlin J, Jayne T. Does farm structure affect rural household incomes? Evidence from Tanzania. *Food Policy*, 2020, 90 (1): 101 - 125.

34. Dib J, Alamsyah Z, Qaim M. Land-use change and income inequality in rural Indonesia. *Forest Policy and Economics*, 2018, 94 (3): 55 - 66.

35. Ding S, Meriluoto L, Reed W. The impact of agricultural technology adoption on income inequality in rural China: Evidence from southern Yunnan Province. *China Economic Review*, 2011, 22 (3): 344 - 356.

36. Djido A, Shiferaw B. Patterns of labor productivity and income diversification: Empirical evidence from Uganda and Nigeria. *World Development*, 2018, 105 (3): 416 - 427.

37. Foltz J, Guo Y, Yang Y. Lineage networks, urban migration and income inequality: Evidence from rural China. *Journal of Comparative Economics*, 2020, 48 (2): 465 - 482.

38. Gebeyehu B, Feleke S, Tufa A. Patterns and structure of household income inequality in rural Ethiopia. *World Development Perspectives*, 2018, 10 (2): 80 - 82.

39. Han W, Wei Y, Cai J. Rural nonfarm sector and rural residents' income research in China. An empirical study on the township and village enterprises after ownership reform (2000 - 2013). *Journal of Rural Studies*, 2021, 82 (1): 161 - 175.

40. Jiao M, Xu H. How do Collective Operating Construction Land (COCL) Transactions affect rural residents' property income? Evidence from rural Deqing County, China. *Land Use Policy*, 2021, 113 (2): 56 - 71.

41. Kumar P, Garg R. A study on farmers' satisfaction and happiness after the land sale for urban expansion in India. *Land Use Policy*, 2021, 109 (2): 108 - 123.

42. Miljkovic D, Jin H, Paul R. The role of productivity growth and farmers' income protection policies in the decline of relative farm prices in the United States. *Journal of Policy Modeling*, 2008, 30 (5): 873 - 885.

43. Nguyen H, Do H, Kompas T. Economic efficiency versus social equity: The productivity challenge for rice production in a "greying" rural Vietnam. *World Development*, 2021, 148 (4): 105 - 125.

44. Niu M. Fiscal Decentralization in China Revisited. *Australian Journal of Public Administration*, 2013, 72 (3): 251 - 263.

45. Weng Y, Zeng Y. Do rural highways narrow Chinese farmers' income gap among provinces? *Journal of Integrative Agriculture*, 2021, 20 (4): 905 - 914.

46. Yang D, Liu Z. Does farmer economic organization and agricultural specialization improve rural income? Evidence from China. *Economic Modelling*, 2012, 29 (3): 990 - 993.

47. Zhang J, Mishra A, Zhu P. Land rental market and agricultural labor productivity in rural China: A mediation analysis. *World Development*, 2020, 135 (3): 127 - 149.

Is Regional Quality Development Effective in Improving the Income Structure of Farmers—An Empirical Study from the Perspective of TFP Changes in Agriculture

Duan Longlong Pei Lianmu Zhao Tianhao

Abstract: Steadily improving and optimizing the structure of farmers' income in rural revitalization, and focusing on increasing the proportion of both property income and transfer income of farmers are inevitable choices for solidly promoting common prosperity in the Post - Complete Well-off Period. The transformation of the region to high quality development offers the possibility. Based on the unique perspective of DEA - Malmquist index to measure TFP changes in agriculture, the impact of inter-provincial high-quality development on farmers' income restructuring in China is explored in depth with the help of entropy TOPSIS evaluation model, feasible generalized least squares (FGLS) estimation, extended regression model and joint cubic equation model. The study finds that high-quality regional development that fully embodies the five development concepts can significantly increase the relative share of farmers' property income and the share of transfer income; total factor productivity changes in agriculture can have a synergistic effect of improving the structure of both types of farmers' income when embedded in the process of high-quality regional development. The structural adjustment of farmers' income driven by high-quality development in China has obvious regional heterogeneity, with the eastern part being the strongest, the central part the second strongest, and the western part the weakest in terms of the contribution margin of regional high-quality development to improve the relative share of farmers' property income, while the central part is the strongest, the eastern part the second strongest, and the western part the weakest in terms of the margin of high-quality development to improve the share of farmers' transfer income. After implementing robustness tests, the results still hold; the study concludes by confirming that the inter-provincial farmers' income restructuring in China has typical path-dependence effects, and that the path design for increasing the share of farmers' property and transfer income should flexibly focus on the organic adaptation with decentralization strategies, economic structural changes, market-oriented reforms and farmers' inter-subject wealth creation ability to form a systematic synergy for farmers' sustainable income increase. The systemic synergy of farmers' sustainable income increase should be formed.

Key words: *high quality development　farmers' income structure　total factor productivity in agriculture　panel data*

教育同质性婚姻匹配的收入分配效应研究

马继青*

摘　要：本文针对当前尚无定论的教育同质性婚姻匹配与家庭收入差距的关系，使用中国家庭追踪调查2018调查期的相关数据，利用工具变量回归模型和基于回归的夏普里值分解方法，从家庭视角探索了当代中国教育同质性婚姻匹配的收入分配效应。结果发现，高低两类不同教育层次家庭之间存在着显著的收入差距，高教育层次家庭的家庭收入大约比低教育层次家庭的家庭收入高出2倍。基于工具变量回归模型的夏普里值分解结果进一步表明，两分类下的教育同质性婚姻匹配对社会收入差距具有重要影响，大约解释了整体收入差距的30%。依据上述判断，从发展经济、完善社会保障制度、调整职业教育发展方向、畅通信息流动渠道以及开展以家庭为单位的税收等方面提出了相应的建议。

关键词：**教育　同质性　婚姻匹配　收入差距　夏普里值分解**

一、引言与简要文献回顾

社会主义的终极目标是实现共同富裕，但当前中国的收入差距仍然居高不下，基尼系数一直远超国际警戒线，这种收入分配格局已经成为国家共同富裕战略目标的掣肘。鉴于收入分配之于经济发展、社会稳定和人文共情的重要意义，学者们对这个问题一直给予高度关注。相关研究可粗略概括为两大类：一类涉及收入增长和不平等的关系（Kuznets，1955；Acemoglu and Robinson，2002；张来明、李建伟，2016；陈宗胜，2018）；另一类从制度变迁（李实，2020）、教育均衡（白雪梅，2004；杨娟等，2015）、发展战略（林毅夫、刘明兴，2003；罗楚亮，2018）、户籍制度（陈钊等，2009；章莉、吴彬彬，2019；郭月梅等，2020）、劳动力市场（赖德胜，1998；刘精明，2006；齐亚强、梁童心，2016；车四方等，2019；杨小忠、丁晓钦，2019）等诸多方面探索了收入差距的原因。一方面，这些研究立足于社会现实，从宏观和中观的视角为收入差距的缓解提供了指向明确且内容翔实的建议。但另一方面，目前针对这一问题从微观家庭视角的研究还相对较少。实际上，由于个体选择和社会目标的不一致性，微观家庭的行为目标往往很难达到社会

* 马继青，山东大学商学院博士研究生，临沂大学商学院讲师，E－mail：mjq73907@163.com。

最优。婚姻匹配市场模型（Becker，1973，1974）的创立以及婚姻匹配机制和算法（Gale and Shapley，2013）的设计，使作为家庭纽带的婚姻逐渐成为学术界的研究对象。有关研究显示，收入、职业地位、户籍、教育等方面的同质性婚姻匹配都会复制或创造社会阶层，并且极有可能会进一步固化社会的结构性不平等（李煜，2011）。

自20世纪90年代初期开始，教育的回报率渐次升高，其对人们婚姻决策的影响也日趋增加，众多学者开始逐渐探索教育同质性婚姻匹配与收入差距之间的联系，但是他们的研究结论并不一致：有的学者认为家庭类型分布的变化能调整家庭类型对组内和组间不平等的贡献，从而使得不平等程度得到改善（Breen and Salazar，2011）；有的学者认为高低两类教育层次群体的分布差异会导致两者对收入差距的贡献相互抵消，教育同质性婚姻匹配很难改变家庭收入不平等的趋势（Eika et al.，2019）；有的学者认为女性劳动参与率与教育同质性婚姻匹配的收入分配效应相关联，在女性劳动参与率较高的环境中，教育同质性婚姻匹配对收入差距的影响并不大（Boertien and Permanyer，2019）；还有的学者通过对收入分布的分解，认为尽管婚姻教育匹配在一定程度上扩大了家庭间的收入差距，但以往的研究有可能过高地估计了这种影响（江求川，2018）。当然，也有很多学者的研究支持教育同质性婚姻匹配会对收入差距产生重要影响的观点：有的学者认为，20世纪美国社会经济不平等的加剧和教育婚姻匹配趋势的增强基本呈平行趋势（Mare，2016）；有的学者认为，在中国，特定时期内的教育同质性婚姻匹配确实会增大社会的收入不平等（潘丽群等，2015；龚锋，2019）；还有的学者认为收入和性别等方面的不平等能加强教育的分类匹配，这种双向加强会引起更大程度的不平等（Eeckhaut and Stanfors，2021）。

总之，上述文献的梳理结果表明：一方面，与宏观和中观层次的研究相比，微观家庭视角对收入差距的研究相对较少；另一方面，尽管伴随教育回报率的提高以及婚姻匹配理论和婚姻匹配机制的发展，从微观家庭视角对收入差距的研究正在逐渐增多，但相关研究的结论并不一致，甚至相左。鉴于这一问题对改善整个社会收入分配格局的重要意义以及目前尚不明确的研究结论，本文利用中国家庭追踪调查数据①，重新构建教育同质性婚姻匹配的分类标准，采用村居和区县两个层面的主流婚姻匹配模式为工具变量对模型进行回归，并基于回归结果对夏普里值进行分解，再次探索教育同质性婚姻匹配的收入分配效应，以期对这一问题给出进一步的解释。

① 中国家庭追踪调查（China Family Panel Studies，CFPS）是由北京大学中国社会科学调查中心（ISSS）实施的一项跨学科大型社会追踪调查项目，该项目的调查内容包括家庭关系与家庭动态、经济活动和教育等诸多方面，调查范围涵盖全国25个省级行政单位，涉及样本家户中的所有成员，对全国总体的代表性较好。本文后续使用的数据均来源于此数据库。

二、模型构建与数据的描述性统计

(一) 模型的构建

为检验不同教育层次家庭之间的收入差距及其显著性，本文主要构建和使用工具变量回归模型；为分解不同教育层次家庭之间的收入差距对社会总体收入差距的贡献，本文主要使用基于工具变量回归模型的夏普里值分解方法。模型的基本形式为：

$$\mathrm{lninc}_i = \beta_0 + \sum_{k=1}^{j-1} \beta_k x_{ki} + \beta_j x_{ji} + \varepsilon_i \tag{1}$$

其中，lninc_i 为家庭 i 的收入对数，β_0 为常数项，模型右边第二项中的所有变量均为外生解释变量。鉴于中国家庭成员相互之间大都承担着无限的责任和义务（费孝通，1983），本文将以家庭为研究对象，并选择家主的部分信息作为家庭的代理变量进入模型。模型第三项中的变量为代表不同教育层次家庭的分类变量。以往此方面的研究大都使用夫妻双方学历完全相同的标准对家庭进行分类，但这种分类方式过于严格，因此，本文重新设计了一种新的分类标准，这种新的分类方法为：首先，根据婚姻匹配个体的教育层次将个体划分为“初中及以下”“高中类”“专科”“本科及以上”四类。其次，求取家庭双方类别差值的绝对值，将差值绝对值小于 2 的定义为教育同质性匹配，并在此基础上将匹配双方教育层次平均值的上限整数值作为家庭的类别，如果将前两类归为一类、后两类归为一类，则为两分类法，且前两类为低教育婚姻匹配组；如果在上述分类的基础上将“高中类”单独作为一类，则为三分类法，且“高中类”为中教育婚姻匹配组。最后，ε_i 为模型的扰动项。

上述模型主要为检验不同教育层次家庭之间的收入差距及其显著性而设计，单独利用这个模型并不能获知不同教育层次家庭之间的收入差距对社会总体收入差距的具体贡献，基于模型回归的夏普里值分解方法可以做到这一点，但传统研究大多缺乏对回归模型内生性的处理。鉴于此，本文首先利用村居和区县层面婚姻匹配的主流模式作为工具变量对上述模型进行回归，其次结合分解程序对模型变量的具体要求对上述工具变量模型进行精简并检验其稳健性，最后利用检验并估计好的模型，结合相关学者的研究（Wan，2002，2004；赵剑治、陆铭，2009；Shorrocks，2013），确定待分解的模型如下：

$$\mathrm{inc}_i = \exp(\widehat{\alpha_0})\exp\left(\sum_{1}^{i} \alpha_i x_i\right)\exp(\hat{u}) \tag{2}$$

公式（2）中左侧为家庭的收入，$\exp(\widehat{\alpha_0})$ 为常数项估计值的指数，当利用夏洛克斯（Shorrocks，2013）的方法对收入差距指数进行分解时，$\exp(\widehat{\alpha_0})$ 并不会影响收入差距指数的分解结果，$\exp(\hat{u})$ 对收入差距指数的贡献反映了模型中变量不能解释的收入差距部分。

（二）数据的描述性统计

考虑时效性以及数据的可得性，本文主要使用直至 CFPS2018 调查期仍为初婚且再婚（有配偶）的全国再抽样样本数据，因此，数据对这一群体具有较好的代表性。在对家庭层面的分析中，鉴于个体层面的变量不宜解释更高层级家庭的收入，所以本文首先根据各家庭决策者、主事者、房产所有者以及财务管理者等信息筛选出户主信息，然后以户主作为家庭的代理人进行分析。同时，统一测算了户主层面的职业社会经济地位指数作为户主职业和社会经济地位的代理变量。为处理内生性问题，本文使用工具变量法估计模型，并选取个体初婚年份所在村居和区县两个不同层面的主流婚姻匹配模式作为工具变量。相关数据的描述性统计结果如表 1 所示。

表 1　变量描述性统计结果

变量名称	变量单位/类别	最小值	均值	中位数	最大值
家庭年收入	元	293	57 686	43 252	1 026 016
家庭教育层次	0 低　1 高		0.119		
户主职业社会经济地位指数		20	34	29	90
户主教育水平	年	0	9	9	19
户主是否为工会会员	0 否　1 是		0.106		
户主是否为中国共产党党员	0 否　1 是		0.098		
户主民族	0 少数民族　1 汉族		0.889		
户主智力水平		1	5	5	7
户主年龄	岁	19	43	41	79
户主健康状况		1	3	3	5
户主性别	0 女　1 男		0.530		
户主行政/管理职位	0 无　1 有		0.091		
家庭城乡分组	0 乡村　1 城镇		0.457		
家庭南北分组	0 北方　1 南方		0.469		
样本量	604				

资料来源：根据 CFPS2018 期相关数据整理测算。

表 1 的统计信息显示，相对于家庭收入的中位数，家庭收入的均值更高，处于中位上的家庭并不能获取家庭总体的平均收入，家庭之间的收入不均衡确实存在，而且高教育层次家庭大约只占 12%，凸显了家庭教育层次意义上的不均衡。从均值和中位数来看，户主的职业社会经济地位指数相对来说都比较低，仅占最大值的 30%左右，而且也存在均值大于中位数的现象，这同样体现了户主在职业社会经济地位方面的非均衡。户主教育水平的均值和中位数均为 9 年，表明户主的受教育水平基本集中在初中阶段。户主为工会会员、党员和为少数民族的占比大约都为 10%。户主的智力水平和健康状况均为一般或一般偏上。户主大都为中年人，其样本的均值和中位数为 43 岁和 41 岁，两者相差不大。男性户主和女性户主的性别占比差距也较小，前者比后者大约高出 6 个百分点。从乡村和城镇家庭的占比来看，城镇家庭比乡村家庭大约低出 8 个百分点，南方家庭比北方家庭大约低出 7 个百分点。此外，只有大约 10%的户主拥有管理或行政职位。从上述统计结果来看，家庭教育层次上的差距、户主职业社会经济地位、户主是否为党员、是否为工会会员和所属民族情况等方面都存在着相对较为严重的非均衡情况，这些因素都有可能是社会收入差距的重要来源。下面，本文控制除家庭教育层次之外的其他因素，重点分析不同教育层次家庭之间的收入差距，并通过收入差距指数的分解探讨其对社会整体收入差距的具体贡献。

三、教育同质性婚姻匹配家庭间的收入差距检验

（一）模型选择

下面本文根据公式（1），把家庭收入对数作为被解释变量，把表 1 中的相关变量作为解释变量，构建对数到线性模型，重点分析不同教育层次家庭收入之间的差异及其显著性。为进行对比，本文同时呈现了家庭教育层次两分类法和三分类法的工具变量回归结果以及普通最小二乘法的回归结果，各模型的回归结果如表 2 所示。

表 2　模型的选择

变量	OLS 回归	两分类工具变量回归	三分类工具变量回归
高教育匹配组（两分类）	0.633*** (0.122)	1.113*** (0.255)	

续表

变量	OLS 回归	两分类工具变量回归	三分类工具变量回归
中教育匹配组（三分类）			2.007*** (0.774)
高教育匹配组（三分类）			2.375*** (0.571)
职业社会经济地位指数	0.010*** (0.003)	0.008** (0.004)	0.005 (0.004)
教育水平	0.034** (0.015)	0.021 (0.015)	-0.081* (0.044)
工会会员	0.426*** (0.106)	0.331*** (0.119)	0.260* (0.151)
中国共产党	0.006 (0.151)	-0.047 (0.155)	-0.122 (0.167)
汉族	0.542*** (0.190)	0.538*** (0.186)	0.635*** (0.196)
智力水平	-0.074** (0.036)	-0.073** (0.036)	-0.120*** (0.042)
年龄	-0.099*** (0.037)	-0.101*** (0.037)	-0.127*** (0.040)
年龄平方	0.001*** (0.000)	0.001*** (0.000)	0.001*** (0.000)
健康状况	0.034 (0.040)	0.033 (0.040)	0.019 (0.045)
男性	-0.070 (0.092)	-0.062 (0.091)	-0.082 (0.105)
有行政/管理职务	-0.007 (0.188)	-0.033 (0.187)	0.092 (0.201)
城镇	0.010 (0.104)	-0.007 (0.104)	-0.249 (0.162)
南部地区	0.253*** (0.091)	0.255*** (0.091)	0.208** (0.103)
常数项	11.663*** (0.922)	11.905*** (0.918)	13.322*** (1.126)

续表

变量	OLS 回归	两分类工具变量回归	三分类工具变量回归
AIC	1 824.701	1 832.256	1 987.353
BIC	1 890.754	1 898.310	2 057.811
K－P rk LM 统计量		44.610***	22.495***
K－P rk Wald F 统计量		28.759	5.952
Hansen J 统计量		5.608**	3.444
调整 R^2	0.163		
样本量	604		

注：***、**、*顺次表示变量回归系数在1%、5%、10%的显著性水平上显著。

根据表2的信息，从普通最小二乘法的回归结果来看，在两分类的情况下，高教育层次家庭的家庭收入高出低教育层次家庭的家庭收入比例大约为88%；从工具变量的回归结果来看，在两分类的情况下，这一差距大约为204%，在三分类的情况下，中等教育层次家庭的家庭收入高出低教育层次家庭的家庭收入比例大约为644%，高教育层次家庭的家庭收入高出低教育层次家庭的家庭收入比例更多，大约为975%，并且上述结果无论在统计上还是经济上都是很显著的。总之，无论上述哪个模型都表明高低两类不同教育层次家庭之间的收入差距十分显著。对于上述三个模型，从估计方法上来看，普通最小二乘法并没有处理内生性问题，因此，尽管这个模型的AIC和BIC值都最低，但是这个模型的估计结果并不可靠。对于两分类和三分类下的工具变量回归，两者都处理了内生性问题，但是无论从AIC还是BIC的值来看，两分类下的结果都要小于三分类下的结果，因此，可以断定两分类下的模型设计更为可靠。从工具变量的检验结果来看，两分类情况下的不可识别检验、弱工具变量检验都能很好地通过，如果稍稍严格一点，过度识别检验也没有问题，但三分类下的模型存在弱工具变量问题。因此，综合以上信息，本文选择使用两分类下的回归模型。

（二）模型稳健性检验

为进一步检验两分类模型的可靠性，本文继续从2010调查期、收入缩尾①、中位数回归等角度对模型进行稳健性检验。相关回归结果如表3所示。

① 由于我国的社会保障制度日益完善，因此对家庭收入小于研究期内国家最低生活标准的家庭进行了缩尾处理。根据国家统计局的标准，按每家3口均享受国家最低生活保障金计，2018年家庭的最低生活标准约为17 640元人民币。

表 3　　模型的稳健性检验

变量/统计量/样本量	回归结果			
	2010 调查期	中位数回归	收入缩尾回归	原始模型
高教育层次家庭	0.764** (0.300)	0.974*** (0.240)	0.787*** (0.196)	1.113*** (0.255)
其他解释变量	已控制	已控制	已控制	已控制
K－P rk LM 统计量	47.407***		56.258***	44.610***
K－P rk Wald F 统计量	23.796		52.486	28.759
Hansen J 统计量	0.117		4.053**	5.608**
样本量	942	604	604	604

注：** 、*** 顺次表示变量回归系数在 5% 、1% 的显著性水平上显著。

表 3 中列示的回归结果表明，无论是用 2010 调查期的数据进行回归，还是在 2018 调查期家庭收入的中位上进行回归，或者利用 2018 年的家庭最低生活标准进行缩尾回归，模型的回归系数相对来说都比较接近，高教育层次家庭的收入大约比低教育层次家庭的收入高出 115% ～165% ，与原始模型相比，这一差距比低教育层次家庭的收入低了 40% 左右。尽管两者在数值上并不完全一致，但是无论从统计上看还是从经济上看，这种差距都是很显著的。另外，从工具变量的检验结果来看，不可识别检验、弱工具变量检验和过度识别检验也基本没有问题。因此，可以认为模型是可靠的。

（三）交互效应分析

鉴于我国长期以来实行的城乡二元经济体制对经济和社会产生的深刻影响以及地理区位之于经济发展的重要意义，高低两类不同教育层次家庭之间的收入差异可能在城乡之间和地理区位之间呈现异质性。因此，本文也依据原始模型从城乡、东中西部和南北部[①]等不同层面对高低两类不同教育层次家庭之间收入差异的异质性进行了分析，具体分析的结果如表 4 所示。

表 4　　交互效应分析

变量	城乡交互	南北交互	东中西交互
高教育层次家庭	0.742*** (0.263)	1.108*** (0.282)	1.013*** (0.317)

① 地理区位东部、中部、西部按国家统计局的标准划分；南部、北部依安虎森、周江涛（2021）的标准进行划分。

续表

变量	城乡交互	南北交互	东中西交互
高教育层次家庭（城镇）	0.391 (0.327)		
高教育层次家庭（南部）		-0.026 (0.268)	
高教育层次家庭（中部）			0.053 (0.317)
高教育层次家庭（西部）			0.164 (0.299)
其他解释变量	已控制	已控制	已控制
样本个数	604	604	604

注：*** 表示变量回归系数在1%的显著性水平上显著。

表4的回归结果表明，尽管乡村和城镇各自内部高教育层次家庭和低教育层次家庭间的收入差距十分显著，并且在数值上也与整体的情况差别不大，但这一差距在乡村和城镇之间的差别却不显著，说明高低教育层次家庭之间的收入差距存在普遍性和稳定性。分南北和东中西区位交互的回归结果在基准区位上的差别较小，并且在南北和东中西两种区位分类下同样都显示了不同区位间高低两类不同教育层次家庭收入差距差异的非显著性。总之，无论是从城乡分类还是按不同标准的区域分类，表4的回归结果都证实了高低两类不同教育层次家庭之间收入差距的普遍性和稳定性，同时也证实了高低两类不同教育层次家庭之间的收入差距并未受到城乡、南北和东中西等维度的调节。

四、教育同质性婚姻匹配的收入差距贡献分解

本文利用工具变量法分析了高低两类不同教育层次家庭之间的收入差距，并在处理内生性的基础上进行了各种稳健性检验和调节效应分析，分析结果表明，高低两类不同教育层次家庭之间确实存在较为显著的收入差距，并且这种收入差距具有普遍性和稳定性，因此，这种差距一定会影响整个社会的收入分配状况。但是，上述分析并不能得到不同教育层次家庭之间收入差距对社会收入分配状况的具体贡献。鉴于回归基础上的夏普里值分解方法可以在一定数量解释变量的条件下分解各解释变量对总体收入差距的具体贡献，本文在此部分利用这种方法尝试得到高低两类不同教育层次家庭之间的收入差距对社会总体收入差距的具体贡献。

（一）模型的精简以及精简模型的可靠性检验

在本部分，本文使用联合国世界发展经济研究所开发的分解程序对收入差距贡献进行分解。根据开发者对分解程序的说明和笔者的实际操作检验，发现当回归模型变量和观测值的个数超过一定限度时，模型的分解将变得非常慢，分解过程十分耗时。鉴于此，本文首先对上述原始模型进行了精简处理，尽量保留相对常见和显著的变量作为解释变量。同时，继续利用前述工具变量及工具变量回归法对模型的内生性进行了处理，并从不同调查期、中位数、收入缩尾等方面对瘦身后的模型开展了相关稳健性检验，以确保估计结果的可靠性。为进一步检验精简模型及其估计结果的可靠性，本文还利用反事实的方法结合分位数回归模拟了数据的边缘分布，在此基础上对模拟数据和实际数据的核密度函数图进行了对比，从更为直观的角度检验了模型及其估计结果的可靠性。表 5 呈现了原始工具变量模型回归以及精简工具变量模型回归的回归结果。

表 5　　不同模型的回归结果比较

变量	原始模型 IV 回归	精简模型 IV 回归
高教育层次家庭	1.113*** (0.255)	1.212*** (0.204)
户主职业社会经济地位指数	0.008** (0.004)	0.009** (0.004)
户主教育水平	0.021 (0.015)	
户主为工会会员	0.331*** (0.119)	0.327*** (0.117)
户主为中国共产党党员	-0.047 (0.155)	
户主为汉族	0.538*** (0.186)	0.563*** (0.181)
户主智力水平	-0.073** (0.036)	-0.065* (0.035)
户主年龄	-0.101*** (0.037)	-0.102*** (0.036)
户主年龄平方	0.001*** (0.000)	0.001*** (0.000)

续表

变量	原始模型 IV 回归	精简模型 IV 回归
户主健康状况	0.033 (0.040)	
户主为男性	-0.062 (0.091)	
户主有行政\管理职位	-0.033 (0.187)	
城镇家庭	-0.007 (0.104)	
南方家庭	0.255*** (0.091)	0.235*** (0.091)
常数项	11.905*** (0.918)	12.121*** (0.878)
AIC	1 832.256	1 826.069
BIC	1 898.31	1 865.701
K-P rk LM 统计量及其显著性	56.258***	56.438***
K-P rk Wald F 统计量	52.486	71.728
Hansen J 统计量及其显著性	4.532**	4.473**
样本量	604	604

注：***、**、*顺次表示变量回归系数在1%、5%和10%的显著性水平上显著。

从表5列示的回归结果来看，当剔除了原始模型中户主教育水平、户主是否为党员、户主健康状况、户主性别、户主是否具有行政或者管理职位以及家庭城乡类别等不显著的解释变量以后，精简模型核心解释变量高教育层次家庭的回归系数与原始模型的回归结果差别并不大。在原始模型中，高教育层次家庭的家庭收入大约比低教育层次家庭的家庭收入高出204%，而在精简模型中，这一比例大约为236%。在模型选择的赤池信息准则和贝叶斯信息准则标准上，精简模型的估计值都略微小于原始模型的估计值，这在一定程度上支持了精简模型的可靠性。另外，从精简模型的工具变量检验结果来看，识别不足、弱工具变量和过度识别检验都能够较好地通过。为进一步验证精简模型的可靠性，本文同样对精简模型进行了稳健性检验，相关回归结果如表6所示。

表 6　　精简模型的稳健性检验

变量	回归结果				
	2010 调查期	中位数	收入缩尾	原始模型 IV	精简模型 IV
高教育层次家庭	1.171*** (0.219)	1.095*** (0.189)	0.986*** (0.173)	1.113*** (0.255)	1.212*** (0.204)
其他解释变量	已控制	已控制	已控制	已控制	已控制
K - P rk LM 统计量	54.458***		56.438***	56.258***	56.438***
K - P rk Wald F 统计量	39.542		71.728	52.486	71.728
Hansen J 统计量	0.078		4.554**	4.532**	4.473**
样本数	942	604	604	604	604

注：*** 、** 顺次表示各统计量在 1% 、5% 的显著性水平上显著。

表 6 中的各种稳健性检验结果呈现出以下特征：一是从核心解释变量的回归结果来看，无论是利用 2010 期调查数据的精简模型回归，还是利用 2018 期调查数据的中位数和数据缩尾回归，其结果都显示高低两类不同教育层次家庭之间收入差距的显著性，这种差距不仅在统计上是高度显著的，而且在经济上也是高度显著的，并且无论是原始模型回归，还是精简模型及其三种稳健性检验的回归，它们的回归结果都比较接近，高教育层次家庭的家庭收入均比低教育层次家庭的家庭收入高出接近 200%；二是从工具变量的表现来看，不可识别检验和弱工具变量检验在所有模型中都表现良好，过度识别检验的 Hansen J 统计量除在 CFPS2010 期调查数据的回归中表现良好以外，在其他模型中均在 5% 的显著性水平下拒绝了原假设，但如果稍稍严格按更低一点的显著性水平进行判断的话，也可以接受模型中工具变量的合理性。因此，从稳健性检验结果来看，精简模型的回归结果也是比较可靠的。

除了用各种不同的回归模型进行稳健性检验之外，为进一步直观地分析精简工具变量模型的可靠性，还可以通过比较利用不同模型模拟得到的收入数据分布的方法来判断精简工具变量模型的可靠性。为达到上述目的，本文使用分位数回归的方法用精简工具变量模型和原始工具变量模型模拟了家庭收入数据的分布，其具体步骤为：首先，利用统计软件随机抽取 500 个分位，并利用两类模型在抽取的每个分位上进行回归，得到各个分位上模型的估计；其次，针对某一个具体分位上的估计模型随机抽取 20 条观测，并根据对应的模型计算得到此分位上 20 个家庭收入的估计值；再次，重复这个操作 500 次，总共得到 1 万个模拟的家庭收入；最后，分别利用从两类模型得到的 1 万个家庭收入模拟真实的家庭收入分布。在得到利用精简工具变量模型模拟的收入分布和根据原始工具变量模型模拟的家庭收入分布以后，本文进一步做出两类分布的核密度函数图并进行对比，如果利用原始工具变量模型模拟得到的家庭收入分布和通过精简工具变量模型得到的家庭收入分布的核密度函数图比较接近，则证明模型的可靠性比较高，从而基于精简工具变量模型得到的分解结果就比较可靠；如果利用原始工具变量模型模拟得到的家庭收入分布和通过精简工具变量模型模拟得到的家庭收入分布的核密度函数图相差较大，则说明精简工具变量模型不能很好地解释家庭收入，从而依据精简工具变量模型得到的分解结果就不可靠。图 1 提供了利用原始工具变量模型模拟得到的家庭收入的核密度函数图和根据精简工具变量模型模拟得到的家庭收入的核密度函数图。

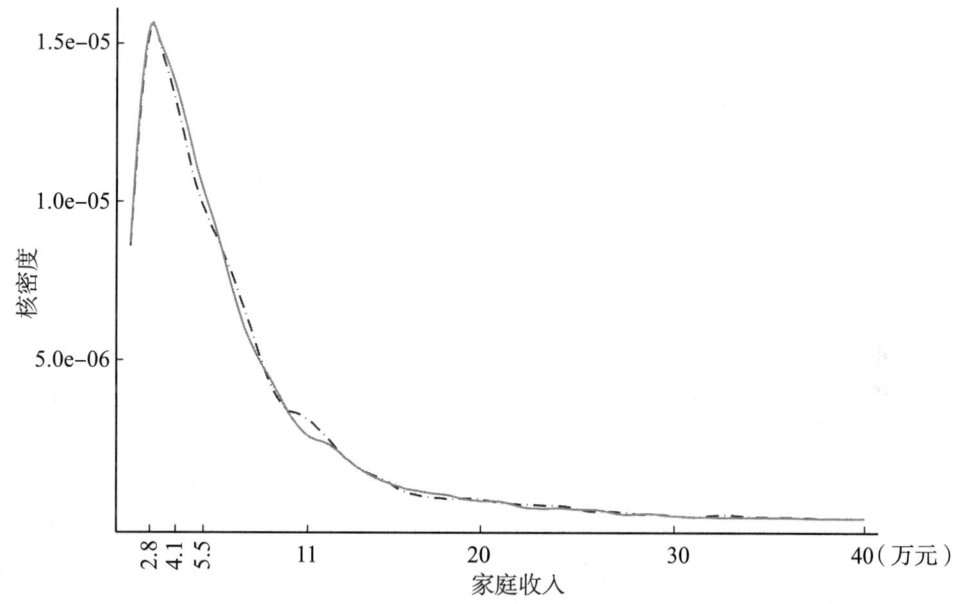

图 1　原始工具变量模型与精简变量工具变量模型模拟的家庭收入分布比较

注：图中利用两类模型模拟的家庭收入均根据 2018 年的全国最低生活保障标准进行了调整，按家庭中 3 名成员均享受全国最低生活标准计，只分析家庭收入大于等于 3 倍全国最低生活保障标准的家庭。2018 年的全国最低生活保障标准来源于国家统计局，大约为每人每年 5 880 元人民币。

从总体上看，图 1 中根据精简工具变量模型和利用原始工具变量模型模拟的家庭收入分布比较接近，除在收入为 11 万元人民币左右两类模型模拟的收入分布有较大差异外，在其他收入水平上两类模型模拟的家庭收入分布都基本重合，而且两类分布中年家庭收入超过 30 万元人民币的家庭占比都很低。此外，两类分布的众数都集中在 3 万元左右，中位数都在 4 万元左右，而均值都在 5.5 万元左右，同样显示了家庭收入中位数远远小于家庭收入均值的非均衡分布特点。因此，图 1 显示的上述两方面的特征至少从直观上验证了利用精简工具变量模型替代原始工具变量模型从要素贡献分解家庭收入差距的可行性。

尽管上述比较家庭收入分布的方式很直观，但这种比较在结论上仍然缺乏精准性。鉴于相对熵能够测度不同分布的离散程度，本文继续分别测算了真实家庭收入分布与根据精简工具变量模型和原始工具变量模型模拟的两类家庭收入分布的库尔贝克—莱伯勒散度。同时，本文也测算了根据精简工具变量模型和原始工具变量模型模拟的两类家庭收入分布的库尔贝克—莱伯勒散度。表7呈现了相关的测算结果。

表7　　不同家庭收入分布的库尔贝克—莱伯勒散度

以真实收入分布为测量基准的 KL 散度			以两类 IV 模型分别为测量基准的 KL 散度		
真实—原始 IV	真实—精简 IV	差值	原始 IV—精简 IV	精简 IV—原始 IV	差值
0.9554	0.9590	0.0036	0.0090	0.0093	0.0003

表7列示的测量结果表明，一方面，相对于真实的家庭收入分布，根据原始工具变量模型模拟的家庭收入分布和利用精简工具变量模型模拟的家庭收入分布都存在一定程度的信息损失，但与根据原始工具变量模型模拟的家庭收入分布相比，利用精简工具变量模型模拟的家庭收入分布信息损失更多，两者的信息损失差距为0.0036。因此，相对而言，利用原始工具变量模型模拟的家庭收入分布更接近于真实的家庭收入分布。另一方面，尽管库尔贝克—莱伯勒散度不满足对称性，但无论以哪类工具变量模型模拟的家庭收入分布为测度基准，根据两类工具变量模型模拟的家庭收入分布之间的差距都很小，说明尽管利用精简工具变量模型模拟家庭收入分布的信息损失稍多，但其与利用原始工具变量模型模拟的家庭收入的差别是很微弱的。综合以上两方面的信息，利用精简工具变量模型替代原始工具变量模型模拟家庭收入的分布具有一定的合理性。结合分解程序对变量数目的要求，本文下面以精简工具变量模型为基础对收入差距的贡献进行分解。

（二）基于精简模型的收入差距贡献分解

上述一系列检验结果均表明，精简工具变量模型的回归结果比较可靠，可以借助该模型的回归结果对不同教育层次家庭之间的收入差距贡献进行分解。利用前面介绍的基于模型回归的夏普里值分解方法以及精简工具变量回归模型得到的最终分解结果如表8所示。

表8　　家庭收入差距的变量贡献分解

不平等指数/贡献	G	GE_0	GE_1(T)
实际家庭收入的收入差距指数	0.451	0.483	0.379
高低教育层次家庭对收入差距的绝对贡献	0.141	0.122	0.146
高低教育层次家庭对收入差距的相对贡献	0.313	0.253	0.385

注：表中实际家庭收入的收入差距指数根据 CFPS2018 期实际调查数据测算，高低教育层次家庭对收入差距的绝对贡献利用精简工具变量模型模拟的数据测算，高低教育层次家庭对收入差距的相对贡献为高低教育层次家庭对收入差距绝对贡献与实际数据总体不平等指数的比值。

表8中对中等收入阶层收入变动敏感的基尼系数的分解结果表明，高低两类教育层次家庭之间的收入差距大约解释了总体收入差距的31%。由于参数取值为0和1的广义熵指数同样对中等收入阶层的收入变动敏感，因此它们的分解结果可以看作基尼系数分解结果的稳健性检验。从参数取值为0的广义熵的分解结果来看，高低两类教育层次家庭之间的收入差距解释了总体收入差距的25%多一点，从参数取值为1的广义熵的分解结果来看，这一比例大约为38%。上述分解结果说明，即使按最低的、参数取值为0时的广义熵指数的分解结果来看，25%的解释比例也足以对社会收入差距产生重大影响。因此，这些数据进一步印证了教育同质性婚姻匹配对家庭收入差距和社会收入分配格局的重要影响。

五、主要结论及建议

本文立足于当代中国社会收入差距仍然较大的现实，以及学术界对这一问题在宏观和中观层面的广泛讨论，针对微观层面仍存争议的婚姻匹配与收入差距的相互关系，主要使用CFPS2018调查期的相关数据，利用工具变量回归模型和基于回归的夏普里值分解方法，从家庭视角探索了当代中国教育同质性婚姻匹配的收入分配效应，具体结论如下：

第一，从回归结果来看，无论是教育层次的两分类法还是三分类法，在统计上均支持更高教育层次家庭收入超出相对较低教育层次家庭收入的结论，并且两分类和三分类下工具变量法的回归结果都显著高于普通最小二乘法的回归结果。从赤池信息准则、贝叶斯信息准则和工具变量的检验结果来看，家庭教育层次两分类下的模型要好于三分类下的模型。另外，模型从不同调查期、中位数回归和家庭收入数据缩尾回归等方面进行的稳健性检验结果也表明家庭教育层次两分类下的工具变量回归模型相对来说更为可靠，而这一模型的回归结果显示高教育层次家庭收入大约比低教育层次家庭的家庭收入高出两倍。

第二，家庭教育层次两分类下模型的交互效应回归结果表明，尽管从全国总体来看，高低两类不同教育层次家庭的家庭收入之间存在显著差距，乡村内部、城镇内部和南北、东中西各区域内部不同教育层次家庭的家庭收入之间也存在显著差距，但城乡之间、南北之间和东中西之间各类别高低两类不同教育层次家庭的家庭收入之间并不存在显著的差距，这说明高低两类不同教育层次家庭的家庭收入之间的差距存在普遍性和同质性。

第三，稳健性检验、工具变量检验、不同模型模拟的家庭收入数据的核密度函数图对比以及不同分布间的库尔贝克—莱伯勒散度测量等均支持了精简工具变量模型可以作为原始工具变量模型近似替代的结论，从而基于精简工具变量模型回归结果的、要素贡献意义上的家庭收入差距指数分解结果就是可靠的。从分解结果来看，无论是对收入分布中部的收入变动敏感的基尼系数，还是作为其稳健性检验的、参数取值为 0 和 1 的广义熵指数，其分解结果均表明高低两类不同教育层次家庭之间的收入差距贡献了整体收入差距的 30% 左右。因此可以断定，教育同质性婚姻匹配是家庭间收入差距的重要原因。

既然教育同质性婚姻匹配是导致家庭间收入差距的重要因素，那么，如何弱化婚姻匹配中的教育匹配就是解决问题的关键，这需要逐渐剥离婚姻匹配中的教育维度以及更深层次的经济维度。上述问题可以从以下几个层面来考虑：

第一，关键是要继续大力发展生产力。恩格斯在《家庭、私有制和国家的起源》一书中指出，“结婚的充分自由，只有……把今日对选择配偶还有巨大影响的一切附加的经济考虑消除以后，才能普遍实现。”① 这一论断深刻地揭示了物质自由之于婚姻自由的重要意义。在教育回报率仍居高位、社会财富仍不能达到极大丰富以及收入分配仍未合意的当下，强调这一点尤为重要。

第二，实质上，教育同质性婚姻匹配并不是造成家庭间收入差距的根本原因，其背后的教育回报率才是。社会就业中的教育信号机制、职业教育的发展乏力以及产业结构的不合理致使普通高等教育和职业教育的回报率与其本应具有的贡献之间存在较大偏离，因此，应该借助产业结构调整机遇通过职业教育改革将职业教育和产业发展紧密对接，使其在经济发展中做出应有的贡献并得到合理的报酬。

第三，应该继续完善教育基本公共服务均等化的相关措施，从区域、城乡、财政资金分配和教学、教师资源共享以及制度设计等角度深入推进教育基本公共服务均等化的改革，尽力为不同层次的个体提供均等的受教育机会，让情感成为婚姻匹配的主要维度，增加适龄青年的随机化婚姻匹配。

第四，应不断完善社会保障制度，从医疗、就业和养老等方面为个体提供更为健全的保障措施。根据相关学者的研究，历史上婚姻产生的一个重要原因就是规避风险（陈志武，2022），教育同质性婚姻匹配盛行背后的逻辑就是结婚对象的高教育回报率可以规避未来家庭可能遇到的风险。从这个角度来看，完善的社会保障制度有助于婚姻匹配的随机化。

第五，一方面，同质性婚姻匹配会形成不同层级家庭间的信息“茧房”，从而导致这些不同教育层次家庭之间的信息传播受阻；另一方面，当今社会是一个信息社会，信息就是生产力，数据生产要素的价值正在于其承载的信息所蕴含的生产力。因此，畅通信息的流通有助于改善同质性婚姻匹配造成的家庭间的收入差距状况。

当然，除上述一些措施之外，还应该继续倡导自由恋爱的社会风尚，从文化的角度促进婚姻的随机匹配。此外，从政府的角度来看，以家庭为单位的税收也可以在一定程度上达到矫正教育同质性婚姻匹配的目的。

① 恩格斯：《家庭、私有制和国家的起源》，人民出版社 2018 年版，第 88 页。

参考文献

1. 白雪梅：《教育与收入不平等：中国的经验研究》，载《管理世界》2004 年第 6 期。

2. 车四方、谢家智、姚领：《社会资本、农村劳动力流动与农户家庭多维贫困》，载《西南大学学报（社会科学版）》2019 年第 2 期。

3. 陈钊、陆铭、佐藤宏：《谁进入了高收入行业？——关系、户籍与生产率的作用》，载《经济研究》2009 年第 10 期。

4. 陈志武：《文明的逻辑——人类与风险的博弈》，中信出版集团股份有限公司 2022 年版。

5. 陈宗胜：《中国居民收入分配通论：由贫穷迈向共同富裕的中国道路与经验——三论发展与改革中的收入差别变动》，格致出版社 2018 年版。

6. 费孝通：《家庭结构变动中的老年赡养问题——再论中国家庭结构的变动》，载《北京大学学报（哲学社会科学版）》1983 年第 3 期。

7. 龚锋：《中国婚姻匹配模式及其对家庭收入不平等的影响》，载《武汉大学学报（哲学社会科学版）》2019 年第 2 期。

8. 郭月梅、方敏、张文涛：《户籍身份、社会流动性与再分配偏好——基于 CGSS - 2015 的实证研究》，载《武汉大学学报（哲学社会科学版）》2020 年第 1 期。

9. 江求川：《婚姻中的教育匹配对中国收入差距的影响》，载《中南财经政法大学学报》2018 年第 2 期。

10. 赖德胜：《教育、劳动力市场与收入分配》，载《经济研究》1998 年第 5 期。

11. 李实：《中国特色社会主义收入分配问题》，载《政治经济学评论》2020 年第 1 期。

12. 李煜：《婚姻匹配的变迁：社会开放性的视角》，载《社会学研究》2011 年第 4 期。

13. 林毅夫、刘明兴：《中国的经济增长收敛与收入分配》，载《世界经济》2003 年第 8 期。

14. 刘精明：《市场化与国家规制——转型期城镇劳动力市场中的收入分配》，载《中国社会科学》2006 年第 5 期。

15. 罗楚亮：《收入差距的长期变动特征及其政策启示》，载《北京工商大学学报（社会科学版）》2018 年第 1 期。

16. 潘丽群、李静、踪家峰：《教育同质性婚配与家庭收入不平等》，载《中国工业经济》2015 年第 8 期。

17. 齐亚强、梁童心：《地区差异还是行业差异？——双重劳动力市场分割与收入不平等》，载《社会学研究》2016 年第 1 期。

18. 杨娟、赖德胜、邱牧远：《如何通过教育缓解收入不平等?》，载《经济研究》2015 年第 9 期。

19. 杨小忠、丁晓钦：《劳动力匹配、收入分配与资本主义积累的社会结构稳定性》，载《世界经济》2019 年第 8 期。

20. 张来明、李建伟：《收入分配与经济增长的理论关系和实证分析》，载《管理世界》2016 年第 11 期。

21. 章莉、吴彬彬：《就业户籍歧视的变化及其对收入差距的影响：2002 - 2013 年》，载《劳动经济研究》2019 年第 3 期。

22. 赵剑治、陆铭：《关系对农村收入差距的贡献及其地区差异——一项基于回归的分解分析》，载《经济学（季刊）》2010 年第 1 期。

23. Acemoglu D, Robinson J A. The political economy of the Kuznets Curve. *Review of Development Economics*, 2002, 6 (2): 183 - 203.

24. Becker G S. A theory of marriage: Part Ⅰ. *Journal of Political Economy*, 1973, 81 (4): 813 - 846.

25. Becker G S. A theory of marriage: Part Ⅱ. *Journal of Political Economy*, 1974, 82 (2): S11 - S26.

26. Boertien D, Permanyer I. Educational assortative mating as a determinant of changing household income inequality: a 21 - country study. *European Sociological Review*, 2019, 35 (4): 522 - 537.

27. Breen R, Salazar L. Educational assortative mating and earnings inequality in the United States. *American Journal of Sociology*, 2011, 117 (3): 808 - 843.

28. Eeckhaut M C W, Stanfors M A. Educational assortative mating, gender equality, and income differentiation across Europe: a simulation study. *Acta Sociologica*, 2021, 64 (1): 48 - 69.

29. Eika L, Mogstad M, Zafar B. Educational assortative mating and household income inequality. *Journal of Political Economy*, 2019, 127 (6): 2795 - 2835.

30. Gale D, Shapley L S. College admissions and stability of marriage. *The American Mathematical Monthly*, 2013, 69 (5): 9 - 15.

31. Kuznets S. Economic growth and income inequality. *American Economic Review*, 1955, 45 (1): 1 - 28.

Income Distribution Effects of Educational Assortative Mating

Ma Jiqing

Abstract: In view of the inconclusive relationship between educational assortative mating and family income gap, using the data of CFPS2018 and IV regression model and regression-based Shapley-value decomposition method, this paper explores the income distribution effect of contemporary Chinese educational assortative mating from the family perspective. The results show that there is a significant income gap between families with high and low education levels. The income of families with high education level is about two times higher than that of families with low education level. The Shapley-value decomposition results based on the instrumental variable regression model further show that educational assortative mating under the two categories has an important impact on the social income gap, explaining about 30% of the overall income gap. Based on the above judgments, corresponding suggestions are put forward in terms of developing the economy, improving the social security system, adjusting the development direction of vocational education, smoothing the channels of information flow, and developing family-based taxation.

Key words: *education homogeneity marriage matching income gap Shapley-value decomposition*

住房自有会阻碍就业吗?

——来自中国家庭追踪调查（CFPS）数据的证据

马俊龙　宁光杰*

摘　要：本文研究住房自有和就业之间的关系，并检验住房自有阻碍就业的假说（Oswald，1996）在中国的适用性。运用 CFPS 2010 年和 2014 年数据，本文发现，与租房相比，拥有自有住房对城镇劳动者就业总体具有正向影响，但对不同年龄段劳动者的影响不同：显著降低了 16～29 岁年轻人的就业概率，增加了 45～60 岁劳动者的就业概率。拥有自有住房的劳动者具有较低的工资、较少的更换工作次数，这可以解释住房自有对就业的促进作用。本文强调不能忽视住房自有对年轻劳动力流动和就业的不利影响，以及拥有多套住房形成的资产财富效应对就业参与的弱化作用。

关键词：自有住房　就业选择　Biprobit 模型

一、引言

近些年，我国房价持续快速上涨，导致居民生活负担加重，这引起政府和学界的广泛关注。房价的持续上升，既与土地价格、市场竞争等供给因素有关（王岳龙，2011；况伟大，2012），也与地方政府的土地政策相联系（高兴波、张前荣，2011）。此外，居民需求也是催高房价的重要因素之一（白文周，2012）。受传统文化的影响，我国居民十分重视家庭生活，而“有房才有家”“结婚前必须买房”

* 马俊龙，四川农业大学经济学院讲师、硕士生导师；宁光杰，山东大学商学院教授、博士生导师，本文通讯作者，E-mail：gjning@sdu.edu.cn。本文受国家自然科学基金面上项目“信息技术发展、技能转换与农村劳动力产业流向研究”（项目编号：71973081），以及 2019 年度山东省社科规划研究项目优势学科项目“信息技术发展对我国劳动就业及收入分配的影响研究”（项目编号：19BYSJ39）的资助。

的观念深入人心，再加上我国男女比例失调，更加剧了这种现象（吴晓瑜等，2014）。对家庭的重视增加了住房需求，导致我国较高的住房自有率。此外，房屋租赁市场的不完善又“挤出”了倾向于租房的群体。由于房屋租赁市场的不健全，租房者没有稳定的预期。为了避免不确定性带来的损失，居民可能选择相对成本更高的购房而非租房，从而也推高了我国的住房自有率。数据显示，我国2017年自有住房拥有率高达89%。[①] 相比较而言，欧美等发达国家的住房自有率较低，例如美国的住房自有率在60%左右，欧洲高福利国家丹麦、瑞典和德国等国家的住房自有率甚至在40%左右（Rosenfeld，2015）。

与房价持续上升的趋势不同，我国经济进入“新常态”，面临增长速度换挡、结构调整和消化复苏这样一个“三叠期”。据国家统计局数据，我国2015～2018年国内生产总值同比增长分别只有7.0%、6.8%、6.9%和6.7%，低于2014年全年7.4%的增速，经济仍然面临下行的压力。[②] 随着我国经济增长速度的放缓，企业对劳动力的需求增幅也下降，吸纳就业的能力减弱，失业问题凸显。经济结构的调整使得国有企业的比重下降，劳动力市场自由化程度提高，这些因素都引起较高的失业率（韩军等，2006）。失业率的上升不仅影响居民增加收入，扩大收入差距，而且影响社会稳定。另外，我国流动人口的规模增速放缓，到2015年末，流动人口总规模为2.47亿人[③]，低于2014年末的2.53亿人，部分地区“用工荒”现象越发突出。与此同时，虽然我国流动人口总体规模较大，但大部分是从农村地区流向城镇地区。如果将流动人口分为乡乡流动、乡城流动、城城流动和城乡流动，则后两项代表城镇户籍人口流动性的占比不到25%（马小红等，2014）。流动人口为我国的经济建设提供了强大的动力，流动人口规模减小、流动频率降低将带来一系列问题。

以上两个问题之间是否存在内在的联系呢？住房自有是否限制了劳动力流动，导致就业困难呢？住房自有率与失业率之间关系的专门研究始于奥斯瓦尔德[④]，其研究指出，不同国家和地区自有住房拥有率与失业率之间存在正相关关系，即自有住房拥有率越高，失业率越高。其内在机理为：由于购买以及处置房产成本高昂，而且处置周期较长，拥有自有住房的家庭相比较租房家庭而言，其劳动力流动性较差，劳动力流动的不充分又导致失业率的上升，此即为奥斯瓦尔德假说。我国学者对自有住房的研究主要集中于以下几个方面：自有住房与家庭消费（尹志超、甘犁，2009；陈健、高波，2012；陈斌开、杨汝岱，2013）、自有住房与幸福感（李涛等，2011；孙伟增、郑思齐，2013）等。对于自有住房对劳动力就业选择等方

① 《中国家庭金融调查报告2017》。

② 国家统计局网站，https：//data. stats. gov. cn/easyquery. htm？cn = C01。

③ 《中国流动人口发展报告2016》。

④ 实际上更早的研究来自休斯和麦考密克（Hughes and McCormick，1987）以及博韦尔等（Bover et al.，1989），但自奥斯瓦尔德（Oswald，1996）的研究之后，该问题得到更广泛的关注。

面的研究较少，本文的研究能在一定程度上弥补该方面研究的短缺。从学科发展的角度看，强化房地产市场和劳动力市场之间的内在关联是一项前沿课题，尤其在2007～2008年全球金融危机之后（Laamanen，2017）。从政策层面看，党的十九届四中全会通过的《中共中央关于坚持和完善中国特色社会主义制度、推进国家治理体系和治理能力现代化若干重大问题的决定》指出（以下简称“党的十九届四中全会《决定》”），健全有利于更充分更高质量就业的促进机制，从房地产市场建设方面促进就业质量的提高是一条值得重视的机制。

本文以城镇居民为例进行研究，主要考虑到农村居民的住房自有率比城镇地区高、没有住房的家庭较少，而且农村的房产价值普遍较低，财富效应较小，可能不足以对就业产生较大影响。城镇居民的住房与农村居民的情况不同，在住房制度改革之前，就业状态与住房产权情况高度相关。中华人民共和国成立后相当长的时间内，为了配合经济建设，我国实行低工资制度。低工资的实行挤压了居民消费。与低工资制度相对应，我国实行了公房低租金制度。需房单位提交建房申请后，政府无偿提供土地，并由政府或需房单位出资建房，分配给需房职工，而职工只需要缴纳极低的租金。公房低租金制度使得就业与住房之间高度相关，尤其是对于国有单位和集体单位的就业人员来讲。但是公房低租金制度在随后的发展中弊端不断显现，政府以及供房单位财政负担加重，导致住房供应逐渐下降，住房改革迫在眉睫。因此，从20世纪80年代开始，我国实行住房改革。80年代初开始提高供房租金，以期达到商品化水平，但进展缓慢。公房提租受挫后，从90年代初开始，房改转向以出售公房为主：单位以低廉的价格向职工出售公房并开始实行住房公积金制度。截至2000年，城镇地区可出售公房已基本出售成为私房，极大促进了住房商品化建设（宁光杰，2009；包宗华，2010）。同时逐步取消福利分房体制，确立货币化和私有化政策。公房私有化改革结束后，未分到住房的职工和新进入企业的职工都需要在房地产市场上购买商品房，就业状态不再对居民住房产生直接影响。

在住房改革的同时，城镇劳动力市场也同样发生了变化。中华人民共和国成立初期相当长一段时间内，我国实行高度集中的计划经济体制，与之相对应，劳动力资源的配置也由行政指令决定。国家采用“统包统配”方式配置劳动力，终身制使得就业具有“铁饭碗”性质，没有失业风险（李小瑛、赵忠，2012）。随着改革开放的不断深入，计划经济逐渐向市场经济过渡，劳动资源配置机制发生深刻变化。1991年开始实行全员合同制，终身制退出历史舞台，促使劳动力市场快速发展。1997年开始国有企业改革，大量城镇劳动者下岗、失业，进入再就业大军[①]，也推动了城镇劳动力市场的完善。与此同时，农村劳动力开始向城镇地区转移，进一步加剧了城镇地区劳动力市场的竞争，促进了劳动力资源配置的市场化。住房改

① 虽然其可能仍保有从原单位购买的住房。

革与劳动力配置方式的改变使得住房与劳动力的供需均由市场决定，打破了二者在改革开放前的必然联系，在一定程度上减轻了本文住房产权变量存在的内生性问题。

本文运用 CFPS 2010 年、2014 年数据，研究了住房自有和就业之间的关系。研究发现，与租房相比，拥有自有住房对城镇劳动者就业总体具有正向影响，但对不同年龄段劳动者的影响不同：它显著降低了 16 ~ 29 岁年轻人的就业概率，增加了 45 ~ 60 岁劳动者的就业概率。拥有自有住房的劳动者具有较低的工资、较少的更换工作次数，这可以解释住房自有对就业的促进作用。本文强调不能忽视住房自有对年轻劳动力流动和就业的不利影响，以及拥有多套住房形成的资产财富效应对就业参与的弱化作用。本文以下部分结构安排如下：第二部分是相关的文献回顾；第三部分讨论经验模型、相关的估计方法以及数据描述和变量说明；第四部分是实证研究的估计结果及分析；第五部分为结论及相关政策建议。

二、文献回顾

自有住房拥有率与失业率关系的专门研究始于奥斯瓦尔德（Oswald，1996），他认为拥有住房的家庭由于处置房屋需要时间及其相关成本，相较于租房家庭，在劳动力市场上的流动性较差，因此失业率也较高，此即奥斯瓦尔德假说。奥斯瓦尔德利用经济合作与发展组织（OECD）国家的宏观数据研究后得出结论，自有住房拥有率每上升 10%，失业率上升 2%。自从奥斯瓦尔德提出该假说之后，众多学者采用不同的数据和不同方法对该假说进行验证，得到相似的结论（Pehkonen，1999）。尼克尔和莱亚德（Nickell and Layard，1999）同样利用 OECD 国家数据，但增加了更多的控制变量，例如工会普及率以及失业保险等方面的变量，结果该效应从 2% 下降到 1.3%。格林和亨德肖特（Green and Hendershott，2001）利用美国各州的数据发现，该效应仅在中年个体中存在，对年轻个体和老年个体则没有影响。年轻劳动力由于缺少财富积累，对地区的依附性较低；而老年人由于劳动力参与率较低导致其效应较小。而且该效应对非户主的影响要大于对户主的影响。

上述研究均采用的是宏观数据，宏观数据忽略了劳动者的异质性，并没有考虑该问题中存在的内生性或者样本选择问题，即拥有住房的个体天生就更倾向于安定。相比较租房而言，购买房屋在长期中成本可能更低，因此，并不是由于其购买了房屋而不外出就业，而是其本身就倾向于不外出流动从而购买房屋。库尔森和菲舍尔（Coulson and Fisher，2002）利用美国 2000 年人口普查数据，从个体层面数据出发，控制了样本的年龄、受教育程度、婚姻状况、种族以及家庭特征和所在地区特征等，得出与奥斯瓦尔德相反的结论，即拥有自有住房的劳动者更不容易失业，个体是否拥有自有住房与失业概率负相关。蒙克等（Munch et al.，2006）采用微观数据，并将该效应分为两个方面：首先，拥有房屋带来的较低流动性将影响个体外出就业，这点符合奥斯瓦尔德假说；其次，为了弥补房屋在外出工作方面的不便，劳动者会降低本地工作的保留工资，从而促进本地就业。而自有住房拥有率对失业率的影响要考虑二者之后的净效益。在考虑选择偏差的前提下，他们发现拥有房屋将阻碍外出就业，但会增加本地就业，而且总体来讲，自有住房拥有率与失业率呈负相关关系。此外，还有学者补充了其他影响机制。罗文德和内坎普（Rouwendal and Nijkamp，2010）强调房贷会给住房自有者更大的压力去寻找工作。莫斯卡奇（Morescalchi，2016）认为住房自有者由于对本地劳动力市场更了解，能够更有效率地进行工作搜寻，从而有利于就业。

在考虑到奥斯瓦尔德假说中可能存在的内生性问题后，各国学者开始重新验证该假说。巴里奥斯和罗德里格斯（Barrios and Rodríguez，2004）采用三阶段最小二乘法发现了相反的结论，即自有住房拥有率每上升10%，失业率会下降2.3%。库尔森和菲舍尔（Coulson and Fisher，2009）利用美国的数据，并运用工具变量法解决内生性问题，也得出了相似的结论，即自有住房拥有率每上升10%，失业率下降11%，并且拥有自有住房的劳动者的工资水平更低。此外，巴图等（Battu et al.，2008）首次采用英国数据研究了该问题，发现住房自有限制了劳动力流动。并且他们比较公租房与私人租房后发现，公租房者因难以接受非本地工作，更难走出失业。针对运用宏观数据和微观数据所得出的结论不一致的情况，拉马宁（Laamanen，2017）使用微观数据的同时加入了宏观方面的变量——地区的住房自有率，并将其作为核心解释变量，在采用外生的政策作为工具变量解决内生性问题之后，得出结论：拥有住房的人更不可能失业，但住房自有率与失业率之间仍存在正相关关系，地区的住房市场会对劳动力市场产生外部不经济。较高的地区住房自有率导致家庭其他消费支出下降，从而降低社会总需求，不利于微观个体就业。

在上述文献中，工具变量的选取主要集中在三个方面：第一，以更高行政区划的宏观数据，即更高层次的住房自有率为工具变量（Coulson and Fisher，2009）；第二，以家庭过去特征作为工具变量，如出生地、父母在某一时段住房自有情况（Munch et al.，2006）；第三，以地区的相关政策作为工具变量，如租房政策变化（Laamanen，2017）。不同的工具变量各有其优劣，前两类工具变量一般具有很强的相关性，但外生性假定往往难以得到满足，如宏观的地区住房自有率可能由于存在对劳动力市场的外部性而影响到个体的就业选择。而最后一类工具变量由于属于政府决策，很可能较好地满足外生性假定，但这种工具变量往往可遇而不可求。

我国学者在这方面的研究较少。刘斌、幸强国（2013）利用CGSS数据，分析了公共住房对失业率的影响，发现入住公共住房能够显著降低失业后找工作的积极性。类似的还有邓宏乾等（2015）的研究，他们发现提高廉租房的住房补贴能够降低外出工作的积极性，对本文的研究也有借鉴作用。但是上述文章的研究重点为公共住房，并没有普遍的代表性。

三、模型设定和数据来源

（一）理论模型

本文的理论模型主要来源于蒙克等（Munch et al.，2006）的理论框架。假定存在两个相互分割的劳动力市场，即本地劳动力市场和外地劳动力市场，并且劳动者工作地点和居住地点在同一个劳动力市场内。本地劳动力市场的聘约抵达率（arrival rate for job offer）为 α_l，外地劳动力市场为 α_o，两个市场的聘约工资（wage offer）具有相同分布，记为 F(w)。失业劳动者可以获得失业保险金，为 b；贴现率为 ρ；并且假设工作永久持续。因此，具有代表性劳动者就业状态下收入现值为：

$$V^E(w) = \frac{w}{\rho} \tag{1}$$

首先考虑没有自有住房的失业者的情形。假设失业者在两个劳动力市场之间的流动成本为零（相对于有房失业者的迁移成本而言），则根据工作搜寻模型可知，失业者的预期永久收入 V^U 可由下式表示：

$$\rho V^U = b + (\alpha_l + \alpha_o)\int_{w^*}^{\bar{w}}\left(\frac{w}{\rho} - V^U\right)dF(w) \tag{2}$$

其中，w^* 为保留工资。当工资处于保留工资水平时，失业者就业和继续失业的终生收入是相同的，即 $\frac{w^*}{\rho} = V^U$，因此，$w^* = \rho V^U$，代入公式（2）可得：

$$w^* = b + \frac{\alpha_l + \alpha_o}{\rho}\int_{w^*}^{\bar{w}}(w - w^*)dF(w) \tag{3}$$

在上述假定下，由于不存在本地劳动力市场和外地劳动力市场之间的迁移成本，失业者在两地的劳动力市场上的保留工资是相同的，均为 w^*。

其次考虑拥有自有住房的失业者，由于自有住房存在处置成本等，其在两地劳动力市场存在迁移成本 c，因此，拥有自有住房失业者的预期收入为：

$$\rho\tilde{V}^U = b + \alpha_l\int_{w_l^*}^{\bar{w}}\left(\frac{w}{\rho} - \tilde{V}^U\right)dF(w) + \alpha_o\int_{w_o^*}^{\bar{w}}\left(\frac{w}{\rho} - c - \tilde{V}^U\right)dF(w) \tag{4}$$

由于拥有自有住房失业者在本地劳动力市场上的保留工资 $w_l^* = \rho\tilde{V}^U$，而在外地的保留工资 $w_o^* = \rho\tilde{V}^U + \rho c$。由于迁移成本的存在，导致外地的保留工资高于本地的保留工资。将两个保留工资代入公式（4）得：

$$w_l^* = b + \frac{\alpha_l}{\rho}\int_{w_l^*}^{\bar{w}}(w - w_l^*)dF(w) + \frac{\alpha_o}{\rho}\int_{w_o^*}^{\bar{w}}[w - (w_l^* + \rho c)]dF(w) \tag{5}$$

公式（3）减公式（5）并整理可得：

$$w^{*} - w_{l}^{*} = \frac{\alpha_{l} + \alpha_{o}}{\rho}\left[\int_{w^{*}}^{\bar{w}} (w - w^{*})dF(w) - \int_{w_{l}^{*}}^{\bar{w}} (w - w_{l}^{*})dF(w)\right] + \frac{\alpha_{o}}{\rho}\int_{w_{l}^{*}}^{w_{o}^{*}} (w - w^{*})dF(w) + c\alpha_{o}[1 - F(w_{o}^{*})] \quad (6)$$

在此讨论没有自有住房失业者保留工资 w^{*} 与拥有自有住房失业者在两个市场上保留工资 w_{l}^{*} 和 w_{o}^{*} 的大小。首先分析 $w^{*}-w_{l}^{*}$，假设 $w^{*}-w_{l}^{*}\leqslant 0$，则公式（6）右侧第一项为正，又因为右侧第二项和第三项均为正，所以等式右侧为正，但与假设矛盾，因此只有当 $w^{*}-w_{l}^{*}\geqslant 0$ 时，才能够满足等式（6）。同理可证 $w^{*}-w_{o}^{*}\leqslant 0$，因此：$w_{l}^{*}\leqslant w^{*}\leqslant w_{o}^{*}$。

由上述推论可知，相较于没有自有住房的失业者而言，拥有自有住房的失业者在本地劳动力市场具有较低的保留工资，而在外地劳动力市场则有较高的保留工资。而较低的保留工资能够增强失业者在劳动力市场上的竞争性，从而提高就业概率。因此本文推断，拥有自有住房能提高劳动者的就业概率，使其不会失业。

（二）二元 Probit 模型与内生性

由于本文的被解释变量为是否有工作或者是否外出务工，而核心的解释变量为是否拥有个人住房，属于二元变量，故基本模型采用离散选择模型——Probit 模型。本文将上述理论模型的实证模型设为：

$$EMPLOY_{i} = \alpha \cdot HOU_{i} + \beta \cdot X_{i} + \mu_{i} \quad (7)$$

其中，$EMPLOY_{i}$ 为是否就业，HOU_{i} 为核心解释变量，即是否拥有自有住房，X_{i} 为其他控制变量，包括人口统计学特征变量、家庭特征变量和地区特征变量等，μ_{i} 为随机误差项。

但 Probit 模型可能由于以下两个方面的原因存在内生性问题。首先，就业特别是外出就业的劳动者收入往往较高，因而具有更强的购买力，就更有可能成为自有住房者，这种反向因果的存在将导致内生性。其次，是否购买房产与是否工作之间可能受到共同的因素影响，遗漏变量也能带来内生性问题。一般而言，越富有创造精神以及冒险精神的劳动者找到工作的可能性越高，更倾向于外出务工。相对于这部分劳动者而言，拥有住房可能成为其扩展事业的阻碍，其购买房产的倾向更小。而那些乐于享受安稳生活的劳动者更希望留在本地工作，对于这部分劳动者而言，购买房产比租房在长期中成本更低，而且更为有保障。这部分劳动者购买房产的可能性就较高。因此，就业与购房均是个人性格特征所导致的结果，个人性格特征难以观测形成的遗漏变量将导致内生性。

如果这种联立性存在，则 Probit 模型就不尽完善，需要补充一个模型：

$$HOU_{i} = 1[Z_{i}\delta + v_{i} > 0] \quad (8)$$

其中，$1[\cdot]$ 是示性函数，当 $Z_i\delta + v_i > 0$ 时取1，否则取0。Z是工具变量，工具变量要求与模型中随机解释变量高度相关，但却不与随机误差项相关，也就是说它与个人购买房产相关，但不影响劳动力是否工作的决策。u_i 和 v_i 均为随机扰动项，并且满足 $Cov(u_i, v_i) \neq 0$。

要对模型（7）和模型（8）进行估计，不可直接用Logit或Probit分步估计，因为内生变量（是否拥有房产）也是离散的变量，传统的IV Probit模型只能解决内生变量为连续变量的情形，因此本文采用Biprobit模型。

不失一般性，假设：

$$u_i = \rho v_i + \varepsilon_i \tag{9}$$

其中，假设 u_i 和 v_i 均服从正态分布，$u_i \sim N(0, 1)$，$v_i \sim N(0, 1)$，因此 $\varepsilon_i \sim N(0, 1-\rho^2)$。

将公式（9）代入公式（7），得：

$$EMPLOY_i = 1[X_i\beta + \gamma \cdot RATE_i + \rho v_i + \varepsilon_i > 0] \tag{10}$$

其中，$RATE_i$ 为本文选取的工具变量，即样本所在区县的住房自有率。

（三）数据来源及相关变量选取

本文的数据来源于中国家庭追踪调查（China Family Panel Studies，CFPS）2010年度调查数据。CFPS采用科学的抽样方法，覆盖除我国西藏、青海、新疆、宁夏、内蒙古、海南、香港、澳门和台湾之外的25个省份，目标样本规模为16 000户，调查对象包含样本家户中的全部家庭成员。收集了样本中个人、家庭以及社区三个层次的数据，涵盖了人口统计学特征、家庭收入支出以及社区相关信息，能够作为本文研究问题优质的数据来源。本文最终涉及158个区县的5 234个城镇户籍样本。

城镇居民和农村居民在住房与工作二者的关系处理方面存在很大差异，由于自建住房也被认为是拥有自有住房，因此农村地区的住房自有率是相当高的。但是农村地区的外出务工规模巨大，而且农村的自建住房市场价值往往比较低，因而迁移成本也较低，其选择外出务工时是否拥有住房可能对其产生的影响较小。因此，本文将重点放在城镇居民，只考虑城镇户籍的样本。

本文的核心被解释变量为是否就业或者是否外出就业，在剔除正在上学、入伍、退休或离休、年迈无法工作、因残疾或疾病而丧失劳动能力和在家做家务等样本，将有工作的设为1，没有工作的设为0。而核心解释变量为是否拥有自有住房，拥有完全房屋产权和与单位共有产权的样本设为1①，租房、政府或单位免费提供、

① 在这种情况下，就业仍会影响住房，为避免内生性，我们在下面的稳健性检验中将与单位相关的样本（与单位共有产权、单位免费提供）剔除。

亲友借住等没有房产等情况的样本设为0。亲友借住等情况本文并没有将其视为拥有自有住房，而是视为不交房租的租房。

此外，本文其他控制变量包括个体的人口统计学特征变量，包括性别、年龄、受教育程度（分为初中、高中、本科及以上三个虚拟变量）以及是否是党员或民主党派等，是否是党员或民主党派表征的是个人的社会网络等特征；家庭特征变量包括是否结婚、家庭人口数量、16岁以下子女数量、父母受教育年限以及随礼金额等，随礼金额是家庭社会网络的代理变量；为了控制省份等固定效应，加入了五个地区虚拟变量（基准组为西北地区）。[①] 经过数据处理，样本有效数据共5 234个，表1是相关数据的描述性统计。样本中城镇住房自有率为83.9%，保持在较高的水平。

表1　相关变量的描述性统计

变量	解释	观测值	均值	标准差	最小值	最大值
work	就业=1，否则=0	5 234	0.733	0.442	0	1
houses	拥有自有房产=1，否则=0	5 234	0.839	0.367	0	1
countyrate	区县住房自有率	5 234	0.839	0.134	0	1
unemprate	地区失业率	5 234	0.267	0.084	0.028	0.438
个人特征变量						
male	男性=1，否则=0	5 234	0.565	0.496	0	1
age1	年龄	5 234	39.513	10.343	16	60
health	自评健康状况，“比较健康”“非常健康”=1，否则=0	5 234	0.517	0.500	0	1
middle	初中学历	5 234	0.307	0.461	0	1
high	高中学历	5 234	0.288	0.453	0	1
bachelor	本科及以上学历	5 234	0.288	0.453	0	1
party	共产党员、民主党派=1，否则=0	5 234	0.156	0.363	0	1
marriage	已婚=1，否则=0	5 234	0.829	0.376	0	1
家庭特征变量						
familysize	家庭规模	5 234	3.732	1.497	1	17
children	16岁以下子女数量	5 234	0.519	0.658	0	8

① 东北地区包括黑龙江、吉林和辽宁；华北地区包括河北、山西、内蒙古、北京和天津；华东地区包括山东、江苏、安徽、浙江、福建、江西和上海；中南地区包括河南、湖北、湖南、广东、广西和海南；西南地区包括重庆、四川、贵州、云南和西藏；西北地区包括陕西、甘肃、青海、宁夏和新疆。

续表

变量	解释	观测值	均值	标准差	最小值	最大值
家庭特征变量						
work_couple	配偶有工作 =1，否则 =0	5 234	0.514	0.500	0	1
fedu	父亲受教育年限	5 234	4.503	5.213	0	22
medu	母亲受教育年限	5 234	3.771	4.663	0	16
socialnw	随礼金额（对数）	5 234	6.653	2.735	0	10.820
地区特征变量						
dongbei	东北地区 =1，否则 =0	5 234	0.237	0.425	0	1
huabei	华北地区 =1，否则 =0	5 234	0.097	0.296	0	1
huadong	华东地区 =1，否则 =0	5 234	0.257	0.437	0	1
huazhong	华中地区 =1，否则 =0	5 234	0.286	0.452	0	1
xinan	西南地区 =1，否则 =0	5 234	0.059	0.236	0	1

四、实证结果

（一）住房自有对就业影响的基本分析

本文分别利用 Probit 模型和 Biprobit 模型进行住房自有对就业影响的回归分析，回归结果如表 2 所示。表 2 中前两列为 Probit 模型的回归结果，第（3）和第（4）列分别是 Biprobit 模型第一阶段和第二阶段的回归结果。由回归结果可知，与租房相比，住房自有显著提高了劳动者的就业概率，Probit 模型中的提高概率为 6.3%，在考虑了内生性的 Biprobit 模型中，就业概率提高到 7.2%。也就是说，从微观层面来看，住房自有率与失业率之间是呈负相关关系的，即住房自有率越高，就业率越高而失业率越低。这一结果与国外研究结论基本一致（Barrios and Rodríguez，2004；Coulson and Fisher，2009；Laamanen，2017）。国外学者的研究中，使用宏观数据的往往倾向于支持奥斯瓦尔德假说，而使用微观数据的结论则通常与奥斯瓦尔德假说相悖。其中的原因可能是宏观数据无法观测到劳动者的异质性，而劳动者的就业决定都是其根据自身条件和约束进行效用最大化的选择。微观层面的数据很好地控制了劳动者的异质性，使估计结果更接近真实情况。

表 2　　住房自有对就业的影响（边际效应）：基本模型

变量	Probit 模型		Binary Probit	
	(1)	(2)	(3)	(4)
houses	0.063*** (0.015)	0.056*** (0.016)		0.072** (0.033)
countyrate		0.060 (0.046)	0.818*** (0.036)	
unemprate	-0.798*** (0.102)	-0.803*** (0.102)	0.089 (0.086)	-0.665*** (0.085)
个人特征变量				
male	0.083*** (0.012)	0.083*** (0.012)	-0.009 (0.010)	0.062*** (0.012)
age1	0.042*** (0.005)	0.042*** (0.005)	-0.009** (0.004)	0.029*** (0.005)
age2	-0.000525*** (5.55e-05)	-0.000523*** (5.56e-05)	0.000136*** (4.85e-05)	-0.000341*** (5.78e-05)
health	0.031*** (0.012)	0.031*** (0.012)	0.006 (0.010)	0.030*** (0.012)
middle	0.013 (0.019)	0.014 (0.019)	0.008 (0.017)	0.017 (0.020)
high	0.058*** (0.020)	0.060*** (0.020)	0.009 (0.017)	0.055*** (0.020)
bachelor	0.214*** (0.022)	0.215*** (0.022)	0.052*** (0.019)	0.214*** (0.023)
party	0.132*** (0.020)	0.130*** (0.020)	0.025* (0.015)	0.127*** (0.020)
marriage	-0.031 (0.020)	-0.031 (0.020)	0.015 (0.016)	-0.015 (0.020)
家庭特征变量				
familysize	-0.001 (0.005)	-0.001 (0.005)	0.034*** (0.004)	0.023*** (0.005)
children	-0.017 (0.011)	-0.017 (0.011)	-0.030*** (0.009)	-0.035*** (0.011)

续表

变量	Probit 模型		Binary Probit	
	(1)	(2)	(3)	(4)
家庭特征变量				
work_couple	0.078*** (0.013)	0.077*** (0.013)	0.013 (0.011)	0.074*** (0.013)
fedu	-0.003* (0.002)	-0.003* (0.002)	-0.002 (0.001)	-0.004** (0.002)
medu	0.001 (0.002)	0.001 (0.002)	0.001 (0.001)	0.002 (0.002)
socialnw	0.003 (0.002)	0.003 (0.002)	0.009*** (0.002)	0.009*** (0.002)
Region dummy	Yes	Yes	Yes	Yes
Observations	5 234	5 234	5 234	5 234
Adj - R^2	0.123	0.123	0.171	
ρ				-0.060

注：括号中数字为标准差，*、**、***分别表示在0.1、0.05和0.01显著性水平上显著，下同。

由第三部分的理论模型可知，拥有自有住房的劳动者在本地寻找工作时的保留工资要低于租房劳动者，而较低的保留工资又增强了其在本地劳动力市场的竞争力，从而提高了就业概率。奥斯瓦尔德假说认为住房自有率与失业率呈正相关关系是由于住房的处置成本较高，导致有房劳动力的流动性较差，劳动力流动的不充分又导致了失业率的上升。出现这种矛盾是因为奥斯瓦尔德假说是从宏观层面分析住房自有率与失业率之间的关系，高住房自有率导致该地区劳动力的流动性较差，搜寻匹配的成本以及难度增大，从而导致了较高的失业率。但从劳动者个人角度来讲，虽然由于拥有自有住房而导致其流动性变差，但是为了避免外出寻找工作带来的高昂的迁移成本，其会更加积极地在本地寻找工作，具体体现在其可能拥有更低的保留工资、更愿意接受较差的工作环境等，从而增强了拥有自有住房劳动者在本地的竞争力，提高了其就业概率。本文将这种效应称之为自有住房对就业的补偿效应①，而自有住房对就业的总体效应则由对劳动力流动的阻碍作用和补偿效应的具体大小所决定。因此，结果出现正向的影响表示补偿效应的正向影响要大于阻碍作用的负向影响。本文研究的样本是城镇户籍劳动力，与农村劳动力较强的流动性不

① 蒙克等（Munch et al.，2006）的论文将自有住房者为了避免外出而降低本地劳动力市场的保留工资这种影响称之为“countervailing effect”。

同，城镇户籍劳动力的流动性本身较低，其在户籍地以外地区务工的比例较小[①]，因此自有住房对就业的影响更多地体现在补偿效应而非阻碍效应，从而出现自有住房对就业的正向影响。

其他解释变量基本符合预期。男性的就业概率要高于女性，原因可能是目前我国劳动力市场上仍然存在性别歧视现象。年龄对就业的影响呈倒“U”形，一开始就业概率随年龄增长而增大，到达顶点后开始下降。越健康的劳动者其就业的概率越大，健康作为一种人力资本对就业起到关键作用。学历越高，就业概率越高，失业的可能性就越小。而且初中学历相对于小学学历和文盲在就业时并没有显著的正向作用，说明我国目前劳动者的受教育程度逐渐上升，初中学历已不能满足劳动力市场的需求。此外，拥有党员或民主党派身份的劳动者的就业可能性高。父亲受教育年限对就业影响为负，父亲受教育年限是家庭资产等情况的代理变量，出现负向关系可能表示现在存在一定的“啃老”现象。另外，随礼金额作为社会关系的代理变量，对就业也起到积极的促进作用。

使用工具变量的前提是模型具有内生性，为了验证模型选择是有效的，本文遵循奇布里斯等（Chiburis et al.，2011）的建议，使用 Murphy's Score Test 对模型进行检验。检验结果显示，在1%的显著性水平下无法拒绝“binary probit 模型是真实的”这个原假设，说明本文选取的模型是有效的。[②]

工具变量的选取需要满足两个条件：一是相关性，选取的工具变量要和是否拥有住房有关；二是外生性，选取的工具变量与是否有工作不相关。根据以往文献选取工具变量的经验，本文选取的工具变量为样本所在县区的住房自有率，该自有率通过计算进入回归方程家庭的住房变量均值得到。这样选择的原因是相同地区的传统和文化具有相似性，县区住房自有率会影响个体是否买房，对个体买房具有一定的示范作用，因而相关性特征是满足的。[③]

本文的工具变量可能由于住房市场与劳动力市场之间的外部性而存在问题。拉马宁（Laamanen，2017）在论文中指出，住房市场和劳动力市场之间可能是互相影响的。首先，拥有自有住房的劳动力由于流动性较差而留在本地工作，导致本地劳动力市场竞争加剧，从而影响其他劳动力就业。其次，“邻避效应（not-in-my-backyard，NIMBY）”使得本地居民因为担心企业带来的空气、水源污染和拥挤问题而拒绝企业迁入该地区，也会影响劳动力的需求从而提高失业率。本文从两个方面间接证明工具变量的外生性条件。首先，本文采用拉马宁的方法，同时加入个人住房情况以及区县住房自有率［见表2第（2）列回归结果］，但结果与其存在差异，区县住房自有率并不显著，证明我国住房市场对劳动力市场的外部性可能不存

① 本样本中劳动力跨省务工的比例仅为5%。

② 具体的检验结果为 chi2（9）=9.50，Prob > chi2 =0.3925。

③ 具体而言，针对弱工具变量的检验，一般认为F检验值大于10就不需要担心弱工具变量问题，经计算，本文F检验值为735.72，远大于要求的临界值，故而工具变量与内生变量具有较高的相关性。

在。其次，上述两种住房市场的外部性都是通过影响一个地区的失业率进而影响个人的就业概率，本文在控制变量中加入了地区的失业率情况①，进一步减轻了可能存在的工具变量内生的情况。

（二）异质性分析

表3是不同年龄段住房对就业影响的净效应的回归结果，上面是Probit模型的结果，而下面是Biprobit模型的结果。虽然住房自有对劳动者就业的影响总体而言为正，但对不同年龄段的劳动者则呈现出不同的结果。从Biprobit模型的结果看，对于青年劳动者（16～29岁），住房对就业的影响为负，但仅在10%的显著性水平下显著；对壮年劳动者（30～44岁）的影响不显著；而对中老年劳动者（45～60岁）影响为正，且在1%的显著性水平下显著。青年劳动者的阻碍效应大、补偿效应小的原因可能是由于青年劳动者的流动性更强，更倾向于外出寻找更好的就业机会，因而自有住房产生更多的是一种阻碍效应。而这种外出倾向会随着年龄的增加而减弱，因此，对老年人的阻碍效应会更小。此外，补偿效应的存在是由于拥有自有住房劳动者具有更低的保留工资以及更愿意接受较差的工作环境等。老年人所面临的迁移成本不仅包括处置房产等带来的现实成本，而且包括更为严重的心理成本。因此，他们的保留工资会更低，甚至接受兼职等工作。而青年劳动者较中老年劳动者而言更难以接受兼职工作等较差的工作环境，因此补偿效应会更小。总而言之，随着年龄的增长，阻碍效应在逐渐减小而补偿效应逐渐增大，呈现一种“剪刀差”的趋势。对于青年劳动者而言，阻碍效应最大而补偿效应最小，而且阻碍效应大于补偿效应，结果总效应为负。对于壮年劳动者而言，阻碍效应与补偿效应互相抵消，导致总效应不显著。而对于中老年劳动者而言，补偿效应超过了阻碍效应而占据主导地位，所以总效应为正。住房自有对不同年龄段的影响不同于格林和亨德肖特（Green and Hendershott，2001）的结论，反映了国别差异和体制差异。

表3　住房自有对就业的影响（边际效应）：不同年龄段的比较

模型	(1)	(2)	(3)	(4)
	全样本	16～29岁	30～44岁	45～60岁
Probit	0.063*** (0.015)	-0.036 (0.036)	0.053*** (0.021)	0.134*** (0.027)
Biprobit	0.072** (0.033)	-0.115* (0.069)	0.067 (0.045)	0.176*** (0.052)

① 如表2所示，地区失业率越高，微观个体的就业概率越低，符合一般理论预期。

续表

模型	(1)	(2)	(3)	(4)
	全样本	16～29 岁	30～44 岁	45～60 岁
Countyrate	0.594*** (0.030)	0.548*** (0.068)	0.665*** (0.052)	0.536*** (0.044)
Other controls	Yes	Yes	Yes	Yes
Observations	5 234	1 084	2 311	1 839

注：表中 countyrate 为第一阶段回归结果，下同。

图 1 为省内务工劳动力和跨省务工劳动力年龄分布图。相比较省内务工的劳动力而言，跨省务工劳动力的青年劳动力占比更高，中老年劳动力占比较低。具体而言，省内务工劳动力平均年龄为 39.82 岁，而跨省务工劳动力平均年龄为 33.21 岁。因此，外出务工人群年龄相对较低，从另一个角度来看，年轻人外出务工比例更高，从而验证了前面的分析。

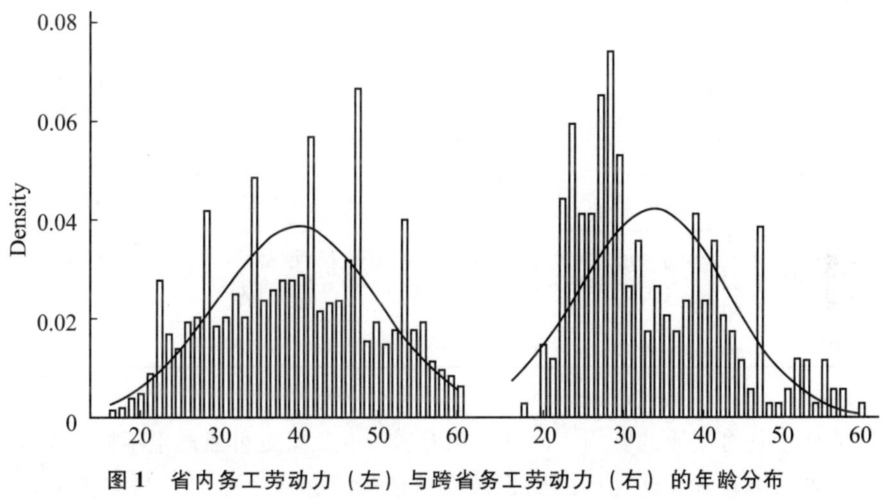

图 1　省内务工劳动力（左）与跨省务工劳动力（右）的年龄分布

除了上面提到的作用以外，还有一个因素可能影响住房和就业之间的关系，即房贷因素。我国目前房价较高，仅凭储蓄难以一次性付清房款，很多家庭往往向银行或者民间金融市场贷款来购买房屋。按揭要求每月对贷款进行还本付息，每月的房贷还款压力会促使劳动力努力寻找工作。此外，获得银行贷款一般需要提供个人收入证明或财产证明等文件，类似的信贷资格审批也将房贷与就业联系到一起。因此，为了更精确分析房贷的影响，本文将有房样本分为两类，分别为无房贷样本和有房贷样本，具体回归结果见表 4 的第（1）列和第（2）列。在没有考虑内生性的前提下，有房贷样本的就业效应更大，为 7.02%，可见房贷压力确实能够提高劳动者的就业概率。但在考虑内生性之后，无房贷样本的效应却超过了有房贷样本，而且有房贷样本的回归结果变得不显著。之所以出现这种结果，可能的解释是由于有房贷劳动者的补偿效应较小。补偿效应之所以存在，一是由于劳动者为了避免外出务工所带来的迁移成本而降低保留工资；二是由于有自有住房者并不需要像租房者那样支付房租，对工资的要求降低，低保留工资使其在劳动力市场上具有竞争优势，进而提高就业概率。在房价持续上涨的前提下，住房是具有“财富效应”的，而目前我国房价的上涨不可永久持续，导致“财富效应”较小，“房奴效应”较大：为了偿还购房贷款而减少支出等（颜色、朱国钟，2013）。压缩消费等方面支出属于“节流”，提高收入等方式则属于“开源”。有房贷的劳动者为了能够偿还房贷，追求更高的收入，提高了保留工资，进而导致其在劳动力市场上的竞争力下降。当然，出现这种结果可能仅仅是由于样本量较小或者其他不可观测的因素导致有房贷样本的回归结果不精确。

表 4　　住房自有对就业影响（边际效应）：房贷、房产数量

模型	房贷因素		房产数量	
	（1）无房贷	（2）有房贷	（3）一套房	（4）多套房
Probit	0.064*** (0.016)	0.070*** (0.024)	0.061*** (0.016)	0.087*** (0.021)
Biprobit	0.066** (0.033)	0.031 (0.021)	0.074** (0.033)	0.0364 (0.024)
countyrate	0.592*** (0.030)	0.646*** (0.033)	0.677*** (0.034)	0.963*** (0.058)
observations	4 615	1 460	4 369	1 706

除有无房贷对就业的影响不同外，拥有房产的数量也可能产生不同的影响。拥有一套房产的劳动者，其房产的财富效应可能较小，甚至由于“房奴效应”的存在而为负，而拥有多套房产的劳动者其财富效应较大。首先，拥有多套房的家庭可以通过将多余房产出租而获得租金收入；其次，住房本身也具有投资属性，作为投资品能够享有房价上涨所带来的资产增值。两个方面都会导致劳动者闲暇的效用上升，进而提高保留工资，导致补偿效应减小。当补偿效应与阻碍效应的大小相同时，自有住房对就业的影响就变得不显著。表 4 的第（3）列和第（4）列回归结果表明了这种效应。第（4）列为多套房样本（本文指的是拥有两套及以上住房）的回归结果。[①] 结果显示，拥有一套房的样本，住房对就业的影响显著为正，而拥

① “一套房”和“多套房”均为虚拟变量，二者的基准组均为无自有住房。

有多套房的劳动者，在考虑内生性之后，影响变得不显著，验证了前面的猜想。拥有多套房的劳动者，由于出租房屋的租金等其他收入较高，导致了较高的保留工资，从而降低了就业的可能性，使得补偿效应与阻碍效应大小趋于一致。表5则给出了相应的证据。拥有多套房者相比只有一套房者出租房屋的比例更高①，接近30%的多套房者进行房屋出租。而且多套房者的平均租金收入要高于一套房者的租金收入。

表5　　　　不同房产数量家庭出租房屋情况比较

房产数量	出租房屋比例（%）	房租年收入（元）
一套房	5	8 894
多套房	29.36	11 926

（三）影响机制检验：住房自有对劳动力市场表现及失业者的影响

根据前面的分析，自有住房之所以对劳动者的就业产生正向影响是由于补偿效应的存在，而补偿效应则体现在较低的保留工资、对本地工作质量要求较低等方面。表6呈现的是自有住房对就业者工作满意度的影响。四类工作满意度的衡量标准相同，得分为1~5分，1分表示“非常不满意”，5分表示“非常满意”，以此类推。此外，控制变量除了前面所列的人口统计学特征变量、家庭特征变量以及地区特征变量外，还控制住了就业者的月收入、职位以及晋升等情况。在OLS回归结果中，我们发现拥有自有住房对工作收入、工作时间的满意度较高，而且对工作整体的满意度也十分显著。考虑了内生性之后，2SLS的回归结果中对工作收入以及工作整体满意度的影响仍然为正，且至少在5%的显著性水平下显著。由此结果可知，在收入相同的情况下，拥有自有住房的劳动者相比较租房劳动者对收入的满意度更高，这可能是由于前者的保留工资更低。虽然对工作环境以及工作时间的影响并不显著，但对工作整体满意度的显著正向影响仍然能够得出拥有自有住房劳动者对工作的要求相对租房劳动者更低的结论。

表6　　　　住房自有对就业者工作满意度的影响

模型	(1)	(2)	(3)	(4)
	工作收入满意度	工作环境满意度	工作时间满意度	工作整体满意度
OLS	0.126*** (0.045)	0.071 (0.044)	0.140*** (0.046)	0.110*** (0.038)

① 只有一套自有住房还出现出租房屋的现象，可能是将自有住房的部分房屋出租。现实中虽然也存在尽管拥有自有住房，但仍租住或借住别人住房的家庭，但在租房和自有住房两者选一的问卷设计下是不存在的。

续表

模型	(1)	(2)	(3)	(4)
	工作收入满意度	工作环境满意度	工作时间满意度	工作整体满意度
2SLS	0.301** (0.127)	-0.043 (0.122)	0.058 (0.128)	0.288*** (0.108)
Other controls	Yes	Yes	Yes	Yes
Observations	3 708	3 711	3 712	3 708

拥有自有住房的劳动者对工作各方面的满意度较高仅仅能够间接证明其可能拥有较低的保留工资，表7给出了相对而言较为直接的证据。相较于租房者而言，住房拥有者每月多工作1.2天，虽然每天工作的小时数没有显著差异①，但小时工资却比租房者要低11.6%。在控制了个人特征的前提下，住房拥有者仍然具有较低的小时工资，进一步证明了其具有较低的保留工资。② 表7的第（3）和第（4）列分别是自有住房对就业者在同一单位工作年限以及曾经工作数量的影响，结果显示，相较于租房就业者而言，拥有自有住房的就业者具有更长的工龄、更低的工作转换次数。这些结果与前面的结论相呼应，由于城镇地区外出务工比例较小，导致补偿效应大于阻碍效应，而留在住房所在地务工又使得这些就业者的工作状态较为稳定。为了避免迁移成本，一旦找到工作，他们往往不会主动跳槽，从而保证工作的稳定性。

表7　　住房自有对就业的影响机制检验

模型	(1)	(2)	(3)	(4)
	每月工作天数	小时工资（对数）	工龄	工作转换次数
OLS	-0.200 (0.216)	0.047* (0.026)	1.568*** (0.378)	-0.081*** (0.023)
2SLS	1.235** (0.612)	-0.116** (0.050)	3.984*** (1.131)	-0.263*** (0.068)
Other controls	Yes	Yes	Yes	Yes
Observations	3 363	3 350	3 379	3 397

自有住房不仅影响劳动者的就业选择，也对失业者的再就业态度、寻找工作积极性产生影响，同时也会影响到其保留工资。拥有自有住房的劳动者，生活成本相

① 限于篇幅，表7中并没有汇报相关回归结果。

② 但是低工资会影响消费需求，进一步对社会的就业创造产生负面影响。

对较低，不需要按时支付房租等，生活压力较小可能使其在失业后并不急于寻找工作再就业，导致其具有更长的失业持续期。表8显示的是自有住房对失业者就业积极性以及失业持续期的影响，其中就业积极性为二元哑变量，来源于问卷中“过去的一个月，您是否积极努力地去找工作了”，回答“是”设为1，回答“否”设为0；失业持续期为失业持续的月数。由表8回归结果可知，在考虑内生性之后，拥有自有住房对就业积极性产生了负面影响，并且延长了失业持续期，但二者的影响均不显著。

表8　　住房自有对失业者的影响

变量	Probit/OLS		Biprobit/2SLS	
	就业积极性	失业持续期	就业积极性	失业持续期
Houses	0.020 (0.087)	2.690 (5.388)	-0.040 (0.071)	16.090 (15.380)
Observations	1 468	1 468	1 111	1 111

(四) 稳健性检验

前面提到城镇地区住房和就业之间在房改之前存在较强的相关性，虽然房改和劳动力市场改革将这种相关性一定程度上消除，但内生性问题可能仍存在。为了进一步消除由于内生性带来的偏误，本文将“与单位共有产权”和“单位免费提供”的样本剔除进行稳健性检验，重新对表2回归的结果如表9所示。表9的前三列分别对应表2的第（1）、第（2）和第（4）列，经过对比发现，虽然在具体数值大小上有相对变化，但是基本结论并没有发生变化，可见本文的回归结果是比较稳健的。此外，本文还将CFPS 2010年数据与CFPS 2014年数据进行匹配，并运用倾向得分匹配—双重差分（PSM - DID）方法进行回归，结果见表9第（4）列。运用两年数据进行回归后，由于能够尽可能地消除个人特征因素等遗漏变量所带来的估计偏误，估计结果较截面数据有所提高，住房自有对就业的促进效应达到了9.3%。

表9　　住房自有对就业的影响：稳健性检验

变量	Probit模型		Binary Probit	PSM - DID
	(1)	(2)	(3)	(4)
houses	0.066*** (0.016)	0.059*** (0.017)	0.072** (0.034)	0.093** (0.050)
countyrate		0.055 (0.047)	0.573*** (0.030)	

续表

变量	Probit 模型		Binary Probit	PSM - DID
	(1)	(2)	(3)	(4)
Region dummy	Yes	Yes	Yes	Yes
Observations	5 003	5 003	5 003	1 153

五、结论及政策建议

本文研究了自有住房和劳动者就业选择之间的关系，运用 CFPS 2010 年和 2014 年的调查数据，采用 Biprobit 模型，并以区县住房自有率作为工具变量以解决该问题中存在的内生性问题。得到的主要结论如下：一是自有住房总体来讲对劳动者的就业选择具有正向影响，但是对不同年龄段的劳动者的影响方向不同，住房对年轻劳动者的就业存在阻碍作用，而对中老年劳动者存在正向促进作用。二是拥有自有住房的劳动者具有更高的稳定性（更长的工龄、更低的工作转换次数并且对工作满意度更高）以及更低的保留工资，以使其能在本地工作而避免外出务工带来的迁移成本。三是剔除与单位住房相关的样本、运用两年数据进行 PSM - DID 方法分析都没有改变论文的基本结论，但拥有多套住房者会由于财富效应而降低就业可能性。

本文的研究结论有以下几个方面的政策含义：

首先，我国政府应该加强各地区租房市场的建设，制定并完善相关法律法规。对年轻劳动者而言，资金储蓄较少，购房压力较大，但租房市场的不完善又促使其举债买房。房贷的压力促使其选择可能不适合自身要求但较为稳定的工作，扼杀了劳动者的创造性，降低了经济活力；同时自有住房的锁定效应又限制了劳动力的自由流动，劳动力资源得不到有效合理配置，也不利于经济的发展。党的十九届四中全会《决定》指出，加快建立多主体供给、多渠道保障、租购并举的住房制度，这对于促进年轻人就业是非常有意义的。

其次，与年轻人不同，中老年人的流动意愿不高，更倾向稳定的生活。应该加强我国经济适用房和各类保障房的建设，使得低收入群体也能够享受居住权利，真正做到“居者有其屋”，这有利于中老年劳动者就业率的提高。

最后，近年我国房价持续上涨，在缺乏相应投资渠道的前提下，大量资金涌入楼市，导致较高的投机性住房需求。截至 2013 年，我国城镇地区住房空置率达到 22.4%。[①] 较高的住房空置率是投机性住房需求的一个表现，它挤出了正常的住房需求，并催高了房价。而且较高的空置率对应的是多套房的家庭，较高的房产价值

① 数据来源于 CHFS2013 公布的相关数据。

可能降低就业意愿，导致食利阶层的出现，进一步加剧实体经济的疲软。目前的政策应该注重盘活存量，出台政策将空置房转为保障房、廉租房，并向流动人口等低收入群体发放住房补贴。这样不仅能够降低空置率，弥补保障房建设不足的问题，并能够活跃租房市场，提高劳动力的流动性。同时抑制房地产投机行为，强化房屋的居住功能，进而带动就业、促进经济的持续健康发展。

需要指出的是，本文研究的对象是城镇户籍的劳动者，其结论是否适用于更广泛的群体，例如流动人口和农民工劳动者，还需要我们将来运用相应数据做进一步的研究。

参考文献

1. 包宗华:《中国房改 30 年》，载《住宅产业》2010 年第 1 期。

2. 白文周:《我国高房价驱动力及其治理策略——基于 35 个大中城市面板数据的实证研究》，载《上海财经大学学报》2012 年第 6 期。

3. 陈斌开、杨汝岱:《土地供给、住房价格与中国城镇居民储蓄》，载《经济研究》2013 年第 1 期。

4. 陈健、高波:《住房保障与财富效应逆转——基于平滑转换回归方法的实证分析》，载《经济评论》2012 年第 1 期。

5. 邓宏乾、贾傅麟、方菲雅:《住房补贴对住房消费、劳动供给的影响测度——基于湖北省五城市廉租住房保障家庭的数据分析》，载《经济评论》2015 年第 5 期。

6. 高兴波、张前荣:《2011 年动产与不动产价格走势研判》，载《管理世界》2011 年第 9 期。

7. 韩军、李宏彬、张俊森:《中国城市失业率——从出生组分析经济转型的影响》，载《南开经济研究》2016 年第 1 期。

8. 况伟大:《房地产税、市场结构与房价》，载《经济理论与经济管理》2012 年第 1 期。

9. 李涛、史宇鹏、陈斌开:《住房与幸福：幸福经济学视角下的中国城镇居民住房问题》，载《经济研究》2011 年第 9 期。

10. 李小瑛、赵忠:《城镇劳动力市场雇佣关系的演化及影响因素》，载《经济研究》2012 年第 9 期。

11. 刘斌、幸强国:《我国公共住房、失业与劳动力参与意愿——基于一个延伸的奥斯瓦尔德假说的经验证据》，载《财经研究》2013 年第 11 期。

12. 马小红、段成荣、郭静:《四类流动人口的比较研究》，载《中国人口科学》2014 年第 5 期。

13. 宁光杰:《住房改革、房价上涨与居民收入差距扩大》，载《当代经济科学》2009 年第 5 期。

14. 孙伟增、郑思齐:《住房与幸福感：从住房价值、产权类型和入市时间视角的分析》，载《经济问题探索》2013 年第 3 期。

15. 王岳龙:《地价对房价影响程度区域差异的实证分析——来自国土资源部楼盘调查数据的证据》，载《南方经济》2011 年第 3 期。

16. 吴晓瑜、王敏、李力行:《中国的高房价是否阻碍了创业?》，载《经济研究》2014 年第 9 期。

17. 颜色、朱国钟:《“房奴效应”还是“财富效应”? ——房价上涨对国民消费影响的一个理论分析》,载《管理世界》2013 年第 3 期。

18. 尹志超、甘犁:《中国住房改革对家庭耐用品消费的影响》,载《经济学(季刊)》2009 年第 9 期。

19. Barrios, Garcia J A, Rodríguez, Hernandez J E. User cost changes, unemployment and home-ownership: evidence from Spain. *Urban Studies*, 2004, 41 (3): 563 - 578.

20. Battu H, Ma A, Phimister E. Housing tenure, job mobility and unemployment in the UK. *The Economic Journal*, 2008, 118 (527): 311 - 328.

21. Bover O, Muellbauer J, Murphy A. Housing, wages and UK labour markets. *Oxford Bulletin of Economics & Statistics*, 2010, 51 (2): 97 - 136.

22. Chiburis R C, Das J, Lokshin M. A practical comparison of the bivariate probit and linear IV estimators. *Economics Letters*, 2012, 117 (3): 762 - 766.

23. Coulson N E, Fisher L M. Tenure choice and labour market outcomes. *Housing Studies*, 2002, 17 (1): 35 - 49.

24. Green R K, Hendershott P H. Home ownership and unemployment in the U. S. *Urban Studies*, 2001, 38 (9): 1501 - 1520.

25. Hughes G, Mccormick B, Mccormick B. Housing markets, unemployment and labour market flexibility in the UK. *European Economic Review*, 1987, 31 (3): 615 - 641.

26. Laamanen J P. Home-ownership and the labour market: evidence from rental housing market deregulation. *Labour Economics*, 2017, 48: 157 - 167.

27. Morescalchi A. The puzzle of job search and housing tenure: a reconciliation of theory and empirical evidence. *Journal of Regional Science*, 2016, 56 (2): 288 - 312.

28. Munch J R, Rosholm M, Svarer M. Are homeowners really more unemployed? . *The Economic Journal*, 2006, 116 (514): 991 - 1013.

29. Nickell S, Layard R. Labor market institutions and economic performance// Ashenfelter O, Layard R, Card D (eds). *Handbook of Labor Economics*, Volume 3. North Holland, 1999: 3029 - 3084.

30. Oswald A J. A conjecture on the explanation for high unemployment in the industrialized nations: Part I. University of Warwick, Working Paper, No. 475, 1996.

31. Pehkonen J. Unemployment and home-ownership. *Applied Economics Letters*, 1999, 6 (5): 263 - 265.

32. Rosenfeld O. Social housing in the UNECE region: models, trends and challenges. Geneva, United Nations, 2015.

33. Rouwendal J, Nijkamp P. Homeownership and labour market behaviour: interpreting the evidence. *Environment & Planning A*, 2007, 42 (2): 419 - 433.

Does Home-ownership Impair Employment?

—Based on the Empirical Analysis of CFPS

Ma Junlong　Ning Guangjie

Abstract: This paper investigates the impacts of home-ownership on the employment options, and test the applicability of Oswald Hypothesis in China context. Using CFPS 2010 and 2014 data, we find that home-ownership has statistically significant positive impact on employment. However, this effect varies among different age groups: home-ownership hinders the employment on youth workers and increases the probability of employment on aged workers. Workers who own homes have lower reservation wage and lower turnover rate, which could explain the promoting effect of home-ownership on employment. We should encourage young workers to move freely across the labor markets by providing suitable renting house. We should also pay more attention to the negative effect of speculation investment in housing and wealth effect on employment.

Key words: *home-ownership　employment options　Biprobit model*

外貌的“幸福溢价”：基于就业表现与婚姻匹配的视角

胡文馨　毛宇飞　李晓曼　张小红*

摘　要：幸福是人类追求的终极目标，也是人类探讨的永恒主题。本研究基于中国家庭追踪调查（CFPS2018）数据，探究了外貌对个体幸福感的影响效应及作用机制。研究结论显示，外貌对幸福感具有显著正向影响，并且这种“幸福溢价”效应在女性、低学历和低收入群体中较为明显。外貌影响个体幸福感的作用机制存在一定的性别差异。对于女性而言，外貌会通过影响就业市场中的工作满意度以及婚姻市场中的配偶收入、婚姻满意度间接影响幸福感；对于男性而言，外貌会通过影响就业市场中的收入水平、工作满意度，以及婚姻市场中的配偶外貌、婚姻满意度进而作用于幸福感。本文认为，幸福的真谛源于“外”更源于“内”。尽管外貌在提升幸福感中发挥一定的作用，但是学识阅历、道德品质、文化修养等“内在美”更为重要。因此，在提升幸福感的过程中，个体要注重物质生活和精神生活的平衡性，通过提升外在形象和内在气质实现幸福人生。

关键词：外貌　幸福感　幸福经济学　就业表现　婚姻匹配　性别差异

一、引言

亚里士多德曾说过“幸福就是至善”，即人生的最终目标在于寻求幸福。伴随新时代背景下社会经济的发展，我国居民的生活追求正从物质文化需要转变为美好生活需要，“提高人民幸福感”成为民生议题的主旋律（孙庆聚，2021；万广华、张彤进，2021）。2018 年李克强总理在《政府工作报告》中明确指出：改善民生要落脚到“人民的幸福感”这条主线上。[①] 党的十九大报告进一步强调，要“使人民

* 胡文馨，北京石油化工学院经济管理学院讲师、企业发展与管理创新研究中心副主任；毛宇飞，本文通讯作者，首都经济贸易大学劳动经济学院副教授，E－mail：maoyufei1990@126.com；李晓曼，首都经济贸易大学劳动经济学院副教授；张小红，北京石油化工学院经济管理学院教授，企业发展与管理创新研究中心主任。本文受北京市社会科学基金青年项目“北京产业智能化对就业结构的影响及优化路径研究”（项目编号：21JJC022）、北京石油化工学院交叉科研探索项目“人工智能发展对北京科技人才的聚集效应研究”（项目编号：BIPTCSF－024）的资助，文责自负。

① 李克强：《2018 年政府工作报告》，中国政府网，http：//www.gov.cn/zhuanti/2018lh/2018zfgzbg/zfgzbg.htm。

获得感、幸福感、安全感更加充实、更有保障、更可持续”。[①] 随后，幸福感成为“十四五”规划及各级政府工作报告中的高频词，居民福祉也成为政府惠民政策的重要着力点（尹振涛等，2021）。根据联合国《2020 年全球幸福指数报告》数据，我国居民幸福指数为 5.124，全球排名为第 94 名，低于全球平均的幸福水平。从国内对于幸福感的调查来看，《中国美好生活大调查（2020—2021）》最新数据显示，我国仅有 45.3% 的人认为自己很幸福。如何提升居民幸福感，更好地满足人民美好生活需要，已成为促进我国社会经济和谐稳定发展的重要保证。

古语云：心慈则貌美，悦色生婉容。在影响幸福感的众多因素中，外貌与幸福感的研究也逐渐引起学者们的关注。哈默梅什（Hamermesh，2011）针对一项英国儿童外貌和成年后幸福感的调查表明，长相最好的 1/3 人群中，55% 的人表示对生活非常满意；而长相最难看的 1/6 人群中，仅有 45% 的人表示对生活非常满意。同时，哈默梅什和阿布瓦亚（Hamermesh and Abrevaya，2013）的研究进一步表明，美貌能够显著提升个体幸福感，并且这种影响效应对于女性更为明显。而迪纳等（Diener et al.，1995）则认为美貌并非提升幸福感的真正原因，考虑到衣着发型和珠宝配饰后，外貌对个体幸福感的影响并不显著。尽管国内已有研究探讨了外貌与幸福感的关系（黄玖立、田媛，2019），但缺乏相关的异质性分析和影响机制探讨。综上所述，外貌是否具有“幸福溢价”效应，外貌对幸福感的影响作用在哪类人群中更明显？外貌“幸福溢价”效应背后的根源是什么，存在哪些影响机制？这是本文关注的重要问题。

区别于既有文献，本文的贡献主要体现在两个方面：一是本文从实证角度检验了不同学历、不同收入人群中外貌对幸福感的影响作用。而既有文献多数利用心理学研究范式探讨外貌与幸福感之间的关系，并且缺乏不同人群的异质性分析。二是在影响机制方面，本文基于就业市场表现和婚姻市场表现两大视角，探究了外貌和幸福感之间的影响渠道，并重点分析了外貌对幸福感影响机制的性别差异。

二、文献综述

经济学界对于幸福感的探讨最初始于“伊斯特林悖论”（Easterlin，1974）。21 世纪以后，幸福经济学的研究集中于分析幸福感的影响因素，国内外学者主要从年龄、教育及社会资本等微观视角进行解释（Mackerron，2012；Sarracino，2012），也有研究侧重于经济环境、福利制度和公共政策等宏观层面的影响（Jackson，2016；Ono and Lee，2013；Adler and Seligman，2016），最新的研究还探讨了宗教

① 习近平：《决胜全面建成小康社会　夺取新时代中国特色社会主义伟大胜利——在中国共产党第十九次全国代表大会上的报告》，中国政府网，http：//www.gov.cn/zhuanti/2017－10/27/content_5234876.htm?gs_ws。

信仰和婚姻状况等因素对个体幸福感的影响（Deaton and Stone，2013；Zimmermann and Easterlin，2010）。伴随幸福经济学研究领域的发展，国内外学者针对外貌与幸福感的关系展开了探讨。从影响机制来看，外貌可以通过影响就业市场表现和婚姻市场表现，间接影响个体幸福感。

（一）外貌对就业市场表现的影响

在就业表现方面，外貌能够在一定程度上提高个体就业概率、收入水平及工作满意度（郭继强等，2017；曾湘泉、胡文馨，2019），外貌可以通过影响这些中介变量，间接影响个体幸福感。从影响机制来看，外貌与幸福感之间存在直接影响和间接影响两种传导路径（Chang，2013）。直接影响机制方面，鉴于美貌能够直接触发"悦目娱心"的情绪价值，更容易获得周围环境的赞许与鼓励，这有利于提升美貌者幸福感（Diener et al.，1995）；间接影响机制方面，外貌可能会通过影响就业机会、收入水平与工作满意度等就业市场表现，间接作用于幸福感（Scholz and Sicinski，2015）。具体来看，王慕文、卢二坡（2018）研究认为，相貌出众者具备更高的就业素质和社会资本，从而有利于获取更好的就业机会。同时，国内外大量研究指出外貌能够显著提升个体收入，证实劳动力市场中存在"美貌溢价"现象（Hamermesh and Biddle，1994；Mobius and Rosenblat，2006；顾天竹等，2021）。从工作满意度来看，相较于相貌平平者，相貌出众者的工作满意度会更高，尤其是在服务类就业方面表现更明显。相貌出众更有利于劳动者获得服务类就业的概率，提高了收入水平和获得工作保障的机会，这在一定程度上增加了相貌出众者从事服务类工作的工作满意度。综上所述，鉴于就业市场表现在提升幸福感方面具有重要作用（Easterlin et al.，2010），本研究推断外貌能够通过影响就业概率、收入水平和工作满意度等就业市场表现，间接影响个体幸福感。

（二）外貌对婚姻市场表现的影响

幸福感不仅涉及就业市场表现，也与婚姻市场表现息息相关。除了就业市场影响渠道外，外貌还可通过婚姻市场渠道对幸福感产生影响。婚姻与家庭经济学研究认为，配偶外貌、配偶收入和婚姻满意度等在提升个体幸福感方面发挥了重要作用（Buss，2001；Orgensen，1979）。因此，本文推断自身外貌可以通过影响配偶外貌、配偶收入和婚姻满意度等，间接影响个体幸福感。古语云：窈窕淑女，君子好逑。外貌吸引力是择偶的重要参考因素之一，并且考虑到男女择偶重点的差异，这种影响在男性中更明显。古德温（Goodwin，1990）针对大学生择偶偏好的研究发现，相较于女性，男性更看重异性的外表吸引力。在此研究结论的基础上，梅尔策等（Meltzer et al.，2014）对百余对夫妻的幸福感进行追踪调查，结果表明拥有美貌妻子的男性幸福感更强烈，并且美貌妻子带来的幸福感在婚后四年里不会衰减，但女性不会因为拥有英俊丈夫获得额外的幸福效用。

配偶收入是影响个体幸福感的重要因素。哈默梅什和阿布瓦亚（Hamermesh and Abrevaya，2013）从实证经验的角度出发，证实了相貌出众者更容易通过找到高收入配偶的方式，提高自身幸福感。同时，由于男女社会角色和家庭分工的差异，这种作用机制存在一定的性别差异（Bielby and Bielby，1989；齐雁、赵斌，2020），女性幸福感受丈夫收入影响较大，而男性幸福感和妻子收入关系较小。福德纳和詹姆斯（Furdyna and James，2008）研究指出，对于传统家庭型女性来说，其幸福感较大程度取决于丈夫收入是否能达到满意的标准。而对于男性而言，妻子收入增加并不会显著提升丈夫的幸福感。尹志超、杨超（2017）研究指出，农村地区妻子相对于丈夫收入越高，反而越会降低丈夫的幸福感。现有研究表明，我国夫妻的相对收入仍处于“男多女少”这一模式，丈夫对妻子赚钱养家的要求并不高，更期望妻子操持家务和照顾家庭。但伴随女性独立意识的觉醒和家庭地位的提高，丈夫的经济条件并不再充当婚姻幸福感的决定性因素，男女平等、家务共担的夫妻相处模式，更能提高夫妻双方的幸福感（Amato，1995；胡文馨、曾湘泉，2019）。此外，婚姻满意度也是影响个体幸福感的重要因素。齐默尔曼和伊斯特林（Zimmermann and Easterlin，2010）研究发现，稳固的婚姻关系能够显著提升夫妻的幸福感，而离婚、分居、守寡等降低婚姻满意度的行为，会对夫妻的幸福感产生负向影响。

目前，关于外貌与幸福感的研究有待进一步讨论。一是现有研究虽从实证角度验证了外貌和个体幸福感的关系，但缺乏区分不同学历、不同收入群体的异质性分析。二是外貌对幸福感的影响机制讨论不充分，尚未分析外貌为何会影响个体幸福感，是源于就业市场表现差异，还是婚姻市场表现差异？基于现有文献的分析，本文提出的研究思路如图 1 所示。

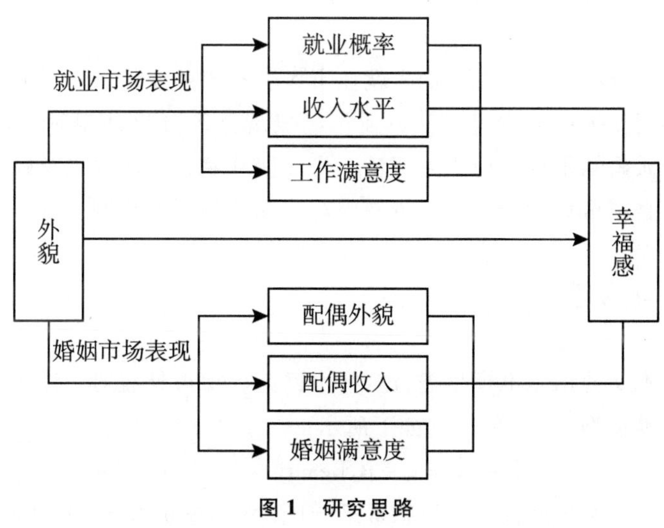

图 1　研究思路

三、数据来源、变量选择和实证策略

(一) 数据来源及变量选择

在实证分析中，本研究使用的数据来自 2018 年中国家庭追踪调查（CFPS）数据。使用该数据主要有以下考虑：首先，该调查包含调查员对受访者的外貌客观评分数据，以及性格特征和幸福感等相关数据。其次，该数据减少了调查员审美差异导致的外貌度量误差问题。鉴于 CFPS 是追踪调查数据，可利用 2016 年的外貌数据，作为 2018 年外貌评分的工具变量。2018 年 CFPS 数据共包含 32 669 名成年人样本，调查范围覆盖率了 25 个省份。本研究将城镇地区 16 岁以上人群作为研究样本，剔除了军人、农业户口及 16 岁以下的样本，并清理了外貌和幸福感等关键变量缺失样本，获得最终样本共 16 201 个。本文选取的主要研究变量及解释如下：

被解释变量：幸福感。CFPS 调查中利用“你觉得自己有多幸福?”这一问题衡量受访者幸福感，该问题要求受访者在 0 分至 10 分中评分作答，0 分代表幸福感最低，10 分代表幸福感最高，即评分越高代表幸福感越高。

解释变量：外貌。中国家庭追踪调查（CFPS）利用调研员对受访者的相貌打分数值，衡量受访者的颜值高低。外貌打分层级包含七级，1 分为外貌很差，7 分为外貌很好。

控制变量：个人特征变量，如性别、年龄、户口、教育情况、婚姻状况、政治面貌、健康状况等；家庭特征变量，如家庭社会地位；性格特征变量，包括自信心、是否乐观和是否信任他人；区域特征变量，本文将地区划分为东北部、西部、中部和东部，以此控制地区间差异。

在影响机制分析中，首先，加入就业市场表现相关变量，将就业概率、收入水平和工作满意度作为中介变量，从就业市场表现路径分析外貌对幸福感的影响机制；其次，加入婚姻市场表现相关变量，将配偶外貌、配偶收入及婚姻满意度作为中介变量，从婚姻市场表现路径分析外貌对幸福感的影响机制。

(二) 实证策略

第一步，本文使用基准模型进行全样本回归，探讨外貌对个体幸福感是否存在显著影响。基准模型（1）的设定如下所示：

$$\text{Happy}_i = \alpha + \beta_1 \text{Beauty}_i + \Gamma X_i + \mu_i \tag{1}$$

其中，Happy 为幸福感，幸福感最低 =0，幸福感最高 =10，Beauty 为外貌评分，外貌很差 =1，外貌很好 =7；X 为影响幸福感的其他控制变量，包括性别、年龄、教育年限、健康情况等个人特征变量，家庭社会地位等家庭特征变量，自信心、乐观性、信任感等性格特征变量以及区域特征变量；u 为随机干扰项。

第二步，本文通过构建交叉项模型，分析了外貌对不同学历、收入人群幸福感影响的异质性。具体来看，在模型（1）基础上添加两项交叉项（外貌与学历的交叉项、外貌与收入的交叉项）。交叉项模型（2）、模型（3）如下所示：

$$Happy_i = \alpha + \beta_1 Beauty_i * edu_i + \Gamma X_i + \mu_i \quad (2)$$

$$Happy_i = \alpha + \beta_1 Beauty_i * income_i + \Gamma X_i + \mu_i \quad (3)$$

第三步，本文通过工具变量方法处理了内生性问题，并利用 PSM 方法修正了样本选择性偏差。作用机制方面，本研究基于中介变量模型，通过分析外貌与就业概率、收入水平和工作满意度的关系，从就业市场表现路径分析外貌对幸福感的影响机制；另一方面，通过分析个体外貌与配偶收入、配偶外貌及婚姻满意度的关系，从婚姻市场匹配路径分析外貌对幸福感的影响机制。

（三）描述性分析

本文将 16 岁以上人群作为研究样本，清理了年龄不符、外貌和幸福感等关键变量缺失样本。最终样本共 16 201 人，其中男性 8 271 人，女性 7 930 人。表 1 中描述性统计显示，女性幸福感评分为 7.721 分，男性幸福感评分为 7.580 分，T 检验结果表明，女性幸福感明显高于男性。从外貌评分来的 T 检验结果来看，男女外貌均分相差不大，男女的外貌评分集中在 5.609 ~ 5.631 分。

个人特征方面，男性的教育情况、政治面貌及健康情况均优于女性，女性的户口情况优于男性，而男女在家庭社会地位方面的情况相差不大。从教育情况来看，男性的教育情况评分为 2.990 分，女性的教育情况评分为 2.723 分；从政治面貌来看，男性是中共党员的概率为 12.1%，女性是中共党员的概率仅为 5.0%；从健康情况来看，男性的健康自评分数为 3.160，女性的健康自评分数为 2.910。性格特征方面，男性的自信心和信任他人能力明显高于女性，而女性的乐观概率明显高于男性。从自信心来看，男性自信心的自评分数为 4.061，女性自信心的自评分数为 3.990；从是否乐观来看，男性乐观的概率为 66.1%，女性乐观的概率为 68.4%；从是否信任他人来看，男性信任他人的概率为 56.1%，女性信任他人的概率为 51.8%（见表 1）。

表 1　主要变量的描述统计

维度	变量	全样本	男性	女性	T 检验
幸福感	幸福感	7.604（2.073）	7.580（2.051）	7.721（2.095）	0.141***
外貌	外貌	5.612（1.118）	5.631（1.103）	5.609（1.130）	-0.022

续表

维度	变量	全样本	男性	女性	T检验
个人特征	年龄	46.518（16.19）	46.314（16.30）	46.751（17.05）	0.440
	性别	0.508（0.499）	—	—	—
	民族	0.996（0.055）	0.997（0.061）	0.994（0.048）	-0.003
	教育情况	2.867（1.342）	2.990（1.301）	2.723（1.382）	-0.267***
	婚姻状况	0.809（0.393）	0.821（0.380）	0.796（0.409）	-0.025***
	户口	0.435（0.495）	0.429（0.493）	0.441（0.497）	0.012**
	政治面貌	0.094（0.291）	0.121（0.324）	0.050（0.229）	-0.071***
	健康情况	3.039（1.199）	3.160（1.204）	2.910（1.195）	-0.250***
家庭特征	家庭社会地位	3.060（0.911）	3.061（0.895）	3.058（0.929）	-0.003
性格特征	自信心	4.032（0.995）	4.061（0.971）	3.990（1.012）	-0.071***
	是否乐观	0.673（0.468）	0.661（0.473）	0.684（0.469）	0.023***
	是否信任他人	0.538（0.499）	0.561（0.496）	0.518（0.519）	-0.043***
观测值		16 201	8 271	7 930	16 201

注：其中，幸福感采用11级量表，最低=0，最高=1；外貌采用7级量表，很差=1，很好=7；教育状况方面，文盲/半文盲=1，小学=2，初中=3，高中/中专=4，大专=5，大学本科=6，硕士及以上=7；健康状况分为5级，不健康=1，非常健康=5；家庭社会地位和自信心分为5级，很差=1，很好=5。

资料来源：CFPS 2018。

四、实证结果分析

（一）基准模型的回归分析

基准模型探讨了外貌对个体幸福感的影响作用，并对比了这种影响作用的性别差异，表2汇报了基准模型的回归结果。模型（1）回归结果显示，外貌对个体幸福感存在正向边际效应，其估计系数为0.075且在1%水平下显著。本文研究数据证实了外貌具有“幸福溢价”效应，外貌评分每增加1分，个体幸福感增加7.5%。对比模型（2）和模型（3）结果可知，外貌对男女幸福感都有显著正向作用，并且从估计系数来看，这种正向效果在女性群体中更明显。具体来看，外貌评分每增加1分，女性幸福感增加8.1%，男性幸福感增加5.9%。同时，除外貌之外，影响个体幸福感的重要因素还包括年龄、婚姻状况、健康情况等个人特征因素，以及家庭社会地位等家庭特征因素。其中，年龄和幸福感之间呈现“U”形分布关系，即年轻时期和老年时期个体幸福感高，而中年时期个体幸福感低；幸福感与婚姻状况息息相关，已婚男女的幸福感明显高于未婚男女，并且已婚身份对男性幸福感的影响更大；健康情况、家庭社会地位与幸福感也呈正相关，并且对男性幸福感的影响更明显。此外，自信心、是否乐观、是否信任他人等性格特征，也会对男女幸福感产生显著影响。

表 2　　基准模型的回归结果

变量	(1) 全样本	(2) 男性	(3) 女性
外貌	0.075*** (0.010)	0.059*** (0.003)	0.081*** (0.021)
年龄	-0.060*** (0.005)	-0.066*** (0.007)	-0.055*** (0.003)
年龄的平方	0.071*** (0.005)	0.074*** (0.007)	0.069*** (0.009)
性别	-0.226*** (0.021)	—	—
民族	0.212 (0.231)	0.541* (0.270)	-0.280 (0.361)
教育程度	0.031 (0.014)	0.041 (0.017)	0.026 (0.010)
婚姻状况	0.520*** (0.045)	0.701*** (0.068)	0.374*** (0.063)
户口	0.182*** (0.031)	0.199*** (0.048)	0.174*** (0.051)
是否是中共党员	0.091*** (0.033)	0.120*** (0.039)	0.057 (0.028)
健康情况	0.180*** (0.016)	0.194*** (0.020)	0.169*** (0.012)
家庭社会地位	0.270*** (0.021)	0.303*** (0.029)	0.241*** (0.018)
自信心	0.651*** (0.018)	0.613*** (0.023)	0.698*** (0.021)
是否乐观	0.231*** (0.034)	0.215*** (0.049)	0.251*** (0.051)

续表

变量	(1) 全样本	(2) 男性	(3) 女性
是否信任他人	0.237*** (0.031)	0.216*** (0.043)	0.250*** (0.045)
区域特征	已控制	已控制	已控制
常数项	3.712	3.123	4.211
R^2	0.220	0.217	0.221
观测值	1 6201	8 271	7 930

注：表中数值为回归系数及稳健标准误，*、**、*** 分别表示 10%、5%、1% 水平上显著。下同。

(二) 异质性分析

本文通过构建交叉项模型，对比了外貌对不同学历和收入人群幸福感影响的差异性。具体来看，表 3 在基准模型基础上加入两类交叉项：一是外貌与学历的交叉项；二是外貌与收入的交叉项。根据模型（1）结果所示，相较于大专以下的低学历男女，外貌对高学历男女的幸福感不存在显著影响。模型（2）的结果表明，相较于低收入男女，外貌对高收入男女的幸福感不存在显著影响。对比基准模型的结论可知，外貌能显著提升低收入男女的幸福感。综合考虑学历因素和收入因素，模型（3）的结果表明，对于低学历或低收入男女来说，外貌姣好确实能显著提升个体幸福感。而对于高学历、高收入男女来说，相貌出众未必能提高其幸福感。究其原因，高学历、高收入男女的幸福感更多源自事业追求、价值实现等硬性实力，而非面容姣好、身材曼妙等感官享受。由此也间接表明，与外貌优势相比，丰富的学识阅历以及充实的精神世界对于幸福感的提升更为重要。

表 3　外貌对不同学历和不同收入人群幸福感的影响

变量	(1)		(2)		(3)	
	男	女	男	女	男	女
外貌	0.071*** (0.021)	0.080*** (0.022)	0.055* (0.033)	0.068** (0.005)	0.053* (0.030)	0.063** (0.039)
外貌×大专及以上	−0.019 (0.014)	−0.002 (0.012)			−0.052 (0.044)	−0.005 (0.010)
外貌×高收入			0.020 (0.013)	0.016 (0.012)	0.018 (0.011)	0.021 (0.013)

续表

变量	(1)		(2)		(3)	
	男	女	男	女	男	女
外貌×大专及以上×高收入					0.033 (0.042)	-0.079 (0.035)
R^2	0.228	0.221	0.241	0.230	0.241	0.232
观测值	8 271	7 930	8 271	7 930	8 271	7 930

（三）稳健性检验

由于外貌与幸福感之间的反向因果问题，基准模型的结果可能存在内生性。同时，样本自选择也可能导致估计结果的偏差。为检验回归结果的稳健性，本部分通过工具变量法（IV）、倾向得分匹配（PSM）和替换关键解释变量的方式，重新估计外貌对个体幸福感的影响作用。

1. 工具变量检验

由于外貌与幸福感之间的反向因果问题，基准模型的结果可能存在内生性。一方面，外貌本身会带来“赏心悦目”的情绪价值，相较于相貌平平者，相貌出众者的幸福感可能更高；另一方面，鉴于“相由心生”的作用，幸福感高的人群，外表更容易焕发出精神饱满、意气风发的气质，从整体上提升了外貌吸引力。为解决上述内生性问题，本部分选取2016年外貌作为2018年外貌的工具变量，进一步检验外貌对个体幸福感的影响作用。其内在机理是，对于同一位受访者来说，一方面，短时间内外貌状况不会有较大变化，2018年的外貌评分与2016年的外貌评分具有高度相似性，这满足工具变量（IV）的相关性假设；另一方面，2016年个体外貌既不能直接影响2018年幸福感，同时也不会受到2018年幸福感的反向作用，这符合工具变量（IV）的外生性假设。表4工具变量模型的估计结果显示，2016年外貌评分与2018年外貌评分高度相关，说明2016年外貌评分符合IV的相关性要求；同时，在纠正内生性偏误后，外貌对个体幸福感的影响在1%的水平上显著为正，并且这种影响在女性群体中更突出。表明使用工具变量法后，依然得到外貌会提高个体幸福感的结论。

表4　工具变量估计结果

变量	全样本		男性		女性	
	第一阶段	第二阶段	第一阶段	第二阶段	第一阶段	第二阶段
2012年外貌	0.163*** (0.024)		0.175*** (0.013)		0.158*** (0.013)	

续表

变量	全样本		男性		女性	
	第一阶段	第二阶段	第一阶段	第二阶段	第一阶段	第二阶段
2014 年外貌		0.155*** (0.067)		0.104* (0.131)		0.193*** (0.134)
R^2	0.171	0.223	0.156	0.233	0.191	0.223
观测值	13 805	13 805	7 105	7 105	6 700	6 700

资料来源：根据 2016 年和 2018 年 CFPS 数据计算得到。

2. 倾向得分匹配估计

为控制样本自选择偏误并检验回归结果的稳健性，本部分利用倾向得分匹配方法探究了外貌对幸福感的影响。首先，将相貌平平样本作为对照组，相貌出众样本作为实验组，检验对照组和实验组之间的平衡性问题，分析倾向得分匹配后的结果是否较好地满足平行假设。其次，确保匹配后两个样本组之间除外貌和幸福感存在显著差异外，剩余控制变量（如年龄、户口、婚姻状况、政治面貌和健康状况等）在统计意义上不显著。在倾向得分匹配方法的选择上，本文分别选取核匹配、半径匹配和 k 近邻匹配方法进行了平衡性检验。需要说明的是，鉴于 CFPS2018 数据中外貌评分在 5 分以上的占比高达 82%，为增加相貌评分的区分度，本文将外貌评分为 7 分的人群界定为相貌出众组，将外貌评分在 7 分以下人群界定为相貌平平组。表 5 检验了外貌是否出众对个体幸福感的影响效果，全样本的估计结果显示，相貌出众对全样本幸福感的边际效应为 0.103 且在 1% 水平下显著。分样本回归的结果表明，相貌出众对男女幸福感均存在显著正向影响，并且这种影响在女性群体中更为明显。

表 5　　相貌是否出众对幸福感的影响

变量	（1）全样本	（2）男性	（3）女性
相貌是否出众	0.102*** (0.028)	0.094*** (0.041)	0.111*** (0.025)
控制变量	已控制	已控制	已控制
R^2	0.220	0.218	0.225
观测值	16 201	8 271	7 930

表 6 列示了倾向得分匹配的平衡性检验结果。经过对比可知，使用倾向得分匹配前，实验组（相貌出众样本）和对照组（相貌平平样本）控制变量的 t 检验为显著。具体来看，年龄、户口、教育状况和健康状况均在 1% 水平上显著，性别、

婚姻状况和社会地位均在10%水平上显著。倾向得分匹配后，两样本组的t检验均变为不显著，表明两样本组之间不再存在显著系统性差异。此外，倾向得分匹配有效修正了两个样本组的自选择偏误。利用PSM匹配后，各控制变量的偏误降低百分比均高于75%。表6中平衡性检验结果表明，实验组和控制组除外貌和幸福感外，剩余所有控制变量间不存在显著差异，基本可以达到随机实验的效果，这种方法在很大程度上控制了样本自选择导致的偏差问题。

表6　解释变量间的平衡性检验

变量	匹配类型	相貌出众组	相貌平平组	偏误比例	偏误降低比例（%）	两组差异t统计值
年龄	匹配前	43.708	50.276	-40.0	99.9	-25.320***
	匹配后	43.818	43.822	-0.0		-0.029
性别	匹配前	0.505	0.517	-2.4	83.9	-1.807*
	匹配后	0.506	0.508	-0.4		-0.303
户口	匹配前	0.456	0.407	9.8	94.4	6.153***
	匹配后	0.453	0.455	-0.5		-0.379
教育情况	匹配前	3.087	2.568	39.5	95.9	24.787***
	匹配后	3.067	3.089	-1.6		-1.096
婚姻状况	匹配前	0.811	0.803	2.2	75.0	1.377*
	匹配后	0.812	0.814	-0.6		-0.395
健康状况	匹配前	3.186	2.845	28.6	99.9	18.062***
	匹配后	3.178	3.177	0.0		0.027
社会地位	匹配前	3.069	3.049	2.2	78.4	1.393*
	匹配后	3.063	3.070	-0.5		-0.336

注：表中为使用核匹配方法得到的平衡性检验结果。
资料来源：根据CFPS 2018数据整理计算得到。

表7列示了核匹配、半径匹配和k近邻匹配方法得出的平均处置效应结果。其中，ATT为实验组平均处置效应，ATU为控制组平均处置效应，ATE为整体平均处置效应。具体来看，ATU表示控制其他可观测变量的情况下，相貌平平的个体颜值提升到相貌出众后的平均幸福感；ATT表示控制其他可观测变量差异的情况下，相貌出众个体保持相貌出众后的平均幸福感；ATE表示控制其他可观测变量差异的情况下，个体颜值提升到相貌出众后的平均幸福感。表7的平均处置效应结果显示，三种倾向得分匹配方法得出的整体平均处置效应（ATE）均大于0.104，表明相貌出众至少能使个体就业概率提高10.4%。此外，比较三种PSM方法的平

均处置效应系数可知，ATU 的效应要大于 ATE 和 ATT，表明对于相貌平平的人群，颜值提升到相貌出众后增加的幸福感会更多。综上所述，运用 PSM 修正选择性偏差后，仍得到相貌出众会提高个体幸福感的结论，这表明基准模型的回归结果具有稳健性。

表 7　　倾向得分匹配的结果

匹配方法	平均处理效应	全样本	男性	女性
核匹配	ATT	0.094	0.069	0.124
	ATU	0.118	0.088	0.120
	ATE	0.104	0.077	0.122
半径匹配	ATT	0.095	0.070	0.117
	ATU	0.120	0.849	0.119
	ATE	0.106	0.765	0.118
最近邻匹配	ATT	0.086	0.071	0.133
	ATU	0.148	0.094	0.102
	ATE	0.111	0.080	0.120

3. 替换因变量估计

关于幸福感的变量选取，国内大部分文献使用“生活满意度”这一维度进行衡量（李其容等，2021）。为保证基准回归结果的稳健性，本部分选取生活满意度作为幸福感的替换变量，通过替换因变量的方式检验外貌对个体幸福感的影响效果。生活满意度方面，利用 CFPS2018 问卷中“您对自己生活的满意程度”这一问题进行衡量。生活满意度评分共分为 5 个层级，1 分代表非常不满意，5 分代表非常满意。分析过程中，本部分剔除了军人、农业户口和 16 岁以下等年龄不符样本，并删掉了外貌和生活满意度等关键变量缺失样本，最终样本共计 16 201 个。变量描述性分析显示，女性生活满意度略高于男性，女性生活满意度均值为 3.792 分，男性生活满意度均值为 3.791 分。表 8 检验了外貌对生活满意度的影响效果。回归结果表明，外貌能显著提高个体生活满意度，并且这种影响在女性中更明显，这一结论与基准回归结果一致。

表 8　　外貌对生活满意度的影响

变量	全样本	男	女
外貌	0.040*** (0.001)	0.029*** (0.003)	0.051*** (0.005)

续表

变量	全样本	男	女
控制变量	控制	控制	控制
R^2	0.220	0.211	0.218
观测值	16 201	8 271	7 930

4. 替换自变量估计

外表特征中，除外貌影响幸福感外，身高和身材也会影响个体幸福感（Deaton and Arora，2009）。本部分在基准模型基础上，加入身高变量和 BMI 指数（身材）变量，观察外貌对个体幸福感的影响作用是否发生变化，并进一步分析身材对个体幸福感的影响效应。表 9 回归结果表明，外貌特征变量中加入身高和 BMI 指数后，男女外貌系数仍显著为正，这与基准模型的回归结果保持一致。模型（1）和模型（2）结果显示，身高对男女幸福感没有显著影响，但身材会对男女幸福感产生显著影响。具体来看，体重偏轻对男女幸福感存在显著负向影响，而体重偏重对男女幸福感存在显著正向影响。模型（3）结果显示，身高并不能影响男女幸福感，但身材能够显著影响男女幸福感，证实了“心宽体胖”在实证意义上真实存在。

表 9　身高和 BMI 指数对幸福感的影响

变量	(1)		(2)		(3)	
	男性	女性	男性	女性	男性	女性
外貌	0.059*** (0.021)	0.080*** (0.015)	0.057** (0.013)	0.081** (0.021)	0.056** (0.014)	0.080** (0.019)
身高	0.002 (0.004)	0.005 (0.004)			0.003 (0.003)	0.005 (0.002)
BMI（正常体重 =1）						
偏轻			-0.202*** (0.087)	-0.169** (0.079)	-0.201** (0.099)	-0.168** (0.068)
偏重			0.065* (0.041)	0.107** (0.043)	0.065* (0.041)	0.108** (0.045)
R^2	0.228	0.221	0.226	0.223	0.223	0.220
观测值	8 271	7 930	8 271	7 930	8 271	7 930

5. 替换数据库检验

为保证基于 CFPS 数据回归结果的稳健性，本部分利用 2016 年中国劳动力动态调查（CLDS）数据，重新估计外貌对幸福感的影响作用。外貌测量方面，利用调查问卷中“您觉得被访者的长相怎样”这一问题进行衡量，外貌评分共10档，评分越高代表长相越好；幸福感数据方面，利用调查问卷中“总的来说，您认为您的生活过得是否幸福”这一问题进行衡量，幸福感评分共5档，1分代表非常不幸福，5分代表非常幸福，即分数越高代表幸福感越高。分析过程中，本部分剔除了外貌和幸福感等关键变量缺失样本，以及个人特征变量缺失样本，最后得到有效样本共13 221个，其中男性样本6 207个，女性样本7 014个。从变量的描述性统计来看，全样本的外貌评分为6.441分，男性外貌评分为6.374分，女性外貌评分为6.519分；全样本的幸福感为3.795分，男性幸福感为3.780分，女性幸福感为3.811分。表10汇总了利用CLDS数据检验外貌对幸福感影响的回归结果。全样本的回归结果显示，外貌对个体幸福感的边际效用显著为正，证实了外貌能够显著提高个体幸福感这一结论。分性别的回归结果显示，女性外貌的估计系数为0.102，男性外貌的估计系数为0.061，且均在1%的水平下显著，表明外貌能显著提高男女幸福感，并且这种影响在女性中更明显，这一结论与基准回归结果一致。

表10　外貌对幸福感的影响（CLDS数据）

变量	全样本	男性	女性
外貌	0.078*** (0.014)	0.061*** (0.019)	0.102*** (0.020)
年龄	-0.038*** (0.006)	-0.041*** (0.007)	-0.023*** (0.009)
年龄的平方	0.041*** (0.004)	0.050*** (0.005)	0.035*** (0.008)
性别	0.038 (0.010)	—	—
教育年限	0.041*** (0.013)	0.060*** (0.018)	0.018*** (0.020)
婚姻状况	0.240*** (0.023)	0.280*** (0.037)	0.212*** (0.019)
户口	-0.009 (0.021)	-0.002 (0.028)	-0.021 (0.033)
是否是中共党员	0.101*** (0.023)	0.106*** (0.030)	0.102** (0.048)
健康情况	0.157*** (0.008)	0.161*** (0.012)	0.148*** (0.010)

续表

变量	全样本	男性	女性
所在地区	已控制	已控制	已控制
常数项	3.644	3.235	4.212
R^2	0.180	0.171	0.193
观测值	13 221	6 207	7 014

五、影响机制分析

本节试图挖掘“美貌溢价”的根源，探究外貌对个体幸福感的影响机制。本文研究认为，除外貌能直接触发“悦目娱心”的感性体验外，外貌还可以通过就业市场表现和婚姻市场表现的影响渠道，间接影响个体幸福感。根据劳动经济学理论及前人文献分析，就业市场表现主要包括就业概率、收入水平和工作满意度，婚姻市场表现主要包括配偶外貌、配偶收入和婚姻满意度。假如外貌与幸福感的作用机制来自就业市场表现和婚姻市场表现的差异，在加入就业市场表现变量和婚姻市场表现变量后，将降低外貌对幸福感的边际效应。综上所述，一方面，本部分基于中介变量模型，通过分析外貌与就业概率、收入水平和工作满意度的关系，从就业市场表现路径分析外貌对幸福感的影响机制；另一方面，通过分析个体外貌与配偶收入、配偶外貌及婚姻满意度的关系，从婚姻市场匹配路径分析外貌对幸福感的影响机制。

（一）就业市场的影响机制

本部分将就业概率、收入水平和工作满意度作为中介变量，分析了外貌对各中介变量的影响作用，回归结果如表 11 所示。模型（1）探讨了外貌对男女就业概率的影响作用，回归系数均为正值且在 1% 水平上显著，表明相貌出众者在劳动力市场中找到工作的机会更大，这有利于提高其幸福感。模型（2）分析了外貌对男女收入水平的影响作用，回归结果具有明显的性别差异。结果显示，外貌对男性收入存在正向影响，影响系数为 0.031 且在 1% 水平上显著，但外貌对女性收入不存在显著影响。这一结论与已有文献基本一致（郭继强等，2017；曾湘泉、胡文馨，2019）。回归结果表明，外貌出众男性更容易获得高收入，更好地满足了其物质需求，由此间接提高了尊严感与幸福感。模型（3）将工作满意度作为因变量，回归结果证实外貌对男女工作满意度均存在正向边际效应，其回归系数均为正值且在 1% 水平上显著，表明相貌出众者工作满意度更高，这会直接提高其主观幸福感。为何美貌者在就业市场表现更优秀？一方面，鉴于美貌具有“光环效应”，相貌出众的应聘者更容易获得正向评价和录用机会。尤其是在影视娱乐、广告营销和餐饮消费等需要抛头露面的服务业行业中，雇主基于顾客外貌偏好和统计性歧视形成雇员绩效偏见（黄玖立、田媛，2018），即使在劳动生产率相同的情况下，雇主也会优先雇用外貌出众的求职者。另一方面，美貌者具备更富感染力的情绪表达及谈吐风度，因此更容易提升人际技能并累积社会资本，这有助于提高相貌出众者就业机会及收入水平。

表 11　　外貌对就业机会、收入水平和工作满意度的影响

变量	(1) 因变量：就业概率		(2) 因变量：小时工资对数		(3) 因变量：工作满意度	
	男	女	男	女	男	女
外貌	0.035** (0.021)	0.043*** (0.018)	0.030*** (0.013)	0.014 (0.018)	0.025*** (0.015)	0.012* (0.002)
R^2	0.481	0.340	0.167	0.219	0.034	0.015
观测值	8 271	7 930	6 889	5 027	7 032	5 389

注：表中就业状态分为两种，就业 =1，未就业 =0；收入为小时工资对数；工作满意度分为 5 档，很满意 =5 分，不满意 =1 分；模型（1）利用 probit 模型，表中列示了外貌对个体就业的影响作用；模型（2）利用 OLS 模型，表中列示了外貌对小时工资对数的影响作用；模型（3）利用 oprobit 模型，表中列示了外貌对工作满意度 =5 的影响作用。

本部分从就业市场角度分析了外貌对幸福感的影响机制。表 12 在基准模型中加入中介变量，回归结果表明，对于男性来说，外貌通过影响男性收入和工作满意度，间接影响其幸福感；对于女性来说，外貌主要通过影响其工作满意度，间接对女性幸福感产生影响。

表 12　　外貌对幸福感的影响机制分析（就业市场路径）

变量	模型（1）		模型（2）		模型（3）		模型（4）	
	男	女	男	女	男	女	男	女
外貌	0.059*** (0.019)	0.081*** (0.022)	0.039 (0.031)	0.080*** (0.039)	0.051*** (0.023)	0.073*** (0.004)	0.048 (0.029)	0.071*** (0.036)
就业	-0.054 (0.075)	0.009 (0.059)						
收入			0.069** (0.040)	0.050 (0.046)			0.066** (0.031)	0.044 (0.029)

续表

变量	模型（1）		模型（2）		模型（3）		模型（4）	
	男	女	男	女	男	女	男	女
工作满意度					0.470*** (0.031)	0.350*** (0.039)	0.458*** (0.041)	0.338*** (0.050)
R^2	0.141	0.113	0.156	0.113	0.185	0.112	0.1889	0.130
观测值	8 271	7 930	6 889	5 027	7 032	5 389	6 889	5 027

模型（1）的回归结果显示，加入就业概率变量后，男女外貌系数依旧在1%水平上显著为正，并且就业概率系数并不显著，表明外貌并不会通过影响男女就业概率，间接影响其幸福感。回归结果证实，就业概率并非是外貌和幸福感之间的有效影响渠道。模型（2）加入小时工资率后，男性外貌的系数由显著变为不显著，而小时工资率显著为正，表明收入水平在男性外貌和幸福感之间存在完全中介的作用；女性外貌系数依旧显著为正，并且小时工资率并不显著，表明外貌并不能通过影响女性收入水平，间接影响其幸福感。模型（3）加入工作满意度后，男女外貌虽然仍在1%水平上显著，但外貌系数明显下，并且男女工作满意度系数显著为正，表明工作满意度在外貌和幸福感之间起到部分中介作用。模型（4）在基准模型基础上，同时加入就业概率、小时工资率和工作满意度3个中介变量，回归结果与上述分析保持一致，证实结果具有稳健性。

综上所述，考虑到就业市场表现之后，外貌对幸福感的影响机制存在一定的性别差异。对于女性而言，外貌通过影响工作满意度，间接影响其幸福感；对于男性而言，外貌除了可以影响男性工作满意度外，还通过影响男性收入水平，间接影响其幸福感。究其原因，男女对于工作考量的侧重点不同，男性更重视工作带来的收入高低，女性更重视工作带来的情绪价值。

（二）婚姻市场的影响机制

本部分将研究样本限制为已婚群体，并以配偶外貌、配偶收入和婚姻满意度作为中介变量，分析了外貌对各中介变量的影响作用，回归结果如表13所示。模型（1）、模型（2）和模型（3）分别将配偶外貌、配偶收入和婚姻满意度作为被解释变量，并在回归时加入了个人特征、家庭特征及地区特征等控制变量。回归结果显示，个体外貌对配偶外貌、配偶收入和婚姻满意度均存在显著正向影响，并且这种影响存在一定的性别差异。从配偶外貌和婚姻满意度的角度出发，外貌对于男女的影响效果相差不大；而从配偶收入的角度来看，相貌出众女性找到高收入丈夫的概率，明显高于相貌出众男性找到高收入妻子的概率。究其原因，由于两性择偶侧重点存在差异，女性择偶更注重收入等生存价值，男性择偶更注重颜值等生育价值。

表 13　　自身外貌对配偶外貌、配偶收入和婚姻满意度的影响

变量	(1) 因变量：配偶外貌		(2) 因变量：配偶收入		(3) 因变量：婚姻满意度	
	男	女	男	女	男	女
外貌	0.647*** (0.010)	0.651*** (0.013)	0.021* (0.010)	0.040*** (0.012)	0.023*** (0.010)	0.028*** (0.014)
R^2	0.472	0.480	0.164	0.123	0.081	0.053
观测值	6 440	5 305	2 103	3 745	6 774	6 645

注：配偶外貌分为 7 档，很差 = 1，很好 = 7；配偶收入分为 3 档，低等收入 = 1，中等收入 = 2，高等收入 = 3；婚姻满意度分为 5 挡，非常不满意 = 1，非常满意 = 5。模型（1）、模型（2）和模型（3）均使用 ologit 模型，表中数值为外貌对配偶外貌最高 = 7、配偶收入最高 = 3、婚姻满意度最高 = 5 的影响系数和稳健标准误。

为从婚姻市场角度分析外貌对幸福感的影响机制，表 14 在基准模型中加入了配偶外貌、配偶收入和工作满意度 3 项中介变量。回归结果表明，除了婚姻满意度这一影响渠道以外，外貌对幸福感的作用机制存在一定的性别差异。

表 14　　外貌对婚姻满意度的影响机制分析（婚姻市场路径）

变量	模型（1）		模型（2）		模型（3）		模型（4）	
	男	女	男	女	男	女	男	女
外貌	0.050 (0.029)	0.079** (0.032)	0.058*** (0.042)	0.055* (0.036)	0.048 (0.021)	0.068*** (0.022)	0.043 (0.029)	0.053* (0.035)
配偶外貌	0.056** (0.028)	0.018 (0.032)					0.045** (0.033)	0.017 (0.023)
配偶收入			-0.021 (0.050)	0.125*** (0.046)			-0.021 (0.038)	0.097** (0.045)
婚姻满意度					0.551*** (0.035)	0.731*** (0.034)	0.501*** (0.067)	0.705*** (0.057)
R^2	0.221	0.210	0.233	0.233	0.252	0.304	0.300	0.351
观测值	6 440	5 305	2 103	3 745	6 774	6 645	2 103	3 745

对比模型（1）和基准模型可知，加入配偶外貌变量后，男性外貌系数由正向显著变为不显著，并且配偶外貌系数在 5% 水平上显著为正，表明配偶外貌在男性

外貌和幸福感之间存在完全中介效应，即相貌出众的男性可以通过找到美貌妻子，间接影响男性幸福感。但对于女性群体来说，加入配偶外貌后女性外貌系数仍显著为正，同时配偶外貌系数并不显著，表明外貌不会通过影响女性找到英俊的丈夫，间接影响女性幸福感。这一结论与既有研究结果相似，即妻子颜值和丈夫婚姻幸福感正相关，而丈夫颜值对妻子婚姻幸福感无明显影响（Meltzer et al.，2014）。

将模型（2）和基准模型进行比较可知，加入配偶收入变量后，外貌对男女幸福感的影响机制存在性别差异。回归结果表明，女性外貌系数由正向显著变为不显著，并且配偶收入系数为 0.125 且在 1% 水平上显著为正；而男性外貌系数仍旧保持显著，并且配偶收入并不显著。由此表明，对于女性而言，外貌可以通过影响配偶收入，间接提高女性幸福感。但对于男性而言，配偶收入在自身外貌与幸福感之间不存在中介效应，即男性并不能通过找到高收入妻子的方式，间接提高自身幸福感。

模型（3）结果显示，基准模型中加入婚姻满意度变量后，女性外貌系数仍在 1% 水平上显著为正，但男性外貌系数由正向显著变为不显著。同时，男女的婚姻满意度系数均在 1% 水平上显著为正，表明婚姻满意度在外貌和幸福感之间扮演了中介变量角色。具体来看，婚姻满意度在男性外貌和幸福感之间存在完全中介作用，而婚姻满意度在女性外貌和幸福感之间存在部分中介作用。综合上述分析，在考虑到婚姻市场表现后，外貌对幸福感的影响机制存在一定的性别差异。对于女性而言，外貌会通过影响配偶收入与婚姻满意度，间接影响幸福感；对于男性而言，外貌通过影响配偶外貌与婚姻满意度，进而作用于幸福感。

六、结论与启示

本文基于中国家庭追踪调查（CFPS 2018）数据，探讨了外貌对个体幸福感的影响效应与作用机制。同时，分析了外貌对不同学历和收入人群幸福感影响的异质性效果，并利用倾向得分匹配法（PSM）和工具变量法（IV）进一步检验了估计结果的稳健性。研究结果表明：第一，外貌对个体幸福感有显著正向影响，外貌评分每增加 1 分，个体幸福感提升 7.5%。第二，外貌对幸福感的影响存在一定的异质性，这种正向效果在女性低学历和低收入群体中较为明显。第三，外貌除了可以直接影响个体幸福感外，还可通过就业市场表现和婚姻市场表现两条渠道，间接影响婚姻满意度，且这种影响机制存在一定的性别差异。对于女性而言，外貌会通过影响就业市场中的工作满意度，以及婚姻市场中的配偶收入、婚姻满意度间接影响幸福感；对于男性而言，外貌会通过影响就业市场中的收入水平、工作满意度，以及婚姻市场中的配偶外貌、婚姻满意度进而作用于幸福感。

著名电视人白岩松在《幸福了吗?》一书中探寻了焦虑忙碌的现代人如何向幸

福靠近，哈佛大学的“幸福课”进一步阐明了幸福感源自物质、情感和精神三大支柱。本文研究认为，幸福的真谛，在于“外”更在于“内”外貌并非完全是天生禀赋，个体也可通过锻炼身体、规律作息、健康饮食等提升外在形象。同时，个体也要注重学识阅历、道德品质、言谈举止和文化修养等内在气质的提升，这些均可通过后天的努力而实现。本文初步探讨了外貌对个体幸福感的影响作用。从结果分析上看，外貌虽然对个体幸福感至关重要，但是相比于收入水平、婚姻状况和家庭关系等因素，其对于长期幸福感的作用非常有限。“乍见之欢，不如久处不厌”，美貌仅能在人际交往初期提供情绪价值，但伴随时间变化外貌的重要性递减，外貌在长期幸福感中影响较低。与外貌相比，身体健康、精神状态、经济能力等综合实力对于提高幸福感更为重要。值得注意的是，个体追逐物质与名望都具有充分的合理性，但物质积累和名望提升都无法必然保证内心充盈。保持物质生活和精神世界的平衡，注重提升外在形象与内在气质，才是通向幸福人生的关键。

参考文献

1. 顾天竹、陆玉梅、纪月清：《中国劳动力市场的美貌溢价》，载《劳动经济研究》2021 年第 9 期。

2. 郭继强、费舒澜、林平：《越漂亮，收入越高吗？——兼论相貌与收入的“高跟鞋曲线”》，载《经济学（季刊）》2017 年第 1 期。

3. 胡文馨、曾湘泉：《美貌能提高婚姻满意度吗？——来自 CFPS 数据的经验证据》，载《劳动经济研究》2019 年第 7 期。

4. 黄玖立、田媛：《美貌能带来幸福感吗?》，载《南方经济》2019 年第 1 期。

5. 黄玖立、田媛：《美貌能提高创业收入吗?》，载《财经研究》2018 年第 11 期。

6. 李其容、李春萱、杨艳宇、常乃方：《创业对长短期幸福感的异质性影响研究》，载《管理学报》2021 年第 9 期。

7. 齐雁、赵斌：《人力资本投资效应与性别不平等》，载《经济问题探索》2020 年第 6 期。

8. 孙庆聚：《不断实现人民对美好生活的向往》，载《人民日报》2021 年 4 月 1 日。

9. 万广华、张彤进：《机会不平等与中国居民主观幸福感》，载《世界经济》2021 年第 5 期。

10. 王慕文、卢二坡：《颜值越高越容易找到工作吗？——基于中国家庭追踪调查（CFPS）的实证分析》，载《中国经济问题》2018 年第 5 期。

11. 尹振涛、李俊成、杨璐：《金融科技发展能提高农村家庭幸福感吗？——基于幸福经济学的研究视角》，载《中国农村经济》2021 年第 8 期。

12. 尹志超、杨超：《夫妻相对收入与幸福感》，载《社会科学辑刊》2017 年第 6 期。

13. 曾湘泉、胡文馨：《长得好看有多重要？——外貌对收入的影响作用及机制分析》，载《华南师范大学学报（社会科学版）》2019 年第 3 期。

14. Adler A, Seligman M E P. Using wellbeing for public policy: Theory, measurement, and recommendations. *International Journal of Wellbeing*, 2016, 6 (1): 1 – 35.

15. Amato P R. Changes in gender role attitudes and perceived marital quality. *American Sociological Review*, 1995, 60 (1): 58 – 66.

16. Bielby W, Bielby D. Family ties: Balancing commitments to work and family in dual earner households. *American Sociological Review*, 1989, 54 (5), 776 – 789.

17. Buss D M, Shackelford T K, Kirkpatrick L A, et al. A half century of mate preferences: The cultural evolution of values. *Journal of Marriage and Family*, 2001, 63 (2): 491.

18. Chang W L. Beauty and happiness: The payoff of good-looking. *International Journal of Human Resource Studies*, 2013, 3 (4): 177 – 193.

19. Deaton A, Arora R. Life at the top: The benefits of height. *Economics & Human Biology*, 2009, 7 (2): 133 – 136.

20. Deaton A, Stone A A. Two happiness puzzles. *American Economic Reviews*, 2013, 103 (3): 591 – 597.

21. Diener E, Wolsic B, Fujita F. Physical attractiveness and subjective well-being. *Journal of Personality and Social Psychology*, 1995, 69 (1): 120 – 129.

22. Easterlin R A, Mcvey L A, Switek M, et al. The happiness-income paradox revisited. *Proceedings of the National Academy of Sciences*, 2010, 107 (52): 22463 – 22468.

23. Easterlin R A. Does economic growth improve the human lot? Some empirical evidence. *Nations & Households in Economic Growth*, 1974: 89 – 125.

24. Furdyna H E, James T A D. Relative spousal earnings and marital happiness among African American and white women. *Journal of Marriage and Family*, 2008, 70 (2): 332 – 344.

25. Goodwin R. Sex differences among partner preferences: Are the sexes really very similar? . *Sex Roles*, 1990, 23 (9): 501 – 513.

26. Hamermesh D S, Abrevaya J. Beauty is the promise of happiness? . *European Economic Review*, 2013, 64: 351 – 368.

27. Hamermesh D S, Biddle J E. Beauty and the labor market. *American Economic Review*, 1994, 84 (5): 1174 – 1194.

28. Hamermesh D S. *Beauty pays*. Princeton University press, 2011.

29. Jackson J. Free to be happy: economic freedom and happiness in US States. *Journal of Happiness Studies*, 2016: 1 – 23.

30. Mackerron G. Happiness Economics from 35000 feet. *Journal of Economic Surveys*, 2012, 26 (4), 705 – 735.

31. Meltzer A L, Mcnulty J K, Jackson G L, et al. Sex differences in the implications of partner physical attractiveness for the trajectory of marital satisfaction. *Journal of Personality & Social Psychology*, 2014, 106 (3): 418.

32. Mobius M M, Rosenblat T S. Why beauty matters. *American Economic Review*, 2006, 96 (1): 222 – 235.

33. Ono H, Lee K S. Welfare states and the redistribution of happiness. *Social Forces*, 2013, 92 (92): 789 – 814.

34. Orgensen S R. Socioeconomic rewards and perceived marital quality: A re-examination. *Journal of Marriage and the Family*, 1979, 41 (1): 825 – 835.

35. Sarracino F. Money, sociability and happiness: Are developed countries doomed to social erosion and unhappiness? Time-series analysis of social capital and subjective well-being in western Europe,

Australia, Canada and Japan. *Social Indicators Research*, 2012, 109 (2): 135 - 188.

36. Scholz J K, Sicinski K. Facial attractiveness and lifetime earnings: Evidence from a cohort study. *Review of Economics & Statistics*, 2015, 97 (1): 14 - 28.

37. Zimmermann A C, Easterlin R A. Happily ever after? Cohabitation, marriage, divorce, and happiness in Germany. *Population and Development Review*, 2010, 32 (3): 511 - 528.

The Happiness Premium of Physical Appearance: Empirical Analysis Based on Employment Performance and Marriage Matching

Hu Wenxin Mao Yufei Li Xiaoman Zhang Xiaohong

Abstract: Happiness is the ultimate goal and eternal pursuit for human beings. Based on the data of China Family Panel Studies (CFPS 2018), this paper analyzes the effect and mechanism of the physical appearance on individual well-being. Research shows that physical appearance has a significant positive impact on individual well-being, and the impacts on women, low education and low-income groups are more obvious. There are some gender differences in the mechanism of physical appearance affecting individual well-being. For women, physical appearance will indirectly affect happiness through influencing job satisfaction in the employment market, spouse income and marital satisfaction in the marriage market; For men, physical appearance can affect happiness by influencing the income level and job satisfaction in the employment market, and spouse appearance and marital satisfaction in the marriage market. This paper holds that the true meaning of happiness comes from "inside" rather than "outside". Although physical appearance plays a certain role in promoting happiness, the "inner beauty" such as knowledge and experience, moral quality and cultural accomplishment are more important. Therefore, in the process of promoting happiness, individuals should pay attention to the balance of material life and spiritual life, and realize a happy life by improving their external image and internal temperament.

Key words: *physical appearance happiness beauty premium employment performance marriage matching gender difference*

制造业扩张对农村劳动力转移的影响研究

王丽丽*

摘　要：推动农村劳动力转移既是解决农村剩余劳动力的重要路径，又是为制造业提供充足劳动要素的关键。本文运用空间计量模型，利用2004~2019年的城市数据分析了制造业扩张对农村劳动力转移的影响。研究发现：农村劳动力转移和制造业扩张都存在着空间相关性；制造业扩张能够显著地促进农村劳动力转移；制造业扩张对农村劳动力转移的影响还会表现为空间溢出效应；制造业扩张对农村劳动力转移的影响存在着动态趋势；制造业扩张会显著影响中西部地区的农村劳动力转移，但对东部地区农村劳动力转移的影响不明显。在制造业价值链提升和乡村振兴背景下，根据研究结论，本文提出了三点促进制造业扩张和推动农村劳动力转移的政策建议。

关键词：**制造业扩张　农村劳动力转移　乡村振兴　空间溢出效应**

一、研究背景

改革开放40多年来，中国制造业快速发展，2010年我国成为制造业第一大国，2019年制造业占世界的比重达到28.1%①，截至2020年底220多种制造业产品产量居世界第一。与此同时，中国制造业行业上市企业数量由1990年的7家上升到2021年的4 682家②。在制造业迅速扩张的背景下，农业为制造业发展提供了充足的劳动要素。2019年以前中国农民工数量连年增加，2020年虽然受到疫情的影响，但依然有2.86亿农民工进城务工，其中在第二产业就业的农民工数量占48.1%③。随着制造业的扩张和农村劳动力向城市的转移，劳动力市场的供求也发生了变化，中国农村的剩余劳动力也几近枯竭（曾龙、杨建坤，2020）。在提升中

* 王丽丽，山东大学人居环境研究中心特约研究员，山东省林草种质资源中心，E-mail：565993570@qq.com。感谢外审老师提出的修改意见，文责自负。

① 《工信部：2019年我国制造业增加值达26.9万亿元　连续十年保持世界第一制造大国地位》，证券日报网，http：//www.zqrb.cn/finance/hongguanjingji/2020-10-23/A1603442191137.html。

② 《重磅解读：上市公司是推动中国经济增长的重要力量——A股上市公司（2021年）年报解读》，新华网，http：//www.xinhuanet.com/2022-05/24/c_12//649888.htm。

③ 《2021年农民工监测调查报告》，中国政府网，http：//www.gov.cn/xinwen/2022-04/29/content_5688043.htm。

国制造业全球价值链背景下，如何平衡制造业发展和农村劳动力转移的关系是现阶段首要解决的问题。

由新古典经济增长理论可知，制造业的经济效率会明显高于农业的经济效率，在理性人的假设条件下，劳动要素会由农业部门流向制造业部门。当制造业不断扩张时，劳动要素会源源不断地由农业部门转移到制造业部门。从理论上讲，随着农业部门内劳动要素的转移，农业部门的效率也会不断提升，当农业部门效率与制造业部门效率相当时，制造业扩张就不会引致劳动要素由农业部门向制造业部门转移，最终劳动要素会在制造业与农业之间表现为一种稳态的均衡（孙学涛、王振华，2021）；当制造业继续扩张时，劳动要素并不会大量地由农业部门向制造业部门转移，同时制造业内会出现“用工荒”和“用工难”等难题；与此同时农业部门内也会出现“耕地撂荒”等问题。

在乡村振兴和全球价值链提升的背景下，如何在制造业高质量发展过程中充分挖掘农村剩余劳动力、促进农村劳动力向城市转移，仍然是推进制造业高质量发展和实现乡村振兴的重要路径。因此在人口红利逐渐消失和制造业扩张背景下，本文尝试探寻农村劳动力转移的动力机制。

二、文献综述

本文从制造业扩张角度研究了农村劳动力转移的动力，与本文有关的文献主要集中于三个方面：一是农村劳动力转移；二是制造业扩张；三是制造业扩张对农村劳动力转移的影响。为了准确地研究制造业扩张对农村劳动力转移的影响，本文尝试从这三个方面对文献进行综述。

（一）农村劳动力转移

农村劳动力转移是国内外经济学研究的热点问题。国内外学者主要从农村劳动力转移的影响因素和农村劳动力转移的动力机制两个方面对农村劳动力转移进行探究。关于农村劳动力转移的影响因素方面，学者们主要从城市扩张（曾龙、杨建坤，2020；王成利，2020）、城市服务业外包（顾天竹等，2021）和新型工农城乡关系构建（张露、罗必良，2021）等“城市需求”角度研究了农村劳动力转移的影响因素。研究发现，农村劳动力由农业部门向城市转移的主要因素是非农部门的工资收入高于农业部门的工资收入（张平、陈倩雯，2021），这种工资差异不仅会带来劳动要素在部门间流动，而且还会促进劳动要素在区域间流动。从“城市需求”角度研究农村劳动力转移的同时，部分学者也从“农村供给”角度研究农村劳动力转移的动力。研究发现，农村土地流转（王成利等，2020）、土地确权（陈江华等，2020）、农村社会保险（杨林、柳俊燕，2020）和数字普惠金融（孙学涛等，2022）等是影响农村劳动力转移的主要因素。这是由于随着农业现代化的推进，农业所需要的劳动力数量越来越少，在部门收入差异的影响下，农村劳动力会不断向城市转移。基于此，部分学者认为农村劳动力转移的源泉是农村剩余劳动力的数量不断增多（孙学涛、王振华，2021）。在研究农村劳动力转移影响因素的同时，学者也研究了农村劳动力转移对农业效率（孙学涛，2021）、城乡收入差距（玉国华，2021）、农户家庭储蓄（崔菲菲等，2019）和农村减贫（张桂文等，2018）的影响。研究发现，农村劳动力转移不仅能够提高外出务工农户的家庭收入，而且还会对非外出农户家庭产生溢出效应（孙中伟，2017）。

（二）制造业扩张

经济结构变迁是经济高质量发展的重要条件，特别是制造业在国民经济中的变化（张可云、裴相烨，2021）。在此背景下，学者们从房地产业（王文春等，2021）、建筑业（佟家栋、刘竹青，2020）和金融部门（张平、陈倩雯，2021）等角度研究了部门扩张的经济效应。通过研究发现，部门扩张是通过提高扩张部门工资收入的方式，改变部门间的要素配置结构，进而促进地区经济结构的转型（王文春等，2021）；在部门扩张过程中生产要素结构的变化对部门扩张的影响最大（闫冰倩、冯明，2021），这种要素结构的变化主要表现为要素由低效率部门向高效率部门转移（孙学涛、王振华，2021），在农业和制造业中就表现为要素由农业向制造业转移。但也有部分学者研究发现，部门扩张是否能够吸引低效率部门的劳动要素向高效率部门转移还取决于高效率部门的市场化程度（岳崴、张强，2020），即市场化程度越高的地区，部门扩张更能够促进要素流动；而市场化程度越低的地区，部门扩张反而对要素流动的影响相对较小。在研究部门扩张对要素结构影响的同时，也有部分学者从制造业扩张角度研究了制造业扩张对企业经济效率的影响，发现制造业扩张能够提高企业效率，并且制造业扩张对要素的影响还会受到空间距离的影响（张可云、裴相烨，2021）；制造业扩张还会延长企业价值链，提升企业人力资本水平（王文春等，2021）。

（三）制造业扩张与农村劳动力转移

现有关于农村劳动力转移和城市扩张的文献为本文的研究提供了经验参考。但现有文献在研究农村劳动力转移时主要从城市劳动要素需求和农村劳动要素供给两方面研究，但城市对劳动要素的主要需求并非来源于城市扩张和城市服务业的外包，而是来源于城市制造业的迅速扩张（殷德生等，2011）。在此背景下，部分学者研究了金融业扩张对出口的影响（张杰、陈容，2022），也有部分学者研究了房地产扩张（王文春等，2021）和建筑业扩张（佟家栋、刘竹青，2018）对劳动要素的影响，但并没有看到相关文献研究制造业扩张对要素配置结构的影响。同时，在研究农村劳动力转移时仅有范剑勇等（2004）从产业集聚角度研究了农村劳动力转移；王历捷（2021）从制造业空间分布角度研究制造业空间布局的变化对经济增长和消费的影响，发现制造业扩张能够提高弱势地区居民的收入水平，进而促进弱势地区的资本积累；韩军、孔令丞（2020）从制造业转移角度研究了城乡收入差距扩大的原因，发现制造业空间布局的转移能够缩小城乡收入差距，进而有利于共同富裕的实现。然而制造业扩张作为农村劳动力向城市转移的主要诱因（孙学涛、王振华，2021），并没有看到相关文献直接研究制造业扩张与农村劳动力转移之间的关系。

综上所述，本文尝试分析制造业扩张对农村劳动力转移的影响。本文的边际贡献具体包括：一是从制造业扩张角度研究农村劳动力转移，现有文献在研究农村劳动力转移的动力机制时，从城市服务业需求和城乡关系的改善等角度研究了农村劳动力转移，但农村劳动力转移的主要诱因是制造业的扩张，然而并没有看到相关文献从制造业扩张角度分析农村劳动力转移的影响因素，因此本文尝试从制造业扩张角度研究农村劳动力转移的动力机制；二是分析制造业扩张与农村劳动力转移关系时考虑到了空间溢出效应，现有文献在研究制造业扩张和农村劳动力转移时，主要基于空间均质的角度研究了制造业扩张和农村劳动力转移，但制造业扩张和农村劳动力转移在空间的分布并非均质的，因此本文在研究制造业扩张和农村劳动力转移时将空间因素引入计量模型内，分析了制造业扩张对农村劳动力转移的影响及其空间溢出效应。

三、计量模型

相互独立的样本个体所形成的面板数据，通常采用面板数据模型进行分析。然而制造业扩张所需的劳动要素并不一定来自本地区，部分劳动要素还可能来自相邻的其他地区；同时农村劳动力转移也并不一定向本地区制造业部门转移，也可能会向相邻地区转移（孙学涛，2021）。即制造业扩张与农村劳动力转移在空间上并非是均质的，而是存在着一定的空间关联性。由地理学第一定律可知，对于样本之间存在一定关联性的数据，需要采用空间计量模型研究。基于此，本文尝试采用空间计量模型分析制造业扩张对农村劳动力转移的影响。现有的主流空间计量模型主要有空间自回归模型（SAR）和空间误差模型（SEM），这两个模型的区别在于其假设条件不同。为了准确地量化出制造业扩张对农村劳动力转移的影响，本文尝试运用 SAR 模型和 SEM 模型分析制造业扩张对农村劳动力转移的影响及其空间溢出效应。其中 SAR 模型的设定方式如下：

$$Y = \rho WY + X\beta + \varepsilon \tag{1}$$

SEM 模型的设定方式如下：

$$\text{SEM}: \begin{cases} Y = X\beta + \mu \\ \mu = \lambda W\mu + \varepsilon \end{cases} \tag{2}$$

公式（1）和公式（2）中的 Y 表示农村劳动力转移数量；X 表示影响农村劳动力转移的因素，其中包含了制造业扩张及其控制变量；ρ 表示相邻地区的农村劳动力转移对本地区农村劳动力转移的影响系数；μ 表示由于空间误差因素所导致的估计误差；W 表示计量模型的空间权重矩阵。其中空间计量模型权重矩阵的设定是基于地区之间的地理距离，即地区 i 与地区 j 之间的直接距离为 d_{ij}，则地区 i 和地区 j 的权重设定为 $w_{ij} = 1/d_{ij}$，其中主对角线上的元素均设定为 0。地区 i 和地区 j 的直接距离利用百度地图工具箱内的测距工具计算求得。

在进行空间计量分析之前需要对数据进行空间相关性检验，只有空间数据存在空间依赖关系才可以运用空间计量模型分析制造业扩张对农村劳动力转移的影响。检验制造业扩张和农村劳动力转移空间相关性的方法主要是 Moran's I 指数，Moran's I 指数的数学表达式可以表示为：

$$\text{Moran's I} = \frac{\sum_{i=1}^{n}\sum_{j=1}^{n} W_{ij}(Y_i - \bar{Y})(Y_j - \bar{Y})}{S^2 \sum_{i=1}^{n}\sum_{j=1}^{n} W_{ij}} \tag{3}$$

其中公式（3）内的 $S^2 = \frac{1}{n}\sum_{i=1}^{n}(Y_i - \bar{Y})$，$\bar{Y} = \frac{1}{n}\sum_{i=1}^{n} Y_i$，$Y_i$ 为样本数据，n 表示样本总数，而 W_{ij} 表示地区 i 与地区 j 之间的相互邻接关系。

四、数据来源

本文数据主要来源于《中国城市统计年鉴》（2005～2020 年）和中国各省份统计年鉴，部分指标数据还来源于华通数据中心的中国城市统计数据①。

本文的被解释变量是农村劳动力转移，借鉴伍山林（2016）和孙学涛（2021）量化农村劳动力转移的方法，本文尝试运用乡村从业人员数减去第一产业从业人员数并取自然对数来量化。

由于本文研究的是制造业扩张对农村劳动力转移的影响研究，因此制造业扩张是本文的核心解释变量。但关于制造业扩张的文献仅有张可云、裴相烨（2021），该文献从微观角度研究了制造业扩张，并没有从宏观角度研究制造业扩张。因此，本文在量化制造业扩张过程中参考了张平、陈倩雯（2021）量化银行信贷扩张、

① 华通数据中心，http://data.acmr.com.cn。

王文春等（2021）量化房地产扩张的方法，采用城市第二产业增加值占城市生产总值的比重来量化制造业扩张。

为了准确地分析制造业扩张对农村劳动力转移的影响，本文借鉴孙学涛（2021）研究农村劳动力转移所选取的控制变量，张可云、裴相烨（2021）研究制造业扩张所选取的控制变量，并考虑到中国城市数据的可得性，在计量模型内加入了外商投资、产业高级化等七个控制变量。外商投资采用当年实际使用外资金额与城市生产总值之比衡量；产业高级化采用 $gis = \sum_{i=1}^{3} i\theta_i$ 衡量，其中 θ_i 表示第 i 产业占城市生产总值的比重；信息化采用城市内年末电话用户数与城市内年末从业人口数之比衡量；人力资本采用城市普通中学在校学生数与城市年末从业人口数之比衡量；公路运输采用公路货运量与城市生产总值之比衡量；政府干预采用城市财政支出与城市生产总值之比衡量；社会消费采用社会消费品零售总额与城市生产总值之比衡量。变量的描述性统计如表 1 所示。

表 1　　统计性描述分析

变量	平均值	标准值	最小值	最大值
农村劳动力转移	1.6348	0.9817	0.8435	3.5487
制造业扩张	0.4581	0.8514	0.1334	0.6782
外商投资	0.1456	0.1358	0.0000	2.2358
产业高级化	2.2194	0.1365	1.3183	2.6843
信息化	0.4783	0.6783	0.0002	51.7400
人力资本	0.0159	0.1582	0.5777	2.5952
公路运输	0.2481	0.6814	0.0000	29.0159
政府干预	0.0781	0.1548	0.0107	0.2380
社会消费	1.7321	1.5684	0.0107	15.0763

五、实证分析

（一）空间相关性检验

由于制造业扩张与农村劳动力转移在空间上的分布并非均衡的，而是可能会表现出一定的空间集聚（许钊等，2021），因此运用空间计量模型分析制造业扩张对农村劳动力转移的影响之前也需要检验制造业扩张和农村劳动力转移的空间关联性。如果制造业扩张或农村劳动力转移存在空间相关性，那么分析制造业扩张与农村劳动力转移之间关系时，就需要运用空间计量模型，否则只能运用传统计量模型。本文尝试运用 Moran's I 指数检验制造业扩张和农村劳动力转移的空间相关性，Moran's I 指数的检验结果具体如表 2 所示。

表 2　　Moran's I 指数

年份	Moran's I	标准误	Z 值	年份	Moran's I	标准误	Z 值
2004	0.272***	0.009	31.893	2012	0.225***	0.009	26.484
2005	0.282***	0.009	33.334	2013	0.216***	0.009	25.534
2006	0.314***	0.009	37.228	2014	0.208***	0.009	24.607
2007	0.210***	0.008	25.222	2015	0.181***	0.009	21.547
2008	0.270***	0.009	31.710	2016	0.187***	0.009	22.301
2009	0.257***	0.009	29.853	2017	0.215***	0.009	23.873
2010	0.224***	0.009	26.384	2018	0.191***	0.009	22.563
2011	0.215***	0.009	25.363	2019	0.201***	0.009	24.151

注：*、** 和 *** 分别表示样本在 10%、5% 和 1% 的水平上显著。
资料来源：Stata 14.0。

由于制造业扩张与农村劳动力转移的检验结果基本一致，限于篇幅，表 2 只报告了农村劳动力转移的 Moran's I 指数。由表 2 可以看出，农村劳动力转移的 Moran's I 指数均通过了 1% 的显著性水平检验，说明农村劳动力转移间存在着显著的空间关联性，即农村劳动力转移不仅会受到本地区制造业扩张的影响，而且还会受到相邻地区制造业扩张的影响。因此在分析制造业扩张对农村劳动力转移的影响时需要考虑到制造业扩张和农村劳动力转移的空间相关性。由表 2 可以看出，农村劳动力转移的 Moran's I 指数均为正，说明农村劳动力转移表现为正向的空间网络效应，即农村劳动力转移水平较高（低）的地区与农村劳动力转移水平较高（低）的地区相邻。

（二）基准回归分析

在分析制造业扩张对农村劳动力转移的影响时，本文尝试运用 281 个城市的面板数据进行实证分析，因此还需要讨论混合效应、随机效应和固定效应哪种更适合研究制造业扩张对农村劳动力转移的影响。本文采用 BP 检验分析混合效应与随机效应哪种模型更适合研究制造业扩张对农村劳动力转移的影响；运用 Hausman 检验分析随机效应与固定效应哪种模型更适合研究制造业扩张对农村劳动力转移的影响。BP 检验通过了显著性水平检验，说明与混合效应相比，随机效应更适合分析制造业扩张对农村劳动力转移的影响；Hausman 检验通过了显著性水平检验，说明与随机效应相比，固定效应更适合分析制造业扩张对农村劳动力转移的影响。因此本文在运用空间计量模型分析制造业扩张对农村劳动力转移的影响时，选取了固定效应。制造业扩张对农村劳动力转移影响的估计结果如表 3 所示。

表 3　　制造业扩张对农村劳动力转移的影响

变量	面板模型		SAR 模型		SEM 模型
	模型（1）	模型（2）	模型（3）	模型（4）	模型（5）
制造业扩张	0. 1031*** (0. 0061)	0. 9147*** (0. 0070)	0. 2121*** (0. 0180)	0. 9932*** (0. 0888)	0. 1429*** (0. 0169)
外商投资	0. 0023*** (0. 0005)		0. 0042*** (0. 0006)		0. 0025*** (0. 0004)
产业高级化	0. 1404*** (0. 0259)		0. 1014*** (0. 0326)		0. 1047*** (0. 0238)
信息化	0. 0023** (0. 0012)		0. 0037** (0. 0015)		0. 0027** (0. 0011)
人力资本	0. 2064*** (0. 0094)		0. 2003*** (0. 0118)		0. 0375*** (0. 0089)
公路运输	0. 0123*** (0. 0015)		-0. 0063*** (0. 0018)		-0. 0123*** (0. 0013)
政府干预	-0. 0001 (0. 0010)		-0. 0005 (0. 0012)		0. 0274*** (0. 0009)
社会消费	-1. 4445*** (0. 0219)		-1. 3278*** (0. 0932)		-1. 9144*** (0. 0199)
rho		0. 6763*** (0. 0152)	0. 6308*** (0. 0157)		
lambda				0. 0222*** (0. 0013)	0. 0149*** (0. 0006)
sigma2_e		0. 0030*** (0. 0001)	0. 0028*** (0. 0001)	0. 0019*** (0. 0001)	0. 0015*** (0. 0001)
伪 R^2	0. 5199	0. 3235	0. 6186	0. 2881	0. 6012
Log	-34 530	-592	-73 500	-760	-58 160
N	4 496	4 496	4 496	4 496	4 496

注：*、** 和 *** 分别表示样本在 10%、5% 和 1% 的水平上显著。
资料来源：Stata 14. 0。

表3给出了制造业扩张对农村劳动力转移影响的估计结果，为了准确地分析制造业扩张对农村劳动力转移的影响，表3不仅运用空间计量模型分析了制造业扩张对农村劳动力转移的影响，而且尝试运用普通面板模型分析了制造业扩张对农村劳动力转移的影响。由表3的伪 R^2 可以看出，当没有考虑到制造业扩张和农村劳动力转移的空间溢出效用时，模型的伪 R^2 较小，这再次验证了制造业扩张对农村劳动力转移的影响存在着空间溢出效应。制造业扩张对农村劳动力转移影响的具体分析如下：

第一，分析制造业扩张对农村劳动力转移的影响。由表3的估计结果可以看出，基于不同模型分析的制造业扩张对农村劳动力转移的影响均为正，且均在1%统计水平上显著。说明制造业扩张能够推动农村劳动力转移，即制造业扩张是吸引农村劳动力向城市转移的重要因素（杨宇焰、张柏杨，2020）。可能的解释是：一方面，随着制造业扩张，城市和制造业部门会需要大量的劳动要素，然而城市内劳动要素的数量相对有限，农村部门存在着大量的剩余劳动要素，当破除了农村劳动力向制造业部门转移的制度障碍时，制造业扩张就会吸引大量的农村劳动力；另一方面，与农业部门相比，制造业部门的效率明显高于农业部门的效率，在理性人的假设条件下，当制造业部门存在劳动需求时，劳动要素会不断由农业部门向非农部门转移。

第二，分析制造业扩张对农村劳动力转移影响的空间溢出效应。由表3的估计结果可以看出，基于SAR模型分析的制造业扩张对农村劳动力转移影响的空间自回归系数为正，且均在1%统计水平上显著。说明制造业扩张不仅能够推动本地区的农村劳动力转移，而且还会促进周边地区的农村劳动力转移，即制造业扩张对农村劳动力转移的影响存在着显著的空间溢出效应（许钊等，2021）。可能的解释是：一方面，制造业扩张所需要的劳动要素并不一定在本地区内就能够得到满足，即当本地区内的劳动要素并不能够满足本地区制造业所需的劳动要素时，周边地区的劳动要素就会向本地区流动，进而制造业扩张就会对周边地区的劳动要素产生空间溢出效应；另一方面，农村劳动力转移也并不一定会向本地区转移，当劳动要素由农业部门向非农部门转移的壁垒得到破解时，农村劳动力转移就会向制造业部门转移，但农村劳动力是否“就近转移”并不取决于本地区制造业部门是否有劳动要素的需求，而是取决于地区之间制造业的工资差异，当本地区制造业工资收入明显高于其他地区制造业的收入时，农村劳动力就会就近转移，否则农村劳动力就会向其他地区转移。

第三，分析基于不同模型估计的制造业扩张对农村劳动力转移的影响差异。由表3普通面板模型、SAR模型和SEM模型的估计结果可以看出，基于不同模型估计的制造业扩张对农村劳动力转移的影响存在着显著的差异。将基于普通面板模型的估计结果与基于空间计量模型的估计结果对比发现，基于普通面板模型估计的制造业扩张系数明显小于基于空间计量模型的估计系数。这说明在分析制造业扩张对农村劳动力转移的影响时不能忽视制造业扩张和农村劳动力转移的空间溢出效应。将基于 SAR 模型估计的结果与基于 SEM 模型估计的结果对比发现，基于 SAR 模型估计的制造业扩张明显高于基于 SEM 模型估计的制造业扩张。这说明只考虑到空间自回归项时会高估制造业扩张对农村劳动力转移的影响，而只考虑到空间误差项时会低估制造业扩张对农村劳动力转移的影响。

第四，分析不同假设条件下，制造业扩张对农村动力转移的影响差异。由表 3 的模型（2）~模型（5）的估计结果可以看出，不同假设条件下制造业扩张对农村劳动力转移的影响均为正，且均在 1% 统计水平上显著。将表 3 的模型（3）~模型（5）的估计系数进行对比发现：模型（3）制造业扩张的估计系数小于模型（2）制造业扩张的估计系数；模型（5）制造业扩张的估计系数小于模型（4）制造业扩张的估计系数。说明当只考虑到制造业扩张对农村劳动力转移的影响因素时，会过高估计制造业扩张对农村劳动力转移的影响。因此，在分析制造业扩张对农村劳动力转移的影响时不仅要考虑到制造业扩张的因素，而且还需要考虑到与农村劳动力转移、制造业扩张有关的因素。

第五，分析控制变量对农村劳动力转移的影响。由表 3 的估计结果可以看出，产业高级化、信息化和人力资本对农村劳动力转移的影响均为正，且均在 1% 统计水平上显著，而政府干预和社会消费对农村劳动力转移的影响为负。说明在分析制造业扩张对农村劳动力转移的影响时还需要考虑到产业高级化和信息化等控制变量对农村劳动力转移的影响。通过实证分析还发现，政府对经济的干预反而不利于农村劳动力转移，因此在推进农村劳动力转移的过程中应该充分发挥市场的作用，而政府不应该对农村劳动力转移过度干预。

（三）进一步讨论

由于不同时期（地区）经济发展水平不同，制造业发展对农村劳动力转移的影响也会存在差异，前面基准回归分析过程中将所有样本数据看作一个整体，研究了制造业扩张对农村劳动力转移的影响。为了进一步分析制造业扩张对农村劳动力转移的影响，本部分借鉴孙学涛、王振华（2021）的动态趋势和空间差异分析法，研究制造业扩张对不同时期（地区）农村劳动力转移的影响差异。

第一，讨论制造业扩张对农村劳动力转移影响的动态趋势。前面在分析制造业扩张对农村劳动力转移的影响时，将 2004~2019 年的数据看成一个整体样本，但不同时期制造业所需要的劳动要素不同，因此本部分尝试按照年份将样本数据进一步划分，分析制造业扩张对农村劳动力转移影响的动态趋势。实证分析过程中，依然选取固定效应，并选取 SAR 模型分析制造业扩张对农村劳动力转移的影响。具体结果如表 4 所示。

表 4　　制造业扩张对农村劳动力转移影响的动态趋势

变量	2004～2006 年	2007～2009 年	2010～2012 年	2013～2015 年	2016～2019 年
	模型（1）	模型（2）	模型（3）	模型（4）	模型（5）
制造业扩张	1.0566* （0.5393）	0.4281*** （0.0947）	0.3653*** （0.0106）	0.2183** （0.0870）	0.1320*** （0.0480）
外商投资	0.0713*** （0.0262）	0.2931*** （0.0264）	0.4205*** （0.0314）	0.4828*** （0.0349）	0.5307*** （0.0408）
产业高级化	0.1381*** （0.0243）	0.1494 （0.6056）	0.4254*** （0.0124）	0.7769* （0.4623）	2.1777** （0.9390）
信息化	0.1808*** （0.0659）	－0.0280 （0.0467）	1.0057 （1.3438）	0.0622 （0.0538）	0.4612 （0.3427）
人力资本	1.0540*** （0.3761）	9.2740*** （0.1918）	9.3037*** （0.3821）	－0.9527*** （0.2431）	0.5669 （0.5400）
公路运输	0.0331 （0.1598）	－0.0333 （0.0457）	－0.1919*** （0.0448）	－0.0267 （0.0353）	－0.3418 （0.2295）
政府干预	0.2758** （0.1187）	0.3479 （0.2565）	0.5935*** （0.1644）	－0.0009 （0.0040）	1.1511*** （0.1709）
rho	0.2948*** （0.0608）	0.6348*** （0.0377）	0.0993*** （0.0286）	0.8028*** （0.0210）	0.2232*** （0.0448）
sigma2_e	0.0641*** （0.0015）	0.0756*** （0.0018）	0.1554*** （0.0036）	0.0157*** （0.0004）	0.1322*** （0.0031）
R^2	0.5953	0.5883	0.5512	0.6178	0.5886
Log	－171	－496	－1 823	2 422	－222
N	843	843	843	843	1 124

注：*、** 和 *** 分别表示样本在 10%、5% 和 1% 的水平上显著。
资料来源：Stata 14.0。

表 4 报告了制造业扩张对农村劳动力转移影响的动态趋势，由表 4 的估计可以看出，制造业扩张对农村劳动力转移影响的估计结果与表 3 的估计结果基本一致。说明制造业对农村劳动力转移的影响相对稳健。对比不同年份制造业扩张对农村劳动力转移影响的估计系数可以发现，制造业扩张对农村劳动力转移的影响逐步下降，说明制造业扩张对农村劳动力转移的影响存在着时间趋势，即制造业扩张在农村劳动力转移方面的作用随着时间的推进会越来越小（赵永平，2016）。可能的解释是：一方面，制造业在国民经济中的占比逐步下降，这也导致制造业扩张的速度越来越慢，制造业扩张速度的减缓也会导致制造业对劳动要素需求的下降；另一方

面，随着人工智能等技术的应用，制造业部门内出现了机器替代劳动的现象，因此制造业部门所需的劳动要素越来越少（崔艳，2022），虽然制造业部门存在着扩张，但其所需的劳动要素并没有快速扩张，从而导致制造业扩张对农村劳动力转移的影响逐步下降。

第二，分析制造业扩张对农村劳动力转移影响的空间差异。前面在分析制造业扩张对农村劳动力转移的影响时，将中国281个城市的数据看成一个整体样本，但不同地区制造业发展水平不同，其所需要的劳动要素也就不同。本部分尝试按照"七五"计划公布的东、中、西部的划分标准，将281个城市划分为东、中、西三地区[①]，研究制造业扩张对农村劳动力转移的空间差异，实证分析过程中，依然选取固定效应，并运用SAR模型分析制造业扩张对农村劳动力转移的影响。具体结果如表5所示。

表5　　制造业扩张对农村劳动力转移影响的空间差异

变量	东部地区	中部地区	西部地区
制造业扩张	0.8866 (2.6516)	0.3850* (0.2082)	0.6252*** (0.2265)
外商投资	0.3497*** (0.0123)	0.0977*** (0.0340)	0.0049 (0.0045)
产业高级化	2.6026*** (0.4650)	9.0303*** (1.1686)	0.9629*** (0.3111)
信息化	0.0231 (0.0196)	-0.0774* (0.0439)	-0.0186 (0.0164)
人力资本	0.7027*** (0.1861)	4.8797*** (0.3061)	2.3280*** (0.1567)
公路运输	0.0175 (0.0225)	-0.1301*** (0.0491)	-0.2353*** (0.0244)
政府干预	-0.0027 (0.0068)	-0.0682 (0.0797)	0.1569* (0.0839)
rho	0.5222*** (0.0451)	0.5160*** (0.0202)	0.6276*** (0.0174)

① 东部地区包括北京、天津、河北、辽宁、上海、江苏、浙江、福建、山东、广东、广西和海南12个省份；中部地区包括山西、内蒙古、吉林、黑龙江、安徽、江西、河南、湖北和湖南9个省份；西部地区包括四川、重庆、贵州、云南、西藏、陕西、甘肃、宁夏、青海和新疆10个省份。

续表

变量	东部地区	中部地区	西部地区
sigma2_e	0.0807*** (0.0016)	1.0643*** (0.0184)	0.1447*** (0.0024)
R^2	0.0202	0.0092	0.1725
Log	-809	-9 770	-3 228
N	1 568	1 600	1 328

注：*、**和***分别表示样本在10%、5%和1%的水平上显著。
资料来源：Stata 14.0。

表5报告了制造业扩张对农村劳动力转移影响的空间差异结果。由表5的估计结果可以看出，表5的估计结果与表3的估计结果基本一致。说明制造业扩张对农村劳动力转移的影响相对稳健。对比不同地区制造业扩张对农村劳动力转移影响的估计系数发现，制造业扩张对东部地区农村劳动力转移的影响没有通过显著性水平检验，但对中西部地区农村劳动力转移的影响均通过了显著性水平检验。这说明制造业扩张对农村劳动力转移的影响存在着空间差异（许钊等，2021），即制造业扩张主要会影响中西部地区农村劳动力转移，但并没有显著的证据表明制造业扩张会对东部地区农村劳动力转移产生显著的影响。可能的解释是：一方面，东部地区制造业发展水平相对较高，制造业扩张的空间相对较小，因此其对农村劳动力转移的影响效应也就相对较小，然而中西部地区制造业发展水平相对较低，制造业的快速发展所需要的劳动要素数量就会增加，进而促进了中西部地区农村劳动力向制造业部门转移；另一方面，东部地区城镇化水平相对较高，农村劳动力数量也相对较小，并且东部地区也适合农业发展，因此农村所需要的劳动力数量也相对较多，这就导致东部地区农业部门能够向制造业部门转移的劳动力数量也是有限的，因此东部地区制造业扩张对农村劳动力转移的影响并不显著。

六、结论与政策建议

推进农村劳动力转移不仅是解决农村剩余劳动力的重要路径，而且还为制造业高质量发展提供了充足的劳动要素。在制造业全球价值链提升和乡村振兴背景下，本文运用空间计量模型，基于2004~2019年的城市数据研究了制造业扩张对农村劳动力转移的影响。研究发现：农村劳动力转移存在显著的空间溢出效应，即农村劳动力不仅会向本地区转移，而且还会向相邻地区转移；制造业扩张能够显著地促进农村劳动力转移，制造业扩张还会对农村劳动力转移产生显著的空间溢出效应；制造业扩张对农村劳动力转移的影响存在着显著的动态趋势，即制造业扩张对农村劳动力转移的影响逐渐下降；制造业扩张对农村劳动力转移的影响存在着显著的空间差异，即制造业扩张主要会对中西部地区农村劳动力转移产生显著的影响。

为实施乡村振兴战略，提升制造业的价值链，根据以上研究结论，本文尝试从制造业扩张角度提出促进农村劳动力转移的政策建议。

第一，促进制造业扩张，推进农村劳动力转移。由前面实证分析可知，制造业扩张能够促进农村劳动力转移，验证了制造业扩张不仅是促进农村劳动力转移的重要路径，而且还是改善农业部门与制造业部门劳动要素配置的重要方式。为促进制造业高质量发展和推动农村劳动力转移，地方政府一方面应根据本地区城市经济发展现状出台制造业高质量发展的政策措施，为制造业发展提供充足的要素，进而减少制造业高质量发展的阻碍，从而促进农村剩余劳动力向制造业部门转移，最终缓解制造业部门的“用工荒”问题；另一方面地方政府应该主动破解劳动力由农村向城市转移的行政壁垒，形成“制造业对农村劳动力开放、城市劳动要素自由返乡”的格局，进而助推劳动力由农业部门向制造业部门流动，最终促进制造业全球价值链不断升级。

第二，农村劳动力政策制定过程中还需考虑农村劳动力转移的空间溢出效应。由前面实证分析发现，制造业扩张不仅会对本地区的农村劳动力转移产生影响，而且还会对相邻地区的农村劳动力转移产生影响。因此城市在推进制造业扩张过程中还应该考虑到相邻地区制造业的发展现状，以避免城市发展制造业而吸引其他地区劳动要素向该城市流动，进而对其他城市制造业发展产生不利的影响。同时，随着制造业的扩张，制造业部门所需要的劳动要素会越来越多，在农业部门劳动力向制造业部门流动的背景下，农业部门的劳动要素就会越来越少，因此在推动制造业扩张的过程中，应该找到制造业扩张与农村劳动力转移的均衡点，以实现制造业高质量发展和乡村振兴的最优状态。

第三，农村劳动力转移应充分发挥市场作用，减少政府干预。由前面实证分析发现，政府干预对农村劳动力转移的影响为负。说明在制造业扩张和农村劳动力转移过程中，政府对制造业和农村劳动力的干预并不会促进农村劳动力的转移和制造业的高质量发展，反而会对农村劳动力转移产生抑制作用。因此，在推进农村劳动力转移和制造业高质量发展过程中，政府应该应充分发挥市场机制的作用，减少政府对制造业扩张和农村劳动力转移的过度干预。同时，在制造业扩张背景下，还应该加强对农村劳动力的技能培训，以实现劳动力由农业部门向制造业部门转移的无缝对接。

参考文献

1. 曾龙、杨建坤：《城市扩张、土地财政与农村剩余劳动力转移——来自中国 281 个地级市的经验证据》，载《经济与管理研究》2020 年第 5 期。

2. 陈江华、罗明忠、洪炜杰：《农地确权、细碎化与农村劳动力非农转移》，载《西北农林科技大学学报（社会科学版）》2020 年第 2 期。

3. 崔菲菲、杨静、傅康生：《农村劳动力转移对家庭储蓄率的异质性影响研究》，载《统计与信息论坛》2019 年第 12 期。

4. 崔艳：《人工智能对制造业就业的影响及应对研究：来自微观企业和劳动者调查数据》，载《当代经济管理》2022 年第 1 期。

5. 范剑勇、王立军、沈林洁：《产业集聚与农村劳动力的跨区域流动》，载《管理世界》2004 年第 4 期。

6. 顾天竹、纪月清、钟甫宁：《城镇化、生活服务外包与低技能服务业扩张——基于吸纳农村劳动力转移角度的讨论》，载《南京农业大学学报（社会科学版）》2021 年第 2 期。

7. 韩军、孔令丞：《制造业转移、劳动力流动是否抑制了城乡收入差距的扩大》，载《经济学家》2020 年第 11 期。

8. 孙学涛、王振华：《农业生产效率提升对产业结构的影响——基于技术进步偏向的视角》，载《财贸研究》2021 年第 6 期。

9. 孙学涛、于婷、于法稳：《数字普惠金融对农业机械化的影响——来自中国 1869 个县域的证据》，载《中国农村经济》2022 年第 2 期。

10. 孙学涛：《非均衡视角下的农村劳动力转移与农地效率提升》，载《经济经纬》2021 年第 5 期。

11. 孙中伟：《最低工资标准对城镇职工工资的“溢出效应”：基于宏观和微观数据的实证分析》，载《公共行政评论》2017 年第 4 期。

12. 佟家栋、刘竹青：《房价上涨、建筑业扩张与中国制造业的用工问题》，载《经济研究》2018 年第 7 期。

13. 王成利、王洪娜：《城市长期居留流动人口的落户意愿及影响因素——基于差别化落户政策》，载《中南财经政法大学学报》2020 年第 5 期。

14. 王成利、徐光平、杨真：《土地流转对农村人力资本积累的影响：基于家庭代际教育投资视角》，载《改革》2020 年第 10 期。

15. 王历捷：《制造业空间分散对扩大消费的影响及实现路径》，载《商业经济研究》2021 年第 9 期。

16. 王文春、宫汝凯、荣昭、杨汝岱：《房地产扩张对中国制造业工资的影响研究——基于劳动力再配置的视角》，载《经济学（季刊）》2021 年第 3 期。

17. 伍山林：《农业劳动力流动对中国经济增长的贡献》，载《经济研究》2016 年第 2 期。

18. 许钊、张营营、高煜：《空间效应视角下经济集聚与制造业升级——基于 283 个城市面板数据的实证研究》，载《经济问题探索》2021 年第 12 期。

19. 杨林、柳俊燕：《医疗保险转移接续：现实阻梗与未来破解——基于农村劳动力就业流动视角》，载《南开学报（哲学社会科学版）》2020 年第 2 期。

20. 杨宇焰、张柏杨：《繁荣的诅咒：对金融部门扩张与实体经济发展关系的再认识——基于中国制造业数据的一个分析框架》，载《云南财经大学学报》2020 年第 10 期。

21. 殷德生、唐海燕、黄腾飞：《FDI 与中国的高技能劳动需求》，载《世界经济》2011 年第 9 期。

22. 玉国华：《农村信贷投入、劳动力转移与城乡收入差距：理论与实证》，载《农业技术经济》2021 年第 11 期。

23. 岳崴、张强：《银行部门扩张、资源配置扭曲与经济增长》，载《财经研究》2020 年第

9 期。

24. 张桂文、王青、张荣：《中国农业劳动力转移的减贫效应研究》，载《中国人口科学》2018 年第 4 期。

25. 张杰、陈容：《金融业扩张如何影响中国出口》，载《财贸经济》2022 年第 1 期。

26. 张可云、裴相烨：《大城市制造业企业空间扩张模式及其对企业效率的影响——以北京市上市企业为例》，载《地理科学进展》2021 年第 10 期。

27. 张露、罗必良：《构建新型工农城乡关系：从打开城门到开放村庄》，载《南方经济》2021 年第 5 期。

28. 张平、陈倩雯：《银行信贷扩张有助于制造业升级吗？——基于研发创新的中介影响》，载《产业经济研究》2021 年第 4 期。

29. 赵永平：《新型城镇化发展水平测度及其时空差异分析》，载《西安电子科技大学学报（社会科学版）》2016 年第 5 期。

The Influence of Manufacturing Expansion on Rural Labor Transfer

Wang Lili

Abstract: Promoting the transfer of rural labor force is not only an important way to solve the problem of rural surplus labor force, but also the key to provide sufficient labor factors for manufacturing industry. This paper uses a spatial econometric model to analyze the influence of manufacturing expansion on rural labor transfer using urban data from 2004 to 2019. Research funding: There is spatial correlation between rural labor transfer and manufacturing expansion. Manufacturing expansion can significantly promote rural labor transfer. The impact of the expansion of manufacturing industry on the transfer of rural labor force will also be a spatial spillover effect. There is a dynamic trend in the influence of manufacturing expansion on rural labor transfer. The expansion of manufacturing industry will significantly affect the transfer of rural labor force in the central and western regions, but not in the eastern region. In the context of manufacturing value chain upgrading and rural revitalization, this paper puts forward three policy suggestions to promote manufacturing expansion and rural labor transfer according to the research conclusions.

Key words: *manufacturing expansion* *transfer of rural labor force* *rural revitalization* *spatial spillover effect*

发展中经济体的外商直接投资流入和经济增长的关系

沙米·乌拉*

摘　要：以往文献关于外商直接投资与经济增长关系的实证结果存在一些相互矛盾之处。导致这些相互矛盾的结论主要原因是使用了外商直接投资总和，而外商直接投资的影响在很大程度上取决于东道国的接收部门。本研究采用二阶段最小二乘法（2SLS）对1996～2019年期间84个发展中国家的部门外商直接投资对经济增长的影响以及人力资本在影响外商直接投资增长联系中的作用进行了实证评估。结果表明，除服务业外商直接投资外，部门外商直接投资流入对经济增长的贡献不大。此外，东道国的人力资本富集不仅直接促进经济增长，而且通过与外商直接投资流入的互动，有助于促进经济增长。对于中低收入国家（LLIC）而言，只有农业和工业外商直接投资流入对促进经济增长具有显著作用，而制造业外商直接投资和服务业外商直接投资则不显著。同样，流入所有部门的外商直接投资对除服务业外商直接投资外的中高收入国家和高收入国家（MHIC）的经济增长产生了积极影响。然而将人力资本纳入与流入所有部门的外商直接投资的交互项进行研究，发现人力资本对低收入国家和高收入国家的经济增长都有积极和重要的影响，但对服务业外商直接投资的影响不显著。本文研究发现，采用不同的计量技术和模型规范，其结果是一致的。

关键词：**外商直接投资流入　经济增长　人力资本　发展中国家**

一、引言

在过去几十年中，世界市场的开放程度越来越高，商品、服务和资本从一个市场转移到另一个市场变得越来越容易。这种日益全球化的最重要现象之一是外商直接投资的扩大。外商直接投资流入对发展中国家的长期增长至关重要，因为它提供了更多的就业机会、技术创新、管理技能交流、新型资本货物，并且扩大了当地市场（Ibrahim and Acquah，2021）。此外，外商直接投资提高了企业生产率，鼓励了要素市场和产品市场的竞争力，从而为国内生产者和供应商创造了规模经济（Lacroix et al.，2021）。另外，外商直接投资可能对东道国经济产生负面影响，包括利

---

* 沙米·乌拉（Sami Ullah），山东大学劳动经济与人力资源研究中心博士后，E－mail：sami. khan4050@yahoo. com。

润汇出时国际收支恶化，对国内市场的竞争产生不利影响（Carkovic and Levine，2005；Ozturk，2007）。因此，发展中国家决策者强调重视吸引外商直接投资的政策和举措，这有利于经济增长。这些政策似乎正在发挥作用，因为发展中国家有大量外商直接投资流入。根据联合国贸易和发展会议 2020 年的数据，世界外商直接投资流入总额已从 1990 年的 2 048.86 亿美元增至 2019 年的 15 398.80 亿美元，随着世界外商直接投资流入总额的再度增加，2011 年全球外商直接投资流入达 16 150.80 亿美元。图 1 显示了全球发达国家和发展中国家的外商直接投资净流入情况，但多年来一直波动较大。流入发达国家的外商直接投资数额从 1990 年的 170.76 亿美元增至 2019 年的 800.24 亿美元，随着时间的推移，变化巨大。另外，流入发展中国家的外商直接投资随着时间的推移不断增加，从 1990 年的 346.48 亿美元增加到 2019 年的 6 847.23 亿美元。外商直接投资对发展中国家的流入比对发达国家的流入稳定，变化幅度较小。

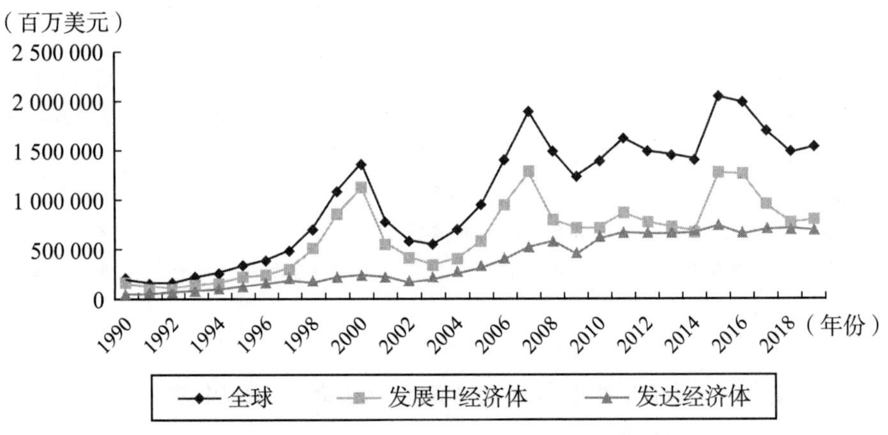

图 1　发展中经济体和发达经济体的外商直接投资流入

资料来源：笔者根据贸发会议数据计算（1990 ~ 2019 年）。

理论上，预计外商直接投资将通过资本形成直接影响经济增长，具体来说，外商直接投资很可能补充当地投资，被认为是投资和资本短缺的重要补充。然而，根据最近的内生增长模型（Grossman and Helpman，1990；Romer，1990），外商直接投资假定通过促进技术增长和增加东道国经济的知识存量对经济增长产生间接贡献（Borensztein et al.，1998；Chang，2010；De Mello，1999）。洪等（Hong et al.，2016）发现，外商直接投资对一国的经济发展产生了积极影响，并且基础设施、人力资本、规模经济、工资水平和地区差异与外商直接投资和经济增长形成积极互动。

然而，关于外商直接投资对经济增长影响的争论远未结束。理论上，外商直接投资的流入被认为对东道国的经济增长具有积极影响，但实证研究在外商直接投资与经济增长之间的关系方面提供了相互矛盾和混合的结果，即积极、消极和不显著。实证文献中关于外商直接投资与经济增长关系的结果不一致的其中一个可能原因是使用了外商直接投资总流入这一研究因素，尽管跨国公司在东道国的各个部门（如农业、制造业、工业或服务业）的投资额不同（见图 2）。以往的实证研究假设，不同部门的外商直接投资对东道国的经济增长具有相同的影响，并使用了外商直接投资流入总额。当不同类型的外商直接投资对经济增长的贡献不同时，加总可能会扭曲真实的增长效应并产生模糊的结果（Wang，2009；Alfaro and Charlton，2013）。不同部门的部门构成和外商直接投资数量也因其对经济增长的影响而不同。例如，制造业被认为比其他部门更适合体验外商直接投资溢出效应（Chuang and Hsu，2004；Massoud，2008）。有学者提出了一些有趣的问题，例如制造业外商直接投资对增长的影响是否与农业外商直接投资相同，以及外商直接投资对各部门增长的影响是否存在重大差异。外商直接投资流入与经济增长之间的关系缺乏确切证据的原因在于对东道国的部门外商直接投资重视不够，这可能会显著改变外商直接投资对经济增长的影响。

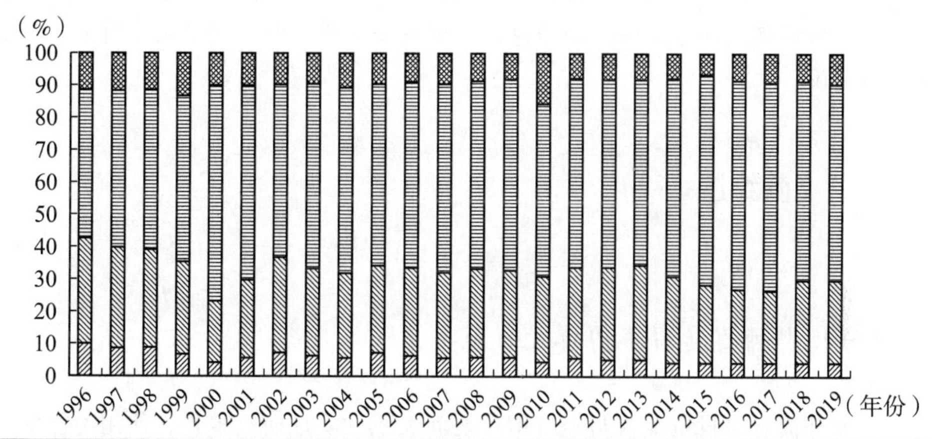

图 2　基于 84 个国家样本的不同部门的外商直接投资流入情况

资料来源：笔者根据贸发会议数据计算（1996～2019 年）。

关于外商直接投资与经济增长之间关系的结果好坏参半的另一个原因是，外商直接投资的增长影响取决于东道国的内部因素，如人力资本（Su and Liu，2016；Li and Tanna，2019；Dinh and Nguyen，2020）。这些研究强调，新技术和管理技能等有益的外商直接投资溢出取决于东道国的吸收能力。换言之，发展中国家的进步取决于东道国的人力资本在多大程度上接受和使用外商直接投资提供的技术。“人力资本”一词是指嵌入劳动力中的一组无形资源，这些无形资源提高了生产力（Goldin，2016）。其他学者则认为，只有在东道国拥有一定数量的最低限度的人力资本时，才会产生技术溢出效应（Borensztein et al.，1998）。

因此，本文研究的主要贡献在于解决上述两个问题。首先是分析外商直接投资对东道国总体经济增长的影响，其次，我们将人力资本作为东道国的吸收能力指标，考察其在外商直接投资与经济增长二者之间关系的中介作用。本文研究使用了1996～2019年期间来自亚洲、拉丁美洲和加勒比以及撒哈拉以南的非洲三个发展中区域的84个国家的大量数据集。本文研究采用了二阶段最小二乘法等最一致的计量技术对基准模型和广义矩估计（GMM）进行稳健性估计。此外，海亚特（2019）认为，高收入国家可能比低收入国家从外商直接投资流入中获得更多促进增长的益处。例如，高收入国家通常拥有先进的技术和人力资本，与低收入国家相比，这些国家更有能力吸引外商直接投资流入，从而能显著地促进其经济增长。因此，本文还将整个样本分为低收入和中低收入国家与中高收入和高收入国家两个组别，分别估计了这两个组别的模型，以考察外商直接投资流入对各收入组经济增长的影响。

本文其余部分安排如下：第二部分简要讨论了以前的实证文献。第三部分是本文研究的理论框架；第四部分解释了研究的方法和数据。第五部分提供了实证结果与讨论，最后第六部分是研究的结论，并根据本文研究的实证结果提出了一些重要的政策建议。

二、文献综述

（一）外商直接投资的流入与经济增长

关于外商直接投资流入与经济增长之间关系的实证研究报告，使用不同的计量模型、国家和时间段数据得出了正、负、不显著等相互矛盾的结果。例如，元数据研究表明，43%的实证研究报告了外商直接投资流入与经济增长之间的正相关关系，17%的研究报告了负相关关系，而40%的实证研究发现外商直接投资流入对东道国的经济增长影响不大（Iamsiraroj and Ulubaşoğlu，2015）。

正如阿尔法罗和查尔顿（Afaro and Charlton，2013）以及努内坎普和斯帕茨（Nunnenkamp and Spatz，2004）的研究所讨论的那样，对关于外商直接投资与经济增长关系的矛盾实证结果的可能解释是研究采用了外商直接投资流入总额。大多数实证研究考察的是外商直接投资流入总量，虽然外商直接投资的增长影响预计因接受外商直接投资的部门而异，但关于部门外商直接投资增长影响的实证研究非常有限。例如，与外商直接投资有关的专门知识和技术转让以及采用的新方法主要发生在制造业部门，而不是国内其他部门（Chakraborty and Nunnenkamp，2008）。例如，与外商直接投资有关的专门知识和技术转让以及新方法的引进主要发生在制造业部门，而不是该国其他部门（Chakraborty and Nunnenkamp，2008）。可能的对外国投资增长的影响可能因初级、次级和地区部门而异（王国刚，2009）。阿尔法罗（Afaro，2003）解释说，国外技术、专有技术转让和新产品都主要发生在制造业。因此，制造业外商直接投资对促进经济增长更为重要。制造业外商直接投资主要传播“硬技术”，如设备和工业活动，这些技术预期通过产生正外部性来提高总生产率（Doytch and Uctum，2011）。查克拉博迪和努内坎普（Chakrabarty and Nunnenkamp，2008）探讨了服务业外商直接投资的增长效应，并加以解释：与制造业部门相比，由于将生产分配到不同阶段的范围有限，服务业部门限制了本地和海外公司之间的溢出和联系的可能性。然而，艾库特和萨耶克（Aykut and Sayek，2007）则有其他的解释：如果服务业外商直接投资改善了一国的服务质量，那么预期将对该国所有其他相关部门的生产率水平产生积极影响。专注于分析农业外商直接投资对增长影响的实证研究非常有限，并且不甚明晰。例如，哈勒姆（Hallam，2011）认为，农业外商直接投资的积极影响取决于农业商品类型、体制和监管结构等多个因素。如果农业外商直接投资项目类似于飞地经济模式，那么溢出效应和乘数效应便不太可能发生。类似地，阿尔法罗（2003）解释说，在农业部门，与制造业或工业部门相比，本地和外国公司之间的溢出潜力和联系的可能性非常有限，这往往会最大限度地减少农业外商直接投资对经济增长的影响。

总之，关于部门外商直接投资流入对经济增长的影响的实证研究有限。此外，大多数研究都是针对特定部门或特定国家的研究，或者有一个有限的专家组。例如，艾库特和萨耶克（2007）使用了跨国投资，查克拉博迪和努内坎普（2008）估计了制造业外商直接投资对印度经济的增长影响。马苏德（2008）估计了农业外商直接投资对埃及经济的增长影响，努内坎普和斯帕茨（2004）估计了工业外商直接投资的增长影响，哈勒姆（2011）估计了农业部门的影响。上述研究都没有估计外商直接投资对所有经济部门和一大批国家的增长影响。

（二）外商直接投资、人力资本和经济增长

造成外商直接投资流入与经济增长之间相互矛盾关系的原因是有条件的因素在影响外商直接投资与经济增长之间的关联方面的作用。这些因素与东道国的吸收能力有关，最新的实证文献已经认识到包含以下几个因素：贸易自由化（Saleem et al.，2020）、人力资本（Dinh and Nguyen，2020）、经济增长水平（Wu et al.，2020）、制度质量（Hayat，2019）、金融市场改善（Alfaro et al.，2004；Osei and Kim，2020）、自由市场和经济稳定（Nguyen and DO，2020）、收入水平（Wang and Kafouros，2020）以及来源国和东道国之间的技术差距（Kotikova and Vavrek，2019）。

当考虑人力资本时，外商直接投资很可能对最近几项实证研究确定的经济增长

产生有利影响（Azam and Ahmed，2015；Alvarado et al.，2017 ；Ramzan et al.，2019；Affandi et al.，2019）。此前，博伦思汀等（Borensztein et al.，1998）考察了流入的外商直接投资对发展中国家经济增长的影响，指出只有当东道国经济达到一定的人力资本水平时，外商直接投资流入才能对经济增长做出积极贡献，而且外商直接投资是技术转让的一个重要渠道，比国内投资更能促进经济增长。类似地，李等（Li et al.，2019）发现发展中国家外商直接投资的增长效应依赖于人力资本积累的改善。努尔巴赫什等（Noorbakhsh et al.，2001）认为，外商直接投资流入的分布可能受到发展中国家人力资本水平不同的影响。然而，根据阿内托（Anetor，2020）的研究成果，外商直接投资和人力资本并不能刺激这些国家的经济增长；外商直接投资与人力资本的交互作用降低了经济增长，这表明人力资本无法吸收有利的溢出并刺激撒哈拉以南非洲国家的经济增长。与此类似，古伊·迪比（Gui－Diby，2014）认为，在人力资本积累受到限制的情况下，外商直接投资的流入对非洲国家的经济增长具有显著的促进作用。根据考利霍瓦和阿卡西（Kanlihowa and Adjasic，2019）的研究，外商直接投资并没有改善这些非洲国家的人力资本积累。

三、理论框架

外商直接投资被认为是有形和无形资产的转化工具，如先进技术、更好的边际技能和创新产品设计。理论上，资本形成和技术进步都是经济增长的引擎。因此，在一定条件下，外商直接投资可以直接或间接地促进东道国的经济增长。然而，外商直接投资增长关系植根于新古典主义和内生增长理论。新古典经济增长理论认为外商直接投资对经济增长的贡献最小，而内生增长理论关注的是外商直接投资通过培训和技能获取创造资本、转让技术和知识水平，从而促进经济增长。在索洛（Solow，1956）、卡斯（Cass，1965）和库普曼斯（Koopmans，1969）的新古典增长模型中，技术转移和有效劳动力是外生的，外商直接投资流入增加了国内投资率，导致短期内人均增长的过渡性增长，但没有长期增长效应（Hsiao and Hsiao，2006）。根据标准的新古典经济增长模型，低储蓄率的欠发达国家吸引外国投资以帮助资本积累。这种资本流入允许在长期资源有限的情况下增长更快，但该模型表明，实物资本的回报会出现递减，导致外商直接投资的增长效应仅限于短期。如果我们考虑规模不变的回报，减少边际产出和投入的假设，那么这是可以理解的。因此，外商直接投资只能对人均产出产生水平效应，而不能对增长率产生水平效应（Kok and Ersoy，2009）。

然而，在卢卡斯（Lucas，1988）、雷贝洛（Rebelo，1998）和雷默（Romer，1986）发展的内生增长模型中，假定外商直接投资比国内投资更有成效。外商直接投资鼓励将新技术纳入国内经济的生产职能（Borensztein et al.，1998）。这意味着与外商直接投资相关的技术溢出抵消并导致了长期增长路径。此外，内生增长模型理论通过人力资本开发（如劳动力培训和技能获取）增加东道国经济中现有的知识存量，从而解释了外商直接投资与经济增长的系统动力学机理（De Mello Jr，1997）。因此，从理论上讲，外商直接投资可以通过增加资本积累和技术溢出或进步（Herzer and Klasen，2008）对经济增长起到关键作用。研究外商直接投资流入对经济增长影响的理论方法主要基于以下内生增长理论：

$$Y_t = AH^a \sum_{j=1}^{N} k(j)_t^{1-\alpha} \tag{1}$$

其中，A 是经济中的环境状态，H 是假定为给定禀赋的人力资本。我们假设经济中存在 N 种物质资本，k(j) 代表经济中的各种资本的种类。“内生增长理论（Romer，1986、1990、1994）和阿吉翁等（Aghion et al.，2015）强调内生技术改进或创新是持续经济增长的引擎。例如，雷默（1986）采取了一种将工业创新作为经济增长源泉的方法。他建议，研究与开发（R&D）是获得增加中间品品种或质量的新思路所必需的，而这反过来又有助于提高最终产出的数量或质量，即技术进步是外商直接投资与经济增长之间的纽带。

然而，经济中由企业专业化生产的每一种资本都以租金率 x(j) 将资本品出租给消费品生产商。因此，这允许消费品生产者对资本品 j 的需求满足以下条件：

$$x(j)_t = AH^a(1-a)k(j)_t^{1-\alpha} \tag{2}$$

国内和国外有两种类型的企业，它们生产不同类型的资本品。国内企业生产 N 种资本品，国外企业生产 N^* 种资本品。因此，它们可以合并并生产 $N = N + N^*$ 种资本品。为了增加资本品的种类，企业采用了先进的技术，这就要求固定资本成本为 F。新的先进知识是由外国公司带入本国的，外国公司带入东道国的新知识可能已经存在于其他国家。由于模仿外国公司使用的技术并产生新的 k(j) 比突破技术前沿要容易得多，因此假定建立成本 F 在外国企业与东道国总企业的比例（n^*/N）中递减。由此可以得出假设：

$$F = F\left(\frac{n^*}{N}, \frac{N}{N^*}\right) \tag{3}$$

其中，$\frac{\partial F}{\partial(n^*/N)} < 0$；$\frac{\partial F}{\partial(n^*/N)} > 0$。

资本 j 的生产具有一个恒定的边际成本，并且资本在每个时期都会充分贬值。由于固定成本只发生在生产初期（t=0），因此生产新品种资本货物的企业在每个时期的后续利润为：

$$\pi(j)_t = x(j)_t k(j)_t - k(j)_t \tag{4}$$

在给定的需求函数下最大化方程（4），则方程（2）表示资本 j 的均衡生产水平。

$$k(j) = A^{\frac{1}{a}} H(1-a)^{\frac{2}{a}} \tag{5}$$

将方程（2）和方程（5）联立，生成资本品 j 的均衡租金率：

$$x(j) = (1 - a)^{-1} \tag{6}$$

在求解各期最优利润后，可以计算出资本生产商总利润的现值为：

$$\pi(j) = -F\left(\frac{n^*}{N}, \frac{N}{N^*}\right) + \sum_{s=t}^{\infty}[x(j)k(j) - k(j)]\left(\frac{1}{1+r}\right)^{s+1-t} \tag{7}$$

其中，r 代表经济中的利率。假设资本品市场存在自由进入。对于资本充足的生产者而言，利润的现值应该为零。通过求解零利润条件，并考虑方程（5）和方程（6），得到以下结论：

$$r = A^{\frac{1}{a}}a(1-a)^{\frac{(2-a)}{a}}F\left(\frac{n^*}{N}, \frac{N}{N^*}\right)^{-1}H \tag{8}$$

假设模型中的代表家庭在无限的范围内实现效用最大化：

$$U = \sum_{s=t}^{\infty}\beta^t \log C_t \tag{9}$$

其中，C_t 为最终产品 Y_t 的消耗量。在给定利率 r 的条件下，最优消费路径为：

$$g_c = \beta(1+r) - 1 \tag{10}$$

其中，g_c 为消费增长率。在稳态时，消费增长率 g_c 应等于产出增长率 g。

$$g_c = g = \beta\left[\aleph F\left(\frac{n^*}{N}, \frac{N}{N^*}\right)^{-1}H + 1\right] - 1 \tag{11}$$

并且有：

$$\aleph = A^{\frac{1}{a}}a\ (1-a)^{\frac{(2-a)}{a}}$$

为了实证分析国外直接投资对东道国经济增长的影响，本文在理论分析的基础上建立了以下模型。

$$g_{it} = \alpha + \beta_1 FDI_{it} + \beta_2 \log Y_{io} + \beta_3 H_{i0} + \beta_4 A_{it} + \varepsilon_{it} \tag{12}$$

方程（12）中，Y_0 代表东道国的初始 GDP，代表 N/N^*；H_0 代表初始人力资本水平；A 代表经济增长的一组控制变量（国内投资和劳动力）。

四、方法和数据

（一）计量经济模型

本文研究旨在分析 1996 ~ 2019 年期间外商直接投资流入对经济增长的影响以及东道国人力资本在外商直接投资增长中的作用。根据相关研究（Borenstine，1998），并根据方程（12），待估算的最终计量经济模型表示如下：

$$G_{it} = \alpha + \beta_1 FDI_{it} + \beta_2 \log Y_{it} + \beta_3 HC_{it} + \beta_4 A_{it} + \varepsilon_{it} \tag{13}$$

方程（13）中，G 表示经济增长，FDI 表示外商直接投资流入，Y 表示初始

GDP，HC 表示人力资本，A 表示控制变量集：国内投资、研发支出、劳动力和金融发展。接下来，根据方程（14）估算人力资本与外商直接投资流入对经济增长的中介效应：

$$G_{it} = \alpha + \beta_1 FDI_{it} + \beta_2 FDI \times HC_{it} + \beta_3 \log Y_{it} + \beta_4 HC_{it} + \beta_5 A_{it} + \varepsilon_{it} \tag{14}$$

（二）变量的描述和来源

经济增长通常表示预期产出的增长，即在“充分就业水平”上的生产所受的产出或总需求增长的影响。我们将一个国家的 GDP 增长率数据作为因变量，以表明一个国家的总体经济增长水平（Wang，2009；Wu et al.，2020）。再利用分解方法将外商直接投资流入总量分解到农业、工业、制造业和服务业这四个经济部门中。文献中的一些研究使用了分解方法，我们对不同部门的总外商直接投资进行分解（Wang et al.，2014）。在哈亚特（Hayat，2019）的研究中，中学入学数据已被用于衡量东道国的人力资本水平。我们使用私人部门的国内信贷占 GDP 的百分比作为金融发展的指标，使用资本形成总额占 GDP 的百分比来衡量国内投资。我们用私营部门的国内信贷占国内生产总值的百分比来衡量金融发展，用资本形成总额占国内生产总值的百分比来衡量国内投资。

1. 工具变量

人们会担心外商直接投资可能是内生的，外商直接投资的流入可以促进东道国的经济增长，但是一个高增长率的国家可能会因为更好的投资环境而吸引更多的外商直接投资。因此，我们采用工具变量（IV）来控制潜在的内生性问题。理论上，理想工具应该是与外商直接投资相关的变量，而不是与误差项相关的变量。然而实际上，理想的工具通常很难获得。我们收集了外商直接投资、贸易开放、经济自由、治理质量和总人口的滞后值作为本文研究的工具，贸易开放度以进出口总额除以东道国 GDP 来衡量。总人口作为工具之一，是为了捕捉一些外商直接投资面向东道国国内市场的效应。总人口考虑为较大的国内市场的代理，从而相对捕捉更多的外商直接投资。同样，一个在经济上更加自由化和治理制度健全的国家也可能吸引外商直接投资流入，并可能通过外商直接投资影响经济增长。

2. 变量来源

GDP 增长率、外商直接投资流入、人口、贸易、金融发展、劳动力和国内投资的数据来自世界银行和国际金融统计数据集。人力资本统计数据来自世界发展指标（WDI）和联合国，研究和发展支出数据来自联合国教科文组织。经济自由（EF）数据来自遗产基金会，英孚（EF）指标和 QoG 指数用于代理治理质量，其数据取自哥德堡大学 QoG 研究所。

（三）分析方法——工具变量（IV）策略和广义矩估计方法

在我们的模型中，外商直接投资流入可以是内生的，也可以与经济增长同时决定。因此，从经济增长到外商直接投资流入的逆向因果关系存在着对立的力量。这种力量混淆了外商直接投资流入对经济增长的直接影响。这使得包括国家和时间固定效应模型在内的普通最小二乘法（OLS）估计的系数在很大程度上变得不一致或存在偏差。为了解决这些内生性和测量误差偏差，我们依赖于二阶段最小二乘法工具变量（IVs）技术来分离外商直接投资流入对经济增长的直接影响。IVs 在解释外商直接投资流入时应具有共同的重要意义，即第一阶段系数和 F 统计量，以获得一致的估计。同时，工具变量应与第二阶段回归误差不相关。本文研究还应用阿雷亚诺和邦德（Arellano and Bond，1991）提出的广义矩方法（GMM）验证了工具变量（IV）方法所得结果的一致性。选择广义矩估计方法来检验结果的稳健性，因为该模型支持通过采用一阶差分和控制解释变量可能的内生性问题来抵消跨国效应。因此，我们将获得可靠一致的估计结果。

五、实证结果与讨论

（一）回归前统计

表 1 和表 2 分别显示了所选变量的汇总统计数据和相关矩阵。从表 1 中每个变量的最小值和最大值可以明显看出，每个变量以及不同国家的经济状况都有很大的差异。例如，一个报告了外商直接投资流入最低值的国家解释说，该国开放程度不足，没有通过不同的政策措施吸引外商直接投资流入，而外商直接投资流入最高值的国家则相反，本文分析中可以假设所有其他变量也是如此。相关矩阵的结果还表明，大多数自变量与面板国家的经济增长（GDP 增长率）呈正相关关系，如表 2 所示。

表 1　描述性统计分析

变量	Obs.	Mean	Std. Dev.	Min	Max
因变量					
GDP Growth	2011	-0.043	1.737	-4.63	4.35

续表

变量	Obs.	Mean	Std. Dev.	Min	Max
自变量					
Agriculture - FDI	1974	17.69	2.24	8.56	23.85
Industry - FDI	1974	18.49	2.76	7.74	25.66
Manufacturing - FDI	1974	17.92	2.61	7.89	24.75
Services - FDI	1974	19.41	2.62	9.18	25.89
Human Capital	1993	3.94	0.65	1.19	5.32
R&D Expenditure	1974	0.48	0.65	0.016	3.19
Initial GDP	2011	7.89	1.36	5.32	11.19
Labor Force	2011	15.24	1.93	10.35	20.49
Domestic Investment	2011	21.69	2.15	17.49	29.27
Financial Development	2011	38.41	38.33	0.412	229.81
中介变量					
Agriculture - FDI × Human capital	1953	72.37	16.04	21.04	109.58
Industry - FDI × Human capital	1913	75.72	19.33	19.32	126.26
Manufacturing - FDI × Human capital	1932	73.85	18.58	17.21	123.85
Services - FDI × Human capital	1932	71.51	14.85	15.44	118.12

（二）回归结果

我们将二阶段最小二乘法应用于基准模型中，以每个部门的外商直接投资流入作为主要自变量，在表3的4个不同列中给出了回归结果。表3的结果表明，不同部门的外商直接投资流入对经济增长有显著的积极影响，但服务业外商直接投资对东道国的经济增长影响不大。但是，制造业外商直接投资流入对经济增长的促进作用更大，系数为0.467，其次是工业—外商直接投资和农业—外商直接投资。这些结果表明，东道国的外商直接投资流入对制造业部门具有更高的联系和溢出潜力。这些关于部门外商直接投资对经济增长影响的结果与其他主要研究非常一致（Chakraborty and Nunnenkamp，2008；Massoud，2008；Alfaro and Charlton，2013）。

接下来，我们在模型中引入了人力资本与部门外商直接投资的交互作用，以此来影响经济增长。有趣的是，我们发现，在与人力资本互动后，所有类型的外商直接投资对经济增长的影响程度都有所增加。这表明，在经济增长方面，拥有强大或更高的人力资本更有利于东道国从外商直接投资流入中获益。这里还需要指出的一点是服务业—外商直接投资的重要性，以前人们认为这一点并不重要，但其在人力资本的相互作用影响经济增长方面却非常重要。将人力资本作为中介因素，我们再

表 2 相关系数矩阵

变量	1	2	3	4	5	6	7	8	9	10	11	12	13	14	15
GDP Growth	1														
Agriculture - FDI	0. 082 *	1													
Industry - FDI	0. 217 *	0. 566 *	1												
Manufacturing - FDI	0. 191 *	0. 533 *	0. 376 *	1											
Services - FDI	0. 223 *	0. 642 *	0. 476 *	0. 259 *	1										
Human Capital (HC)	0. 407 *	0. 223 *	0. 470 *	0. 469 *	0. 501 *	1									
R&D	0. 267 *	0. 195 *	0. 423 *	0. 441 *	0. 458 *	0. 305 *	1								
Initial GDP	0. 634 *	0. 110 *	0. 493 *	0. 483 *	-0. 543 *	0. 744 *	0. 505 *	1							
Domestic Investment	0. 244 *	0. 686 *	0. 554 *	0. 657 *	0. 838 *	0. 516 *	0. 588 *	0. 552 *	1						
Labor Force	0. 120 *	0. 734 *	-0. 600 *	0. 610 *	0. 581 *	-0. 022 *	0. 313 *	-0. 142 *	0. 718 *	1					
Financial Development	0. 372 *	0. 248 *	0. 458 *	0. 455 *	0. 539 *	0. 534 *	0. 647 *	0. 634 *	0. 548 *	0. 169 *	1				
Agriculture - FDI × HC	0. 240 *	0. 741 *	0. 135 *	0. 519 *	0. 539 *	0. 313 *	0. 333 *	0. 580 *	0. 752 *	0. 436 *	0. 513 *	1			
Industry - FDI × HC	0. 382 *	0. 630 *	0. 561 *	0. 232 *	-0. 658 *	0. 546 *	0. 419 *	0. 727 *	0. 778 *	0. 346 *	0. 586 *	0. 468 *	1	1	
Manufacturing - FDI × HC	0. 371 *	0. 603 *	0. 451 *	0. 167 *	0. 258 *	0. 639 *	0. 446 *	0. 719 *	0. 786 *	0. 346 *	0. 579 *	0. 482 *	0. 650 *	0. 992 *	1
Services - FDI × HC	0. 390 *	0. 593 *	0. 222 *	0. 311 *	0. 560 *	0. 665 *	0. 442 *	0. 760 *	0. 764 *	0. 320 *	0. 637 *	0. 483 *	0. 750 *	0. 991 *	0. 984 *

次发现制造业外商直接投资对经济增长的影响最大，其系数值为0.662，其次是工业外商直接投资、农业外商直接投资和服务业外商直接投资。关于人力资本中介效应的研究结果表明，人力资本不仅是经济增长的直接推动者，并且是吸收外商直接投资流入的技术和知识转让的重要因素，这对促进东道国的经济增长至关重要。外商直接投资流入和人力资本对东道国经济增长的互补效应的结果与阿内托（2020）、阿扎姆和艾哈迈德（Azam and Ahmed，2015）等学者的研究结论一致。

控制变量的其余系数在大多数模型中也很重要，与哈亚特（2019）和阿凡迪（2019）等学者的研究一致。表3中萨根过度识别限制测试（Sargan over-identification restrictions tests）的结果表明，纳入回归的工具与干扰项不相关，因此不存在异质性问题。

表3　外商直接投资流入与经济增长的关系：人力资本的中介作用（因变量为GDP增长率，二阶段最小二乘法，全样本估计）

解释变量	(1)	(2)	(3)	(4)
	Agriculture	Industry	Manufacturing	Services
Agriculture - FDI	0.0110** (0.0053)			
Industry - FDI		0.0520*** (0.00512)		
Manufacturing - FDI			0.467** (0.231)	
Services - FDI				0.0621 (0.0591)
Initial GDP	-1.135*** (0.133)	-0.829** (0.416)	-0.892*** (0.107)	-0.707** (0.303)
Human Capital (HC)	0.580*** (0.0138)	0.696** (0.342)	0.673*** (0.0652)	0.698** (0.342)
Domestic Investment	0.0305** (0.015)	0.189* (0.0999)	0.0588** (0.010)	0.127*** (0.043)
Labor Force	0.720*** (0.115)	0.866*** (0.0881)	0.767 (0.635)	0.681*** (0.0962)
Financial Development	0.0114** (0.0047)	0.0483*** (0.0129)	0.0113 (0.0136)	0.0534*** (0.0132)

续表

解释变量	(1) Agriculture	(2) Industry	(3) Manufacturing	(4) Services
R&D Expenditure	0.107*** (0.038)	0.555** (0.257)	0.730*** (0.0810)	0.023** (0.011)
Agriculture - FDI × HC	0.559*** (0.0411)			
Industry - FDI × HC		0.587** (0.305)		
Manufacturing - FDI × HC			0.662*** (0.0412)	
Services - FDI × HC				0.449** (0.224)
Constant	-12.83*** (0.917)	-11.59*** (0.816)	-11.67*** (0.849)	-13.88*** (0.744)
Observations	1 923	1 923	1 921	1 923
R^2	0.677	0.805	0.793	0.778
Number of Countries	84	84	84	84
Number of Years	24	24	24	24
Country FE	Yes	Yes	Yes	Yes
Year FE	Yes	Yes	Yes	Yes
First-stage F - stat	15.76	29.75	31.48	37.79
Stock - Yogo weak ID test	10.27	10.27	24.58	16.85
Kleibergen - Paap rk Wald F statistic	17.09	29.75	31.48	37.79
Anderson - Rubin Wald test	23.04	21.72	35.77	25.32
P - values	(0.0000)	(0.0000)	(0.0000)	(0.0000)
Sargan Test	7.1205	6.253	2.363	6.966
P - values	(0.284)	(0.396)	(0.2171)	(0.199)

外商直接投资流入对东道国经济增长的影响也因收入水平而异。哈亚特（2019）予以的解释是：只有在收入水平较高的国家，外商直接投资的流入才导致

积极的经济增长，而在低收入或欠发达国家则没有。因此，需要检验外商直接投资与增长关联的这种差异，从而进一步检验人力资本在部门外商直接投资与增长关联中的中介作用。根据世界银行收入分类，我们将整个样本分为两个不同的子样本，即中低收入国家和中高收入国家，并分别估计了每个子样本的回归模型。各国各收入组的回归结果分别如表 4 和表 5 所示。

表 4　外商直接投资流入与经济增长的关系：人力资本在中低收入国家的中介作用（因变量为 GDP 增长率，二阶段最小二乘法，全样本估计）

解释变量	(1)	(2)	(3)	(4)
	Agriculture	Industry	Manufacturing	Services
Agriculture - FDI	0.0989 (0.0927)			
Industry - FDI		0.108** (0.0506)		
Manufacturing - FDI			0.343*** (0.107)	
Services - FDI				0.0825 (0.0712)
Initial GDP	-0.557*** (0.0995)	-0.505** (0.242)	-0.758** (0.365)	-0.462*** (0.0902)
Human Capital	0.170*** (0.0491)	0.0804 (0.0634)	0.169** (0.0812)	0.184** (0.086)
R&D Expenditure	0.175 (0.901)	0.195*** (0.059)	0.142** (0.0744)	0.170** (0.0803)
Labor Force	0.714*** (0.102)	0.683*** (0.0783)	0.914*** (0.119)	0.690*** (0.0869)
Domestic Investment	0.155** (0.076)	0.117** (0.051)	0.300** (0.133)	0.102 (0.0843)
Financial Development	0.0394** (0.0175)	0.00647** (0.00315)	0.000304 (0.000619)	0.00224*** (0.000759)
Agriculture - FDI × HC	0.144** (0.0719)			

续表

解释变量	(1)	(2)	(3)	(4)
	Agriculture	Industry	Manufacturing	Services
Industry - FDI × HC		0.166 *** (0.0701)		
Manufacturing - FDI × HC			0.669 *** (0.0028)	
Services - FDI × HC				0.0637 (0.0713)
Constant	-13.55 *** (0.192)	-13.44 *** (0.275)	-12.98 *** (0.322)	-13.54 *** (0.348)
Observations	1 156	1 156	1 156	1 156
R^2	0.637	0.748	0.788	0.647
Number of Countries	53	53	53	53
Number of Years	24	24	24	24
Country FE	Yes	Yes	Yes	Yes
Year FE	Yes	Yes	Yes	Yes
First-stage F - stat	16.25	27.45	29.44	34.63
Stock - Yogo weak ID test	11.24	12.25	10.54	15.82
Kleibergen - Paap rk Wald F statistic	15.03	22.41	29.46	28.36
Anderson - Rubin Wald test	22.11	19.73	23.73	24.35
P - values	(0.0000)	(0.0000)	(0.0000)	(0.0000)
Sargan Test	6.125	7.256	6.364	6.568
P - values	(0.185)	(0.293)	(0.217)	(0.205)

表 5 外商直接投资流入与经济增长的关系：人力资本在上中高收入国家的中介作用
（因变量为 GDP 增长率，二阶段最小二乘法，全样本估计）

解释变量	(1)	(2)	(3)	(4)
	Agriculture	Industry	Manufacturing	Services
Agriculture - FDI	0.0816 *** (0.0139)			

续表

解释变量	(1) Agriculture	(2) Industry	(3) Manufacturing	(4) Services
Industry - FDI		0.102*** (0.0187)		
Manufacturing - FDI			0.257*** (0.0597)	
Services - FDI				0.0088 (0.0123)
Initial GDP	-0.734** (0.375)	-0.131** (0.067)	-0.289** (0.144)	-0.695*** (0.0542)
Human Capital	0.633*** (0.125)	0.130** (0.063)	0.185*** (0.037)	0.361** (0.178)
Domestic Investment	0.354** (0.171)	0.370 (0.251)	0.012*** (0.003)	0.0261** (0.0129)
Labor Force	0.506** (0.200)	0.792*** (0.223)	-0.743*** (0.258)	0.963*** (0.0695)
Financial Development	0.0875** (0.0430)	0.0538*** (0.0142)	0.0147** (0.0678)	0.0751*** (0.021)
R&D Expenditures	0.415*** (0.117)	0.583*** (0.292)	0.691*** (0.267)	0.158** (0.075)
Agriculture - FDI × HC	0.172** (0.0858)			
Industry - FDI × HC		0.141*** (0.0203)		
Manufacturing - FDI × HC			0.336*** (0.0891)	
Services - FDI × HC				0.0372** (0.0174)
Constant	-29.85*** (2.025)	-25.80*** (2.811)	-8.533** (3.672)	-16.489*** (2.478)
Observations	678	678	673	673
R^2	0.346	0.750	0.317	0.428
Number of Countries	31	31	31	31

续表

解释变量	(1)	(2)	(3)	(4)
	Agriculture	Industry	Manufacturing	Services
Number of Years	24	24	24	24
Country FE	Yes	Yes	Yes	Yes
Year FE	Yes	Yes	Yes	Yes
First-stage F - stat	11. 18	22. 59	15. 70	17. 37
Stock - Yogo weak ID test	16. 85	10. 26	10. 27	11. 34
Kleibergen - Paap rk Wald F statistic	11. 18	22. 59	15. 70	16. 48
Anderson - Rubin Wald test	16. 48	24. 97	10. 43	19. 44
Prob	(0. 0000)	(0. 0000)	(0. 0000)	(0. 0000)
Sargan Test	3. 973	2. 648	4. 897	3. 224
Prob	(0. 536)	(0. 140)	(0. 179)	(0. 458)

表 4 给出的关于中低收入国家的结果表明，农业外商直接投资和工业外商直接投资具有显著的促进增长的影响，而制造业外商直接投资和服务业外商直接投资对经济增长的影响不显著。然而，人力资本与部门性外商直接投资流入之间的中介作用对经济增长产生了积极影响，这证实了人力资本是外商直接投资流入促进经济增长的重要因素。服务业外商直接投资即使包括人力资本在内，对中国经济增长的影响仍然很小。

同样，表 5 所显示的 MHIC 的结果表明，所有部门的外商直接投资流入都具有显著的促进增长的影响，但服务业外商直接投资对 MHIC 的经济增长影响除外。此外，据估计，MHIC 中的人力资本不仅对部门外商直接投资和经济增长关系具有积极作用，而且还增加了外商直接投资对经济增长的影响。在将人力资本作为中介因素后，MHIC 的服务业外商直接投资也对经济增长产生了显著影响。两个收入群体中的所有其他控制变量在大多数模型中都很重要，并且与之前的实证研究一致（Li and Tanna，2019；Osei and Kim，2020；Ibrahim and Acquah，2021）。

（三）稳健性检验

在通过二阶段最小二乘法得到结果后，我们还将广义矩方法应用到我们的基准模型中，并将其结果与二阶段最小二乘法得到的结果进行比较，从而进行稳健性检验。表 6 给出的 GMM 估计结果与表 3 给出的全面板的二阶段最小二乘法的估计结果非常相似，这证实了我们的基准模型结果的稳定性和可靠性。对过度识别限制进行 Hansen 检验，以检查各回归工具的有效性，结果在两个表的末尾提供。

表 6　外商直接投资流入与经济增长的关系：人力资本的中介作用（系统 GMM 方法，全样本估计）

解释变量	(1)	(2)	(3)	(4)
	Agriculture	Industry	Manufacturing	Services
Agriculture - FDI	0.103* (0.0582)			
Industry - FDI		0.222*** (0.0632)		
Manufacturing - FDI			0.305** (0.145)	
Services - FDI				0.152 (0.511)
Initial GDP	-0.575*** (0.0427)	-0.577*** (0.0502)	-0.613** (0.246)	-0.584*** (0.0431)
Human Capital	0.308*** (0.112)	0.556*** (0.116)	0.203** (0.093)	0.473** (0.231)
Domestic Investment	0.0354 (0.0452)	0.498*** (0.134)	0.445** (0.219)	0.261** (0.127)
Labor Force	0.048** (0.019)	0.081** (0.039)	0.0119* (0.0061)	0.068** (0.033)
Financial Development	0.079*** (0.018)	0.051** (0.021)	0.0254 (0.0234)	0.083*** (0.018)
R&D Expenditures	0.112*** (0.024)	0.375*** (0.065)	0.392*** (0.038)	0.254** (0.123)
Agriculture - FDI × HC	0.146* (0.074)			
Industry - FDI × HC		0.268*** (0.0156)		
Manufacturing - FDI × HC			0.393** (0.189)	

续表

解释变量	(1)	(2)	(3)	(4)
	Agriculture	Industry	Manufacturing	Services
Services - FDI × HC				0.256** (0.127)
Constant	-9.45*** (0.637)	-8.56*** (0.676)	-6.68*** (0.345)	-6.72*** (0.453)
Number of Instrument	15	15	15	15
Observations	1 844	1 844	1 844	1 844
Number of Years	24	24	24	24
Number of Countries	84	84	84	84
Country FE	Yes	Yes	Yes	Yes
Year FE	Yes	Yes	Yes	Yes
AR (1)	-11.45 (0.0000)	-10.66 (0.0000)	-12.56 (0.0000)	-10.34 (0.0000)
AR (2)	0.56 (0.313)	0.81 (0.378)	0.57 (0.309)	0.52 (0.534)
Hansen J statistic	7.87 (0.293)	6.23 (0.584)	7.78 (0.486)	6.65 (0.527)

六、结论与政策含义

此前关于外商直接投资与增长关系的文献分别展示了包括积极、消极和不显著在内的三种结果。从理论上来说，流入一国的外商直接投资可能对经济增长产生积极影响，但从实证上看，其结果是好坏参半的。本文研究支持对不同部门的外商直接投资对经济增长存在不同程度的影响的论点，因此采取了部门层面的外商直接投资来考察它们各自对经济增长的影响。此外，我们还认为，东道国在人力资本方面的吸收能力在利用外商直接投资流入的增长优势方面也具有重要作用。因此，本文考察了拉丁美洲、亚洲和撒哈拉以南的非洲这三个发展中地区中的 84 个国家在 1996 年至 2019 年期间的数据，并采用工具变量技术对模型进行了估计。

本文研究讨论的结果可以归纳为两个方向，即面向整个面板和面向对其收入水平进行分类的国家。首先，就整个面板而言，我们发现流入所有部门的外商直接投资对经济增长有显著的促进作用，而服务业外商直接投资则对此不起作用。用二阶段最小二乘法估计，相对于其他部门的外商直接投资，制造业外商直接投资对经济增长的影响更高。但是，当我们引入人力资本这一调节变量时，部门外商直接投资流入对经济增长的影响程度增加，即便如此，仍然是制造业外商直接投资对经济增长的影响更大，次之是工业外商直接投资、农业外商直接投资和服务业外商直接投资。其次，对于按收入基础划分的样本，农业外商直接投资和工业外商直接投资流入对中低收入和低收入国家经济增长的影响为正且显著，而制造业和服务业外商直接投资对经济增长的影响不显著。

通过观察人力资本与所有部门外商直接投资流入之间的相互作用发现，除内陆发展中国家的服务业外商直接投资外，其余都显著促进增长。同样，对于第二个收入群体，流入所有部门的外商直接投资对中高收入国家和高收入国家的经济增长具有积极和显著的影响，而我们再次发现服务业外商直接投资对经济增长的影响并不显著。总的来说，研究结果表明，不应将所有经济部门的外商直接投资流入一视同仁，因为流入不同部门的外商直接投资对经济增长的影响程度也不同。另外，据估计，人力资本是增强外商直接投资流入对经济增长的积极影响的一个重要因素，因此，还应认识到人力资本对促进一国经济增长的重要意义。

本文基于实证结果的政策建议是：决策者需要解决人力资本领域的培训和教育问题，重点应当放在经济关键部门促进经济增长所需的知识和技能领域。要做到这一点，有必要重新考虑一国的教育供给和制度，从而促进技能型劳动力与需要对应学历的经济活动这二者之间的匹配。决策者还应营造有利的投资环境，并制定合理的经济政策，这不仅能激发跨国企业的良性发展，还能吸引新的投资者，帮助东道国在外商直接投资流入中获益。

参考文献

1. Affandi Y, Anugrah DF, Bary P. Human capital and economic growth across regions: a case study in Indonesia. *Eurasian Economic Review*, 2019, 9 (3): 331 - 347.

2. Aghion P, Akcigit U, Howitt P. Lessons from Schumpeterian growth theory. *American Economic review*, 2015, 105 (5): 94 - 99.

3. Lfaro L. Foreign directinve stment and growth: Does the sector matter. *Harvard Business School*, 2003, 1 - 31.

4. Alfaro L, Charlton A. Growth and the quality of foreign direct investment. *The Industrial Policy*, Revolution I, 2003, 62 - 204.

5. Alfaro L, Chanda A, Kalemli - Ozcan S, Sayek S. FDI and economic growth: the role of local financial markets. *Journal of International Economics*, 2004, 64 (1): 89 - 112.

6. Alvarado R, Iniguez M, Ponce P. Foreign direct investment and economic growth in Latin America. *Economic Analysis and Policy*, 2017, 56: 176 - 187.

7. Anetor F O. Human capital threshold, foreign direct investment and economic growth: evidence from sub - Saharan Africa. *International Journal of Development Issues*, 2020.

8. Arellano M, Bond S. Some tests of specification for panel data: Monte Carlo evidence and an application to employment equations. *The Review of Economic Studies*, 1991, 58 (2): 277 - 297.

9. Azam M, Ahmed A M. Role of human capital and foreign direct investment in promoting economic growth: evidence from Commonwealth of Independent States. *International Journal of Social Economics*, 2015.

10. Baharumshah A Z, Almasaied S W. Foreign direct investment and economic growth in Malaysia: Interactions with human capital and financial deepening. *Emerging Markets Finance and Trade*, 2009, 45 (1): 90 – 102.

11. Borensztein E, De Gregorio J, Lee J W. How does foreign direct investment affect economic growth? *Journal of International Economics*, 1998, 45 (1): 115 – 135.

12. Carkovic M, Levine R. Does foreign direct investment accelerate economic growth. *Does foreign direct investment promote development*, 2005: 195.

13. Cass D. Optimum growth in an aggregative model of capital accumulation. *The Review of Economic Studies*, 1965, 32 (3): 233 – 240.

14. Chakraborty C, Nunnenkamp P. Economic reforms, FDI, and economic growth in India: a sector level analysis. *World Development*, 2008, 36 (7): 1192 – 1212.

15. Chang S C. Estimating relationships among FDI inflow, domestic capital, and economic growth using the threshold error correction approach. *Emerging Markets Finance and Trade*, 2010, 46 (1): 6 – 15.

16. Chuang Y C, Hsu P. FDI, trade, and spillover efficiency: evidence from China's manufacturing sector. *Applied Economics*, 2004, 36 (10): 1103 – 1115.

17. Cleeve E A, Debrah Y, Yiheyis Z. Human capital and FDI inflow: An assessment of the African case. *World Development*, 2015, 74: 1 – 14.

18. De Mello Jr L R. Foreign direct investment in developing countries and growth: A selective survey. *The Journal of Development Studies*, 1997, 34 (1): 1 – 34.

19. De Mello LR. Foreign direct investment-led growth: evidence from time series and panel data. *Oxford Economic Papers*, 1999, 51 (1): 133 – 151.

20. Dinh Su T, Phuc Nguyen C. Foreign financial flows, human capital and economic growth in African developing countries. *International Journal of Finance and Economics*, 2020.

21. Doytch N, Uctum M. Does the worldwide shift of FDI from manufacturing to services accelerate economic growth? A GMM estimation study. *Journal of International Money and Finance*, 2011, 30 (3): 410 – 427.

22. Goldin, Claudia. Human Capital. In Handbook of Cliometrics, ed. Claude Diebolt and Michael Haupert, Heidelberg, Germany: Springer Verlag, 2016: 55 – 86.

23. Grossman G M, Helpman E. Trade, innovation, and growth. *The American Economic Review*, 1990, 80 (2): 86 – 91.

24. Gui – Diby S L. Impact of foreign direct investments on economic growth in Africa: Evidence from three decades of panel data analyses. *Research in Economics*, 2014, 68 (3): 248 – 256.

25. Hallam D. International investment in developing country agriculture—issues and challenges. Food Security, 2011, 3 (1): 91 – 98.

26. Hayat A. Foreign direct investments, institutional quality, and economic growth. The Journal of International Trade and Economic Development, 2019, 28 (5): 561 – 579.

27. Herzer D, Klasen S. In search of FDI - led growth in developing countries: The way forward. *Economic Modelling*, 2008, 25 (5): 793 - 810.

28. Hong J, Sun X, Huang W. Local institutions, foreign direct investment and productivity of domestic firms. *Review of Development Economics*, 2016, 20 (1): 25 - 38.

29. Hsiao F S, Hsiao MCW. FDI, exports, and GDP in East and Southeast Asia—Panel data versus time-series causality analyses. *Journal of Asian Economics*, 2006, 17 (6): 1082 - 1106.

30. Iamsiraroj S, Ulubaşoğlu M A. Foreign direct investment and economic growth: A real relationship or wishful thinking? *Economic Modelling*, 2015, 51: 200 - 213.

31. Ibrahim M, Acquah A M. Re-examining the causal relationships among FDI, economic growth and financial sector development in Africa. *International Review of Applied Economics*, 2021, 35 (1): 45 - 63.

32. Kaulihowa T, Adjasi C. Non-linearity of FDI and human capital development in Africa. *Transnational Corporations Review*, 2019, 11 (2): 133 - 142.

33. Kok R, Ersoy B. Analyses of FDI determinants in developing countries. *International Journal of Social Economics*, 2009.

34. Koopmans T C. Objectives, constraints, and outcomes in optimal growth models. Economic Models, Estimation and Risk Programming: Essays in Honor of Gerhard Tintner, 1969: 110 - 132.

35. Kotikova S, Vavrek R. Determining the size of technological gap between local firms and foreign direct investment at regional level. *Journal of International Studies*, 2019: 12 (3).

36. Kottaridi C, Stengos T. Foreign direct investment, human capital and non-linearities in economic growth. *Journal of Macroeconomics*, 2010, 32 (3): 858 - 871.

37. Lacroix J, Méon P G, Sekkat K. Democratic transitions can attract foreign direct investment: Effect, trajectories, and the role of political risk. *Journal of Comparative Economics*, 2021, 49 (2): 340 - 357.

38. Li C, Tanna S. The impact of foreign direct investment on productivity: New evidence for developing countries. *Economic Modelling*, 2019, 80, 453 - 466.

39. Lucas Jr, R E. On the mechanics of economic development. *Journal of Monetary Economics*, 1988, 22 (1): 3 - 42.

40. Massoud N. Assessing the employment effect of FDI inflows to Egypt: Does the mode of entry matter. Paper presented at the International Conference on The Unemployment Crisis in the Arab Countries, 2008.

41. Nguyen VC, Do T T. Impact of exchange rate shocks, inward FDI and import on export performance: a cointegration analysis. The Journal of Asian Finance, Economics, and Business, 2020, 7 (4): 163 - 171.

42. Noorbakhsh F, Paloni A. Youssef A. Human capital and FDI inflows to developing countries: New empirical evidence. *World Development*, 2001, 29 (9), 1593 - 1610.

43. Nunnenkamp P, Spatz J. Intellectual property rights and foreign direct investment: A disaggregated analysis. *Review of World Economics*, 2004, 140 (3): 393 - 414.

44. Osei M J, Kim J. Foreign direct investment and economic growth: Is more financial development better? *Economic Modelling*, 2020, 93: 154 - 161.

45. Ozturk I. Foreign direct investment-growth nexus: A review of the recent literature. International Journal of Applied Econometrics and Quantitative Studies, 2007, 4 (2).

46. Prasad E, Rogoff K, Wei S J, Kose M A. Effects of financial globalisation on developing countries: Some empirical evidence. Economic and Political Weekly, 2003: 4319 – 4330.

47. Ramzan M, Sheng B, Fatima S, Jiao Z. Impact of FDI on Economic Growth in Developing Countries: Role of Human Capital. *Seoul Journal of Economics*, 2019, 32 (3).

48. Rebelo S. On the determinants of economic growth. *In Contemporary Economic Issues*, 1998: 138 – 156.

49. Romer P M. Increasing returns and long-run growth. *Journal of Political Economy*, 1986, 94 (5): 1002 – 1037.

50. Romer P M. Endogenous technological change. *Journal of Political Economy*, 1990, 98 (5, Part 2): S71 – S102.

51. Romer P M. The origins of endogenous growth. *Journal of Economic Perspectives*, 1994, 8 (1): 3 – 22.

52. Saleem H, Shabbir M S, Khan B, Aziz S, Husin M M, Abbasi B A. Estimating the key determinants of foreign direct investment flows in Pakistan: New insights into the co-integration relationship, South Asian Journal of Business Studies, 2020.

53. Solow R M. A contribution to the theory of economic growth. *The Quarterly Journal of Economics*, 1956, 70 (1): 65 – 94.

54. Su Y, Liu Z. The impact of foreign direct investment and human capital on economic growth: Evidence from Chinese cities. *China Economic Review*, 2016, 37: 97 – 109.

55. Suliman A H, Mollick A V. Human capital development, war and foreign direct investment in sub – Saharan Africa. *Oxford Development Studies*, 2009, 37 (1): 47 – 61.

56. Wang E Y, Kafouros M. Location still matters! How does geographic configuration influence the performance-enhancing advantages of FDI spillovers? *Journal of International Management*, 2020, 26 (3), 100 – 777.

57. Wang M. Manufacturing FDI and economic growth: evidence from Asian economies. *Applied Economics*, 2009: 41 (8), 991 – 1002.

58. Wang Y, Gao B, Chen H. Data-driven design of parity space-based FDI system for AMT vehicles. *IEEE/ASME Transactions on mechatronics*, 2014, 20 (1): 405 – 415.

59. Wu W, Yuan L, Wang X, Cao X, Zhou, S. Does FDI drive economic growth? Evidence from city data in China. Emerging Markets Finance and Trade, 2020, 56 (11): 2594 – 2607.

Foreign Direct Investment Inflow and Economic Growth Nexus in Developing Economies: The Key Role of Human Capital

Sami Ullah

Abstract: The prior empirical outcomes on the FDI – growth relationship are vastly conflicting. The key possible reason for these conflicting findings is the use of aggregate FDI, while FDI impacts are largely depends on the receiving sectors of host country. This study empirically estimated the influence of sectoral FDI on the economic growth, and the role of human capital in influencing FDI – growth connection of 84 developing countries, for the time 1996 – 2019 and applied Two – Stage Least Square (2SLS) method. The outcomes indicates the significance contribution of sectoral FDI inflows to economic growth except services – FDI that found insignificant. Furthermore, human capital enrichment in host country not only directly promote economic growth but also helpful in enhancing the economic growth through its interaction with FDI inflows. For the lower-middle and low income countries (LLIC), only agriculture and industry FDI inflows found significant to enhance the economic growth, while manufacturing and services FDI found insignificant. Similarly, FDI inflows to all sectors positively effecting the economic growth of upper-middle and high income countries (MHIC) except services – FDI. However, inclusion of human capital as interacting term with FDI inflows to all sectors found positive and significant to effect economic growth in both LLIC and MHIC, but insignificant with services – FDI. The outcomes are consistent by employing diverse econometric techniques and model specifications.

Key words: *FDI inflow* *economic growth* *human capital* *developing countries*

中国对外移民对中国国际贸易的影响

孙正昊　李煜鑫*

摘　要： 中国的对外国际移民作为世界移民体系中的重要部分，在世界社会经济发展中发挥着重要作用。本文将视角聚焦中国对东盟、欧盟、美国、日本、韩国的移民情况，使用1995～2020年每5年的数据，实证得出以下结论：（1）中国对外移民存量的增加有利于提高中国的出口额、进口额和贸易总额。（2）中国对外移民对发达国家和欠发达国家的贸易影响效果不能一概而论孰高孰低，在本文样本下不能得出统一的答案。（3）中国移民存量低的国家能够发挥更高的贸易促进边际效果。另外，本文通过对移民进行男女性别划分，发现女性对外移民对中国的双边贸易促进作用更高。据此，文本提出相关政策建议，以期从国际移民的视角对中国国际贸易发展提供帮助。

关键词： 国际移民　国际贸易　中国移民　移民网络

一、引言与文献综述

全球化背景下，通信设施及互联网的发展推动了信息的互通，交通工具的发展缩短了世界的距离，世界各国交织相融，形成命运共同体。在此背景下，劳动力要素的流动也得到了空前的便利，国际移民的相关问题也得到许多中外学者的关注。

根据国际移民组织（International Organization for Migration，IOM）的定义，国际移民为暂时或永久离开出生国的任何人，不论其法律地位、自愿与否、迁移原因，如取得外国国籍的人士、国际劳工、留学生甚至偷渡移民。世界移民的相关数据主要由联合国经济和社会事务部（United Nations Department of Economic and Social Affairs，UNDESA）进行统计，截至2020年，国际移民总量约为2.81亿人次，约占全球人口总人数的3.699%，相当于每30人中就有1位国际移民，其中国际劳工约有1.6亿人。以2020年的移民存量数据来看，排名前列的移民流入国依次为美国（5 063万人）、德国（1 576万人）、沙特阿拉伯（1 345万人）、俄罗

* 孙正昊，上海外国语大学国际金融贸易学院硕士研究生；李煜鑫，本文通讯作者，上海外国语大学国际金融贸易学院副教授，电子信箱：yuxinli@ shisu. edu. cn。本文受上海外国语大学2019年度校级科研项目“老龄化背景下中西方家庭人力资本投资的代际合作与竞争关系研究”（项目编号：41003857）的资助。

斯（1 164 万人），排名前列的移民流出国依次为印度（1 787 万人）、墨西哥（1 119 万人）、俄罗斯（1 076 万人）、中国（1 046 万人）。[①] 因此，从世界移民的角度来看，中国（不含港澳台，下同）是当之无愧的对外移民大国。

中国的对外移民促进了东道国商业发展的案例屡见不鲜，如美国芝加哥华人社区的洗衣业成为美国中西部城镇洗衣业的典范（令狐萍，2013）。又如朴光星（2020）通过对首尔的“中餐经济”进行实地研究，发现在经济全球化背景下，移民经济并非西方学者所认为的以生存为目的的边缘经济，而是一种连接不同市场、促进相互交流的互利共赢经济。这表明，中国的对外移民不仅对东道国的经济发展有正向促进作用，更对母国的国际贸易发展有推动作用。自 20 世纪 90 年代以来，随着全球化的浪潮在世界蔓延，人口开始在世界范围内的大规模流动，国际贸易量也不断增加，许多中外学者将目光聚焦到国际移民与国际贸易之间的关系上（Gould，1994；魏浩、袁然，2020），从不同国家角度，实证得出国际移民会对国际贸易产生正向促进作用。在中国对外移民的前五名国家和中国对外贸易前五名的伙伴国中，美国、日本、韩国均列其中。

在国际移民对国际贸易的影响方面，国外学者顾尔德（Gould，1994）认为移民对母国市场的了解、语言优势以及既有商业联系能够促进双边贸易的交易成本降低，且对母国产品的消费偏好也会给国际贸易提供新的渠道，在对美国与 47 个国家在 1970 ~ 1986 年的移民和贸易情况进行了模型估计后，结果表明国际移民流入有利于促进东道国和母国的出口和进口。邓利维（Dunlevy，2006）在顾尔德的基础上，依据美国在 1990 ~ 1992 年对 87 个贸易伙伴国的数据，进一步研究了制度腐败和语言的影响效应，认为母国制度越腐败、官方语言为西班牙语或英语时，对贸易的促进效果越大。魏浩和连慧君（2020）也从州别角度证明了流入美国各州的移民有利于促进各州与移民来源国的双边贸易，并且语言的影响力较为显著，另外流入经济发展水平较高的州对贸易的促进作用更大。陈基平和魏浩（2019）将服务贸易纳入考察范围，得出国际移民对服务贸易的双边促进作用更为明显。除了以美国为对象之外，海德和里斯（Head and Ries，1998）研究了加拿大的移民流入对贸易的影响，吉尔马和余（Girma and Yu，2002）把对象定为英国，帕森斯（Parsons，2005）则将视角引入欧盟层面，这些实证研究都在不同程度上证明了国际移民对国际贸易的促进作用。但国际移民对国际贸易的影响并非绝对，如郑宝银等（2010）对澳大利亚的移民网络与国际贸易之间的影响效应进行实证研究，研究结果显示该效果并不显著。

从中国的角度出发，綦建红和鞠磊（2008）使用格兰杰因果检验法，得出了国际移民对我国的对外贸易有正向相关的关系。赵永亮（2012）通过标准模型和

① 联合国经济和社会事务部：《国际移民存量统计年鉴 2020 年》（*International Migrant Stock* 2020：*Destination and Origin*）。

成本对称模型发现，移民网络对中国对外贸易有积极作用，并且成本克服效应在新兴经济体中更为显著，移民消费偏好效应在亚洲和北美洲更为突出。王云飞和杨希燕（2015）认为移民网络影响贸易的消费偏好效应高于成本克服效应，且进一步强调了语言的重要性。蒙英华和李艳丽（2015）从文化产品的角度，认为中国对外移民网络有利于提高中国企业文化产品的出口概率与出口强度，并且信息与通信技术有助于提升移民网络对中国企业文化产品的促进效应。从出口二元边际的角度来看，部分学者证明了移民对中国企业出口集约边际的显著促进效果（张晓毅和刘文，2017，2019；范兆斌，2016；刘政、任芳妤、蔡宏波，2019），对欠发达国家的效果要高于发达国家的效果，对中间产品的出口促进效果更高，并且高技能移民的促进效果要高于非技能移民，且随着产品质量的提升逐渐增强（杨希燕、童庆，2018）。孟珊珊和王勇进（2020）则从进口的角度证明了对外移民增加会提高进口概率。总而言之，大量文献证明了中国对外移民能够促进中国与东道国的双边贸易，甚至还能通过“移民网络—国际贸易—FTA 缔结”的机制推动区域自贸协定的签署（铁瑛、蒙英华，2020）。

另外，也有学者将视角从国际贸易转向对外投资，如金姆和林（Kim and Lim，2011）在国际移民与国际贸易的研究中加入国际直接投资，发现国际移民不仅对国际贸易利好，也对国际直接投资起着推进作用，且对于国际直接投资的影响大于国际贸易。陈晔等（2021）从中国与非洲国家的角度出发，证明了国际移民是国际直接投资的格兰杰因果原因。顾露露等（2022）也证明了中国移民对中国上市公司对外直接投资之间的正向显著促进关系，且对发达国家的促进效果更为显著。

本文通过对现有文献的梳理发现：（1）国外学者主要研究国际移民流入对国际贸易的影响，国内学者主要研究国际移民流出对国际贸易的影响，这也与国情相符合，美国、加拿大等国家一直以来都是世界范围内的移民流入目的国，而中国则为较大的移民流出国。（2）在国内外的文献中，国际移民对国际贸易的影响机制较为统一，国际移民对国际贸易的影响主要通过成本降低效应和消费偏好效应实现。（3）早年研究样本主要为宏观国家层面的数据，近年部分学者将其拓展至微观领域。

本文与现有文献的区别为：（1）本文将移民对象国选取为东盟、欧盟、美国、日本、韩国，这些地区和国家为中国前五的贸易伙伴。由于当今国际贸易形势稳定性弱，研究中国对这些地区和国家的移民对贸易的影响作用，并通过相关政策的建议，有利于发挥相关国外移民网络对贸易的促进效应，尤其是在疫情影响之下，全球国际贸易受到较大的冲击，为减少交通运输管制对远距离国际贸易的影响，中国更应加强对东盟、日本、韩国等邻国的贸易联系，从而起到稳定对外贸易大盘的作用。（2）本文将样本数据的选取范围扩充至 2020 年，由于联合国国际移民数据库的移民数据是以五年为单位进行更新的，大部分以往研究的数据选取停留在2015年。然而，2015年后中国的移民形势发生了较大的变化，总体流速放缓，不再如之前一般保持较高的流出速度，特别是在中美关系恶劣化的影响下，中国对美国的移民存量产生了近50万人的显著减少。据此，以最新的数据进行研究，有利于获取更贴近事实的研究结论，并提出更为切实可行的建议。(3) 本文通过数据对比发现，低移民存量国家的移民贸易促进效果会大于高移民存量国家，并通过实证证明了这一结论。这对于我国在当今贸易形势下，制定相关贸易政策有启示作用。

本文其余部分的安排为：第二部分为中国对外移民现状；第三部分为对外移民影响国际贸易的理论机制；第四部分为模型设定与数据说明；第五部分为实证结果分析；第六部分为进一步讨论；第七部分为结论。

二、中国对外移民现状

通过联合国的移民相关数据绘制折线图，如图1所示。总体来看，中国对外移民数量呈现三段式增长模式。第一阶段，1990～2000年中速增长模式，中国对外移民数量从423万人增长至503万人，增加了近17万人次，增幅约39%。改革开放初期，中国与世界联系日益密切，不论是留学、探亲还是跨国商业交流、海外务工，都给海外移民提供了机会。第二阶段，2000～2015年高速增长模式，中国对外移民数量从588万人增长至1 024万人，增加近436万人次，增幅达到74%，如此高的对外移民增长得益于中国加入WTO后对外交流远甚于前，从贸易的角度出发，对外贸易的高速发展在这一时期不仅使得中国成为世界上许多国家的最大贸易伙伴，更为中国人提供了新的国际视野，且伴随诸多便利出国政策的推行，使得中国的对外移民量大幅增长。第三阶段，2015～2020年低谷增长模式，中国对外移民数量从1 024万人增长至1 046万人，仅增加了22万人次，增幅约为2%，远低于之前的水平，这一时期，经济上中国一改粗放发展策略而积极寻求向好、向优发展。产业结构的优化调整为中国从世界经济大国向世界经济强国转型铺路，中国的国际地位稳步上升，加之国际环境的不稳定因素及国际排华情绪日益高涨，中国对外移民数量开始进入低速增长阶段。伴随着新冠肺炎疫情带来的国际人口流动限制，预计这一趋势会继续保持。

从2020年的移民存量截面数据来看，中国对世界的移民流出存量总计约为1 046万人次，约占全球移民总量的3.7%，对外移民分布于143个国家和地区。从移民存量前50的国家来看，有22个国家属于东盟、欧盟、美国、日本、韩国，其中美国、韩国、日本的中国移民存量分别排在第二、第三、第四位（第一位为中国香港地区）。东盟、日本、韩国与我国距离较近，有较深厚的历史渊源，在文化习俗上存在较大的共性，从经济动因和文化包容性上来看，可以承接较多的我国移民。而美国、欧盟作为世界上经济发达的经济体，其较高的社会福利对我国移民有着极大的吸引力。因此这五个区域是我国移民目的地的重点区域。2020 年，在中国移民分布的国家中，东盟、欧盟、美国、韩国、日本的中国移民存量占总量的51%。分区域国别来看，美国的中国移民存量为 218 万人次，占本文研究对象国的21%；欧盟的中国移民存量为 93 万人次，占本文研究对象国的 9%；韩国的中国移民存量为 80 万人次，占本文研究对象国的 8%；日本的移民存量为 78 万人次，占本文研究对象国的 7%；东盟的中国移民存量为 69 万人次，占本文研究对象国的 6%（见图 2）。

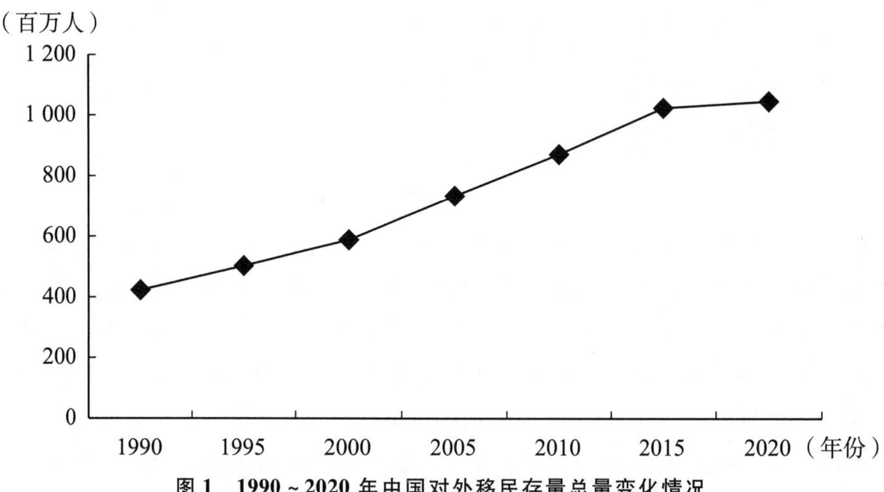

图 1　1990～2020 年中国对外移民存量总量变化情况

资料来源：联合国国际移民数据库。

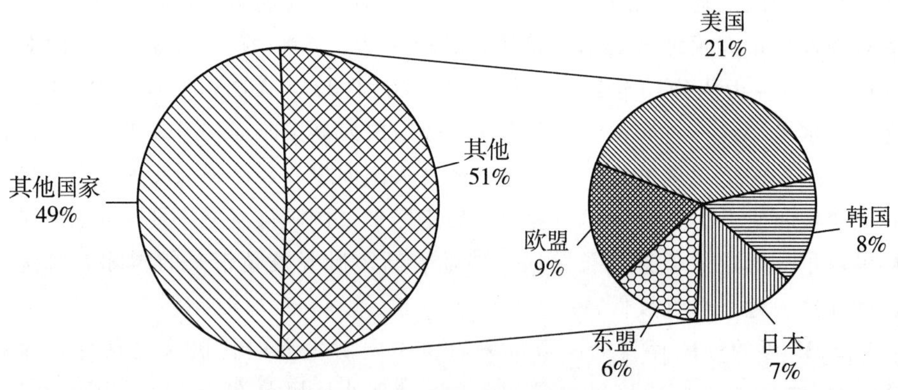

图 2　2020 年中国对外移民存量国家分布

资料来源：联合国国际移民数据库。

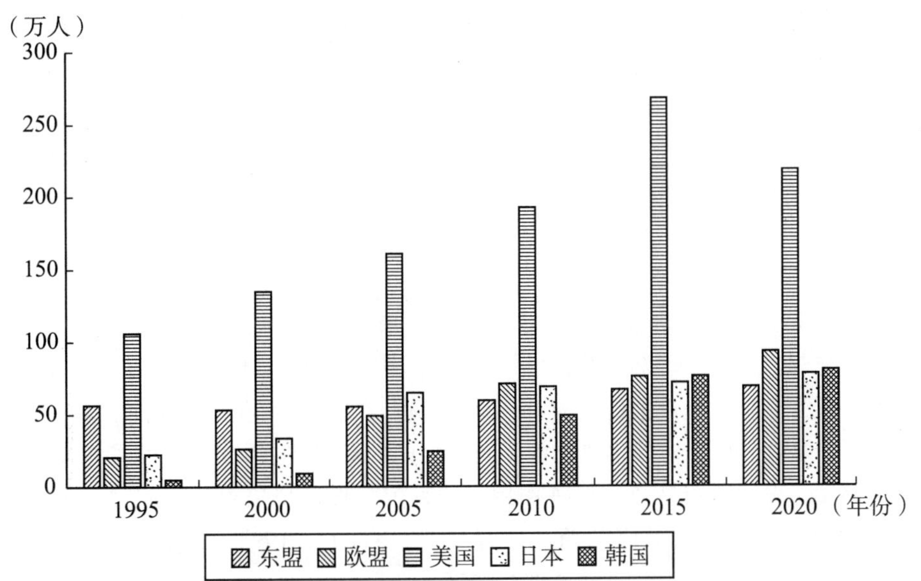

图 3　1995 ~ 2020 年东盟、欧盟、美国、日本、韩国的中国移民存量变化

资料来源：联合国国际移民数据库。

从 1995 年到 2020 年东盟、欧盟、美国、日本、韩国的中国移民存量变化图来看（见图 3），这五个区域的中国移民存量变化可以分为三种类型。第一类为存量稳定型：东盟国家。在这一时期，东盟的中国移民存量由 56 万人上升至 69 万人，增长幅度为 21%，也是五个研究区域内唯一一个增长幅度未超 100% 的区域。东盟国家的移民存量在 1995 年时，排在五个研究区域的第二位，从数据上证明了中国与东盟国家的历史移民渊源。而在 2020 年时却处于第五位，一方面反映出随着中国的发展，东盟国家对中国移民的吸引力有了显著的下降，另一方面也反映出随着政策的开放，其他国家或地区对于中国的吸引力有所加大。第二类为快速增长型：日本、欧盟、韩国。在这一时期，日本的中国移民存量从 22 万人增长至 78 万人，欧盟从 20 万人增长至 93 万人，而韩国则从 5 万人增长至 80 万人，增长率分别为 249%、353%、1563%。分析其原因，中日间距离较近，经贸交流密切，为中国移民提供了较好的移民选择，但随着近年来日本移民政策收紧，各类移民群体增长较前期下降。欧盟作为世界上社会福利总体程度最高的区域，自然会吸引较多的有移民意向人群的向往，另外其低技术含量从业者缺乏严重，也给跨国务工人群提供了机会。韩国方面，中国有 170 万朝鲜族居民，大量分布于延边、丹东等地，为对韩移民提供了潜在基础，另外，在这一时期，中韩间的交流逐渐密切，且相关政策逐渐放宽，为人口的跨境流出提供了较便利的窗口。第三类为政策波动型：美国。在对外移民上，美国作为全世界最大的移民国家，对世界各国都有极大的吸引力，因此也是中国移民较大的移民地，在 1995 ~ 2015 年，美国的中国移民存量由 106 万人上升至 268 万人，上升幅度为 153%，保持了较高的存量和增长率。但随着 2015

年中美贸易战、中美关系恶化以及相关政策的影响，美国的中国移民纷纷离开美国，或归国或寻求其他发展，在 2015 ~ 2020 年期间，美国的中国移民存量下降至 218 万人，减少了近 50 万人，下降幅度十分显著。

三、对外移民影响国际贸易的理论机制

劳动力要素具有趋利性，会由工资低的国家流向工资高的国家，会使得劳动力流出国的劳动力减少、工资上升，出口竞争力会因此减弱，不利于劳动力流出国的出口贸易。新古典贸易理论据此认为对外移民与国际贸易之间存在替代性。但从顾尔德（Gould，1994）开始，对外移民与国际贸易之间的影响被重新评估，大量文献开始认为对外移民会对国际贸易产生促进作用，这种贸易促进现象主要会通过“成本降低效应”和“偏好性消费效应”两条路径实现（Gould，1994；Bryant et al. ，2004；魏浩和袁然，2020）。其影响传导机制如图 4 所示。

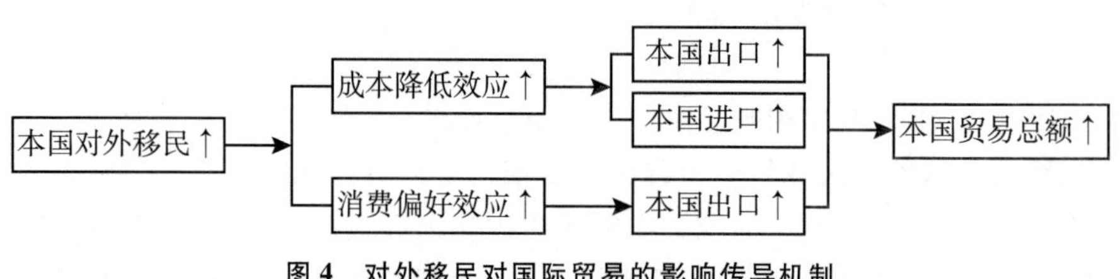

图 4　对外移民对国际贸易的影响传导机制

具体而言，在成本降低效应方面，移民对母国和东道国的文化习俗、政治经济制度以及法律等较为熟悉，且在语言优势的加持下，无论是在维系和促进原有贸易关系还是在建立新的市场关系上，都能够有效降低双方的交易成本。除此之外，交易成本的降低也反映在能够降低交易风险上。梅图里尼等（Metulini et al. ，2018）也强调了移民通过市场熟悉效应对贸易产生的重大间接作用。据此，本国对外移民的增加能够通过成本降低效应促进本国的出口贸易和进口贸易。

在消费偏好效应上，移民会对母国产品产生购买偏好，一方面是由于既有习惯的延续性，如某些母国的食品和特殊生活工具；另一方面是因为对母国的产品会产生较大的情感依附，但作用于这一情感依附效果而产生的消费偏好效应在某些情况下会随着时间的流逝而减弱（Bryant et al. ，2004）。另外，东道国移民对母国的消费偏好也会影响其他非移民的消费，从而进一步促进本国相关产品的出口。据此，本国对外移民的增加能够通过消费偏好效应促进本国的出口。

在上述影响机制的基础上，本文提出假说 1。

假说 1：中国对外移民增加能够提高中国对东道国国家的出口、进口和贸易总额。

在移民东道国的发展水平不同对国际贸易产生的影响上，欠发达国家的国家市场体制相对不完善，移民作为“内部人”的优势能够得到较大发挥，从而促进交易成本的降低。而发达国家的法律和经济政策及制度建设较为健全，市场机会的获取途径多元，移民对贸易促进的影响会因此削弱（张晓毅、刘文，2017）。据此，本文提出假说2。

假说2：中国对发达国家移民的增加对贸易的促进作用要低于中国对欠发达国家移民的增加对贸易的促进作用。

在对外移民对中国国际贸易的影响作用中，本文选取东盟、欧盟、美国、日本、韩国作为研究对象，探究中国对外移民存量增长率与对外贸易总额增长率的关系，结果如图5所示。

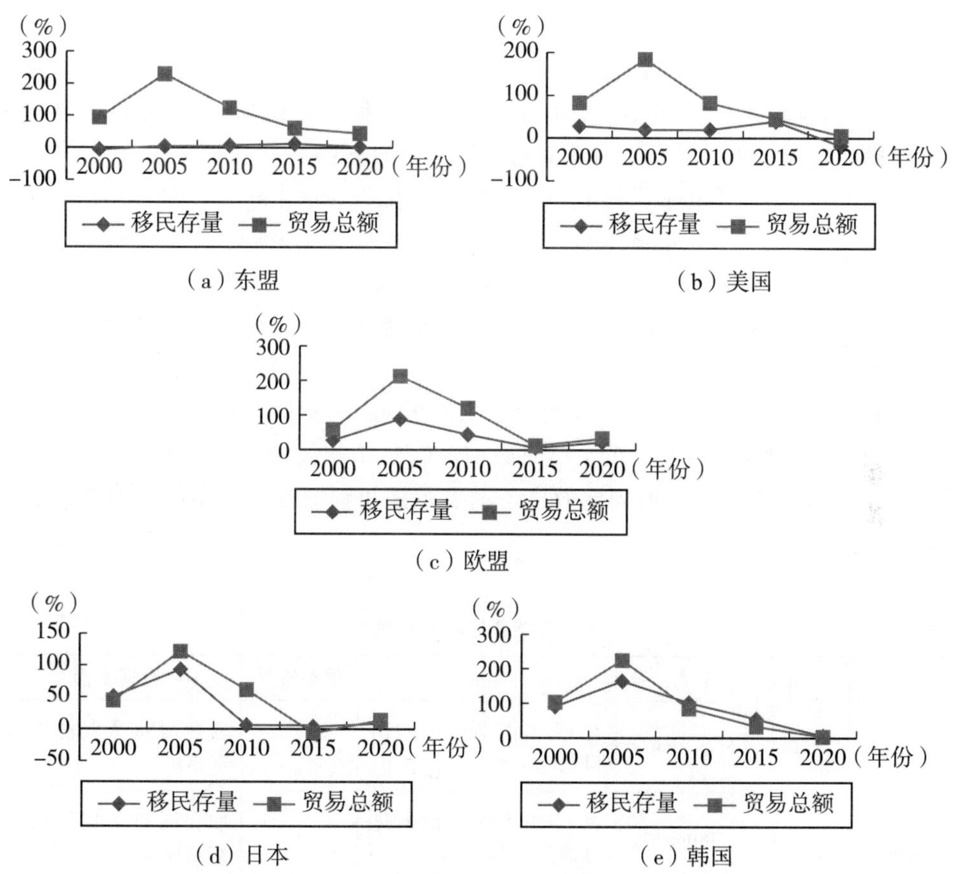

图5 中国移民存量增长率与贸易总额增长率折线图

资料来源：联合国国际移民数据库、联合国商品贸易统计数据库。

对移民存量稳定型——东盟、政策波动型——美国来说，移民的增长率与贸易总额增长率之间的关系并不明显。但对于快速增长型——欧盟、日本、韩国来说，贸易总额增长率的变化与移民存量增长率的变化呈现出同步的增减性。分析其原因，可能是因为东盟和美国由于历史移民存量本身较大，因此新进移民对促进贸易的边际作用较弱，但欧盟、日本、韩国的历史移民量较少，尤其是韩国从 1995 年的 5 万中国移民增长至 2020 年的 80 万，新进移民带来的贸易促进边际作用较大。据此，本文提假说 3，并在后文会将样本国家进一步拆解为低移民存量国家和高移民存量国家。

假说 3：中国对外移民对中国的贸易促进效应在移民存量较低国家的作用比移民存量较高的国家大。

四、模型设定与数据说明

在前面理论机制的基础上，本文使用中国对东盟 10 国、欧盟 27 国，以及美国、日本、韩国共 40 国 1995 ~ 2020 年每五年的移民相关数据，建立中国对外移民影响中国出口额、进口额及贸易总额的计量模型如下：

$$lnexport_{it} = \beta_0 + \beta_1 lnmig_{it} + \beta_2 C_{it} + \alpha_i + \varepsilon_{it} \quad (1)$$

$$lnimport_{it} = \beta_0 + \beta_1 lnmig_{it} + \beta_2 C_{it} + \alpha_i + \varepsilon_{it} \quad (2)$$

$$lntotal_{it} = \beta_0 + \beta_1 lnmig_{it} + \beta_2 C_{it} + \alpha_i + \varepsilon_{it} \quad (3)$$

其中，i 表示对象国，t 表示时间。$lnexport_{it}$表示在 t 年中国对 i 国的出口额的自然对数值，$lnimport_{it}$表示在 t 年中国对 i 国的进口额的自然对数值，$lntotal_{it}$表示在 t 年中国对 i 国的贸易总额的自然对数值。$lnmig_{it}$是模型的核心解释变量，表示在 t 年 i 国的中国移民存量数的自然对数值。C_{it}表示相关控制变量集合，下面会详尽介绍。α_i 表示国家层面的固定效应。ε_{it}表示随机误差项。模型中涉及的所有变量和数据来源，如表 1 所示。

表 1　模型变量与数据来源

变量类型	变量名	变量符号	含义	预期符号	数据来源
被解释变量	出口额	$lnexport_{it}$	在 t 年中国对 i 国的出口额	—	联合国商品贸易统计数据库
	进口额	$lnimport_{it}$	在 t 年中国对 i 国的进口额	—	联合国商品贸易统计数据库
	贸易额	$lntotal_{it}$	在 t 年中国对 i 国的贸易总额	—	联合国商品贸易统计数据库
解释变量	移民存量	$lnmig_{it}$	在 t 年 i 国的中国移民存量数的自然对数	正	联合国国际移民数据库

续表

变量类型	变量名	变量符号	含义	预期符号	数据来源
控制变量	相对市场规模	$rgdp_{it}$	在 t 年 i 国 GDP 除以中国 GDP	正	世界银行
	相对人口规模	$rpop_{it}$	在 t 年 i 国人口数除以中国人口数	正	世界银行
	移民占比	$miratio_{it}$	在 t 年 i 国的移民存量占 i 国人口比例	正	联合国国际移民数据库
	贸易开放度	$openness_{it}$	在 t 年中国对 i 国的贸易总额占中国 GDP 的比例	正	联合国商品贸易统计数据库
	自贸区	FTA_{it}	是否与中国签订自贸协议，是 =1，否 =0	正	中国自由贸易区服务网

被解释变量：本文的被解释变量为出口额（$lnexport_{it}$）、进口额（$lnimport_{it}$）、贸易总额（$lntotal_{it}$），分别表示在 t 年中国对 i 国的出口额、进口额和贸易总额。原始数据来源于联合国商品贸易统计数据库，本文对其进行取自然对数的数学处理。

解释变量：本文的解释变量为移民存量（$lnmig_{it}$），用以表示在 t 年中国对 i 国的移民存量。原始数据来源于联合国国际移民数据库的 2020 年国际移民存量年鉴（*International Migrant Stock* 2020），本文对其进行取自然对数的数学处理，零值加 1 后再取自然对数。移民存量会通过交易成本降低效应和消费偏好效应对出口贸易和进口贸易产生不同程度的促进作用，进而影响贸易总额。预期符号为正。

控制变量：本文涉及的控制变量为相对市场规模（$rgdp_{it}$）、相对人口规模（$rpop_{it}$）、移民占比（$miratio_{it}$）、贸易开放度（$openness_{it}$）、自贸区（FTA_{it}）。

（1）相对市场规模（$rgdp_{it}$）。本文使用对象国与中国的 GDP 之比来衡量。中国与贸易国之间的相对市场规模（范兆斌、张若晗，2016），原始数据来源于世界银行数据库。相对市场规模比值越大，两国的市场规模就越大，贸易潜力就越大，两国间的双边贸易就越大。预期符号为正。

（2）相对人口规模（$rpop_{it}$）。本文使用对象国与中国的人口数之比来衡量中国与贸易国之间的相对人口规模，原始数据来源于世界银行数据库。由于中国人口数长期处于世界第一的位置，因此相对人口规模越大且越接近于 1，两国的人口总量就越多，贸易潜力就越大，两国的双边贸易就越大。预期符号为正。

（3）移民占比（$miratio_{it}$）。本文使用对象国的中国移民存量占对象国总人口数的比值来衡量中国移民在对象国的占比（刘政等，2019），原始数据来源于联合国国际移民数据库。中国移民在贸易对象国的人口占比越高，越能通过成本降低效应和消费偏好效应发挥中国对外移民对双边贸易的促进作用。预期符号为正。

（4）贸易开放度（$openness_{it}$）。本文使用中国对贸易对象国的贸易总额与中国GDP的比值来衡量贸易开放度（魏浩、连慧君，2020），贸易额原始数据来源于联合国商品贸易统计数据库，GDP数据来源于世界银行数据库。贸易开放度越高，两国的双边贸易活动越密切、经贸关系渗透力越强，对双边贸易的促进作用越明显。预计符号为正。

（5）自贸区（FTA_{it}）。本文使用虚拟变量来表示中国是否与对象国签署自由贸易区协议，是则赋值为1，否则赋值为0（张晓毅、刘文，2017）。自贸区协议有助于签署方之间实现货物贸易的减税、免税和贸易便利化，能够极大程度地促进双边贸易。预期符号为正。

在联合国国际移民数据库发布的移民年鉴中，各国的移民存量数据自1990年起开始统计，并以每5年为时间单位进行数据更新。因此本文在数据的选取上，选择了1995年、2000年、2005年、2010年、2015年、2020年的东盟10国、欧盟27国，以及美国、日本、韩国共40国的中国移民存量面板数据，有效样本数量为240。数据的描述性统计分析，如表2所示。

表2　变量描述性统计

变量	观测值	均值	标准差	最小值	最大值
lnexport	240	21.564	2.343	13.956	26.838
lnimport	240	20.732	2.900	10.132	25.898
lntotal	240	22.067	2.387	14.904	27.101
lnmig	240	8.824	2.557	0.000	14.800
rgdp	240	0.328	1.140	0.001	10.401
rpop	240	0.028	0.047	0.000	0.234
miratio	240	0.003	0.011	0.000	0.076
openness	240	0.006	0.014	0.000	0.093
FTA	240	0.129	0.336	0.000	1.000

至此，本文构建实证计量模型如下：

$$lnexport_{it} = \beta_0 + \beta_1 lnmig_{it} + \beta_2 rgdp_{it} + \beta_3 rpop_{it} + \beta_4 miratio_{it} + \beta_5 openness_{it} + \beta_6 FTA_{it} + \alpha_i + \varepsilon_{it} \quad (4)$$

$$lnimport_{it} = \beta_0 + \beta_1 lnmig_{it} + \beta_2 rgdp_{it} + \beta_3 rpop_{it} + \beta_4 miratio_{it} + \beta_5 openness_{it} + \beta_6 FTA_{it} + \alpha_i + \varepsilon_{it} \quad (5)$$

$$lntotal_{it} = \beta_0 + \beta_1 lnmig_{it} + \beta_2 rgdp_{it} + \beta_3 rpop_{it} + \beta_4 miratio_{it} + \beta_5 openness_{it} + \beta_6 FTA_{it} + \alpha_i + \varepsilon_{it} \quad (6)$$

五、实证结果分析

（一）基准回归结果分析

本文在对面板数据进行豪斯曼检验后，选取固定效应模型进行实证分析，基准回归结果如表 3 所示。

表 3　　基准回归结果

变量	出口模型		进口模型		贸易总额模型	
	模型 1	模型 2	模型 3	模型 4	模型 5	模型 6
lnmig	0.917*** (0.175)	0.804*** (0.225)	0.845*** (0.206)	0.724*** (0.247)	0.864*** (0.177)	0.748*** (0.218)
rgdp		-0.360*** (0.102)		-0.335*** (0.095)		-0.357*** (0.100)
rpop		5.174 (34.265)		-21.560 (34.748)		-2.06 (32.810)
miratio		-8.080 (46.208)		-21.327 (50.095)		-6.816 (44.257)
openness		26.415* (13.324)		27.734* (15.046)		27.784* (14.297)
FTA		2.206*** (0.449)		2.541*** (0.517)		2.212*** (0.433)
_cons	13.471*** (1.542)	14.022*** (2.031)	13.277*** (1.822)	14.633*** (2.236)	14.446*** (1.563)	15.211*** (1.981)
控制国家效应	是	是	是	是	是	是
N	240	240	240	240	240	240
R^2	0.298	0.473	0.222	0.397	0.286	0.472

注：括号内为稳健标准误，***、**、* 分别代表在 1%、5% 和 10% 的显著性水平上显著。

模型 1、模型 3、模型 5 仅关注核心解释变量移民存量对中国出口额、进口额、贸易总额的影响，结果显示移民存量变量均在 1% 的显著性水平下通过了显著性检验，且符号为正，表明贸易对象国的中国移民存量每增加1%，中国对其出口额、进口额、贸易总额分别会平均提高0.917%、0.845%和0.864%。模型2、模型4、模型6在模型1、模型3、模型5的基础上引入控制变量，移民存量变量对出口额、进口额、贸易总额的影响相关系数有不同程度的下降，但符号依然为正，且均在1%的显著性水平下通过了显著性检验，表明贸易对象国的中国移民存量每增加1%，中国对其出口额、进口额、贸易总额分别会平均提高0.804%、0.724%、0.748%。正如前面所述，当中国对外移民增加时，在国家贸易方面，中国移民会发挥其跨文化背景和多语言的优势，利用其对母国与东道国在政治、经济、法律等方面的了解，减少双边贸易中的交易成本，促进双方进出口贸易的发展，且随着中国移民的增多，也有利于发挥移民的消费偏好效应，推动相关产品的出口，如特产食品、文化产品等。

另外，在出口模型和进口模型中，无论是未引入控制变量的模型1和模型3，还是引入控制变量的模型2和模型4，出口模型中的移民存量相关系数均略高于进口模型中的移民存量相关系数。中国对外移民的增加，有利于利用国际移民的交易成本降低效应和消费偏好效应促进出口，而对于进口的促进效果主要是通过成本降低效应来实现的，并且消费偏好效应对出口的促进会随着时间的流逝而减弱。因此，在移民存量对中国对外贸易的正向促进作用中，对出口的促进作用要略高于对进口的促进作用。

通过模型1~模型6的实证结果，中国的移民存量与中国的出口额、进口额和贸易总额存在正向促进作用，假说1得以证明。

控制变量方面，贸易开放度和自贸区变量通过了显著性检验，符号与预期一致，说明较高的贸易开放度以及自贸协定的签署，对进出口贸易都会发挥正向促进作用。

将中国的移民对象国分为欠发达国家和发达国家后，进行分类回归，回归结果如表4所示。模型1、模型2分别反映欠发达国家的中国移民存量和发达国家的中国移民存量对中国的出口贸易影响。模型3、模型4分别反映欠发达国家的中国移民存量和发达国家的中国移民存量对中国的进口贸易影响。模型5、模型6分别反映欠发达国家的中国移民存量和发达国家的中国移民存量对中国的贸易总额影响。

表4　欠发达国家和发达国家的分类回归结果

变量	出口模型		进口模型		贸易总额模型	
	欠发达	发达	欠发达	发达	欠发达	发达
	模型1	模型2	模型3	模型4	模型5	模型6
lnmig	0.553** (0.242)	1.409*** (0.332)	0.452* (0.235)	1.315*** (0.356)	0.487** (0.218)	1.352*** (0.331)

续表

变量	出口模型		进口模型		贸易总额模型	
	欠发达	发达	欠发达	发达	欠发达	发达
	模型 1	模型 2	模型 3	模型 4	模型 5	模型 6
rgdp	-0.031 (0.585)	-0.285** (0.108)	0.889 (0.731)	-0.229** (0.092)	-0.131 (0.56)	-0.270** -0.1
rpop	26.013 (29.242)	-76.077 (71.116)	-9.956 (32.89)	91.489 (71.373)	15.743 (27.65)	-80.208 (69.228)
miratio	7.238 (23.016)	-122.772 (85.168)	-9.033 (29.118)	-98.467 (81.036)	10.69 (19.815)	-113.832 (84.674)
openness	166.829*** (34.4729)	20.317* (10.807)	233.758*** (43.206)	16.794 -10.928	204.284*** (31.503)	19.413* (10.545)
FTA	2.208*** (0.327)	0.722 (0.541)	2.573*** (0.503)	0.389 (0.472)	2.199*** (0.32)	0.577 (0.536)
_cons	14.773*** (2.016)	11.239** (4.563)	15.148*** (1.935)	12.017** (4.699)	15.902*** (1.807)	12.448** (4.487)
控制国家效应	是	是	是	是	是	是
N	114	126	114	126	114	126
R^2	0.455	0.673	0.405	0.589	0.482	0.652

注：括号内为稳健标准误，***、**、*分别代表在1%、5%和10%的显著性水平上显著。

在模型1～模型6中，移民存量变量均不同程度地通过了1%、5%、10%的显著性检验，且符号为正。说明无论是在欠发达国家还是发达国家中，中国移民存量的提高对中国的出口、进口和贸易总额都有正向影响。对比模型1、模型3、模型5和模型2、模型4、模型6，发现无论是在出口、进口还是贸易总额中，欠发达国家的中国移民存量变量的相关系数低于发达国家的中国移民存量变量的相关系数，发达国家的移民存量相关系数约为欠发达国家的移民存量相关系数的3倍。这表明，在中国对外移民存量的增加对中国贸易的正向促进作用中，移民目的地为发达国家的贸易促进效果要高于移民目的地为欠发达国家的贸易促进效果，这与假说2相悖。分析其原因可能是，流向发达国家的中国移民的教育水平、专业技术水平会更高，在同样的存量条件下，高素质的对外移民对双边贸易的促进作用会更大。

下面，本文对移民对象国的中国移民存量进行划分，以2020年存量达到1万的标准为界限，将样本国家分为低移民存量国和高移民存量国。分类回归结果如表5所示。

表 5　　低、高存量移民国家的移民贸易促进效果对比

变量	出口模型		进口模型		贸易总额模型	
	低移民存量国家	高移民存量国家	低移民存量国家	高移民存量国家	低移民存量国家	高移民存量国家
	模型 1	模型 2	模型 3	模型 4	模型 5	模型 6
lnmig	0.851*** (0.251)	0.567** (0.236)	0.653* (0.369)	0.565** (0.257)	0.726** (0.274)	0.555** (0.233)
rgdp	-8.594 (6.070)	-0.341** (0.125)	-11.138 (6.390)	-0.304** (0.112)	-10.240 (5.949)	-0.333** (0.119)
rpop	-613.303** (248.341)	47.339* (26.466)	-566.488** (248.938)	21.583 (31.097)	-567.127** (240.785)	37.258 (27.046)
miratio	15.916 (281.340)	50.788 (46.307)	143.753 (326.971)	22.824 (52.780)	70.894 (299.166)	41.371 (46.897)
openness	449.264*** (142.324)	16.936 (11.661)	453.275*** (140.398)	16.606 (12.329)	471.987*** (145.019)	17.688 (12.042)
FTA	3.271*** (0.440)	1.650*** (0.467)	3.551*** (0.508)	1.940*** (0.624)	3.032*** (0.469)	1.707*** (0.498)
_cons	19.919*** (3.099)	14.136*** (2.596)	19.157*** (3.494)	15.027*** (2.709)	20.640*** (3.119)	15.347*** (2.531)
控制国家效应	是	是	是	是	是	是
N	102	138	102	138	102	138
R^2	0.549	0.623	0.441	0.545	0.550	0.610

注：括号内为稳健标准误，***、**、* 分别代表在 1%、5% 和 10% 的显著性水平上显著。

在模型 1 ~ 模型 6 中，移民存量变量均不同程度通过了显著性检验，且无论是在出口、进口还是贸易总额模型中，低移民存量国家的相关系数都高于高移民存量国家的相关系数。这表明，低移民存量国家的移民贸易促进效果要高于高移民存量国家的贸易促进效果，这与假说 3 一致，低移民存量国家的移民能够通过成本降低效应和消费偏好效应实现比高移民存量国家更大的边际作用。

（二）内生性检验

移民对贸易的正向影响在前面的理论和实证部分已被证实，但贸易也存在影响移民的可能性：（1）促进因素。对外贸易会影响两国的相对工资变化，从而引发

劳动力资源的跨国流动，使得移民的流量出现相应变化；对外贸易会促进贸易双方的文化交流和国情等方面的了解，继而提高移民意愿（Lopez and Schiff，1998）。（2）抑制因素。长期来看，对外贸易会促进经济发展，创造更多就业机会，从而抑制本国的对外移民趋势（Markusen and Venables，1999）。

据此，需要考察模型的内生性问题。在内生性方面，顾尔德（Gould，1995）认为由于移民存在配额限制，并不能如理论化一般自由流通，因此贸易对移民的影响并不大。另外，本文衡量移民的方式为移民存量，相较于移民流量数据而言，能够有效减轻内生性问题。为进一步克服内生性问题，本文使用工具变量法对模型进行估计，参考卡尔德（Card et al.，2001）、魏浩和袁然（2018）的研究思路，本文选取“偏离—份额”作为工具变量，在当期移民总量与前期移民的地理分布之间建立起联系。“偏离—份额”的具体核算方法为：

$$\widehat{MIC}_{it} = MIG_{i,1990} / \sum_{i} MIG_{i,1990} \times MIG_t \tag{7}$$

其中，$MIG_{i,1990}$表示 1990 年 i 国的中国移民存量，MIG_t 表示 t 年所有目的国的中国移民存量总和。通过 1990 年中国移民在所研究的移民目的国之间的地理分布，计算出 1995 年、2000 年、2005 年、2010 年、2015 年、2020 年的推测移民存量数据。该工具变量一方面与解释变量高度相关，另一方面该变量是基于 1990 年的移民地理分布而产生的推测数据，因此与后续年份的经济、政策等影响无关。

引入工具变量后的估计结果如表 6、表 7 和表 8 所示。假说 1 方面，核心解释变量移民存量均通过了 1% 的显著性检验，且符号未发生改变依然为正，对外移民对贸易的正向影响依然显著，前面假说 1 的结论得以证明。

表 6　假说 1 的工具变量估计结果

变量	出口模型	进口模型	贸易总额模型
	模型 1	模型 2	模型 3
lnmig	3.102*** (0.551)	3.112*** (0.540)	3.015*** (0.527)
rgdp	0.057 (0.129)	0.098 (0.131)	0.055 (0.124)
rpop	157.175* (82.831)	136.355 (88.925)	147.871* (82.329)
miratio	-380.754 (243.769)	-408.503* (235.351)	-374.425 (233.279)
openness	-22.821 (26.229)	-23.418 (25.460)	-20.782 (24.992)

续表

变量	出口模型	进口模型	贸易总额模型
	模型 1	模型 2	模型 3
FTA	1.256 (1.624)	25.459 (1.661)	1.275 (1.579)
_cons	-9.113* (5.372)	-9.401* (5.394)	-7.608 (5.193)
控制国家效应	是	是	是
N	240	240	240

注：括号内为聚类标准误，***、**、*分别代表在1%、5%和10%的显著性水平上显著。

表 7　　假说 2 的工具变量估计结果

变量	出口模型		进口模型		贸易总额模型	
	欠发达	发达	欠发达	发达	欠发达	发达
	模型 1	模型 2	模型 3	模型 4	模型 5	模型 6
lnmig	4.828*** (1.671)	2.477*** (0.426)	5.025*** (1.473)	2.327*** (0.467)	4.663*** (1.534)	2.389*** (0.433)
rgdp	4.310 (7.578)	-0.22* (0.129)	4.732 (8.042)	-0.167 (0.117)	4.109 (7.318)	-0.207* (0.122)
rpop	364.272* (215.657)	-20.673 (65.887)	351.857 (218.249)	-39.000 (66.483)	346.121* (206.886)	-26.445 (64.406)
miratio	-318.871 (322.125)	-492.122** (244.686)	-357.850 (322.113)	-448.383** (227.719)	-307.822 (303.670)	-472.245** (238.713)
openness	-214.792 (421.540)	3.497 (6.654)	-174.437 (425.743)	0.859 (6.531)	-168.447 (400.761)	3.091 (6.107)
FTA	0.207 (2.340)	2.418 (1.905)	0.434 (2.378)	1.996 (1.735)	0.245 (2.231)	2.223 (1.845)
_cons	-24.508* (14.662)	-0.013 (5.051)	-26.868** (12.639)	1.357 (5.445)	-22.464* (13.407)	1.530 (5.091)
控制国家效应	是	是	是	是	是	是
N	114	126	114	126	114	126

注：括号内为聚类标准误，***、**、*分别代表在1%、5%和10%的显著性水平上显著。

表 8　　　　假说 3 的工具变量估计结果

变量	出口模型		进口模型		贸易总额模型	
	低移民存量国家	高移民存量国家	低移民存量国家	高移民存量国家	低移民存量国家	高移民存量国家
	模型 1	模型 2	模型 3	模型 4	模型 5	模型 6
lnmig	7.174* (3.861)	2.139*** (0.460)	7.330* (3.844)	2.169*** (0.526)	6.968* (3.725)	2.095*** (0.233)
rgdp	61.640 (54.501)	-0.630 (0.8112)	63.015 (55.071)	-0.021 (0.090)	59.084 (53.001)	-0.060 (0.083)
rpop	314.143 (1 048.948)	-141.394** (64.423)	412.720 (1 145.319)	117.516 (73.057)	348.314 (1 044.360)	129.393* (65.952)
miratio	-3 199.706 (2 170.123)	-170.849 (164.969)	-3 251.337 (2 291.816)	-203.238 (164.26)	1 044.36 (2 122.290)	-175.740 (160.249)
openness	-312.969 (704.058)	-11.798 (18.156)	-414.742 (752.429)	-12.702 (18.152)	-339.505 (696.034)	-10.460 (17.645)
FTA	2.790* (1.508)	0.813 (1.501)	3.043** (1.299)	1.087 (1.592)	2.557* (1.520)	0.887*** (1.489)
控制国家效应	是	是	是	是	是	是
N	102	138	102	138	102	138

注：括号内为聚类标准误，***、**、* 分别代表在 1%、5% 和 10% 的显著性水平上显著。

根据表 7，在引入工具变量的估计中，假说 2 中的解释变量移民存量均通过了 1% 的显著性检验，但是欠发达国家的相关系数由低于发达国家的相关系数变为高于发达国家的相关系数。这说明，无论是出口额、进口额还是贸易总额上，中国移民存量的增加对中国对欠发达国家的贸易促进作用高于中国对发达国家的贸易促进作用，这与前面实证结果相反，但却与假说 2 相符。因此，中国移民在欠发达国家和发达国家之间的贸易促进效果存在样本差异性，可能是因为对发达国家的高促进作用来自高素质移民的影响，而对发展中国家的高促进作用来自既有“内部人”资源的稀缺性，具体效果评估不能一概而论。

在表 8 的实证结果中，解释变量移民存量变量，在不同的模型下均通过了显著性检验，并且低移民存量国家的移民存量变量系数大于高移民存量国家。这说明，无论是出口、进口还是贸易总额，中国对外移民的贸易促进效果在低移民存量国家发挥的作用更大，与假说 3 一致。

（三）稳健性检验

本文通过分样本回归法和工具变量法对模型进行稳健性检验。前面对总样本作“欠发达国家和发达国家”“低移民存量国家和高移民存量国家”的区分，以及工具变量法的引入，其解释变量的显著性与符号均反映了模型的稳健性，假说1结论稳健。对于假说2，基准回归和引入工具变量后的二阶段回归的解释变量均通过了显著性检验，符号也与预期相符，但系数对比所呈现的结论相反，因此假说2的证明有赖于对样本数据的进一步细分和扩充。在假说3方面，解释变量在基准回归和二阶段回归中均通过显著性检验，且符号与系数对比与前面一致，假说3结论稳健。

六、进一步讨论

中国对外移民的增加有利于通过成本降低效应和消费偏好效应促进中国相关产品的进出口，这一结论在前面已被证实。顾露露等（2022）通过微观企业数据认为男性移民和女性移民会对中国企业对外投资产生不同的影响，男性移民对中国企业对外投资的促进效果较为显著。据此，本文通过引入男性移民、女性移民的存量数据对原模型进行拓展，以探讨移民的性别差异是否会对贸易产生不同的影响。引入男性移民、女性移民变量的模型如下：

$$\begin{aligned}lnexport_{it} = \beta_0 + \beta_1 lnmig\_m_{it} + \beta_2 lnmig\_f_{it} + \beta_3 rgdp_{it} + \beta_4 rpop_{it} \\ + \beta_5 miratio_{it} + \beta_6 openness_{it} + \beta_7 FTA_{it} + \alpha_i + \varepsilon_{it}\end{aligned} \tag{8}$$

$$\begin{aligned}lnimport_{it} = \beta_0 + \beta_1 lnmig\_m_{it} + \beta_2 lnmig\_f_{it} + \beta_3 rgdp_{it} + \beta_4 rpop_{it} \\ + \beta_5 miratio_{it} + \beta_6 openness_{it} + \beta_7 FTA_{it} + \alpha_i + \varepsilon_{it}\end{aligned} \tag{9}$$

$$\begin{aligned}lntotal_{it} = \beta_0 + \beta_1 lnmig\_m_{it} + \beta_2 lnmig\_f_{it} + \beta_3 rgdp_{it} + \beta_4 rpop_{it} \\ + \beta_5 miratio_{it} + \beta_6 openness_{it} + \beta_7 FTA_{it} + \alpha_i + \varepsilon_{it}\end{aligned} \tag{10}$$

其中，$lnmig_m_{it}$表示在t年i国的中国男性移民存量数的自然对数，$lnmig_f_{it}$表示在t年i国的中国女性移民存量数的自然对数。其余变量解释详见前面。使用面板数据的固定效应模型估计的结果如表9所示。

表9　男、女移民对国际贸易的影响

变量	出口模型	进口模型	贸易总额模型
	模型1	模型2	模型3
lnmig_m	-0.926*** (0.140)	-0.575*** (0.201)	-0.846*** (0.163)

续表

变量	出口模型	进口模型	贸易总额模型
	模型 1	模型 2	模型 3
lnmig_f	1.77*** (0.249)	1.339*** (0.297)	1.633*** (0.256)
rgdp	-0.321*** (0.084)	-0.305*** (0.082)	-0.320*** (0.083)
rpop	15.854 (30.061)	-13.4252 (32.305)	7.954 (29.125)
miratio	-36.44 (51.245)	-43.338 (52.733)	-33.416 (48.223)
openness	22.569* (12.563)	24.789* (14.347)	24.181* (13.580)
FTA	2.335*** (0.472)	2.631*** (0.557)	2.329*** (0.470)
_cons	14.03*** (1.945)	14.643*** (2.088)	15.195*** (1.868)
控制国家效应	是	是	是
N	240	240	240
R^2	0.525	0.421	0.521

注：括号内为聚类标准误，***、**、*分别代表在1%、5%和10%的显著性水平上显著。

表9结果反映，男性移民和女性移民的相关系数均通过了1%的显著性检验，但男、女移民对国际贸易的影响有较大差异，无论是出口额、进口额还是贸易总额上，男性对外移民变量的符号为负，女性对外移民变量的符号为正，这说明男性对外移民对中国的对外进出口贸易会产生负向影响，而女性对外移民则会对之产生正向影响。分析其原因，可能是因为女性移民承担更多家庭的消费项目，为维持家庭生活习惯和饮食习惯等，女性会通过消费偏好效应对中国的商品产生偏好性消费而进行较为显著的采购，从而促进中国的相关产品出口。男性移民对国际贸易的负向影响，可能是因为男性劳动力要素的跨国流出，使得国内相关部门的劳动力价格上升，推动出口产品价格的上涨，不利于出口，另外男性移民的流出同时也带走了部分消费需求，综合来看正向影响不敌负向影响，因此对进口产生了负向影响。

七、结论

近年来中国的对外贸易增长率呈现出下降的趋势，在新冠肺炎疫情的影响下这一趋势可能会继续持续。与此同时，中国是世界上排名前四位的移民流出国，截至2020年，中国移民不同程度分布在143个国家（地区）。本文从国际移民对国际贸易的正向影响角度出发，通过中国与东盟10国、欧盟27国，以及美国、日本、韩国共40国1995～2020年的相关数据，得出以下结论：

（1）中国对外移民存量的增加有利于中国的出口、进口贸易，并推动贸易总额的提升。

（2）对移民目的地为欠发达国家和发达国家来说，中国移民的贸易促进效果在不同的样本下会产生不同的促进效果，因此不能一概而论孰高孰低。

（3）中国移民存量低的国家，能够对中国的双边贸易发挥更大的边际作用，对贸易促进的贡献度高于中国移民存量高的国家。

据此，首先应该重视移民政策，移民对双边贸易的促进作用已经被大量文献证实，多渠道推动跨国劳务、对外访学等项目的便利，发挥对外移民增加对国际贸易的正向影响，除了重视对外移民政策之外，也要重视对内移民政策，促进外国人成为中国移民，一方面能够从结构上补充劳动力短缺；另一方面也可利用外国人的移民网络促进中国与其来源国的双边贸易。其次，对于国外既有的庞大移民存量，应该分类别地发挥其贸易促进效果，利用发达国家高素质中国移民的专业技能，综合语言、法律等技能，促进贸易交易成本的进一步降低，对于制度较不完善的欠发达国家，培养高素质的跨国交流人才，着重发挥中国移民的“内部人”作用，推动双方市场信息互通，以推动双边贸易的发展；在高移民存量国家方面，企业可以对其消费行为和消费市场进行细分，发现新的商机，从而产生新的消费热点，促进双边贸易发展，尤其是在新冠肺炎疫情期间，全球远航交通受限较大，且伴随着中美关系的摩擦加深，继续加大开拓对邻国的高移民存量国家（如东盟、日本、韩国）的双边贸易对我国有着较大的意义；在低移民存量国家方面，则要凭借移民的多文化背景优势，促进信息互通，以发挥其较高的边际贸易促进效果。最后，目前我国正处于生产、贸易结构转型期，应发挥移民网络的作用，加强双边合作，分享先进生产及管理经验，推动我国技术密集型产品质量提升与贸易额增加，从而培育新的比较优势，同样也可以利用其他发展水平较低的国家的移民网络，承接我国处于制造业下游的产业，推动产业和贸易结构升级。

参考文献

1. 陈基平、魏浩：《国际移民流入对进出口贸易影响的实证分析——来自美国的证据》，载

《国际商务研究》2019 年第 1 期。

2. 陈晔、黄丹妮、费俊皓：《国际移民与经贸往来——以中非为例》，载《国际商务财会》2021 年第 9 期。

3. 范兆斌、张若晗：《国际移民网络与贸易二元边际：来自中国的证据》，载《国际商务（对外经济贸易大学学报）》2016 年第 5 期。

4. 顾露露、陆伟桢、陈漪澜：《移民网络是否促进中国企业对外直接投资——以中国 A 股上市公司为例》，载《国际商务（对外经济贸易大学学报）》2022 年第 1 期。

5. 刘政、任芳好、蔡宏波：《"一带一路"沿线国家和地区华人移民对中国对外贸易的影响研究》，载《经济纵横》2019 年第 4 期。

6. 令狐萍：《19 世纪 70 年代至 20 世纪 30 年代的跨国移民与商业活动》，载《华侨华人历史研究》2013 年第 3 期。

7. 蒙英华、李艳丽：《移民网络对中国企业文化产品出口效应评估》，载《国际贸易问题》2015 年第 5 期。

8. 孟珊珊、王永进：《移民网络与企业进口扩张——基于网络分析方法的研究》，载《经济科学》2020 年第 6 期。

9. 朴光星：《移民经济的互利共赢效应——基于首尔中国新移民"中餐经济"的考察》，载《云南民族大学学报（哲学社会科学版）》2020 年第 4 期。

10. 綦建红、鞠磊：《对外贸易与国际移民：以中国为例》，载《山东大学学报（哲学社会科学版）》2008 年第 4 期。

11. 铁瑛、蒙英华：《移民网络、国际贸易与区域贸易协定》，载《经济研究》2020 年第 2 期。

12. 王云飞、杨希燕：《社会网络促进我国对外贸易了吗？——基于移民网络视角的检验》，载《世界经济研究》2015 年第 10 期。

13. 魏浩、连慧君：《国际劳动力流入对美国进出口贸易影响的实证分析》，载《国际商务（对外经济贸易大学学报）》2020 年第 4 期。

14. 魏浩、袁然：《国际人才流入与中国企业的研发投入》，载《世界经济》2018 年第 12 期。

15. 魏浩、袁然：《全球华人网络的出口贸易效应及其影响机制研究》，载《世界经济研究》2020 年第 1 期。

16. 杨希燕、童庆：《移民网络的贸易创造效应——基于出口产品质量的视角》，载《国际商务研究》2018 年第 3 期。

17. 张晓毅、刘文：《海外移民网络对中国出口二元边际的影响》，载《贵州社会科学》2017 年第 11 期。

18. 张晓毅、刘文：《中国海外移民网络对"一带一路"沿线国家出口贸易的影响》，载《山东社会科学》2019 年第 6 期。

19. 赵永亮：《移民网络与贸易创造效应》，载《世界经济研究》2012 年第 5 期。

20. 郑宝银、林发勤：《移民促进国际贸易的网络效应分析——基于澳大利亚的历史数据》，载《国际经贸探索》2010 年第 11 期。

21. Bryant J, Genç M, Law D. Trade and Migration to New Zealand. New Zealand Treasury Working Paper, 2004.

22. Card D. Immigrant Inflows, Native Outflows, and the Local Market Impacts of Higher Immigration. *Journal of Labor Economics*, 2001, 19 (1): 22 - 64.

23. Dunlevy J. The Influence of Corruption and Language on the Protrade Effect of Immigrants: Evidence from the American States. *The Review of Economics and Statistics*, 2006, 88 (1): 182 - 186.

24. Girma S, Yu Z. The Link between Immigration and Trade: Evidence from the United Kingdom. *Weltwirtschaftliches Archiv*, 2002, 138 (1): 115 - 130.

25. Gould D. Immigrant Links to the Home Country: Empirical Implications for US Bilateral Trade Flows. *The Review of Economics and Statistics*, 1994, 76 (2): 302 - 316.

26. Head K, Ries J. Immigration and Trade Creation: Econometric Evidence from Canada. *Canadian Journal of Economics*, 1998, 31 (1): 47 - 62.

27. Kim C U, Lim G Y. Immigration, FDI, and International Trade. *Journal of Korea Trade*, 2011, 15 (2): 1 - 20.

28. Lopez R, Schiff M. Migration and the Skill Composition of the Labor Force: The Impact of Trade Liberalization in LDCs. *Canadian Journal of Economics*, 1998, 31 (2): 318 - 336.

29. Markusen J, Venables A. Multinational Production, Skilled Labor, and Real Wages// Baldwin R, Francois J (eds). *Dynamic Issues in Commercial Policy Analysis*. Cambridge University Press, 1999: 138 - 176.

30. Metulini R, Sgrignoli P, Schiavo S, Riccaboni M. The Network of Migrants and International Trade. *Economia Politica*, 2018, 35 (3): 763 - 787.

31. Parsons C. Quantifying the Trade—Migration Nexus of the Enlarged EU. A Comedy of Errors or Much Ado about Nothing? Sussex Migration Working Paper No. 27, 2005.

The Influence of China's Emigrants on China's International Trade

Sun Zhenghao　Li Yuxin

Abstract: As an important part of the world migrant system, China's international emigration plays an important role in the world social and economic development. This paper will focus on the emigration from China to ASEAN, EU, USA, Japan and South Korea, using these regions' stock data in 1995, 2000, 2005, 2010, 2015 and 2020, and draw the following conclusions: (1) The increase of China's emigrant stock is conducive to improving China's exports, imports and total trade value. (2) The impact of China's emigration on developed and less developed countries cannot be generalized and a unified answer cannot be reached under this sample. (3) Countries with low emigration stock of Chinese can play a higher marginal effect of trade promotion. In addition, through gender division of migrants, this paper finds that female migrants have a higher positive effect on China's bilateral trade. Based on this, this paper puts forward relevant policy suggestions to promote China's international trade development from the perspective of international migration.

Key words: *international migration　international trade　China's emigration　migrant network*

认知能力、社会网络与教育匹配

张抗私　史　策　刘　超*

摘　要： 在研究教育匹配的影响因素时，不仅要关注劳动者的认知能力水平，同时也应当关注制约其认知能力发挥的条件，社会网络是重要的制约条件之一。基于中国家庭追踪调查2014年以及2018年的数据，本文研究了认知能力、社会网络对教育匹配的影响，重点分析社会网络是否削弱了认知能力对教育匹配的影响程度，以及异质性社会网络的作用机制。研究发现：（1）认知能力对教育匹配具有正向影响；（2）社会网络降低了认知能力对教育匹配的影响程度，表明雇主借助社会网络判断劳动者的认知能力水平；（3）学校等弱关系社会网络传递了关于认知能力水平的信号，对教育匹配存在正向影响，而亲戚、朋友或者熟人等强关系社会网络，传递了关于就业稳定性的信号，对教育匹配存在负向影响。

关键词：认知能力　社会网络　教育匹配

一、引言

教育关乎劳动者个人福利与经济社会发展。2020年，我国义务教育、高中与高等教育阶段的毛入学率分别达到95%以上、91.2%和54.4%①，为我国经济社会

* 张抗私，东北财经大学经济学院教授、博士生导师；史策，本文通讯作者，东北财经大学经济学院博士研究生，E-mail：shicedl@163.com；刘超，东北财经大学经济学院博士研究生。本文受国家社会科学基金重大项目“就业优先、稳定和扩大就业的推动机制与政策研究”（项目编号：21ZDA099）的资助。

① 相关数据来源于教育部官方网站，http://www.moe.gov.cn/jyb_xwfb/gzdt_gzdt/s5987/202103/t20210301_516062.html。

的可持续发展提供了宝贵的人力资本支持。在我国教育事业不断取得一系列重大成就的同时，就业质量不高等劳动力市场问题凸显出来，高学历劳动者“向下”就业①的趋势明显，出现所谓的“读书无用论”等观点。在此背景下，有关教育匹配问题的讨论与研究再次兴起。教育匹配是指劳动者的实际受教育程度与胜任工作所需的受教育程度之间是否一致的状态，也被称为人职匹配，是衡量劳动者就业质量的重要维度。从匹配结果来看，教育匹配可以划分为教育过度、教育适度与教育不足三种类型，其中，教育过度成为我国劳动力市场教育不匹配或者错配的主要表现（吴晓刚、李晓光，2021）。

弗里曼从劳动力供求视角研究美国过度教育问题的形成机制，由于劳动力供大于求，求职者不得不选择低于自己资质要求的职位，同时会把比自己资质低的劳动者挤到要求更低的职位上，因此导致高才低配出现并成为普遍现象（郝明松，2016）。社会学进一步拓展了教育匹配问题的研究思路，引入了非市场因素——社会网络，研究了社会网络的信息机制和人情机制对教育匹配的影响。在性质上，受教育程度与社会网络具有明显的差异，前者属于市场因素（即雇主通过劳动力市场筛选、雇用具有恰当人力资本存量的劳动者，包括受教育程度、认知能力水平等），后者则属于非市场因素（即雇主借助劳动力市场之外的社会网络因素判断劳动者的认知能力）。从雇主的雇佣标准来看，市场因素中的高认知能力是雇佣决策的标准，这是由于包括认知能力在内的个人能力的高低直接影响劳动者的生产力水平，而认知能力是个人能力中最为核心的因素之一。但是由于认知能力不能直接观测，具有明显的信息不对称性，雇主所掌握的劳动者认知能力信息相对更少。而社会网络可以弥补劳动力市场信息不对称的问题（边燕杰、张文宏，2001），与社会资本有关的非正式制度对人类行为和福利产生了显著影响（陆铭、李爽，2008）。因此，将市场因素与非市场因素结合起来研究教育匹配问题既有坚实的理论依据，也有迫切的现实需要。目前的文献基本上采取了分别研究受教育程度或者社会网络影响教育匹配的方法，这可能导致单一因素对教育匹配影响的不恰当估计，不能完整刻画教育匹配的机制，也不利于促进劳动者对求职渠道做出正确的选择，改善教育不匹配的程度。

本文应用信息不对称理论、社会网络理论的基本思想，将认知能力与社会网络纳入同一个研究框架，探究教育匹配的影响机制。本文的核心假设是关于认知能力的信息具有不对称性，同时个体所在社会网络的认知能力水平能够代表个体实际的认知能力，并进一步假定雇主的雇佣标准与求职者的求职标准存在差异：雇主具有相对更强的议价能力，期望雇用认知能力强且工作稳定的求职者，而求职者②期望寻求与自身学历一致的工作岗位，自身议价能力普遍相对更差。在此基础上，本文

① 即求职者选择低于自身学历要求的工作岗位。

② 对应不同的场景，本文分别使用“劳动者”“求职者”的称谓，二者含义一致，后面不作区分。

对求职过程与雇佣决策进行理论解释，得出认知能力能够通过社会网络影响教育匹配的核心结论。在实证检验方面，上述结论得到验证，并且发现强关系与弱关系的异质性社会网络对认知能力的发挥存在异质性的影响。当劳动者的认知能力相对不高时，即使通过社会网络求职，仍然无助于提升教育匹配程度。上述研究发现一方面有助于明晰认知能力对教育匹配的实际作用以及社会网络的作用机制，另一方面则有助于进一步丰富教育匹配问题的研究，是通过融合人力资本与社会网络等相关理论来解释教育匹配问题的有益尝试。

二、文献评述

与通过投递简历等正式的求职渠道不同，社会网络属于一种非正式的求职方式。非正式机制是雇主从第三方征求意见，并在（人与岗位）匹配过程的判断中发挥重要作用；在以求职者的客观数据为基础以外，雇主对求职者的动机、能力和成功率的主观评估也构成筛选的基础（Saloner，1985）。求职者与第三方构成了Old Boys Networks[①]，即“老男孩网络”。Old Boys Networks 得到了西方学者的深入研究。西蒙和华纳（Simon and Warner，1992）研究发现，Old Boys Networks 减少了雇主对求职者生产率的不确定性，该类求职者能够赚取更高的起薪，但是工作后的工资增长幅度更低，从业时间更长。

社会网络除了被视为不同于劳动力市场等正式的求职方式以外，其自身的质量对求职以及教育匹配质量的影响也得到学者的关注。实质上，关于社会网络的质量研究可以视为社会网络的异质性对教育匹配影响的研究。卡佩拉里和塔西拉莫斯（Cappellari and Tatsiramos，2015）研究发现，具有相似性的社会网络能够提升匹配质量，异质性更高的社会网络则会降低匹配质量。郝雨霏和张顺（2016）认为，在不完善的市场中，学历及人际网络搜寻方式都可以发送或传递人力资本信号，从而提高教育匹配程度。郝明松（2016）的研究表明，社会网络对劳动力市场存在切实作用，社会网络的信息机制对“低才高配”无显著作用，社会网络的人情机制对“低才高配”有显著作用。赵昕和蒋文莉（2021）认为，社会资本对劳动者就业中的过度教育匹配具有负向影响，对女性、城市户口和学历较高的群体出现过度教育匹配具有更强的抑制作用；社会资本可以通过提高关系重视程度、提升内部晋升可能和增强外部市场连接性等影响机制降低就业中过度教育匹配的出现。翁和徐（Weng and Xu，2018）基于中国的数据研究表明，不能满足雇主雇佣要求的求职者往往会主动通过社会网络求职。总体上，早期研究主要关注社会网络的规模及

① Old Boys Networks 原指男子精英学校的毕业生之间的社会和商业联系，可以用于任何一所学校毕业生之间的联系，不仅仅限于男性。

其影响，此后的研究着眼于社会网络的性质与作用机制。

从人力资本的角度来看，受教育程度是教育匹配问题中的重要变量，一方面是由于受教育程度的高低似乎是影响教育匹配的直接原因，另一方面则是因为受教育程度自身包含了重要信息，如劳动者可能的认知能力水平。但是，直接研究认知能力对教育匹配影响的文献相对较少。索恩（Sohn，2010）考察了认知能力和非认知能力对过度教育的影响，研究发现，认知能力和非认知能力对教育具有替代作用，但是随着受教育水平的提高，能力对教育的替代性逐渐下降。韦尔哈埃斯特和奥米（Verhaest and Omey，2012）运用固定效应模型研究了能力与测量误差在过度教育惩罚（overeducation penalty）、教育不足红利（undereducation bonus）中的作用，研究发现不可观测的能力异质性所引致的向上的偏误要大于测量误差带来的向下的偏误，突出了认知能力在教育匹配问题中的重要性。西姆等（Cim et al.，2020）比较分析了移民与本地居民的“过高资历”和“过度教育”问题，其中“过高资历”是从认知能力的视角进行判断的。研究发现，相对于过度教育，移民的“过高资历”问题较本地居民相对更少，移民的过度教育问题则更为严重。从以上文献来看，认知能力影响教育匹配的研究相对较少，具体包括以下两个方面：一是认知能力一方面会直接影响教育匹配；二是认知能力的“发挥”可能受制于一些约束条件，其中重要的条件之一即为社会网络，这是本文研究的切入点。

三、理论分析

基于信息不对称理论、社会网络理论的基本思想，本文尝试重新解释求职者与工作岗位的匹配过程。总体上，求职者与工作岗位的匹配方式具有两种：一是通过认知能力的直接匹配；二是通过社会网络的间接匹配方式。这两种匹配方式也是雇主解决信息不对称问题的主要途径。其中，社会网络包括信息机制与人情机制，前者表明社会网络本身“携带”了关于认知能力的有效信息，后者表明社会网络能够对所携带的信息提供某种程度的“担保”。最终，两种方式导致教育匹配的结果：教育过度、教育适度或者教育不足。匹配过程与结果如图1所示。

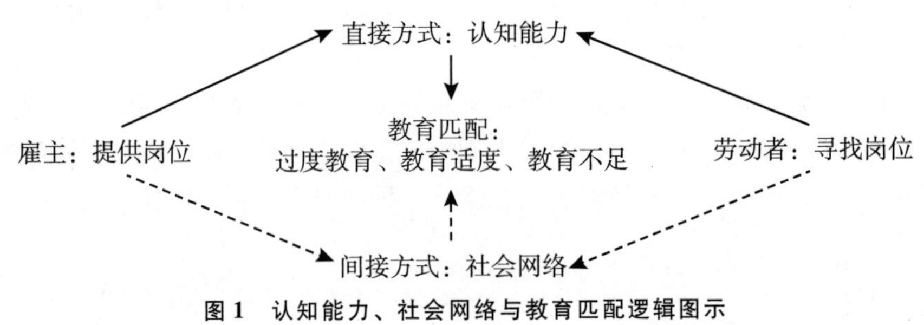

图1　认知能力、社会网络与教育匹配逻辑图示

1. 劳动者与雇主之间的目标存在差异

劳动者期望搜寻到的工作尽量与已取得的受教育程度相匹配，实现教育适度的匹配类型。除受教育程度外，劳动者的认知能力也会对教育匹配产生影响：一方面，认知能力有助于搜寻到教育匹配的工作；另一方面，认知能力有助于提升劳动生产率。雇主的雇佣标准包括以下三个方面：一是劳动者的认知能力是否足够高，以便能够转化为生产力（“能干”）；二是劳动者能否在企业长期稳定工作（“久干”）；三是劳动者的受教育程度能否满足工作所需的最低受教育水平，具备完成工作的基本知识储备。由于雇佣、培训均产生成本，因此雇主希望雇用到“能干”且“久干”的劳动者。雇主为了雇用到认知能力强的劳动者，会倾向于帮助劳动者实现追求教育匹配的目标。据此，本文提出假说 1。

假说 1：认知能力对实现教育匹配具有正向影响。

2. 劳动力市场的不完全性以及认知能力、异质性社会网络的影响机制

劳动力市场并非完全竞争市场，具有信息不对称与交易成本相对较高的特征。劳动者与雇主均面临信息不对称问题，劳动者可能无法及时获取与自身受教育程度相一致的招聘信息，雇主无法对劳动者的认知能力与就业稳定性做出准确判断。在交易成本方面，劳动者需要花费时间和/或金钱以另一份工作完全替代当前的工作；雇主以另一个劳动者完全替代当前的劳动者也需要支付成本（Alan，2011）。

（1）社会网络是解决信息不对称问题的有效途径。格兰诺维特（Granovetter）提出了社会网络在职业流动中的作用这一问题并进行了深入研究；社会网络可以弥补劳动力市场信息不对称的问题（边燕杰、张文宏，2001）。信息不对称同样会导致雇佣、找工作面临较高的交易成本。当劳动力市场存在较为严重的信息不对称与交易成本问题时，社会网络等非市场力量是雇主做出有效雇佣决策的途径。根据西蒙和华纳（Simon and Warner，1992）的研究，雇主更倾向于通过非正式的工作搜寻网络，通过在职的劳动者推荐求职者。社会网络之所以能够在一定程度上解决信息不对称和交易成本的问题，首先是因为社会网络本身是一个较为可靠的信号，使雇主根据同一群体的认知能力水平评估劳动者的认知能力。其次，社会网络，特别是高密度网络，培养和鼓励人际信任（Bian，1997），一旦通过社会网络推荐的劳动者的认知能力或者就业稳定性不及预期，则构成“欺骗”，很可能导致社会网络受损。因此，通过社会网络推荐的劳动者的认知能力水平与就业稳定性应当是能够相对得到保证的。最后，通过社会网络招聘可以避免通过市场机制筛选劳动者的繁杂程序，直接面向可能的目标群体，有利于降低交易成本。

基于以上社会网络的便利性，可能使雇主相对更多依赖社会网络的平均认知能力水平对劳动者的真实认知能力进行估计，因此，不仅认知能力直接影响教育匹配，同时社会网络也是影响教育匹配的重要因素。据此，本文提出假说 2。

假说2：认知能力通过社会网络影响教育匹配。

（2）强关系与弱关系的社会网络具有不同的影响。格兰诺维特提出“弱关系假设”，研究发现通过相识得到信息的人往往流动到一个地位较高、收入较丰的职位，这是由于弱关系社会网络所提供信息的重复性较低，主要发挥“信息桥梁”的作用；而通过亲戚和朋友得到信息的人向上流动的机会则大大减少，其将这一现象解释为“弱关系的强度”（边燕杰、张文宏，2001）。边燕杰（Bian，1997）提出“强关系假设”，与格兰诺维特的弱关系假设相对，主要是指由亲戚、朋友社会网络所提供的信息及其效果，主要发挥人情作用，而非信息桥梁。因此，弱关系与强关系社会网络对教育匹配应当具有异质性的影响。弱关系社会网络提供了相对更多的认知能力的信号，而对就业稳定性则无法提供更多的信息；而通过强关系社会网络求职的劳动者，通过该社会网络的人情机制（责任、信誉）提供了更多的关于就业稳定性的信号。据此，本文提出假设3。

假说3：异质性社会网络对教育匹配的影响不同。

四、数据、变量设置与模型构建

本书研究所使用的数据来源于北京大学中国社会科学调查中心执行的中国家庭追踪调查（CFPS），涵盖了2010～2018年5轮调查数据。该项目始于2010年，在全国25个省、自治区和直辖市开展基线调查，在此基础上完成了2012～2018年4次追踪调查，调查涵盖教育、心理、认知等领域。以2014年调查为研究对象，本文保留年龄处于16～60岁且正在工作的样本，研究其所从事的主要工作的教育匹配问题，得到有效样本6 463个。变量的描述性统计如表1所示。

表1　变量的描述性统计

变量名称	样本量	均值	标准差	最小值	最大值
教育匹配	6 463	0.632	0.482	0	1
认知能力	6 463	13.745	5.381	0	24
社会网络	6 463	0.430	0.495	0	1
受教育程度	6 463	3.606	1.280	1	7
年龄	6 463	37.656	11.22	16	60
性别	6 463	0.600	0.490	0	1
户籍性质	6 463	0.434	0.496	0	1
工作所需受教育程度	6 463	3.312	1.449	1	8
中部地区	6 463	0.298	0.458	0	1

续表

变量名称	样本量	均值	标准差	最小值	最大值
西部地区	6 463	0.184	0.388	0	1
第二产业	6 463	0.484	0.500	0	1
第三产业	6 463	0.500	0.500	0	1

1. 教育匹配

教育匹配是指劳动者实际受教育程度与工作所需受教育程度之间的匹配程度。按照评估方法，教育匹配可以分为主观评估和客观评估两大类。主观评估法是指劳动者自行评估工作所需要的受教育程度，与自身受教育程度比较后做出的主观判断。客观评估法具体包括外部评估法、标准差法、众数法等，其主要缺点在于滞后、粗略；而劳动者会更具体、精确地清楚入职时自己的资质是否与职位的要求相符，估计也会更准确（郝明松，2016）。李晓光（2021）也采用了类似的分类方法，其中工作分析法即为外部评估法。为保证对教育匹配判断的准确性，本文以主观评估法确定教育匹配的结果。当取值为 0 时，表示存在过度教育，即实际受教育程度高于工作所需要的最低受教育度；当取值为 1 时，表示不存在过度教育，包括教育适度与教育不足两种情况。

2. 社会网络

社会网络是指不同行动者以及行动者之间社会关系的总和（郝明松，2016），劳动者通过自己所拥有的社会关系寻求工作。具体地，本文将通过“学校就业指导机构，或学校推荐”以及“亲属、朋友或熟人介绍”视为使用社会网络求职，将通过“自己直接与用人单位联系”“职业介绍机构、招聘广告、自己登求职广告，或参加人才交流会/招聘会”“国家分配/组织调动”“其他”等渠道视为非社会网络方式。社会网络本身具有很强的异质性。根据格兰诺维特的弱关系以及边燕杰的强关系理论，本文将“学校就业指导机构，或学校推荐”作为弱关系，而“通过亲属、朋友或者熟人介绍”作为强关系。当社会网络取值为 0 时，表示没有通过社会网络寻找工作；当取值为 1 时，表示至少应用了一种社会网络[①]。

3. 认知能力

本文以劳动者的数列测试成绩作为认知能力的代理变量，在实证过程中进行了标准化处理。为检验是否存在认知能力通过社会网络影响教育匹配的机制，后面设置了认知能力与社会网络的交互项。

① 劳动者同时通过以上两种社会网络寻找工作时，以其认为作用最大的方式作为寻找工作的途径。

表2列示了不同学历、性别、产业和地区劳动者的教育过度与非教育过度的发生率。按学历分组时，专科、本科及以上劳动者的教育过度发生率最大，达到44.68%；按性别分组时，男性与女性劳动者教育过度的发生率基本一致；按产业分组时，第一产业劳动者教育过度的发生率最高；按地区分组时，东部地区劳动者教育过度发生率最大。尽管从统计描述的结果来看，高学历劳动者的教育过度发生率最高，但是还不能准确说明学历对教育过度的真实影响，可能存在认知能力、社会网络等因素的潜在影响未被考虑的情况，后面将对此进行深入分析。

表2　　教育匹配的分布情况　　单位：%

分组		教育过度	非教育过度
学历	初中及以下	32.12	67.88
	高中	39.78	60.22
	专科、本科及以上	44.68	55.32
性别	男	36.74	63.26
	女	36.99	63.01
产业	第一产业	45.10	54.90
	第二产业	40.60	59.40
	第三产业	32.85	67.15
地区	东部	38.15	61.75
	中部	36.44	63.56
	西部	33.81	66.19

五、实证分析

1. 模型建立

建立计量模型如下：

$$educmatch_i = \alpha_1 + \alpha_2 ability_i + \alpha_2 socialnetworks_i + \alpha_3 ability_i \times socialnetworks_i + \alpha_4 Z_i + \varepsilon_i \tag{1}$$

其中，$educmatch_i$ 表示教育匹配程度，$ability_i$ 表示认知能力，$socialnetworks_i$ 表示是否通过社会网络求职，交互项 $ability_i \times socialnetworks_i$ 是认知能力与社会网络的乘积，考察认知能力是否存在通过社会网络影响教育匹配的机制，Z_i 表示一系列控制变量，包括户籍性质、受教育水平、性别、年龄、工作所在的产业类别以及地区。

2. 基准回归结果分析

本文首先以 probit 进行基础回归，回归结果如表 3 所示。第 1 组回归仅含有认知能力、受教育水平、户籍性质等变量，并未包括社会网络、认知能力与社会网络的交互项。根据表 3 第（1）列可知，认知能力越高，劳动者越倾向于实现教育匹配，认知能力对教育匹配的影响系数达到 0.133。这可能是由于高认知能力更符合雇主的雇用标准，同时在应聘岗位的信息收集、竞争方面更具优势。由于忽视了社会网络的非市场力量，因此该估计结果可能不准确。在第 1 组回归的基础上，当纳入社会网络变量时，根据第（2）列的回归结果可以发现认知能力的影响程度减小至 0.132，结果初步表明，运用社会网络会导致教育匹配程度降低。但是社会网络对教育匹配的影响方向为何为负，尚无法得到有效解释，本文将在社会网络的异质性分析中做进一步研究。为了判断认知能力与社会网络对教育匹配的影响，本文在第 2 组回归的基础上加入认知能力与社会网络的交互项，根据表 3 第（3）列的回归结果，认知能力对教育匹配的影响仍然显著为正，假说 1 得证。尽管认知能力的影响系数提高至 0.198，但是在考虑社会网络的影响后，认知能力影响教育匹配的总效应降低至 0.065，这表明确实存在认知能力通过社会网络影响教育匹配的机制，雇主更多地通过劳动者所在社会网络的整体认知能力水平对劳动者个体的认知能力做出判断，从而降低了劳动者个体真实的认知能力对教育匹配的影响程度，假说 2 得到验证。

表 3　认知能力、社会网络与教育匹配的基准回归结果

被解释变量	教育匹配 (1)	教育匹配 (2)	教育匹配 (3)
认知能力	0.133*** (0.028)	0.132*** (0.028)	0.198*** (0.032)
社会网络	—	-0.088*** (0.034)	-0.091*** (0.034)
认知能力与社会网络交互项	—	—	-0.133*** (0.033)
受教育水平	-0.396*** (0.023)	-0.402*** (0.024)	-0.411*** (0.024)
户籍性质	0.383*** (0.040)	0.380*** (0.040)	0.379** (0.040)
性别	0.094*** (0.034)	0.095*** (0.034)	0.095*** (0.034)

续表

被解释变量	教育匹配 (1)	教育匹配 (2)	教育匹配 (3)
年龄	−0.016*** (0.002)	−0.017*** (0.002)	−0.017*** (0.002)
第二产业	0.077 (0.128)	0.081 (0.128)	0.081 (0.128)
第三产业	0.424*** (0.129)	0.424*** (0.128)	0.421*** (0.128)
中部	0.018 (0.038)	0.018 (0.038)	0.020 (0.038)
西部	0.069 (0.045)	0.067 (0.045)	0.064 (0.045)
常数项	1.903** (0.173)	1.978*** (0.175)	2.007*** (0.176)
样本量	6 463	6 463	6 463

注：***、** 和 * 分别表示在 1%、5% 和 10% 的水平上显著，括号内是标准误。

从控制变量来看，受教育水平越高，实现教育匹配的可能性越低，这可能由于我国劳动力市场高学历劳动者教育不匹配现象相对严重，导致高学历劳动者“向下”就业。但是，低学历劳动者的教育匹配程度，甚至就业机会可能也不容乐观，因为高学历劳动者向下就业，可能导致一部分低学历劳动者被挤出劳动力市场。户籍性质对教育匹配具有正面影响，表明非农业户籍劳动者在实现教育匹配方面具有相对优势，其可能的来源包括家庭的经济条件、与目标劳动力市场和岗位的距离优势、信息优势等。此外，男性劳动者、低龄劳动者在实现教育匹配上也具有相对优势，可能的原因包括这两类劳动者可选择的岗位相对更多、高龄劳动者的岗位升迁受阻等。

3. 异质性分析

如理论分析所述，社会网络具有多种类型，按照“关系的强度”，可以将社会网络划分为“强关系”与“弱关系”两类。亲戚、朋友以及熟人的社会网络是典型的强关系，而学校等同属于某一个团体的社会网络，属于弱关系。此外，这两类社会关系网络关于认知能力的信息不对称程度也存在明显差异：前者的信息不对称更高，而学校社会网络则相对更低。本文将对以上两种异质性进行讨论。

本文分别对总体样本进行如下处理并分别回归：一是剔除通过亲戚、朋友或者熟人寻找工作的样本；二是剔除通过学校就业指导机构或学校推荐工作的样本。根据表4第（1）列，可以发现认知能力对教育匹配仍然具有显著的正向影响，但是学校的弱关系社会网络对教育匹配同样具有正向影响，这可能是弱关系社会网络的信息机制在发挥作用，即学校向求职者传递的招聘信息经过学校的筛选，以及雇主对通过学校招聘的自选择效应，有助于实现教育匹配。相较于通过学校社会网络以外的求职方式，学校的社会网络相对更多地传递了与高认知能力有关的信息，而学校是对劳动者进行正规教育的场所，这一社会网络本身就代表着相对更高的认知能力水平。因此，认知能力与社会网络交互项的系数不再显著的原因，很可能是通过学校社会网络求职时，关于认知能力的信息不对称程度相对更低，雇主不再需要借助社会网络对求职者的认知能力水平进行判断。

与学校的弱关系社会网络不同，通过亲戚、朋友或者熟人等强关系社会网络求职，认知能力与社会网络对教育匹配的影响与基本回归中基本一致，认知能力对教育匹配具有正向影响，引入社会网络以后，认知能力影响教育匹配的总效应仍然降低。与学校的社会网络不同，该社会网络本身降低了教育匹配程度。其原因在于亲戚、朋友或者熟人的强关系社会网络主要通过人情机制发挥作用，所传递的与认知能力有关的信息相对更少，因此导致社会网络对教育匹配程度的负向影响。此外，求职者所在的亲戚、朋友或者熟人社会网络的整体认知能力水平相对不高也可能是导致该社会网络对教育匹配产生负面影响的另一个重要原因。综上所述，假说3得到验证。

表4　　异质性社会网络的影响

被解释变量	教育匹配 （1）	教育匹配 （2）
认知能力	0.188*** （0.036）	0.212*** （0.033）
社会网络	0.555*** （0.160）	-0.146*** （0.035）
认知能力与社会网络交互项	-0.150 （0.159）	-0.191*** （0.035）
受教育水平	-0.400*** （0.029）	-0.425*** （0.024）
控制变量	控制	控制
样本量	3 876	6 269

注：***、**和*分别表示在1%、5%和10%的水平上显著，括号内是标准误。

4. 内生性的解决

(1) 自选择的处理。通过以上异质性分析可以发现，社会网络属于强关系还是弱关系的性质，以及社会网络所体现的认知能力的信息不对称程度，可能会对认知能力以及社会网络影响教育匹配的模式产生重要影响。如果存在自选择效应，那么以上异质性社会网络中的认知能力对教育匹配不同的影响模式与影响程度的判断很可能是不恰当的。在这种情况下，差异化的影响可能不是因为社会网络本身引起的，而更多的是由于不同群体的异质性引起的。为避免自选择效应的干扰，本文通过倾向匹配得分方法验证原本通过亲戚、朋友或者熟人求职的劳动者，在选择学校社会网络求职后教育匹配的变化情况。根据表5，近邻匹配结果显示通过学校社会网络求职后，会显著提升教育匹配程度约24.7%，而未通过倾向匹配得分得到的结果会导致对学校社会网络作用的低估。卡尺内匹配以及核匹配的结果与此基本一致。数据平衡结果显示，通过不同匹配方法匹配后的标准偏差均在10%以内。因此，在强关系与弱关系的社会网络中，认知能力影响教育匹配的模式以及总效应确实存在异质性，这种异质性是由社会网络自身属性决定的。

表5　　社会网络的自选择处理

匹配方法	类别	处理组	控制组	ATT值	标准误	t值
近邻匹配	匹配前	0.747	0.621	0.127	0.036	3.53
	匹配后	0.747	0.500	0.247	0.054	4.58
卡尺内匹配	匹配前	0.747	0.621	0.127	0.036	3.53
	匹配后	0.767	0.489	0.278	0.042	6.62
核匹配	匹配前	0.747	0.621	0.127	0.036	3.53
	匹配后	0.747	0.500	0.248	0.038	6.56

(2) 认知能力的内生性。以数列测试得分作为认知能力的代理变量可能导致内生性问题，为此，本文以劳动者父亲的受教育程度作为工具变量，通过有限信息最大似然估计法解决内生性问题。接受教育的过程可以显著提升认知能力，父亲的受教育程度越高，表明其很可能具有更高的认知能力。通过家庭教育、遗传等方式，父辈较高的认知能力对子辈劳动者的认知能力将产生正向影响。此外，认知能力的内生性将导致认知能力与社会网络的交互项也存在内生性。因此，本文在引入父辈受教育程度作为工具变量的同时，将该变量与社会网络形成新的交互项，以解决交互项可能存在的内生性问题。回归结果如表6所示，认知能力对教育匹配仍然具有显著的正向影响，即认知能力越高，教育匹配程度越高；认知能力与社会网络交互项的系数仍然显著为负，表明认知能力通过社会网络影响教育匹配的机制仍然成立。

表 6　认知能力内生性的处理

被解释变量	教育匹配
认知能力	0.239* (0.124)
认知能力与社会网络交互项	-0.086*** (0.033)
控制变量	控制
样本量	2 398

注：***、** 和 * 分别表示在 1%、5% 和 10% 的水平上显著，括号内是标准误。

5. 稳健性检验

（1）使用 Oprobit 模型进行稳健性检验。劳动者对于教育过度、教育适中与教育不足应当存在明显的偏好顺序，因此，本文以排序模型 Oprobit 进行稳健性检验，被解释变量取值越大，表明越趋于出现教育不足，反之则为教育过度。本文分别对以下三组样本进行回归：第 1 组包括所有样本；第 2 组剔除通过亲戚、朋友或者熟人求职的样本，仅包括通过学校社会网络求职与未通过学校社会网络求职的样本；第 3 组剔除通过学校社会网络求职的样本，仅包括通过亲戚、朋友或者熟人求职与未通过亲戚、朋友或者熟人求职的样本。回归结果分别如表 7 的第（1）、第（2）以及第（3）列所示，认知能力越强，劳动者越倾向于实现教育匹配，甚至是教育不足。总体上，社会网络仍然显著降低了认知能力的影响水平，且对教育匹配具有负向影响，但是不同性质的社会网络对教育匹配具有异质性影响，以上结论均与 Probit 回归结果相一致。

表 7　稳健性检验 1：Oprobit 模型的验证

被解释变量	教育匹配 (1)	教育匹配 (2)	教育匹配 (3)
认知能力	0.198*** (0.028)	0.180*** (0.032)	0.211*** (0.029)
社会网络	-0.143*** (0.030)	0.229* (0.118)	-0.190*** (0.031)
认知能力与社会网络交互项	-0.119*** (0.029)	0.007 (0.123)	-0.169*** (0.030)
受教育水平	-0.464*** (0.021)	-0.450*** (0.025)	-0.477*** (0.021)

续表

被解释变量	教育匹配 (1)	教育匹配 (2)	教育匹配 (3)
控制变量	控制	控制	控制
样本量	6 463	3 876	6 269

注：*** 、** 和 * 分别表示在 1% 、5% 和 10% 的水平上显著，括号内是标准误。

（2）使用 2018 年数据进行验证。本文以 CFPS 最近一次调查为基础进行稳健性检验，如表 8 所示。首先，通过 Probit 模型对全样本进行回归；其次，剔除通过亲戚、朋友或者熟人求职的样本，仅包括通过学校社会网络求职与未通过该方式求职的样本；最后，第 3 组剔除通过学校社会网络求职的样本，仅包括通过亲戚、朋友或者熟人求职与未通过该方式求职的样本，结果与主回归保持一致，结论仍然是稳健的。

表 8　　稳健性检验 2：2018 年数据的验证

被解释变量	教育匹配 (1)	教育匹配 (2)	教育匹配 (3)
认知能力	0.408*** (0.067)	0.375*** (0.078)	0.421*** (0.068)
社会网络	-0.239*** (0.066)	0.820** (0.394)	-0.271*** (0.067)
认知能力与社会网络交互项	-0.271*** (0.064)	-0.089 (0.278)	-0.304*** (0.065)
受教育水平	-0.420*** (0.042)	-0.372*** (0.050)	-0.428*** (0.043)
控制变量	控制	控制	控制
样本量	1 767	1 042	1 748

注：*** 、** 和 * 分别表示在 1% 、5% 和 10% 的水平上显著，括号内是标准误。

六、进一步研究：应该提高认知能力，还是拓展社会网络

为检验认知能力与社会网络对教育匹配的相对重要性，本文保留认知能力得分低于平均值的样本，并根据是否使用社会网络进一步区分为处理组和对照组，通过 PSM 方法考察使用社会网络是否显著改善了相对低认知能力劳动者的教育匹配程

度。根据表9第（1）列，可以发现处理组与对照组的平均处理效应无论在经济意义还是统计意义上均不显著，因此，相对低认知能力劳动者通过社会网络并不能改变教育匹配程度。考虑到学校社会网络对教育匹配具有显著的正向影响，本文删除通过亲戚、朋友或者熟人介绍求职的样本，继续通过上述方法检验使用学校社会网络是否能够显著改善相对低认知能力劳动者的教育匹配程度。根据表9第（2）列，可以发现处理组与对照组的平均处理效应仍然不显著，因此，相对低认知能力劳动者通过学校的弱关系社会网络同样无法改善教育匹配程度。上述研究间接证实了社会网络可以作为认知能力水平相对更高的劳动者改善教育匹配的方法，但是对于认知能力相对更低的劳动者，选择何种社会网络对教育匹配的影响并不存在显著差异。

表9　社会网络对相对低认知能力劳动者教育匹配的影响

被解释变量	教育匹配 （1）	教育匹配 （2）
平均处理效应	0.033 （0.023）	0.185 （0.160）
样本量	3 221	1 717

注：括号内是标准误。

七、结论与政策建议

认知能力与社会网络是影响劳动者教育匹配程度的重要因素。本文从社会网络的视角研究了认知能力对教育匹配程度的影响，研究发现：第一，认知能力对教育匹配具有正向影响，认知能力越强，劳动者的受教育程度与工作岗位越匹配，越可能胜任工作岗位。第二，当劳动者通过社会网络求职时，学校的弱关系社会网络相对更多地传递了与认知能力有关的信息，对教育匹配程度具有正向影响；亲戚、朋友或者熟人的强关系社会网络相对更多地传递了与就业稳定性有关的信息，对教育匹配程度具有负向影响；同时，雇主更多地通过社会网络判断劳动者的认知能力水平，导致认知能力影响教育匹配的总效应下降。第三，认知能力相对更低的劳动者，无论是否通过社会网络求职，或者是否通过学校社会网络求职，均无法对教育匹配程度产生显著影响。

基于以上结论，本文提出以下政策建议：第一，注重对劳动者认知能力的培养。根据认知能力的形成规律，应当在低龄阶段就开展认知能力的系统培养，普及认知能力培养的课程设置，消除学校相对注重传授知识，不注重培养认知能力的弊端，鼓励家庭积极参与认知能力的培养工作。第二，进一步发挥学校就业指导的作用。学校的弱关系社会网络可以传递更多与高认知能力有关的信号，通过这一社会网络求职有助于提升教育匹配程度。应当使学校的就业指导机构充分发挥桥梁作用，使学生与企业之间的信息沟通更为顺畅、高效。第三，发挥就业中介的积极作用，降低劳动力市场的信息不对称程度。劳动力市场信息不对称是社会网络得以发挥作用的原因之一，通过丰富劳动者获取求职信息的渠道，建立健全对劳动者认知能力水平的“认证机制”，将有助于企业降低对劳动者认知能力水平判断的不确定性，使企业与劳动者均能从中受益。

参考文献

1. 边燕杰、张文宏：《经济体制、社会网络与职业流动》，载《中国社会科学》2001 年第 2 期。

2. 郝明松：《社会网络的作用及其边界：基于人职匹配视角的研究》，西安交通大学博士论文，2016 年。

3. 郝雨霏、张顺：《劳动力就业市场化、人力资本与人职匹配》，载《人口与经济》2016 年第 2 期。

4. 李晓光：《中国城镇劳动力市场中的过度教育——测量改进与收入效应》，载《人口与经济》2021 年第 1 期。

5. 陆铭、李爽：《社会资本、非正式制度与经济发展》，载《管理世界》2008 年第 9 期。

6. 吴晓刚、李晓光：《中国城市劳动力市场中教育匹配的变迁趋势——基于年龄、时期和世代效应的动态分析》，载《中国社会科学》2021 年第 2 期。

7. 赵昕、蒋文莉：《社会资本对就业中过度教育匹配的影响及其机制——来自 CFPS2018 的证据》，载《湖南农业大学学报（社会科学版）》2021 年第 1 期。

8. Alan M. Imperfect Competition in the Labor Market. Handbook of Labor Economics, Elsevier, 2011, 4: 973 - 1041.

9. Bian Y. Bringing Strong Ties Back in: Indirect Connection, Bridges, and Job Search in China. *American Sociological Review*, 1997, 62 (3): 266 - 285.

10. Cappellari L, Tatsiramos K. With A Little Help from My Friends? Quality of Social Networks, Job Finding and Job Match Quality. *European Economic Review*, 2015, 78: 55 - 75.

11. Cim M, Kind M, Kleibrink J. Occupational Mismatch of Immigrants in Europe: The Role of Education and Cognitive Skills. *Education Economics*, 2020, 28 (1): 96 - 112.

12. Saloner G. Old Boy Networks as Screening Mechanisms. *Journal of Labor Economics*, 1985, 3 (3): 255 - 267.

13. Simon C J, Warner J T. Matchmaker, Matchmaker: The Effect of Old Boy Networks on Job Match Quality, Earnings, and Tenure. *Journal of Labor Economics*, 1992, 10 (3): 306 - 330.

14. Sohn K. The Role of Cognitive and Noncognitive Skills in Overeducation. *Journal of Labor Research*, 2010, 31 (2): 124 - 145.

15. Weng Y, Xu H. How Guanxi Affects Job Search Outcomes in China? Job Match and Job Turnover. *China Economic Review*, 2018, 51: 70 - 82.

16. Verhaest D, Omey E. Overeducation, Undereducation and Earnings: Further Evidence on the Importance of Ability and Measurement Error Bias. *Journal of Labor Research*, 2012, 33 (1): 76 - 90.

Cognitive Ability, Social Networks and Education Matching

Zhang Kangsi Shi Ce Liu Chao

Abstract: When studying the influencing factors of education matching, we should not only pay attention to the level of workers' cognitive ability, but also pay attention to the conditions restricting the exertion of cognitive ability. Social network is one of the important constraints. Based on the data of China Family Panel Survey from 2014 to 2018, this paper studies the impact of cognitive ability and social network on education matching, focusing on whether social network weakens the impact of cognitive ability on education matching, and the mechanism of heterogeneous social network. The results show that: Firstly, cognitive ability has a positive impact on educational matching; Secondly, social network reduces the influence of cognitive ability on education matching, indicating that employers use social network to judge the level of workers' cognitive ability; Thirdly, weak social networks such as schools send signals about the level of cognitive ability and have a positive impact on educational matching, while strong social networks such as relatives, friends or acquaintances send signals about employment stability and have a negative impact on educational matching.

Key words: *cognitive ability* *social networks* *education matching*

论雇佣关系演进与平台工人的权益保障

李　琪*

摘　要：平台经济为我国经济开拓了新的领域，也引发了平台工人权益保障的问题。本文描述了从主仆关系到雇佣关系的演进过程，概括了在这一过程中形成的雇佣关系属性，即从属性、连续性和双边性。然后将平台工作关系放入雇佣关系的整体属性之中进行了比较分析，提出这种工作关系与雇佣关系之间的差异，即缺少连续性与双边性。随后利用普通法的测试个案，揭示了对平台工人身份认定的困境。本文提出，尽管出于保障平台工人权益的动机，可以探讨修改雇佣关系的定义以及属性的可能性，但出于学术严谨的原则，在研究中不能割裂雇佣关系属性的整体框架而择取其一。面对平台工人权益保障的紧迫需求，坚持雇佣关系的概念可能无法应对现实中的平台工作关系，取而代之的是为平台工人提供权益的底线保障。

关键词：雇佣关系　平台经济　平台工人　底线保障

平台经济为我国经济开拓了新的领域，也引发了平台工人的权益保障问题。早在数年前平台经济兴起初期，学术界就有了对平台工作关系性质的热烈讨论，学者们的初衷是为平台工人的权益保障提供政策建议。2021 年 7 月 16 日，国务院八部委联合发布了《关于维护新就业形态劳动者劳动保障权益的指导意见》（以下简称《意见》），该《意见》有望为平台工人的权益带来一定程度的保障。然而，学术界关于平台工作关系性质的讨论仍未止息，有学者继续坚持用劳动法律的“二分法”，将这种关系归入雇佣关系。由于雇佣关系的概念与属性均为外国舶来之物，在这些研讨中，学者们使用了大量来自国外的文献，包括学术论文、法律条款、法院判决等，用于支持和佐证自己的观点。这些成果在填补了国内平台工作关系研究空白的同时，也存在研究方面的不足，例如，存在概念解释不够清楚、文献引用不够严谨、为证明自己的观点而忽视雇佣关系的整体属性等问题。

本文在雇佣关系属性的框架内，探讨平台工作关系的性质，然后从平台工人权益保障的视角，使用国内外的文献，概括平台工作关系性质对工人保障形成的障碍，对我国平台工人的权益提出底线保障的思路。本文第一部分对国内有关平台工作关系性质的研究成果做了概括，在第二部分简要回顾了雇佣关系的演进历史，正

* 李琪，首都经济贸易大学劳动经济学院教授，E - mail：hongshuiqiao2016@ gmail. com。

是在这段200多年的历史过程中，才形成了雇佣关系的三个属性，第三部分将雇佣关系的属性与平台用工关系进行了比较，第四部分引入了普通法系国家使用“二分法”对平台工作关系的测试因素与测试方法，并概括了“二分法”测试在确认平台工人身份中遇到的困境。在最后一部分提出了绕过身份与关系性质的障碍，对平台工人予以底线保障的观点。

一、国内关于平台用工关系性质的讨论

当平台工人的权益在数年前得到国内各界的关注之后，平台工人与平台公司之间的关系就成为国内学术界一个争论的热点。这种关系属性的争论源于我国劳动法律的二分法，即劳动法律的适用对象是“劳动者”与“用人单位”，如果两者不具备适用对象的特征，则它们之间的关系就不由劳动法律来调整。于是，这场争论的核心问题是，平台的工作关系是雇佣关系（劳动关系）还是劳务关系或者是其他关系。

有人认为，平台工人与平台公司之间的关系是一种承揽合同关系，例如，涂永前（2017）以网约车司机与优步公司之间的关系为例，指出双方之间的关系是一种“承揽关系”；平台公司也多持有这种观点（柴伟伟，2018）。也有人根据平台用工形式的特点，认为这是一种劳务关系，因为这种关系具有“多元灵活化、从属性弱化、薪酬支付模式阶段化”等特征（彭倩文、曹大友，2016；魏益华、谭建萍，2018）。刘皓琰和李明（2017）、郭杰（2018）以众包平台的运作模式为例，指出平台改变了生产要素的表现形式和社会经济活动的运行模式，使从业者不再受雇于平台公司，公司则通过收取信息服务费获取利润。

有些人认为平台的工作关系是一种雇佣关系。他们提出，平台的用工形式的确让平台工人在工作时间、工作地点和工作方式等方面获得了一定的自主权，但他们仍然受到平台公司的控制，要接受平台公司的指令并受到监管。因此，两者的关系仍然未能脱离雇佣关系的范畴（齐昊等，2019），或者说是一种“新型的雇佣关系”（何勤等，2015）。有些人强调了平台工作关系中的从属性因素。例如，常凯和郑小静（2019）提出，在互联网经济中，存在表面的松散管理与内在严格控制的现象。因此，互联网经济中的用工关系，尽管在具体表现形式上与传统的雇佣关系相比有许多新的特点，但其作为雇佣关系的形态并没有改变。他们提到美国北区联邦地区法院和英国劳动法庭确定优步（Uber）公司与司机之间具有雇佣关系的判决或者裁决；他们还提到了美国西雅图、旧金山市通过法案，允许网约车司机成立工会并与公司进行集体谈判的事例，以这些司机可以适用《美国劳动关系法》

作为他们具有雇员身份的佐证。[①]

在国务院八部委《意见》发布之后，常凯（2021）再次发文，仍然坚持雇佣关系的观点。作者从雇佣关系的人格从属与经济从属两种属性，分析了平台工作关系的性质。[②] 他认为，经济属性是工人从平台获得经济收入，所以这种属性自不待言。他着重从人格从属角度进行了分析，指出尽管平台工人具有工作方面的灵活性，但平台公司在实现预期结果的方式和方法方面的控制力却并未放松，而且凭借先进的科技手段，随时对于劳动者的劳动过程进行监督控制。

有些人则运用马克思主义的研究方法，指出平台的运作模式不过是改变了传统的雇佣方式，打破了传统生产对厂房、设备等生产要素的依赖，同时也巧妙规避了劳动者与用人单位需要建立签订劳动合同、企业履行社会保障的义务；在规避政府劳动部门监管的同时，将本应属于劳动者收入中应得的一部分如加班费用、社会保险和其他福利"合理地"扣除了，转化成为企业的剩余价值（袁文全、徐新鹏，2018；肖潇，2018）。

也有人不同意上述观点，例如，熊伟和贺玲（2018）对网约车司机与平台之间的关系从"人格从属性"和"经济从属性"两个方面进行了分析，提出注册司机与网约车平台公司之间并不完全符合劳动关系从属性的指征。

上述文献对平台工作关系的讨论是在劳动法律"二分法"的框架内进行的，从2020年开始，有学者试图从"三分法"的视角，探讨平台工人的权益保障出路。例如，王天玉（2020）指出，平台工作关系在"从属性劳动—独立性劳动"构成的"劳动二分法"框架下不能实现有效调整，导致工人权益保障不足的问题；应构建介于民法与劳动法之间的"类雇员"规范体系，推动法律对社会劳务给付的调整框架从"劳动二分法"向"劳动三分法"转型。肖竹（2018）则持相反意见，她指出，第三类劳动者无论在制度设计还是理论构造上都存在诸多困难和争议，包括规则构建的模糊性以及制度效用和实践结果的非预期性。对于我国特殊的制度背景与相对薄弱的理论基础来说，该制度在我国缺乏一定适用性和可行性。

近年来，有些学者提出，学术界关于平台工作关系性质的争论并不能解决平台工人权益保障的现实问题，应跳出劳动关系认定为前提的思维，使最低工资制度、社会保障机制和支付保障机制适用于对平台用工劳动报酬的保护（闫冬，2020）。

从上述文献看，所有的争论都是围绕着雇佣关系的概念和属性展开的，但因作者的研究目的与研究方式的不同，在概念和属性解释与应用方面出现了差异。因

---

① 这里需要指出，在美国西雅图市政厅（Seattle City Council）的网站上，可以找到该市政厅在2015年12月14日发布的相关消息。这条消息称，市政府通过法案，给予优步、Lyft等网约车司机与公司进行集体谈判的资格。但是，市政厅并非承认这些司机的"公司雇员"的身份，在这条消息中，他们仍然被称为"独立承包商"。参见 Seattle City Council.（2015）. Council Unanimously Adopts First-of-its – Kind Legislation to Give Drivers a Voice on the Job. https：//www. seattle. gov/council/issues/past – issues/giving – drivers – a – voice.

② 在此文中，作者使用了"人格从属"与"人身从属"两个概念。笔者认为可能是作者笔误，应为人格从属。

此，有必要对雇佣关系的演进过程做一简要回顾。雇佣关系在劳动组织过程中的出现，有其产生与发展的轨迹和环境，这些环境也是雇佣关系属性形成的必要条件。在对雇佣关系属性变化进行研究时，可以将雇佣关系属性形成环境的变化作为一个研究角度。

二、雇佣关系溯源

（一）主仆关系

在工业革命前的手工业时代，有三类劳动者：第一类是商人、手工业作坊主与专业人士，他们都从事有报酬的劳动，但并非以劳动力换取工资。商人出售商品，专业人员收取专业服务的费用，手工业作坊主则将自己的产品出售给商人（Stone，2004）。第二类劳动者被称为“工资依赖者”（dependence on wages），他们多为学徒期满后的工匠，以自己的劳动力换取工资作为生活资源。第三类劳动者是学徒，他们没有工资，在学徒期满后可以转为工匠。

在手工业时代，工匠与雇用他们的商人、手工业作坊主或者学徒与师傅之间存在的工作关系是“主仆关系”（master and servant relationship）。主仆关系是基于法律的设置而存在的。在英国，这类法律主要是1349年和1351年的《劳工法令》、1563年的《工匠法令》，更为明确的法律则是1747年、1766年和1823年的《主仆法》（*Master and Servant Act*）。

主仆关系是一种基于地位产生的关系。主仆法律对那些为他人工作的人规定了一个单独的法律地位，在法律等级与秩序方面，将主人置于仆人之上。显然，这种工作关系不是平等的并带有明显的人身依附性质。“主人”应当关照和庇护“仆人”，“仆人”则要服从和依附于主人。例如，在农场主和工人之间，前者要为后者提供饮食、住宿、赏赐与报酬来换取后者的工作成果以及对农场主权威的服从（Mingay，1989）。在城市的手工业作坊中，这种类似家长与子女的庇护与服从关系则表现得更为明显。

文献显示，在手工业时代的某些职业群体中，确实出现过一种雇佣合同，在19世纪的前几十年，有一部分法院审理的案件诉求是原告追讨工资和就非法解雇要求赔偿（Freedland，2003）。原告几乎无一例外的是管理人员、文书或专业人士（Deakin，2005）。这群被称为“雇员”的人，有别于“仆人”或者劳工（labourer）。他们有较高的社会地位，与雇主之间签订有雇佣合同，这些合同规定了要用提前通知的方式来解除，雇员有权就不正当解雇和雇主未能按照约定提供工作而索赔（Deakin，1998）。

（二）“内部承包制”：从主仆关系到雇佣关系的过渡形式

从18世纪到19世纪，人类社会从手工业生产进入了工业生产时代，蒸汽机产生的动力替代了人力，工厂取代了家庭作坊，成为主要的生产场所。许多类型的生产活动从师傅的手工业作坊转移到了商人/制造商开设的工厂。在这个时期，工厂内的劳动组织方式被一种“内部承包制”（inside contracting）垄断着，这是一种普遍的劳动力获取与组织模式（Deakin，2000；Steinfeld，2001）。该模式是由工厂主/制造商提供机器、材料、资金、工作场所，由一个自主的承包商负责雇用劳动力，并安排在指定的时间和以约定的成本交付产品或服务（Daunton，1995）。目前在建筑业还能找到这种劳动组织模式的痕迹。在资本主义工业化初期，这种“内部承包制”是非常普遍的现象，存在于钢铁制造、煤炭采掘、玻璃制造、铸造、金属加工、印刷、管道安装等诸多行业。利特勒指出，当时的资本主义工业化是“建立在避免直接的雇主/雇员关系和避免从属模式的基础之上的”（Littler，1982）。在内部承包制中，承包商与所雇工人之间仍然保持着主仆关系。

即使在主仆法律衰落之后，“内部承包制”也一直持续到19世纪的下半叶，在某些地方甚至持续到了20世纪初期。对于内部承包制度的存续，可以有多种解释。从工厂主的角度来看，这是一种控制手段，它往往比直接的雇佣关系更有效，这种制度实际上将管理的职能与经济风险都转移给了承包商（Littler，1982；Holbrook－Jones，1982；Marsden，1999）。在许多情况下，因为工厂主缺乏组织劳动力或管理生产过程的技能和知识，将工作任务分包出去是不可避免的。更普遍的说法是，工厂持续的内部承包制度说明，当时在大多数工厂内缺乏统一的管理和组织结构。在绝大多数早期的工厂中，只有几十最多几百名工人。在这样的工厂，扩大规模带来的规模经济效应是难以实现的（Harris，2000）。

（三）雇佣关系的形成

雇佣关系的形成大致可以归为三个原因，即工业革命、福利国家与契约自由的理念。

当工业革命进入高涨时期后，开始出现了大型工厂。文献显示，19世纪50年代有限责任制度的建立为投资者提供了一定程度的保障，到19世纪末20世纪初，在纺织、煤炭和工程行业开始出现了大型联合企业，雇佣工人人数迅速增长。当这些大型工厂开始面向全国市场进行大规模生产时，工厂主开始寻求产品和工艺的统一，以实现规模经济。在这种需求之下，工厂主希望在工厂中建立管理系统，将生产的决策、劳动组织的方式、劳动过程的控制都掌握在自己的手中（Pollard，1965）。而原有的“内部承包制”与工厂主的这些要求大相径庭，这种制度无法确保劳动力的供应；承包商因为要对生产方法的信息加以保密，会反对工厂主改进生产流程和引入新的技术；工人与承包商之间在工资分配方面也常常因纠纷而影响生产（Marsden，1999）。

工厂主要掌握对生产劳动过程的决策与控制权：一是要从承包商手中夺取对工人的控制使用权；二是要接管承包商对工人的责任，为他们提供长期稳定的工作岗位与合理的工资，如此方可对工人进行培训并保证工人在掌握技术后不再流失。对于第一点要求，工厂主建立了垂直的管理结构，形成了一个自下而上的管理层，包括了文员、监工和管理人员（Holbook - Jones，1982）。通过这个管理层，工厂主能够直接接管以前由承包商履行的监督职能。对于第二点要求，在工厂废除了“内部承包制”的同时，工厂主也要接过承包商对工人的一切责任。随着内部承包制度的结束，原有劳动过程的组织模式被废除，取而代之是由工厂主制定的工作场所的各种规则。若要工人接受管理与控制、遵守这些工作规则，工厂主需要以稳定的工作岗位、合理的工资与职业发展前景等作为工人同意服从指令的交换条件，这也是培养与工人之间长期关系的一个前提（Simon，1951；Marsden，1999；Saglio，2000）。也正是在这种背景之下，存在于承包商与工人之间的主仆关系开始向雇主与雇员之间的雇佣关系转变。

如果说工厂劳动组织模式的转变是雇佣关系产生的基础，那么福利社会的出现则是雇佣关系发展成熟乃至劳动法律“二分法”形成的主要原因。概括地讲，福利社会对雇佣关系有三种影响。第一种影响是确立了雇主对雇员的责任。1880 年英国的《雇主责任法》（*Employers' Liability Act*）限制了主仆法律中的“共同受雇原则”（doctrine of common employment），该原则是指工人在工作过程中因过失行为对其他同事造成人身伤害时，雇主不应承担责任。《雇主责任法》取而代之是雇主要对这类事故承担责任。1897 年英国颁布了第一部《工人补偿法》（*Workmen's Compensation Act*），要求雇主对与工作场所有关的伤害和疾病承担责任，并促使雇主广泛使用工伤保险来分散相关风险。1911 年英国颁布了第一部《国民保险法》，建立了社会保险制度，该制度通过国家保险基金的手段，将因疾病、失业和老年而影响收入的风险分散到全体劳动人口。

第二种影响是将社会保险法的适用范围扩大到更多的工资依赖者。对比英国 1897 年的《工人补偿法》和 1906 年的《工人补偿法》的适用范围，可以发现两个法律的适用范围在逐渐扩大。在 1897 年的《工人补偿法》中，“工人”被定义为从事本法适用的就业的任何人，无论是通过体力劳动还是其他方式；本法所适用的就业是指铁路、采矿和采石、工厂工作或洗衣工作。在 1906 年的《工人补偿法》中，“工人”被定义为：与雇主订立服务或学徒合同并根据该合同工作的人，不论是以体力劳动、文书工作或其他方式，且不论该合同是明示或默示的、口头或书面形式。很明显，1897 年法律的适用范围还局限于某些行业，到了 1906 年，法律的适用范围已经大大扩展了。

第三种影响是奠定了劳动法律"二分法"的基础。1942 年，英国著名经济学家贝弗里奇（William Beveridge）编写发布了一份题为"社会保险和相关服务"的报告（又称《贝弗里奇报告》）。该报告设计了一整套"从摇篮到坟墓"的公民社会福利制度，建议政府为英国所有公民提供医疗、就业、养老和其他福利保障。迪肯指出，《贝弗里奇报告》的一个重要贡献在于，废除了不同类别雇员之间的差别，将社会保险的覆盖范围扩大到了所有类别的工薪阶层（Nicola，2005）。在 1948 年的英国《国民保险法》中，规定了两类主要的供款人，即"受雇者"（employed persons）和"自雇者"（self-employed persons），前者是"根据服务合同受雇任何从事有偿工作的人"，后者的缴款率较低，并且不在失业保险覆盖范围内。在这些社会保险法律中明确区分了根据"服务合同"受雇的劳动者与"自雇"的劳动者或者独立承包商，由此在英国建立了对劳动者身份的"二分法"（Deakin，2005）。

工业革命促进了市场经济的发展，使契约成为包括商品、生产资料甚至劳动力在内的市场交换的主要手段。契约自由作为一种法学理论，建立在对当时社会生活的一个基本判断基础之上，即认为合同当事人之间的地位是平等的，相互间并没有将自己的意志强加于他人的能力或权力。因此，每个人对于自己所参与的法律关系都有充分的自由加以选择，社会成员相互间都有同等的机会参与竞争，并能够按照自己的意志建立法律关系（苏号朋，1999）。在工厂内部，随着"内部承包制"的衰落，受契约自由理念的影响，在工厂主与工人之间的关系中，身份这种主仆关系的决定性因素正在衰亡，取而代之的是契约概念的逐渐传播，形成了雇佣关系的基础并外化为雇佣合同。

主仆关系的性质是人身依附，在劳动过程中，主人对工人具有完全发号施令的权力，前者的控制与后者的服从构成了主仆关系的核心内容。在工业革命之后的工厂中，工厂主在取代了承包商之后，必然要对生产过程予以控制，这是管理方的一种特权。然而，根据契约自由的理念，这种特权不能够无限制地行使，因而在法律和雇佣合同中，既承认了"控制"是管理方的专属权力，也对这种专属权力加以了限制。例如，对工人的解雇需要"正当的理由"，对因经济原因裁员，管理方需要支付经济补偿。反过来，工人也在雇主给予稳定的工作、合理的工资水平、支付社会保险金、合法的劳动条件等承诺之下，同意服从雇主的管控。

（四）雇佣关系的属性

在实践中，雇佣关系的属性对确定劳动者是否具有获得劳动法律保障的资格具有重要意义，这些属性在实践中被普通法国家分解为各种测试因素（Waas and Van Voss，2017；Countouris，2007）。在成文法国家则形成了一些需要符合的条件，例如，2011 年劳动和社会保障部发布了《关于确立劳动关系有关事项的通知》，该

《通知》规定了确立劳动关系的三个条件。雇佣关系的属性可以概括为：契约性是雇佣关系属性的核心，契约性外化为雇佣合同，在雇佣合同中体现了雇佣关系的从属性、连续性与双边性（Countouris，2019）。这里要指出的是，当代社会经济活动的多样化导致了用工形式的多样化，在这些用工形式产生的关系中，会存在一种或者两种属性。在司法实践中，对雇员身份的测试会将雇佣关系的从属性、连续性与双边性视为一个整体。在劳动和社会保障部发布的《通知》中，也明确规定三个条件缺一不可。在学术研究中也要有整体属性的考虑，如果为了支持个人的观点而选择性地使用，研究的结论难免会出现偏差。从以下的分析中可以看到，在雇佣关系的三个属性中，都留有这种关系产生与发展的时代烙印。

1. 雇佣关系的从属性

"从属性"可以理解为工人对雇主的指令或者控制的服从；工人在业务方面对雇主的依赖；工人成为雇主生产经营的一个组成部分。这三种从属性可以归纳为人格从属、经济从属和组织从属。

人格从属性在从属性中占有最为重要的地位。从法律上讲，人格从属是指雇主对雇员的控制和监督（Veneziani，2009）。雇主的控制权力是一种等级权力（hierarchical power），它来自工业化初期在工厂内建立的垂直管理结构，这种结构的特点就是下级对上级指令的服从。人格从属性可以从雇佣双方来看，在雇主一方，体现为控制，控制的方式是雇主（包括管理层）对雇员发布指令、监督指令的执行以及对违反指令的处罚；在雇员一方，体现为服从，服从的内容是，接受雇主的指导与监督，按照雇主的指令完成工作任务，由雇员本人完成工作。

经济从属性常常被认为是雇员对雇主在经济收入来源上的依赖（常凯，2021），这应当是从字面理解上产生的误解。因为这种理解对于"雇员"之外的其他劳动者，如对为客户提供服务以换取收入的自雇者而言，也是适用的。根据我国台湾法学教授黄越钦（2003）的解释，经济从属性主要表现在生产组织体系属于雇主所有、生产工具或器械属于雇主所有、原料由雇主供应、责任与危险由雇主承担四个方面。在普通法系的国家，经济从属性的四个表征常常作为劳动仲裁与法院在确定雇员身份时的测试因素。

组织从属性是指雇员融入雇主的生产系统，并与其他工人在劳动过程中进行协作。国际劳工组织在2006年发布的《关于雇佣关系的建议书》（第198号）中提出的界定雇佣关系存在具体指标中，有一项是"该工作涉及将该劳动者纳入企业的组织之中"。在2011年劳动和社会保障部发布的《通知》中也有"劳动者提供的劳动是用人单位业务的组成部分"的规定。

2. 雇佣关系的连续性

雇佣关系的连续性体现为雇主为雇员提供稳定的工作机会。这种属性带有强烈的时代烙印。如前所述，在工业革命之后，工厂原有“内部承包制”的弊病之一是承包商把持着劳动过程，这些手工业的作坊主和有手艺的师傅们对工厂主引进新技术持强烈的抵制态度。当工厂主废除了“内部承包制”并引进了新的技术之后，他们要对工人进行培训，并在培训之后，保持工人的工作稳定，减少工人的流动，这样就使雇佣关系带有了连续性的属性，这种属性表现在雇佣双方无固定期限的雇佣合同、定期与规范的工资支付手段以及各种基于工龄计算的福利与社会保险待遇等方面。

3. 雇佣关系的双边性

雇佣关系的双边性表现为雇主与雇员双方的关系，更准确地说，是“一个工人和一个雇主之间”产生的关系（ILO，2016）。双边性标志着“内部承包制”这种“中介”角色的消失。这一属性更深刻的内涵是表达了雇佣双方的相互义务。雇佣双方的相互义务又是针对人格从属性与经济从属性所设，皆因在这两种属性之下，雇佣双方处于不平等的地位。因此，劳动法律应当给予雇员更多的保护（Freedland and Kountouris，2011），这些保护在各国的劳动法律中多体现为对等的义务条款。

三、雇佣关系与平台用工关系的比较

自平台经济兴起之后，平台公司就采取了各种新的用工形式，在这些形式中体现了不同于雇佣关系的特点。

（一）雇佣关系从属性之比较

在人格从属与经济从属方面，平台的工作关系的确具有这两种属性。在人格从属性方面，现有研究争论最大的地方是平台工人对工作时间安排的灵活性与平台公司控制的方式与程度。在平台上，工人们不再集中于统一的工作场所，他们在工作时间方面享有高度的灵活性，并由此反证了平台公司控制力的减弱。反对者则提出，平台公司在改变了控制方式的同时，控制的程度非但没有减弱反而加强了。控制方式由过去企业内部面对面的垂直管理改为由算法操控的虚拟管理（De Stefano，2020）。

对平台工作关系的分析需要与时俱进的态度。平台工作是在新技术环境中生成的新用工形式，它与过去工厂内具有严格工作时间与工作地点的劳动组织形式确有不同之处，平台公司对工人的控制也不是建立在层级权力的基础之上。但在认可这种灵活性的同时不能否认平台公司对工人劳动过程的控制。一旦工人在程序上登录，他们的活动就在平台算法的控制之中，他们要接受公司发布的工作指令，在工作任务的完成过程中，要接受平台的监督，违反指令者还会受到公司的处罚，如被逐出系统或者禁止登录，甚至被平台公司取消“接单”资格或者关闭他们的账户（Aloisi，2016；Goods et al.，2019）。

在经济属性方面，按照黄教授提出的四点表征来看，平台工作关系与其中三点表征均有重叠之处。尽管在“生产工具或器械属于雇主所有”方面，网约车司机、快递员、送餐员会使用自己所有的交通工具，但这些交通工具是任何人都可以拥有的东西，因此使用自己的交通工具不再是认定雇佣关系的有效证据（Todolí - Signes，2017）。雇佣关系的组织从属性在常凯（2021）一文中被作者遗落，但平台工作关系的确具备这一属性。尽管工人与公司之间的关系较为松散，但从广义上讲，各类平台工人的工作均为平台业务的一个组成部分。总之，平台的工作关系基本上具备了雇佣关系的从属性。

（二）雇佣关系连续性之比较

正如前面所强调的，雇佣关系的三种属性之间具有内在的联系，在雇佣关系的分析中需要视三种属性为一个整体。平台工作关系的连续性很差，甚至可以说微乎其微，这不但体现在工作时间和工作地点的灵活性方面，而且体现在平台工人中有大量的兼职者。据报道，在 2021 年暑假期间，至少有 3 万名大学生加入美团外卖，将外卖骑手作为自己的暑期兼职工作。[①] 即使是专职从事某个行业的工人，也可能在一个以上的平台上工作。例如，在澳大利亚维多利亚州政府的委托下，数名学者在 2019 年 11 月发布了一项全国范围内的调查报告，在 183 个主要从事网约车和送餐工作的样本中，有近一半（47%）样本表示他们在不止一个平台上工作，其中，有 16.4% 在两个平台上，13.1% 在三个平台上，17.5% 在四个或四个以上平台上（McDonald et al.，2019）。平台简单的进出手续也为工人将其作为兼职和临时性工作提供了便利。根据吴清军、李贞（2018）对某网约车平台公司的案例与样本分析，司机在平台上就业只需经过注册和接单两个步骤。就平台公司而言，它们获得了在用工形式上更多的灵活性。一位平台公司的经理对这种灵活性有过生动的表述：“在互联网出现之前，你很难找到一个人，让他们坐下来为你工作十分钟，然后在十分钟后解雇他们。但是有了科技，你可以找到他们，付给他们很少的钱，然后当你不再需要他们的时候就把他们解雇”（Moshe，2014）。这种表达概括了平台工作的特色，即这些工作任务是根据消费者（客户）的要求与需要来完成的，平台公司既不能保证工作任务的连续性，也不能保证工人在某一时期会持续地获得工

① 王拓：《这个站点三分之一骑手是大学生　有人一个多月挣了上万元》，红星新闻公众号，https：//www.sohu.com/a/485738164_116237。

作任务。

由于平台工作关系缺少连续性，进一步影响到关系的双边性。雇佣关系在本质上是一种长期的合作关系，只有在关系稳定的前提下，雇佣双方才会有相互承担义务的需求，并将义务的范围从支付工资扩展到社会保险、工作时间、职业培训、职业安全卫生等方面。在平台工作关系中，上述一切都无从谈起。例如，对平台公司来说，在满足了灵活用工需求的同时，不再有更多对工人予以培训的动机。在2017年中国劳动和社会保障科学研究院的调查中，67%接受过培训的外卖骑手指出，培训的内容主要为：安全教育、客户服务和规章制度，培训内容与技能提升或者职业发展无关。根据“2016年网络约车司机生存状态调查”，39%的网约车司机未接受任何培训，55.4%的司机接受过简单的培训且平台并不会检查培训效果。[①] 在讨论由于缺少连续性而导致的雇主义务缺失问题时，可以将其归因于平台公司在主观上有意将双方的合同标以“服务合同”或者自雇合同以逃避雇主的责任。但从另一方面看，在工人频繁进出的环境中，平台公司也难以产生对工人承担更多义务责任的意愿。

（三）雇佣关系双边性之比较

雇佣关系的双边性有一个“排他性”的要求，这意味着一个雇员只与一个雇主发生雇佣关系。在这种“一对一”的关系中，两者之间权利义务的归属是非常明确的。然而，平台的工作关系却远比两点之间的雇佣关系复杂。首先，这是一种三边的关系，即平台工人与消费者（客户）、消费者与平台公司和平台公司与工人之间的关系。三边的关系无疑增加了关系的复杂性，在任务派遣、工作成果认定、报酬支付方面，均有消费者（客户）参与。有人认为，平台公司的消费者评级打分制度实际上是将平台公司对工人的监督职能转移到顾客身上（肖潇，2018）。实际上，消费者的监督并非平台公司的监督，消费者对工人提供的服务与成果有其自己的主观认识与评价，这不是公司可以左右的。在很多情况下，消费者主观片面的评级打分会给工人带来权益的损失。

再者，平台公司均不承认自己的雇主身份，绝大多数的公司都以“中介者”的角色出现，自称为是一种将消费者或者客户（需求方）与执行任务的工人（供应方）进行匹配的平台。在我国，情况的复杂程度远甚于此。2021年9月，北京致诚农民工法律援助与研究中心发布了一份“外卖平台用工模式法律研究报告”，该报告揭示了存在于外卖送餐平台的“众包模式”，该模式由平台公司与众包服务公司合作，由众包服务公司与众包骑手签订协议、通过第三方向骑手支付报酬并为

① 两项调查数据转自周畅：《中国数字劳工平台和工人权益保障》，国际劳工组织工作报告，2020年11月，https://www.ilo.org/wcmsp5/groups/public/---asia/---ro-bangkok/---ilo-beijing/documents/publication/wcms_761763.pdf。

众包骑手购买保险。这种众包模式使得平台工作关系的性质变得更加扑朔迷离。据该中心研究员称，“就外卖平台而言，通过这种‘法律隔离’安排，其更加不可能被确认与众包骑手之间存在劳动关系。”① 可以说，在平台的工作关系中，雇佣关系的双边性已经荡然无存，取而代之是多边的关系，在这种关系中，工人难以找到可以对他们的权利负责的一方（ILO，2016），更遑论雇佣双方明确的相互义务了。

综上所述，当我们将平台的工作关系置于雇佣关系整体属性的框架内加以分析之后，可以看到，这种关系缺少连续性与双边性。尽管出于保障平台工人权益的动机，可以探讨修改雇佣关系的定义以及属性的可能性，但出于学术严谨的原则，在研究中不能割裂雇佣关系属性的整体框架而择取其一。现有的劳动法律条款的确难以适用于平台的工作关系，这只能说明这些法律是在雇佣关系的基础上制定的，当关系发生了变化，自然也就难以适用。问题是，我们不应当以“削足适履”的思维强行将这类关系归入雇佣关系以适用现行的法律，而是应当直面新的挑战，跳出围绕现有制度或惯例所规约的“雇佣关系”概念来看平台的工作关系形态（孟泉，2021），进而找到保障平台工人权益的路径。

四、对平台工人权益保障的讨论

（一）对平台工人身份的认定

现代劳动法律是建立在雇佣关系基础之上的，在司法实践中，对平台工作关系性质的认定就是对平台工人身份的认定，至少在目前的情况下，它关系到平台工人能否获得劳动法律规定的各种权益。

在普通法系国家，随着平台经济的发展，在数年前已经有平台工人与公司之间的争议个案。由于成文的劳动法律对雇佣关系并无统一的定义，即使有定义也很笼统，在判断是否适用这些法律之前，须由司法机构与准司法机构（例如劳动仲裁）确定平台工人是否具备“雇员”的身份，以区别“雇员”与“自雇者”，而后者对很多劳动法律规定的权利是没有资格享有的。在审理这些案件时，这些机构将雇佣关系的属性分解并形成了各种因素，然后根据各因素的权重最终确定平台工人的身份。在雇佣关系两百多年的历史中，这些因素也随着时代的变化而不断演化，并形成了不同的测试方法，以适用各种用工形式与劳动法律的变化。例如，2019 年，美国加州通过了“议会第 5 号法案”（California Assembly Bill 5）。该法案采纳了此

① 樊瑞：《外卖平台用工“暗网”：160 万骑手成了个体户却不自知》，新浪网，https：//finance. sina. com. cn/tech/2021 - 09 - 24/doc - iktzscyx6123227. shtml。

前加州洛杉矶县高等法院在一起案件审理中使用的“ABC 测试法”。“ABC 测试法”设置了一个工人就是雇员的法律推定，并提出了确认“独立承包商”（independent contractor）的三个条件：（1）个人在完成工作时不受他人的控制与指导，无论是在合同上还是在事实上；（2）个人完成的工作不在受雇企业的日常经营范围内；（3）个人通常从事独立的贸易、职业、专业或业务，但与完成的工作内容类似。这种测试因影响到平台工人的身份，此后引起了公投与诉讼。

在澳大利亚联邦的公平工作委员会（Fair Work Commission）的网站上，列出了该委员会对“雇员”与“独立承包商”身份测试的因素并做了比较。[①]“雇员”身份的测试因素包括雇主行使或有权行使对工作完成的方式、地点和工作时间等的控制，雇员只为雇主工作，雇主提供并维护重要的工具或设备，雇主提供制服或名片，雇主有权暂停工人的工作或解雇工人，雇主从支付的工资中扣除所得税，雇员的工作为雇主的业务创造了商誉或可出售的资产等 13 个因素。从这些因素不难看出，它们涵盖了雇佣关系的从属性、连续性与双边性。

普通法对雇员身份的测试并非会出现统一的结论，反之，在个案的裁决与判决中存在很大的差异，这是笔者在近年来对二十余起发生在美国、加拿大、澳大利亚的平台纠纷个案详读比较之后得出的看法，这里可以用美国网约车司机的三个个案做进一步的说明。2015 年 3 月 11 日，北加州地方法院对帕特里·克科特（Patrick Cotter）等诉 Lyft 网约车公司一案做出判决，确认了帕特里·克科特等的雇员身份，理由是该公司对这群司机有控制的权力。法院指出，一旦司机们接受了打车请求，Lyft 对他们的行为就有很大的控制权，如不得接听电话、车内不得有顾客之外的乘客、不得要求顾客留下联系方式、不得在车内吸烟等。[②] 此案随后成为美国网约车公司与司机纠纷判决中的一个经典个案。2015 年 6 月 3 日，加州劳动委员会对芭芭拉·伯威克（Barbara Berwick）诉 Uber 网约车公司一案做出裁决，确认芭芭拉·伯威克为 Uber 公司的雇员，理由也是该公司对该司机有控制的权力。[③]

与上述判决（裁决）结论相反的个案同样出现在美国。2018 年 4 月 11 日，宾州东部地区地方法院对阿里·拉扎克（Ali Razak）等诉 Uber Techs.，Inc. 一案做出判决。此案中的原告是 UberBlack 聘用的三位司机，该公司是 Uber 的分支公司，提供豪华轿车服务。在此案的判决中，法院使用的是多诺万测试（Donovan test）方法，与加州法院侧重于“控制”因素不同，该方法侧重于“经济现实”（economic reality）的 6 个因素，并加以权重分析。法院对比了这些因素与事实之后发

① Fair Work Commission. Benchbook：Unfair Dismissals. 2022，https：//asset. fwc. gov. au/documents/documents/benchbookresources/unfairdismissals/unfair - dismissals - benchbook. pdf.

② Patrick Cotter，et al. v. Lyft，Inc. （Case No. 13 - cv - 04065 - VC）. 2015，http：//old. adapt. it/adapt - indice - a - z/wp - content/uploads/2015/06/Cotter_Lyft. pdf.

③ Berwick v. Uber Technologies，Inc. （CASE No. 11 - 46739 EK）. 2015，https：//medium. com/@ bobbie/text - of - the - ruling - barbara - berwick - won - against - uber - b42c171ed558.

现，有4个因素倾向于司机独立承包商的身份，判决这些司机未能提供有效的证据证明他们是公司的雇员。①

仲裁与司法机构做出的判断差异有主观原因也有现实的困境。在普通法系国家，在确定平台工人的身份时，测试因素在理论上是可以无限扩张的，测试方法也可以加以改进，但测试最终要由仲裁人或者法官来做。在测试过程中，他们会在测试因素中加入自己的情感因素（如同情工人的遭遇），对与因素相关的事实做出自己的判断。在这些个案中，没有固定的数字或标记的组合来决定一个平台工人的身份是否就是雇员（Stewart and Stanford，2017）。同时，普通法现有的测试方法成型于雇佣关系，在对平台新的劳动组织方式与工作关系的测试中，会出现很多“灰色地带”，也就是说，这种关系在具备从属性的同时，缺少连续性与双边性，与这些属性相关的因素或有或无，进而使裁判人处于两难的境地。在前述帕特里·克科特等诉Lyft公司一案中，尽管法官做出了支持原告具有雇员身份的判决，但在判决书的最后一段，法官也道出了在做出判决时所处的两难境地——“应当清楚的是，法官在此案中就像被人塞给了一根方形的钉子，让他在两个圆孔之间做出选择。”因此，通过普通法的测试方式做出的裁决与判决在实践中有很大的独立性，仅仅可以作为此后同类案件审理中的参考。在学术研究中，可以对这些案件进行个案分析，但有选择地使用个案作为观点的佐证，则无法得出平台工作关系是或者不是雇佣关系的结论。

（二）二分法测试的本质及其带来的问题

在平台经济经过数十年的发展并形成了今日之规模后，平台的工作关系已经不是标准的雇佣关系。但是，在平台工人的权益保障方面，现有劳动法律的基础——二分法又不是在短时间内可以改变的。因此，包括我国在内的各国司法机构和准司法机构，在处理发生在平台工作关系的争议时，都不得不继续使用二分法的判断手段。在这个过程中，为了能够对平台工人的权益有所保障，或者为了解决平台工人与公司的纠纷，人们试图赋予雇佣关系新的内涵。例如，针对平台工作灵活性对“控制”提出的挑战，人们除了赋予算法具有控制的属性之外，还将讨论的问题从“雇主行使了多大的控制权”转为了“雇主保留了多大的控制权”（De Stefano，2015）。于是，就有了各种新的测试方式，如事实至上的原则、ABC测试、多诺万测试、雇员身份的法律推定、由雇主承担举证责任等。一方面，这些测试方式不断地加入了新的因素；另一方面，也应当看到的是，这些新的因素有逐渐偏离雇佣关系属性的趋势。可以说，平台工作关系二分法的测试正在发生本质上的变化，已经

① Ali Razak，Kenan Sabani，and Khaldoun Cherdoud v. Uber Technologies，Inc.，and Gegan，LLC（No. 16 - 573）. 2018，https：//www. isdc. ch/media/1591/14 - razak - v - uber. pdf.

不是在分析这种关系是否具有雇佣关系的属性，而是在辨别这种关系新的属性与标准雇佣关系属性的差异。

二分法主要用于测试身份，无论测试因素如何细化，最终都会出现一个全有或全无的结局。当平台工人被裁决或者判决不具有雇员身份后，就无法获得劳动法律提供的保障。尽管他们可以根据民事法律或者商业法律提起诉讼，但漫长的程序与费用也是难以负担的。即使他们被确认了雇员的身份，平台公司为了消除后续的影响，也会凭借财力与工人达成和解。例如，在前述帕特里·克科特等诉 Lyft 网约车公司一案中，尽管北加州地方法院在判决中确认了帕特里·克科特等的雇员身份，但诉讼双方最终在地方法院的主持下，于 2017 年 3 月 16 日达成和解协议，由 Lyft 向 10 万多名司机支付未付的工资和报销燃料与车辆维修费用，数额高达 2700 万美元，用以换取司机们同意继续保留“独立承包商”的身份。在法院公布的和解协议中，并未再出现有关雇员身份的内容。[①]

（三）劳资之间的博弈

在平台工人权益保障的进程中，一直存在劳资之间的博弈。在工会方面，工会将平台经济视为工会运动发展的新领域，推动或者直接作为平台工人的代表参与了不少诉讼个案。工会也一直是平台工人权益保障的倡导者，积极参与政府的咨询，提出各种建议。工会还利用法律赋予非雇员身份的劳动者（如“依赖承包商”“工人”）可以组织和加入工会的权利，进行平台工人的组织工作。在平台公司方面，则一直采取对工会的“回避”策略（Budd，2005），试图保持工人之间的一种无组织状态，利用法律对“独立承包商”限制组织工会以及集体谈判的规定，对抗工会的组织发展战略。劳资博弈的典型个案是美国加州的“22 号提案公投”。

2019 年，加州通过了“议会第 5 号法案”。该法案采纳了“ABC 测试法”，并设置了一个工人就是雇员的法律推定，将举证责任置于雇主。该法案还将一系列职业确定为“真正的商业合同关系”（bona fide business-to-business contracting relationships），这些职业者可以作为不适用该法的例外（exemptions）。由于平台工人不在这些职业之内，该法案引起数家平台公司（如 Uber、Lyft、Doordash）的反对。它们推出了“22 号提案”，提出平台工人的身份应当是“独立承包商”，要求将平台公司列入例外，并发起了一场名为“YES on 22”的公投行动。在这场行动中，几家公司提出，第 5 号法案不但影响到平台工人工作的灵活性、独立性和就业，而且威胁到平台为市民提供的出行与送货服务，并将提高服务的价格。[②] 为给这场行动

---

① Cotter v. Lyft，Inc. （Case No. 13 - cv - 04065 - VC），https：//casetext. com/case/cotter - v - lyft - inc - 4.

② Ari L. Uber and Lyft are pouring millions of dollars into Facebook ads to protect their business in California. Consumer News and Business Channel. Oct. 26，2020，https：//www. cnbc. com/2020/10/26/uber - and - lyft - spending - big - on - facebook - ads - for - yes - on - 22 - in - california. html.

造势，这些公司投入了2.05亿美元，最后有58%的人对“22号提案”投了赞成票。但这个结果遭到了工会和其他非政府组织的强烈抵制。在公投之后，美国服务员工国际工会（the Service Employees International Union）和四名网约车司机向法院提起诉讼，2021年8月20日，Alameda县高等法院法官裁定“22号提案”违反了加州宪法，理由是它“限制了未来立法机构将基于应用程序的司机定义为工人的权力”。

劳资在平台工人权益保障方面的博弈也促进了平台这个经济部门的集体谈判。在奥地利，一家雇主协会和奥地利服务工作者工会之间达成了一项集体协议，该协议涵盖了所有自行车配送服务（Johnston，2020）。该协议在没有定义配送员身份的情况下，规定了最低工资、假日津贴、使用自行车的费用补贴等。2016年，澳大利亚新南威尔士州工会发布了一份报告，以Airtasker——一家外包服务平台作为个案，分析了该平台公司的劳动条件。在报告发布后，新州工会与Airtasker进行了集体谈判，并在2017年3月达成协议。在这份协议中，Airtasker承诺在其平台上所有工作任务的酬金将高于当地最低工资标准，为在平台上工作的工人提供一份他们可以负担的工伤保险，建立一套适当的争议解决机制，确保落实新州的工作场所健康与安全标准等。①从这两份集体协议来看，平台工人的身份障碍是可以绕过的，只要工会具有足够的实力并取得工人们的同意，就可以要求平台公司进行集体谈判。

（四）政府的政治意愿

政治意愿通常被定义为“政治行为者显示出可信的意图”（Malena，2009）。对这一概念更具体的定义是“政治领导人和官僚致力于采取行动以实现一系列目标，并随着时间的推移负担这些行动的成本”（Brinkerhoff，2000）。在劳动者权益保障方面，一国政府是否具有为劳动者权益提供保障的政治意愿是实现这种保障的首要前提。尽管劳资之间可以进行博弈，但作为产业关系第三方的政府必须面对现实，在发展平台经济和解决就业与保障平台工人权益之间做出权衡，这样一来，就使问题回到了原点，即经济效益与社会公正的两者如何兼顾。因此，平台工人权益能否得到保障以及保障的程度最终取决于政府的政治意愿。

近年来，平台工人的权益保障问题得到了各国政府的重视。例如，澳大利亚维多利亚州的政府资助了数名学者的研究，在研究报告出台之后，又向社会各界征求关于平台工人权益保障的建议。在收到了90多份正式建议书之后，维州政府做出了回应。就建议书中提到的将普通法对雇员身份的测试因素编入法典，以解决这种

① Unions NSW. Air Tasker: Busting the Airtasker Myth. 2017, https://www.unionsnsw.org.au/win/air-tasker-2/.

测试模糊不清问题的建议，维州政府表示支持，并承诺将倡导联邦政府修订《公平工作法》和《独立承包商法》（Victorian Government，2021）。目前，《公平工作法》仅适用于有“雇员”身份的工人，平台工人的身份为“独立承包商”自然不受该法覆盖，而《独立承包商法》中又缺少对平台工人劳动权益保障的内容。

在斯特凡诺等（2021）的研究报告中，也提到了欧洲一些国家的政府近年来针对平台工人出台的各种权益保障政策。法国在2016年8月8日的第2016-1088号法案中，为平台工人引入了一项保护计划，该计划确定了平台服务的特点并设定了每项任务的价格（如载客、配送或清洁任务）。该法案还要求平台公司承担企业社会责任。意大利出台了与平台工作相关的新规定。2019年，立法者修订了2015年引入的一项规定，旨在将雇佣保护的范围扩大到雇佣关系之外，包括通过平台提供工作的所有工人。因此，雇佣和劳动保护将适用于这些平台工人，除非集体协议另有规定。在这项立法的基础上，2021年2月，意大利劳动监察部门命令主要食品配送平台对该国60 000余名骑手实施雇佣和劳动保护，并提到对涉嫌违规行为实施严厉制裁的可能性。[①] 在葡萄牙，所谓的优步法（Uber Law）已经生效，规定了个人和有偿运送乘客的规则。它为提供这种运输方式的电子平台建立了法律制度。该法律提出了雇佣推定，这种推定适用于平台与驾驶员之间的合同。该法第13条还规定，无论司机为多少个平台工作，他们在24小时内驾驶车辆的时间不得超过10小时。平台还必须向司机提供某些信息，并建立投诉机制（第19条）。该法律还要求计算机系统跟踪司机工作时间，包括休息时间（第20条）。

需要指出的是，上述政府提出的保障措施，都没有再提及平台工人的身份。这些措施的出台说明，制定措施的政府已经意识到，劳动法律的“二分法”以及由此产生的“雇员”身份的认定与平台劳动组织形式发生了严重冲突，并形成了平台工人权益保障的障碍。这种来自“身份”的障碍只有立法方可破解，而立法又需要经过漫长的立法过程与相关利益方的博弈。目前，政府所能做的唯有绕过“身份”的障碍，利用行政的权力对平台公司加以约束。尽管出台的这些措施与适用于雇佣关系的劳动标准存在差距，或者说仅仅是最低标准，而且在权利项目方面也不够全面，但至少能够为平台工人提供一种权益的底线保障。

五、对平台工人权益予以底线保障的思路

从近年来发表的学术文献看，学者们对平台工作关系的研究已经抛弃了标准雇佣关系的视角。康特瑞斯（Countouris，2019）指出，传统的雇佣关系及其雇佣合

① Emilio P. Milan prosecutors order food delivery groups to hire riders, pay 733 mln euros in fines. Feb. 25, 2021, https://www.reuters.com/article/italy-prosecutors-riders/milan-prosecutors-order-food-delivery-groups-to-hire-riders-pay-733-mln-euros-in-fines-idUSL8N2KU78Z.

同已经无法适用于平台工作这类新的就业形式。国际劳工组织也持同样的观点。该组织在2006年的一份报告中就明确提出，劳动的基本权利不应“以雇佣关系的存在为基础，而雇佣关系往往是不存在的”（ILO，2006）。平台工人的权益保障缺失问题不是因为雇佣关系不能确认所导致的，或者说，这种状况的存在与雇佣关系无法认定并不存在必然的因果关系。2017年，笔者与合作者提出了对平台工人权益给予底线保障的思路（周畅、李琪，2017）。在这篇文章中，我们提出，在为平台工人提供权益保障的时候，无须过多地考虑他们是否具有雇员的身份。在雇主不存在或者难以确认的情况下，政府应当尽其所能，为他们提供底线型的基本保障。对于平台工作关系是属于雇佣关系抑或劳务关系等难以确定的问题，政府应当采取的是一种提倡研究但在政策制定中的迂回态度。

在国务院八部委发布的《意见》中，提到了有一部分“不完全符合确立劳动关系情形”的平台工人，对这部分工人，《意见》没有再用“劳动关系”认定的条件去定义他们的身份，而是提出要由政府“指导企业与劳动者订立书面协议，合理确定企业与劳动者的权利义务”。从《意见》第二部分提出的保障措施看，应属于对平台工人的底线保障。这些措施涉及消除就业歧视、最低工资、职业安全卫生、社会保险、职业伤害保障等方面，它们与劳动法律规定的标准尚有一定的差距。从这个《意见》中可以看到，政府确实是采取了一种“迂回”的做法，绕过了传统雇佣关系在平台工人权益保障中形成的障碍，为解决这部分劳动者权益保障的问题提供了一条适用且实用的途径。

除了《意见》中提出的保障措施之外，政府还应当在以下三个方面予以关注。

第一，要求平台公司制度透明。在平台的工作关系中，存在严重的信息不对称问题。平台服务协议的可读性差，平台规则不透明等已经损害了平台工人的权益。尤其是当这些协议、制度、规则等都是在平台公司单方制定的情况下，直接导致了双方谈判地位的严重不对等，更使工人处于或者接受或者离开的两难境地。需要透明的制度包括报酬支付方法和计算方式、账号关闭程序与理由、消费者（客户）的评分系统等。政府还应要求平台公司建立便捷直接的沟通渠道，及时回复平台工人的问题。

第二，加强对平台公司劳动过程的监管。我国平台经济的发展速度远远快于西方国家，速度之快也导致政府疏于监管并引发了平台工人的权益保障问题甚至群体性事件。《意见》已经要求政府各部门和全国总工会将保障劳动者权益纳入数字经济协同治理体系，建立平台企业用工情况报告制度，健全劳动者权益保障联合激励惩戒机制。在信息技术高度发达的当代，政府对平台公司劳动过程的监管应当并非难事。平台工人的登入登出程序可以提供他们的工作时间记录，平台工人接受订单的记录可以提供他们收入的信息。在大数据时代，既然平台可以通过算法控制工人，政府也可以通过大数据来监督平台的用工行为。通过现代技术，完全有可能绕过身份的障碍，实现对平台工人劳动权益的保障。

第三，切实落实平台工人组建工会的措施，并推动建立地方工会与平台公司的行业集体谈判机制。国际劳工组织提出，工人的组织权是一种“使能权”（enabling right），顾名思义，“使能权”是一种使人能够行使权利的权利。国际劳工组织认为，组织权是实现其他劳工基本权利的前提（ILO，2012）。尽管法律规定了劳动者可以享有的各种权利，但在劳动过程中，由于劳动者个人的谈判能力较弱，这些权利并非能顺利实现。只有在组织起来之后，劳资之间的力量方可均衡，通过集体谈判，个人的权利就有可能实现。在我国，工会组织系统健全，集体协商制度也已经完善，通过集体谈判是可以解决工人的权益保障问题的。集体谈判具有的一个特点是覆盖性强，且没有覆盖范围内的工人是否具有工会会员身份的要求。因此，可以考虑由地方工会与不同行业的平台公司（网约车、送餐、快递等）进行地方加行业的集体谈判，具体落实国务院文件中的保障措施。

本文从雇佣关系的角度，将平台工作关系放入雇佣关系的整体属性之中进行了比较分析，提出这种工作关系与雇佣关系之间的差异。随后利用普通法的测试个案，揭示对平台工人身份认定的困境。最后，笔者提出，只有脱离雇佣关系的框架，面对平台工作关系的现实，方可找到保障平台工人权益的出路，而这个出路就是要为他们提供底线保障。

参考文献

1. 柴伟伟：《“互联网专车”劳动用工问题的法律规范——以 P2P 模式为中心》，载《四川师范大学学报（社会科学版）》2018 年第 2 期。

2. 常凯、郑小静：《雇佣关系还是合作关系？——互联网经济中用工关系性质辨析》，载《中国人民大学学报》2019 年第 2 期。

3. 常凯：《平台企业用工关系的性质特点及其法律规制》，载《中国法律评论》2021 年第 4 期。

4. 郭杰：《共享经济时代创新灵活用工模式》，载《企业管理》2018 年第 3 期。

5. 何勤、程雅馨、邹建刚：《互联网经济下灵活雇佣关系的治理创新》，载《中国人力资源开发》2015 年第 24 期。

6. 黄越钦：《劳动法新论》，中国政法大学出版社 2003 年版。

7. 刘皓琰、李明：《网络生产力下经济模式的劳动关系变化探析》，载《经济学家》2017 年第 12 期。

8. 孟泉：《劳动关系经典理论研究》，中国工人出版社 2021 年版。

9. 齐昊、马梦挺、包倩文：《网约车平台与不稳定劳工——基于南京市网约车司机的调查》，载《政治经济学评论》2019 年第 3 期。

10. 彭倩文、曹大友：《是劳动关系还是劳务关系？——以滴滴出行为例解析中国情境下互联网约租车平台的雇佣关系》，载《中国人力资源开发》2016 年第 2 期。

11. 苏号朋：《论契约自由兴起的历史背景及其价值》，载《法律科学（西北政法学院学报）》1999 年第 5 期。

12. 涂永前：《类 Uber 平台型企业与个体承揽人之间的法律关系界定研究》，载《社会科学家》2017 年第 1 期。

13. 瓦莱里奥·德·斯特凡诺、伊尔达·杜里、查拉莫斯·斯蒂洛加尼斯、马蒂亚斯·沃特斯：《平台工作与雇佣关系》，国际劳工组织工作论文，2021 年 9 月，http：//ilo. ch/wcmsp5/groups/public/ --- asia/ --- ro - bangkok/ --- ilo - beijing/documents/publication/wcms_816515. pdf。

14. 王天玉：《超越“劳动二分法”：平台用工法律调整的基本立场》，载《中国劳动关系学院学报》2020 年第 4 期。

15. 魏益华、谭建萍：《互联网经济中新型劳动关系的风险防范》，载《社会科学战线》2018 年第 2 期。

16. 吴清军、李贞：《分享经济下的劳动控制与工作自主性——关于网约车司机工作的混合研究》，载《社会学研究》2018 年第 4 期。

17. 袁文全、徐新鹏：《共享经济视阈下隐蔽雇佣关系的法律规制》，载《政法论坛》2018 年第 1 期。

18. 肖潇：《“分享经济”背景下劳资关系的演变趋势探析》，载《探索》2018 年第 2 期。

19. 肖竹：《第三类劳动者的理论反思与替代路径》，载《环球法律评论》2018 年第 6 期。

20. 熊伟、贺玲：《劳动关系确认理论之反思——以网约车平台公司与注册司机之关系认定问题为视角》，载《西南民族大学学报（人文社会科学版）》2018 年第 9 期。

21. 闫冬：《平台用工劳动报酬保护研究：以外卖骑手为样本》，载《中国人力资源开发》2020 年第 2 期。

22. 周畅：《中国数字劳工平台和工人权益保障》，国际劳工组织工作报告 11，2020 年 11 月，https：//www. ilo. org/wcmsp5/groups/public/ --- asia/ --- ro - bangkok/ --- ilo - beijing/documents/publication/wcms_761763. pdf。

23. 周畅、李琪：《非标准工作与体面劳动：数据化带来的劳动问题与政府对策》，载《中国人力资源开发》2017 年第 3 期。

24. Aloisi A. Commoditized workers：Case study research on labor law issues arising from a set of on-demand/gig economy platforms. Comparative Labor Law & Policy Journal，2016，37（3）：653 - 690.

25. Brinkerhoff D. Assessing Political will for Anti-corruption Efforts：An Analytic Framework. Public Administration and Development，2000，20（3）：239 - 252.

26. Budd J. Labor Relations：Striking a Balance. Boston：McGraw - Hill，2005.

27. Countouris N. The Changing Law of the Employment Relationship：Comparative Analysis in the European Context. Aldershot：Ashgate Publishing，2007.

28. Countouris N. Defining and Regulating Work Relations for the Future of Work. International Labour Office，Geneva，2019，https：//www. ilo. org/wcmsp5/groups/public/ --- ed_dialogue/documents/publication/wcms_677999. pdf.

29. Daunton M. Progress and Poverty：An Economic and Social History of Britain，1700 - 1850. New York：Oxford University Press，1995.

30. Deakin S. The Evolution of the Contract of Employment，1900 - 1950：the Influence of the Welfare State. Whiteside N，Salais R（eds）. Governance，Industry and Labour Markets in Britain and France - The Modernising State in the Mid-twentieth Century. London：Routledge，1998：213 - 230.

31. Deakin S. Legal Origins of Wage Labour: the Evolution of the Contract of Employment from Industrialization to the Welfare State. Clarke L, de Gijsel, Janssen J (eds). The Dynamics of Wage Relations in the New Europe. Dordrecht: Springer, 2000: 32 – 44.

32. Deakin S. The Comparative Evolution of the Employment Relationship. Working Paper No. 317. Centre for Business Research, University of Cambridge, 2005, https: //www. cbr. cam. ac. uk/wp – content/uploads/2020/08/wp317. pdf.

33. De Stefano V. The Rise of the 'Just-in-time Workforce': On-demand Work, Crowdwork and Labour Protection in the 'Gig-economy. Conditions of Work and Employment Series 71. Geneva: International Labour Organization, 2015, https: //www. ilo. org/wcmsp5/groups/public/ --- ed_protect/ --- protrav/ --- travail/documents/publication/wcms_443267. pdf.

34. De Stefano V. Delivering Employment Rights to Platform Workers. il Mulino, 31 January, 2020, https: //www. rivistailmulino. it/a/delivering – employment – rights – to – platform – workers.

35. Freedland M. The Personal Employment Contract. Oxford: Oxford University Press, 2003.

36. Freedland M, Kountouris N. The Legal Construction of Personal Work Relations. Oxford: Oxford University Press, 2011.

37. Goods V, Veen A, Barratt T. Is Your Gig Any Good? Analysing Job Quality in the Australian Platform-based Food-delivery Sector. *Journal of Industrial Relations*, 2019, 61 (4): 502 – 527.

38. Harris R. Industrialising English Law: Entrepreneurship and Business Organisation 1720 – 1844. Cambridge: Cambridge University Press, 2000.

39. Hay D. Master and Servant in England: Using the Law in the Eighteenth and Nineteenth Centuries. Steinmetz W (eds). Private Law and Social Inequality in the Industrial Age: Comparing Legal Cultures in Britain, France, Germany and the United States. Oxford: Oxford University Press, 2000: 227 – 264.

40. Holbook – Jones M. Supremacy and Subordination of Labour: The Hierarchy of Work in the Early Labour Movement. London, Heinemann Educational Books, 1982.

41. ILO. Freedom of association: Digest of Decisions and Principles of the Freedom of Association Committee of the Governing Body of the ILO. Fifth (revised) edition. International Labour Office, Geneva, 2006, https: //www. ilo. org/wcmsp5/groups/public/ --- ed_norm/ --- normes/documents/publication/wcms_090632. pdf.

42. ILO. General Survey on the Fundamental Conventions Concerning Right at Work in Light of the ILO Declaration on Social Justice for a Fair Globalization. International Labour Conference, 2008. Report Ⅲ (Part 1B), International Labour Conference, 101st Session, Geneva, 2012.

43. ILO. Non-standard Employment around the world: Understanding challenges, shaping prospects. International Labour Office, Geneva, 2016.

44. Johnston H. Labour geographies of the platform economy: Understanding collective organizing strategies in the context of digitally mediated work. International Labour Review, 2020, 159 (1): 25 – 45.

45. Littler C. The Development of the Labour Process in Britain, Japan and the USA. London: Heinemann Educational Books, 1982.

46. Marsden D. A Theory of Employment Systems: Micro-foundations of Societal Diversity. Oxford:

Oxford University Press, 1999.

47. Malena C. From Political Won't to Political Will: Building Support for Participatory Governance. Sterling, VA: Kumarian Press, Inc., 2009.

48. Marvit Z. How crowdworkers became the ghosts in the digital machine. NATION. 5 February, 2014, https://www.thenation.com/article/how－crowdworkers－became－ghosts－digital－machine/.

49. Marsden D. Breaking the link: Has the employment contract had its day? Centrepiece, 1999, Winter, 20－23.

50. McDonald P, Williams P, Stewart A, Mayes P, Oliver D. Digital Platform Work in Australia: Prevalence, Nature and Impact, 2019, https://eprints.qut.edu.au/203119/1/65060881.pdf.

51. Mingay G. The Agrarian History of England and Wales. Vol. Ⅵ, 1750－1850. Cambridge: Cambridge University Press, 1989.

52. Nicola C. The Changing Law of the Employment Relationship: Comparative Analyses in the European Context. London: Taylor and Francis, 2005.

53. Pollard S. The Genesis of Modern Management: A Study of the Industrial Revolution in Great Britain. London, Edward Arnold, 1965.

54. Saglio J. Changing wage orders: France 1900－1950. Clarke L, de Gijsel P, Janssen J (eds). The Dynamics of Wage Relations in the New Europe. Dordrecht: Springer, 2000: 44－57.

55. Simon H. A Formal Theory of the Employment Relationship. *Econometrica*, 1951, 19 (3): 293－305.

56. Steinfeld R. Coercion, Contract and Free Labor in the Nineteenth Century. Cambridge: Cambridge University Press, 2001.

57. Stewart A and Stanford J. Regulating Work in the Gig Economy: What are the Options? *The Economic and Labour Relations Review*, 2017, 28 (3): 420－437.

58. Stone K. From Widgets to Digits: Employment Regulation for the Changing Workplace. London: Cambridge University Press, 2004.

59. Todolí－Signes A. The 'Gig Economy': Employee, Self-employed or the Need for A Special Employment Regulation? Transfer: *European Review of Labour and Research*. Online Version, 2017, https://papers.ssrn.com/sol3/papers.cfm?abstract_id=2960220.

60. Waas, B and Van Voss G H. Restatement of labour law in Europe. Vol. I: The Concept of Employee. Oxford: Hart Publishing, 2017.

61. Veneziani B. Chapter 4: The Employment Relationship. Hepple B, Veneziani B (eds). The Transformation of Labour Law in Europe: A Comparative Study of 15 Countries 1945－2004. Oxford: Hart Publishing, 2009: 99－128.

62. Victorian Government. The Victorian Government Response to the Report of the Inquiry into the Victorian On－Demand Workforce, 2021, https://s3.ap－southeast－2.amazonaws.com/hdp.au.prod.app.vic－engage.files/8016/2080/8849/Victorian_Government_Response_to_Report_of_Inquiry_into_Victorian_On－Demand_Workforce.pdf.

劳动经济评论

The Evolution Process of Employment Relationship and Protection of Rights and Interests of Platform Workers

Li Qi

Abstract: The platform economy has opened up new opportunities for China's economy but at the same time posed challenges to protecting the rights and interests of platform workers. This paper describes the evolution process of employment relationship from feudal master and servant relationships, and summarizes the attributes of employment relationship formed in this process, namely subordination, continuity and bilaterality. The paper then analyzes work relationships in platforms against the attributes of employment relationship and identifies the differences from employment relationship, that is, the lack of continuity and bilaterality. Subsequently, common law test cases are used to reveal the dilemma facing the identification of employment status of platform workers. This paper concludes that while the possibility of modifying the concept and attributes of employment relationship can be explored for the purpose of protecting the rights and interests of platform workers, considering the principle of academic rigor, we should regard these attributes as a whole and not separate them. In the face of the urgent need for the protection of platform workers' rights and interests, adhering to the traditional definition of employment relationship may not be able to explain work relationships in platforms. Instead, we should depart from the perspective of employment relationship and provide platform workers with a floor of labour and social protection.

Key words: *employment relationship* *platform economy* *platform workers* *labour and social protection floors*

环境规制抑制了企业创新行为吗?

陈怡安　杨　婕　李贵平*

摘　要： 环境的公共物品性质、环境污染的外部性和企业竞争说明了实施环境规制的必要性。本文基于2012～2019年1338家沪深上市公司的研发创新数据，采用双重差分法评估新《环境保护法》对企业创新的影响，研究发现，新《环境保护法》的实施对重污染企业创新活动有负面影响，对民营企业影响显著，对国有企业影响不显著，研究结论不支持"波特假说"，对中部和东北地区的抑制效果更强，对东部和西部的抑制较弱。本文也验证了环境规制加强在满足不产生熊彼特假说中的破坏效果前提下，通过成本效应和信贷效应抑制创新，为政府对重污染企业环境执法的同时如何兼顾提高企业的研发创新积极性提供了一定的参考。

关键词： 环境保护法　企业创新　波特假说

一、引言

2021年，碳达峰、碳中和成为继雾霾之后人们热议的话题，近年来，中国的环境面临的形势十分严峻，大气污染物排放总量居高不下。2011年，中国二氧化硫年排放量高达1 875万吨，烟尘1 159万吨，工业粉尘1 175万吨，大气污染十分严重。除此之外，水污染问题、垃圾处理问题、土地荒漠化和沙灾问题、水土流失问题、旱灾和水灾问题、生物多样性问题等严重影响到经济社会的可持续发展和人民群众的身体健康，并成为诱发社会矛盾的重要因素，受到社会各界的广泛关注。

然而与此对应的是，修订前的环保法理念过时，对于保护和发展的关系认识不

* 陈怡安，西南政法大学经济学院副教授，E－mail：chenyian1984@126.com；杨婕，西南政法大学经济学院本科生；李贵平，重庆工程学院管理学院副教授。本文受重庆市自然科学基金面上项目"制度环境对海外高层次人才回流知识溢出效应的影响机理研究"（项目编号：cstc2021jcyj-msxmX0333）、重庆市教委科技创新项目"双城经济圈建设中加速海外'高精尖'人才回流知识溢出效应释放的制度环境优化研究"（项目编号：KJCX2020015）、重庆市教委科学技术研究计划项目"'双城经济圈'攻克'卡脖子'技术产业政策的经济效应与政策优化研究"（项目编号：KJQN202100302）、重庆市教委人文社科项目"人工智能对就业的冲击影响研究：效应、机制与中国证据"（项目编号：22SKGH017）、西南政法大学校级科研项目"攻克'卡脖子'核心技术人才供给增加的经济效应与实现路径研究"（项目编号：2021XZNDQN－08）资助。

清；制度过时，不适应环保立法需要；部分内容严重滞后；处罚过软，违法成本低已经成为环保法律法规的“痼疾”；衔接不顺，与部分后期制定的单项法等不衔接。而现行环境管理体制也存在诸多问题：横向看，环保有关职能“条块分割”“各自为政”；纵向看，一些地方政府“先污染后治理，甚至不治理”的思维依然顽固，导致部分地方环保部门的执法难于落实。

党的十八大将生态文明建设列入“五位一体”总体布局，党的十八届三中全会要求加快生态文明制度建设，2020 年 10 月 29 日，中国共产党第十九届中央委员会第五次全体会议审议通过《中共中央关于制定国民经济和社会发展第十四个五年规划和二〇三五年远景目标的建议》，党的十九届五中全会描绘了中国未来五年发展蓝图，擘画了中国未来生态环境保护愿景，在中国经济由高速发展阶段转向高质量发展阶段的关键时期，“绿水青山”与“金山银山”一样备受瞩目。中华人民共和国第十二届全国人民代表大会常务委员会第八次会议于 2014 年 4 月 24 日修订通过《中华人民共和国环境保护法》（以下简称“新《环境保护法》”），并于 2015 年 1 月 1 日正式实施，弥补了我国治理环境问题的法律法规部分漏洞。

新《环境保护法》条目从原来的 47 条增加到了 70 条，被媒体称为“史上最严‘环保法’”（李百兴、王博，2019），其“严厉”在制度层面至少表现为以下几个方面：一是对违法违规企业确立按日计罚无上限的制度，环保法的威慑力得到提高；二是新《环境保护法》罕见地规定了行政拘留的处罚措施，对违法者将动用最严厉的行政处罚手段，也可以对排污设施进行查封、扣押，对排污企业责令停业、关闭；三是明确规定地方政府的环境保护责任，这对于环保法和相关环境政策法规的实施具有很强的针对性，有利于打破地方政府只顾国内生产总值（GDP）增长不顾环境的现实窘境（李百兴、王博，2019；陈屹立、曾琳琳，2018；张根文、张王飞，2017；陈屹立、邓雨薇，2021）；四是确立了环保公益诉讼制度（陈屹立、曾琳琳，2018）。在新《环境保护法》实施以后，环境规制力度不断加强（陈屹立、曾琳琳，2018）。新《环境保护法》实施的首年，全国适用新《环境保护法》配套办法的五类案件共计 11 777 件，各级环保部门罚款达 42.5 亿元，比 2014 年增长 30% 多。2016 年，全国适用新《环境保护法》配套办法的案件同比上升 93%。2017 年前 11 个月，全国适用新《环境保护法》配套办法的案件总数同比增长 102.4%。

本文主要研究的问题是：第一，新《环境保护法》如何影响专利数量这一企业行为？第二，新《环境保护法》对于不同性质的企业如国有企业、民营企业，不同地区的企业如东部地区、西部地区、中部地区是否会产生不同的影响？第三，新《环境保护法》对于企业创新的影响机制如何？对于企业的成本、市场集中度、信贷是否会产生影响及影响效果如何？

中国面临严峻的环境问题已不言自明，学术界希望新《环境保护法》能够达到环境保护和经济增长的双赢效果。新古典经济学认为，环境保护政策会提高私人生产成本，降低企业竞争力，从而抵消环境保护给社会带来的积极效应，对经济增长产生负面效果。但波特假说认为，适当的环境规制可以促使企业进行更多的创新活动，而这些创新将提高企业的生产力，从而抵消由环境保护带来的成本并且提升企业在市场上的盈利能力。国内外学者仍然对此持保留态度，巴贝拉和麦康奈尔（Barbera and Mcconnell，1990）发现美国钢铁、有色金属、纸张、化工和非金属矿产品在受到环境法规的影响时都会增加污染控制投资，从而导致行业绩效的普遍下降，瓦格纳（Wagner，2007）利用德国制造业的数据分析了环境创新、环境管理和专利之间的关系，他发现环境管理系统的执行水平与企业的专利申请水平呈负相关。科莉亚和雅莱特（Coria and Jaraite，2015）研究瑞典企业面板数据，将二氧化碳排放作为环境规制指标进行度量，发现它与企业生产行为和经济效益并没有显著的相关性。戴内斯等（Danish et al.，2020）通过研究1995～2016年“金砖五国”的面板数据，发现环境法规可以减少碳排放，抵消污染的负外部性造成的市场失灵，提高各国经济发展水平。

国内学者对于环境规制对企业创新的影响也与国外相似，呈现出三个方向：促进、抑制和不确定。熊航等（2020）利用2013～2017年中国30个省级规模以上工业企业的面板数据进行研究，得出市场激励型和命令控制型两类环境规制工具对企业技术创新发挥了不同程度的促进作用，且呈现出一定的结构和时序特征，部分验证了“波特假说”弱版本。熊广勤等（2020）以中国低碳试点城市政策为准自然实验，构造三重差分模型，检验了低碳试点城市政策对试点城市内高碳排放企业绿色技术创新的促进效果。汪晓文等（2021）基于2008～2017年黄河流域沿线8个省份82个城市面板数据研究发现，环境规制能够促进黄河流域R&D总投入、环保技术创新和非环保技术创新。周文山、顾东晓（2020）以及孙慧、郭秋秋（2021）也分别验证了环境规制对企业创新具有促进作用，支持基于中国数据的“波特假说”。但也有研究发现，环境规制对创新产出具有抑制作用（陈琪，2020；闫文娟、郭树龙，2017；毕鹏、李盼盼，2020）。王晓祺等（2020）以及逯东等（2014）提出了新《环境保护法》由于施加的环境管制压力过重导致抑制了创新。

我国处于社会主义初级阶段，东中西部地区发展不均衡是本阶段表现出的特征，例如东部地区面临更广阔的国际市场，销售途径更为宽广，并且可以通过外商直接投资（FDI）直接引进新技术，通过更为广泛的融资途径缓解信贷压力等，上述原因都为我们探究新《环境保护法》的异质性作用提供了依据。

本文从WIND、国泰安、CNRDS等数据库中收集了关于研发投入、企业总资产、企业当年净利润、企业前十大股东的持股比例、企业总负债、净资产收益率（ROA）、企业银行借款、企业总收入和企业所在行业总收入、所有权结构（国有股份占比）、环境支出、发明性专利数量等数据，并通过手工匹配整理共得到8832个沪深A股市场上市企业样本，通过双重差分（DID）的方法建立回归模型，探究新《环境保护法》出台对企业创新的影响。

本文研究结果发现，新法的实施对重污染企业创新活动有负面影响，研究结论不支持“波特假说”，本文结果显示新法实施对于民营企业影响显著，对于国有企业影响不显著，对中部和东北部地区的抑制效果更强，对东部和西部的抑制效果较弱。本文也验证了环境规制加强在满足不产生熊彼特假说中的破坏效果前提下，通过成本效应和信贷效应抑制创新，但由于本文选择的因变量天然的滞后属性和相关数据的限制，可能会使本文的研究结果存在一定的偏差。

本文可能的边际贡献包含以下几个方面：首先，以往学者主要探究新《环境保护法》出台对企业研发投入这一企业行为的影响，而本文基于时间维度更为宽泛的面板数据，着眼于新《环境保护法》出台带来的发明性专利数量这一企业行为结果的改变，进一步发展了“波特假说”的理论框架。其次，过往研究多采用低碳城市试点等政策作为准自然实验，但由于政策的持续变化造成刻画失真及内生性等问题，而新《环境保护法》于2015年正式开始实施，对于大多数企业属于外生性变量，可以很好地避免内生性问题，因此本文以此新法实施作为准自然实验进行研究。最后，过往研究中基于微观企业视角进行新《环境保护法》出台对企业创新影响的机制性分析鲜少，本文通过探究成本效应、信贷效应和挤出效应三种机制完善了新《环境保护法》出台对企业创新作用途径的相关理论。

本文下面的结构安排如下：第二部分是本文的制度背景与研究假说，第三部分介绍数据来源与计量模型设定，第四部分为实证结果分析，第五部分进行稳健性分析，第六部分进行异质性分析，第七部分进行机制性检验，第八部分为进一步分析，第九节为结论与政策建议。

二、制度背景与研究假说

如前面所说，新《环境保护法》作为史上最严的环保法，新增了诸如环境保护设施必须与主体工程同步设计、同步施工、同时投产使用的“三同时”制度，以及公益诉讼制度等，并进行了多种法律条文修订。企业面临的环境成本逐年加重，本文认为即使企业对于环境监管具有一定的预期，但是企业创新的专利仍有很强的滞后性和不确定性。一方面是企业投入研发到专利产出具有一定的时滞，另一方面是企业专利运用到具体的生产过程中获得切实经济利益的产出具有一定的时滞。而与此对应的是，企业面临的环境成本往往具有一次性巨额支出的效果，虽然过往研究运用不同的计量模型和变量数据得到的基于中国数据的“波特效应”存在不确定性，但是本文认为表面来看，新《环境保护法》能够抑制企业研发创新。

因此提出假说1：新《环境保护法》能够抑制企业研发创新，基于中国数据的“波特效应”不成立。

国有企业与民营企业存在很多不同之处。二者社会经济地位不同，国有企业往往相比于民营企业规模更为庞大，对于地方经济发展贡献度更大，因此在面临相同的环境管制政策时，具有更强的话语权。基于此，在管理层方面，国有企业的高管层多为高级官僚，其对上级行政长官负责，需要承担一定的社会职能；民营企业高管层多为家族成员，其更看重企业盈利和发展，民营企业更愿意规避具有很强不确定性的创新战略，而选择通过对排污权的寻租行为或者通过强市场势力转嫁给消费者等来降低企业的环境成本。在财政补贴方面，国有企业相比于民营企业更容易受到国家财政补贴。根据金融数据终端万得资讯统计，截至 2014 年上半年，A 股上市公司获得超过 323 亿元政府补贴，其中 61.64% 流向 854 家地方国有企业和中央国有企业。国有企业拥有政府背书，更容易获得银行信贷，生存压力较小（苗苗等，2019），因此，不论从创新能力还是创新动力方面，国有企业相对于民营企业都更倾向于在面对新法实施的政策背景下选择技术创新的组织战略。

研究发现，华北和东北地区环境政策能够显著影响企业技术创新，而华南、西南地区无显著影响（张东敏等，2021）。从环境政策对企业创新影响路径上看，华东地区技术引进类创新更明显，华北和西北地区主要通过自主研发类创新，东北地区主要通过技术引进类创新。并且，环境规制工具对于企业创新的促进作用表现出地区异质性，东部和中部地区与全国的结论保持一致，而对于西部地区，只是在对于不同政策工具的敏感性方面存在分歧。熊广勤等（2020）认为对于东西部地区低碳城市试点的政策促进了企业的绿色技术创新，对于中部地区则无影响。综合考虑以上学者的观点并结合我国自改革开放以来的经济情况，本文认为东部地区具有更强的开放度，经济状况整体优于中西部地区，面临更大的销售市场和更强的技术引进扶持政策，并往往具有更大的市场地位，在同样的新《环境保护法》出台的政策背景下企业创新具有优势地位。

因此提出假说 2：新《环境保护法》出台，相比于民营企业，更有利于国有企业创新，并且企业创新的政策效果在东中西部地区表现出异质性，更有利于东部地区创新，中部和西部较弱。

根据过往研究，环境规制主要通过以下三个渠道影响企业创新。首先，环境规制使得企业的外部成本内部化，增加了企业的生产成本，缩减了企业创新可投入资金，导致企业创新能力下降。其次，新《环境保护法》出台增加了企业环境污染信息的披露率，容易对企业声誉造成不良影响，损伤客户购买信心，并产生负向“品牌效应”，因而增加企业向银行贷款的难度，降低企业的资金周转率，削弱企业活力，进而增加企业的隐形成本。最后，在新《环境保护法》出台的政策背景下，市场势力也会成为影响企业创新的重要因素，垄断程度越高的市场，企业一般拥有着高水平的成本转嫁能力，也拥有更多的环境合规成本规避方式和能力，完全可能通过成本转嫁或其他方式来减少或规避环境合规成本，因此企业通过研发创新获取利润的诱惑下降，降低了企业投入研发的积极性（陈屹立、曾琳琳，2018）。但本文认为环境规制不会产生熊彼特假说中的破坏效果，在中国特色社会主义经济制度之下，中国企业面临较强的市场监管，企业之间的恶性竞争可能性相对较少，通过垄断排挤生存能力较弱的企业的可能性较小，另外，我国秉持共同富裕的宗旨，对企业的扶持补贴力度较大。据 WIND 数据统计，A 股上市公司 2017 年所获政府补助总计 1 302 亿元，而 2017 年上市公司利润总额达 44 872 亿元，上市公司政府补助占利润总额比例约为 2.9%。除去政府直接以补贴名义向企业发放的资金以外，某些行业和企业也会得到政府特定的政策或资金安排支持，如抵押补充贷款是央行创设的创新型货币政策工具，其主要目的在于为棚改货币化安置提供稳定的资金支持，2017 年新增抵押补充贷款（PSL）投放规模为 6 350 亿元，即便考虑转化为收入中存在的漏损，补贴规模仍相当可观。本文不否认成本转嫁效果，但对于单个企业而言，成本转嫁程度取决于消费者对于商品的需求弹性而非市场势力的大小。

因此提出假说 3：新《环境保护法》出台在不产生熊彼特假说中破坏效果的前提下通过产生成本效应、信贷效应来影响企业创新。

三、数据来源与计量模型设定

（一）数据来源

本文采用 2012 ~ 2019 年除金融和教育行业外的数据，并剔除了*ST，ST 企业以及在样本期间内的极端数据和数据严重缺失的沪深 A 股市场上市企业样本，其中，有关研发投入、企业总资产、企业当年净利润、企业前十大股东的持股比例、企业总负债、净资产收益率（ROA）、企业银行借款、企业总收入和企业所在行业总收入的数据来自 WIND 数据库，所有权结构（国有股份占比）、环境支出的数据来自国泰安数据库，发明性专利数量来自 CNRDS 数据库，企业所在省份及地级市通过爱企查官网查询，并进行手工匹配，但企业研发投入、发明性专利数量、银行借款并非我国强制要求披露的内容，为了减少对本文研究的干扰，本文设置了数据缺失容忍度，对某企业 2012 ~ 2019 年企业研发投入和发明性专利数量缺失率达到 37.5% 的企业数据进行了剔除，并将剩余企业数据根据相邻年份数据求取平均值的方法进行了整理，共得到 8 832 个数据。

（二）变量选取

1. 被解释变量

参考过往研究，芈斐斐等（2020）认为，专利数量体现了企业创新投入的效果，能够对企业创新活动进行很好的衡量，如研发投入的衡量指标仅体现了企业创新活动的投入，并不能体现企业的创新质量。我国专利法将专利分为三种，分别是发明性专利、实用新型专利和外观设计专利，我国专利法第二条第二、第三、第四款分别对这三种专利进行定义，通过比较发现，针对新方法、新工艺等的创新与改进的发明专利的创新活动，能够改善企业的生产流程，从而降低环境成本，更能体现环境税征收的企业创新效果。因此，本文使用企业发明专利数量作为企业创新的衡量指标。同时参考以往学者的做法，诸竹君等（2019）以及李树等（2011）将发明性专利数量加一取对数，避免了专利数量为0造成的统计上的困难，对企业创新进行了更好的刻画。

2. 解释变量

环境规制。李树等（2011）采用环境治理投资；周文山、顾东晓（2020）采用环境保护政策综合得分；陈屹立、曾琳琳（2018）采用环境动态性。结合本文的研究目的，参考陈屹立等的做法，本文将新《环境保护法》的出台作为准自然实验，设置虚拟变量利用双重差分（DID）的方法来进行探究，正如前面所述，2015年出台的号称史上最严环保法无论在立法层面、执法层面还是督政和行政管理体系等方面都有质的变化和进步，是一次难得的准自然实验。研究发现，环境规制主要影响重污染企业（陈屹立、曾琳琳 2018；张根文等，2018；袁文华等，2021），根据2010年9月14日环保部公布的《上市公司信息披露指南》，将火电、钢铁、水泥、电解铝、煤炭、冶金、化工、石化、建材、造纸、酿造、制药、发酵、纺织、制革和采矿业16类行业为重污染行业。因此，我们设置的虚拟变量为，新《环境保护法》政策实施时间（period），若t在政策实施的2015年及之后，则period = 1；若时间t在2015年之前，则period = 0。政策实施行业属性（treat）的虚拟变量设置为：若企业i属于重污染行业，则treat = 1；若企业i属于非重污染企业或无污染企业，则treat = 0。

交叉项（treat × period），即treat，period二者的交互项，若该企业属于重污染行业，则在政策实施之前treat × period = 0，政策实施之后treat × period = 1，若该企业为属于非重污染企业或无污染企业，则在政策实施前后交叉项都为0。

3. 控制变量

根据熊彼特假说、阿罗假说与曼斯菲尔德假说，借鉴过往学者的做法选取对企业创新有影响的资产负债率、净资产收益率，前十大股东控股比例、所有制结构：国有控股比例作为控制变量（陈屹立、邓雨薇，2021；诸竹君等，2019）。相关变量定义以及汇总如表1所示。

表1　　变量名称

变量类型	变量名称	变量符号	变量定义
被解释变量	创新强度	lnparent	Ln（发明性专利数量+1）
解释变量	政策实行时间	Period	年份>=2015则取1，否则取0
	政策实施行业属性	Treat	属于重污染行业的企业取1，属于非重污染的企业取0
	交互项	Treat * period	Treat与period的交互项
控制变量	国有控股比例	State_share_ratio	国有股股数/总股数
	资产负债率	Debt_asset_ratio	企业当年总负债/当年总资产
		ia	企业当年研发投入/企业当年总资产
	股权集中度	Big_Shareholders_ratio	前十大股东持股比例
	净资产收益率	ROA	净利润/净资产

（三）变量的描述性统计

表2列出了相关变量的描述性统计结果，本文运用的几个变量创新强度、国有控股比例、股权集中度、净资产收益率和资产负债率的标准差分别为1.3441、0.1058、0.1499、0.1530和0.2046，标准差都相对较小，数据相对集中，符合数据稳健性要求，为我们之后的研究奠定了比较好的基础。

表2　　整体描述性统计

变量名	样本量	平均值	标准差	最小值	最大值
创新强度	8 832	2.7073	1.3441	0.6900	8.8400
国有控股比例	8 832	0.0315	0.1058	0.0000	0.8400
股权集中度	8 832	0.5654	0.1499	0.1300	1.0000
净资产收益率	8 832	0.0599	0.1530	-3.2800	4.7800
资产负债率	8 832	0.4599	0.2046	0.0100	8.2600

表3和表4分别是重污染企业和非重污染企业的描述性分析结果。从结果来看，非重污染企业组即对照组创新强度均值为2.8792，重污染企业组即实验组创

新强度为2.4657，政策实施后，创新强度下降，因此初步推断从整体来看新《环境保护法》的出台抑制了企业创新。

表3　实验组描述性统计

变量名	样本量	平均值	标准差	最小值	最大值
创新强度	3 672	2.4657	1.1661	0.6900	8.4800
国有控股比例	3 672	0.0347	0.1120	0.0000	0.8000
股权集中度	3 672	0.5719	0.1519	0.1300	0.9700
净资产收益率	3 672	0.0597	0.1699	-3.2800	4.7800
资产负债率	3 672	0.4528	0.1897	0.0100	2.0200

表4　对照组描述性统计

变量名	样本量	平均值	标准差	最小值	最大值
创新强度	5 160	2.8792	1.4332	0.6900	8.8400
国有控股比例	5 160	0.0292	0.1010	0.0000	0.8400
股权集中度	5 160	0.5609	0.1483	0.1400	1.0000
净资产收益率	5 160	0.0600	0.1397	-2.0700	0.9900
资产负债率	5 160	0.4650	0.2145	0.0200	8.2600

（四）相关性检验

基于本文的数据处理方法，担心控制变量之间会存在多重共线性问题，因而做了相关性检验，检验结果如表5所示。

表5　相关性检验

变量名	国有控股比例	股权集中度	净资产收益率	资产负债率
国有控股比例	1.0000			
股权集中度	0.2111	1.0000		
净资产收益率	-0.0031	0.1154	1.0000	
资产负债率	0.1133	-0.0287	-0.1457	1.0000

由表5可知，模型中被解释变量和解释变量的Pearson相关系数均在1%水平上显著，且各变量方向均与预期相符，说明模型设计较为合理，研究目的或可实现。在两两一组变量之中，最大的相关系数为股权集中度与国有控股比例之间的相

关系数 0.2111，所有两两一组变量之间的相关系数均不超过 0.5000，说明回归模型整体上不存在严重的多重共线性。

(五) 内生性问题讨论

克服可能的内生性问题是保证前面计量模型结论可靠的重要条件。本文面临的内生性问题主要来自两个方面：第一，作为解释变量的各地区环境规制与作为被解释变量的企业发明性专利数量之间可能存在的逆向因果关系造成的内生性问题。第二，由于遗漏某种重要的影响变量导致的内生性问题。针对第一种可能的内生性问题，本文认为，新《环境保护法》由国家强制力保证实施，相对于各地区分散的企业，环境规制应该在很大程度上属于外生性变量，企业只能被动地接受政策，并不能对规制政策进行干预，因此我们可以认为并不会因为严重的逆向因果关系带来内生性问题。针对第二种可能的内生性问题，我们在计量方程中尽可能地纳入了一系列既有文献强调的影响因素，还纳入了个体虚拟变量和年份虚拟变量的交乘项，用来控制在不同年份外部经济环境的变化对企业不同个体行为的影响。这些控制变量的引入可以有效缓解因可能的遗漏变量所导致的内生性问题。

(六) 模型设定

为了检验前述假说，本文设立了以下回归模型：

$$\text{lnparent}_{i,t} = \alpha_{i,t} + \sigma \text{did}_{i,t} + \beta \text{treat} + \eta \text{time} + \lambda Z_{i,t} + \mu_{i,t} \tag{1}$$

其中，$\text{lnparent}_{i,t}$为被解释变量，$\text{did}_{i,t}$为核心解释变量，$Z_{i,t}$为所有的控制变量，包括国有控股比例、股权集中度、净资产收益率、资产负债率，$\alpha_{i,t}$为常数项，交互项 did（Treat × period）的系数 λ 反映了新《环境保护法》出台对企业创新的净效应，是本文最为关注的系数，$\mu_{i,t}$为随机扰动项。

四、实证结果分析

根据以往的研究，环保法律法规主要是通过提高企业的直接合规成本造成企业利润损失，影响企业的组织战略。企业面对环境规制的应对途径主要包括四种：一是企业利用自身市场势力优势或低需求收入弹性将成本转嫁给消费者；二是企业通过融资或政府补贴等渠道削弱成本的提高；三是通过对排污权的寻租行为来减少企业的合规成本；四是企业采用技术创新的手段，在满足环境管制的同时提高产品竞争力获得市场优势。但正如前面研究中的数学模型分析，技术创新的成果具有很强的不确定性，企业都追求利润最大化，由于技术创新表面上具有很强的不确定性（陈屹立、邓雨薇，2021），因此在短期内企业更倾向于前三种途径，只有当前三种途径带来的收益低于技术创新并且企业有足够的资本和信心时才会选择第四种战略决策，因此造成了短期内新《环境保护法》出台抑制了企业创新，不支持波特假说。

研究发现，环保法律法规除了影响企业的直接合规成本外，还通过信贷威慑力来影响企业的间接隐形合规成本（陈屹立、邓雨薇，2021）。以紫金矿业为例的研究中就发现，无论A股还是H股市场都能够对重大环境污染事故做出显著负面反应（沈红波等，2012）。新法出台，国家对企业的环境监管更加严格，对于环境污染要求的信息披露也越来越多，而重污染企业有关此类负面信息的披露不利于企业的形象维护，对其形成融资挤出效应，使其受到罚款后的运营情况更加艰难，因而减少了创新投入，创新产出也相应减少。我国新《环境保护法》正式实施是在2015年，研究表明在面对更为严格的环境规制时，企业选择技术创新的组织战略来降低成本、提高市场竞争力，从而增加了企业的研发投入，但是存在滞后效应即研发投入转化为成果需要时间，在短时间内波特效应并未体现出来（颉茂华等，2021）。

表6展示了本文的整体回归结果，第（1）列没有加入固定效应，第（2）列加入了个体固定效应，第（3）列加入了时间固定效应，第（4）列加入了时间固定效应和个体固定效应的混合效应，为本文模型最为重要的回归结果。所有回归分析都采用了企业层面的稳健调整标准误差。根据表6的（1）列结果，treat × period的系数 σ 为负，并且在1%的显著性水平下显著，对比表6的（2）、（3）、（4）列结果可知，在排除企业个体变化对因变量影响的基础上，进一步排除时间变化对因变量的影响，treat × period的系数 σ 仍然显著为负，且系数呈现小幅增加的趋势，重污染企业对新法出台政策敏感性略有降低。另外，相关控制变量对因变量创新强度的促进或是抑制影响均与前面的样本相关性系数检验所得到的正负关系保持一致。该实证结果与我们的假说1矛盾，从整体上来看，新《环境保护法》出台抑制了企业创新，波特假说不成立。

表6　　整体回归结果

变量	(1)	(2)	(3)	(4)
	lnparent	lnparent	lnparent	lnparent
did	-0.1752*** (-3.9266)	-0.1762*** (-3.9941)	-0.1770*** (-3.9803)	-0.1782*** (-4.0483)
time	0.5658*** (18.0278)	0.5610*** (17.9684)	0.5278*** (11.9742)	0.5198*** (11.8437)
treat	-0.3046*** (-4.4837)	0.0000 (.)	-0.3047*** (-4.4841)	0.0000 (.)
state_share_ratio	0.4234*** (3.1108)	0.3941*** (2.7420)	0.4431*** (3.3101)	0.4135*** (2.9366)

续表

变量	(1)	(2)	(3)	(4)
	lnparent	lnparent	lnparent	lnparent
big_shareholders_ratio	0.4635*** (2.7809)	0.2613 (1.3558)	0.5406*** (3.2402)	0.3631* (1.8903)
roa	0.1751*** (2.6476)	0.1160* (1.8748)	0.1301** (2.1160)	0.0732 (1.2753)
debt_asset_ratio	0.5022** (2.1262)	0.3481* (1.7591)	0.4702** (2.1838)	0.3245* (1.8324)
_cons	2.0085*** (12.1933)	2.0752*** (12.4775)	1.8455*** (11.8315)	1.8960*** (11.8905)
i. year	No	No	Yes	Yes
fe	No	Yes	No	Yes
N	8 832	8 832	8 832	8 832
pseudo R^2	0.0940	0.1236	0.0920	0.1160

注：所有回归分析均采用了企业层面的稳健调整标准误调整异方差，* $p<0.1$，** $p<0.05$，*** $p<0.01$。

五、稳健性分析

1. 共同趋势鉴定

双重差分估计方法必须满足一个关键的假设前提就是处理组和对照组在政策冲击前具有相同的走势，即满足平行趋势假设，否则无法保证政策冲击后产生的差异是由该项政策导致的。通过分别计算 2012～2019 年处理组和对照组的年平均创新强度，绘制二者的走势图（见图 1）。新《环境保护法》自 2015 年开始实施，由图 1 可知，2012～2014 年处理组和对照组的年平均研发投入强度走势基本满足平行趋势假设，2015 年之后处理组和对照组开始出现差异，2016 年后处理组和对照组差异进一步加大，处理组相对于控制组上升趋势明显放缓，2018 年之后二者均急剧下降。

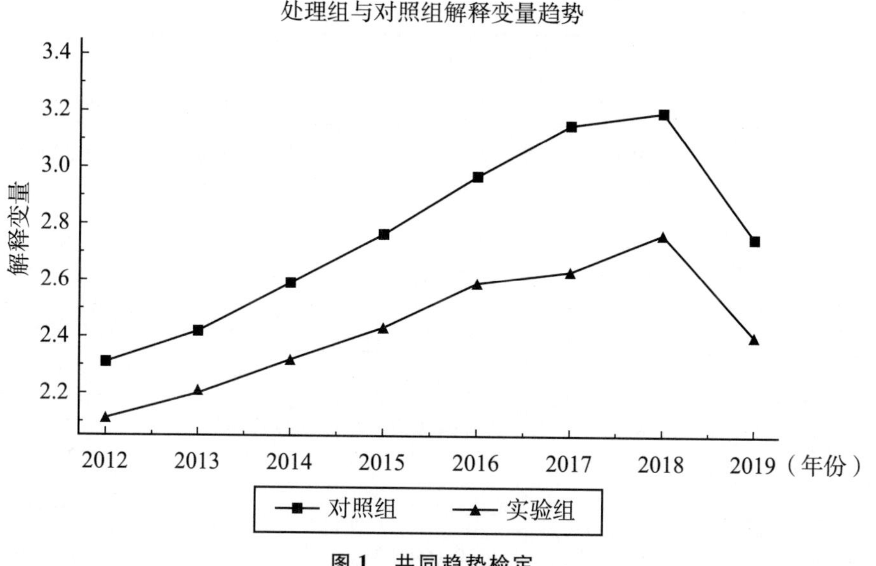

图 1　共同趋势检定

2. 缩尾检验

本文通过对所有连续变量进行上下一分位的缩尾处理后，回归结果如表 7 所示。本文发现，缩尾后核心解释变量以及控制变量的显著性没有很大改变，大部分连续变量在 1% 的置信水平上显著，但系数相对提高，证明缩尾后重污染企业对于新法实施带来的负向政策效果减弱，经过缩尾检验后，本文实证结果基本维持稳健性。

表 7　　缩尾检验

变量	(1)	(2)	(3)	(4)
	lnparent_tr	lnparent_tr	lnparent_tr	lnparent_tr
did	-0.1489*** (-3.3882)	-0.1545*** (-3.5198)	-0.1541*** (-3.5107)	-0.1606*** (-3.6600)
time	0.5351*** (17.2298)	0.5351*** (17.0503)	0.4981*** (11.2113)	0.4979*** (10.9765)
treat	-0.2862*** (-4.3888)	0.0000 (.)	-0.2845*** (-4.3536)	0.0000 (.)
big_shareholders_ratio_tr	0.2656* (1.6464)	0.0743 (0.3873)	0.3682** (2.2449)	0.2054 (1.0559)
debt_asset_ratio_tr	0.9495*** (7.9750)	0.7404*** (5.3171)	0.8786*** (7.4431)	0.6641*** (4.8386)

续表

变量	(1)	(2)	(3)	(4)
	lnparent_tr	lnparent_tr	lnparent_tr	lnparent_tr
roa_tr	0.5568*** (4.6906)	0.3838*** (3.1628)	0.4512*** (3.9053)	0.2800** (2.3778)
state_share_ratio_tr	0.6099*** (3.0227)	0.5984*** (2.7855)	0.6100*** (3.0878)	0.5920*** (2.8238)
i. year	No	No	Yes	Yes
fe	No	Yes	No	Yes
_cons	1.8585*** (15.2109)	1.9419*** (13.4892)	1.7064*** (13.5976)	1.7743*** (12.0501)
N	8154	8154	8154	8154
pseudo R^2	0.1018	0.0941	0.0931	0.0819

注：所有回归分析均采用了企业层面的稳健调整标准误调整异方差，$*p<0.1$，$**p<0.05$，$***p<0.01$。

3. 安慰剂检验

为检验基准回归结果中得到的新《环境保护法》出台对企业创新强度的抑制作用是否受其他不可观测的混淆因素的影响，本文对样本城市的政策效应进行随机处理的安慰剂检验。具体而言，对于所有样本随机选取一组2015年重污染组、非重污染组的行业分类与时间虚拟变量的交互项（treat × did）作为实际政策冲击效应。为提高安慰剂检验的有效性，本文将以上步骤重复进行1 000次。由于企业和实际政策冲击效应是随机给定的，因此这种“虚假”的回归估计出来的系数值应主要分布于数值0两侧。安慰剂检验的系数估计值核密度分布如图2所示，由于真实回归中核心解释变量的系数估计值为 -0.1782（图2中用竖虚线表示，见表6第（4）列），远远小于安慰剂检验中得到的系数估计值，因此排除了其他不可观测因素对环境规制抑制企业创新的影响。

4. 剔除第一批低碳城市试点

研究表明，低碳试点城市政策对试点城市内高碳排放企业绿色技术创新产生影响（熊广勤等，2020），考虑到行政政策具有一定的滞后性，本文只剔除了第一批低碳城市试点（天津、重庆、深圳、厦门、杭州、南昌、贵阳、保定）内企业以排除低碳城市试点政策对本文实证结果的影响，回归结果如表8所示。根据表8的结果来看核心解释变量did的系数仍然显著为负，证明本文的研究结果是稳健的。

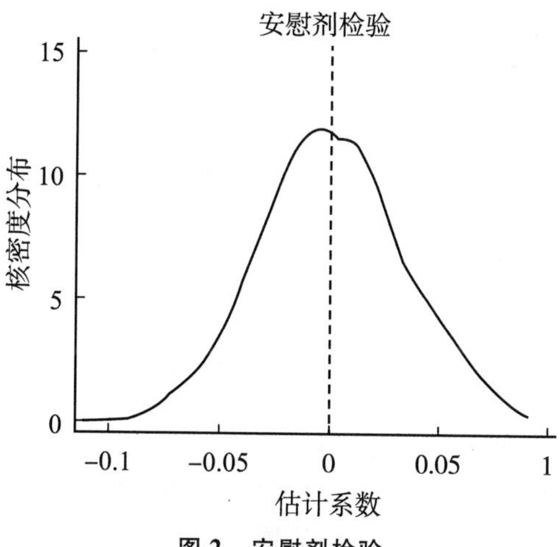

图 2 安慰剂检验

表 8 剔除第一批低碳城市试点的回归结果

变量	(1)	(2)	(3)	(4)
	lnparent	lnparent	lnparent	lnparent
did	-0.1413*** (-3.0397)	-0.1463*** (-3.1457)	-0.1442*** (-3.0992)	-0.1493*** (-3.2079)
time	0.5408*** (16.5068)	0.5387*** (16.3613)	0.5048*** (11.3698)	0.5010*** (11.1625)
treat	-0.3413*** (-4.6129)	0.0000 (.)	-0.3406*** (-4.5979)	0.0000 (.)
state_share_ratio	0.3738*** (2.8217)	0.3470** (2.4389)	0.3934*** (3.0079)	0.3659*** (2.6176)
big_shareholders_ratio	0.4748*** (2.7598)	0.2636 (1.3374)	0.5428*** (3.1383)	0.3532* (1.7914)
roa	0.2132*** (3.3820)	0.1440** (2.3803)	0.1617*** (2.7382)	0.0945* (1.6708)
debt_asset_ratio	0.8472*** (6.9606)	0.6261*** (4.5466)	0.7854*** (6.6009)	0.5700*** (4.2360)
_cons	1.8502*** (13.9850)	1.9273*** (12.7782)	1.7054*** (12.7903)	1.7686*** (11.6658)
i.year	No	No	Yes	Yes
fe	No	Yes	No	Yes

续表

变量	(1)	(2)	(3)	(4)
	lnparent	lnparent	lnparent	lnparent
N	7 344	7 344	7 344	7 344
pseudo R^2	0.1179	0.1319	0.1152	0.1298

注：所有回归分析均采用了企业层面的稳健调整标准误调整异方差，* p<0.1，** p<0.05，*** p<0.01。

5. 剔除黄河流域省份

由于我国黄河流域污染程度较高，而且河流沿岸的环境效果具有很强的空间外溢性，会对本文的研究结果产生较大的影响，于是本文剔除黄河流域省份数据探究新法实施对企业创新的影响，结果如表9所示。结果发现，剔除黄河流域省份数据后核心解释变量did的系数仍然显著为负，且表现为新法实施对企业创新的抑制作用增强。杜龙政等（2021）提出中国环境规制与工业绿色竞争力之间是“U”形曲线关系。因此分析剔除了污染程度较为严重的黄河流域的数据，其他地区数据由于处于“U”形曲线拐点左侧，且位于黄河流域数据左侧，从而表现出更强的抑制性。

表9　剔除黄河流域省份的回归结果

变量	(1)	(2)	(3)	(4)
	lnparent	lnparent	lnparent	lnparent
did	-0.2273*** (-4.6229)	-0.2267*** (-4.6551)	-0.2295*** (-4.6796)	-0.2292*** (-4.7126)
time	0.5818*** (16.8741)	0.5751*** (16.7291)	0.5314*** (10.8595)	0.5199*** (10.6152)
treat	-0.2320*** (-3.0187)	0.0000 (.)	-0.2323*** (-3.0205)	0.0000 (.)
state_share_ratio	0.5038*** (3.3164)	0.4722*** (2.9185)	0.5239*** (3.5033)	0.4924*** (3.1021)
big_shareholders_ratio	0.4076** (2.1914)	0.1699 (0.7965)	0.4833*** (2.5813)	0.2709 (1.2642)
roa	0.1673** (2.0159)	0.1061 (1.3451)	0.1174 (1.5081)	0.0581 (0.7870)

续表

变量	(1)	(2)	(3)	(4)
	lnparent	lnparent	lnparent	lnparent
debt_asset_ratio	0.4232* (1.8408)	0.2598 (1.4562)	0.3948* (1.8965)	0.2410 (1.5215)
_cons	2.0665*** (12.0452)	2.1949*** (12.7922)	1.9108*** (11.6120)	2.0227*** (12.0238)
i. year	No	No	Yes	Yes
fe	No	Yes	No	Yes
N	7 112	7 112	7 112	7 112
pseudo R^2	0.0896	0.1112	0.0875	0.1069

注：所有回归分析均采用了企业层面的稳健调整标准误调整异方差，* p<0.1，** p<0.05，*** p<0.01。

六、异质性分析

（一）企业性质异质性分析

如前面所述，由于国有企业与民营企业在创新能力和创新动力方面存在很大差异，因此本文猜测新《环境保护法》出台对企业创新的影响在国有企业和民营企业会存在异质性，本文结合《中华人民共和国刑法》《最高人民法院、最高人民检察院关于办理国家出资企业中职务犯罪案件具体应用法律若干问题的意见》，以及《财政部关于国有企业认定问题有关意见的函》，以国有控股比例为衡量标准，对企业进行了分组，国有控股比例大于50%则认定为国有企业，其他则为民营企业，分别进行回归分析，结果如表10和表11所示。

表10　　国有企业的回归结果

变量	(1)	(2)	(3)	(4)
	lnparent	lnparent	lnparent	lnparent
did	0.1100 (0.2639)	-0.1219 (-0.2715)	0.1636 (0.3898)	0.0484 (0.1053)
time	0.5680** (2.2988)	0.9164*** (3.8034)	0.4966 (1.5161)	1.2579*** (3.0028)

续表

变量	(1)	(2)	(3)	(4)
	lnparent	lnparent	lnparent	lnparent
treat	-0.6299* (-1.9412)	0.0000 (.)	-0.6614** (-1.9789)	0.0000 (.)
state_share_ratio	0.7561 (0.4348)	-1.4939 (-0.6103)	0.9008 (0.5118)	-0.0833 (-0.0293)
big_shareholders_ratio	2.9972** (2.3706)	5.4320* (1.9141)	2.8477** (2.2642)	5.2110* (1.7727)
roa	-0.3927 (-0.8671)	-0.2379 (-0.5464)	-0.3668 (-0.6002)	-0.2170 (-0.3500)
debt_asset_ratio	3.1001*** (6.3305)	3.1514*** (6.8923)	2.8984*** (5.7535)	2.1563*** (2.9187)
_cons	-1.4430 (-0.9901)	-2.3213 (-0.8652)	-1.3716 (-0.9826)	-2.6582 (-1.0029)
i. year	No	No	Yes	Yes
fe	No	Yes	No	Yes
N	148	148	148	148
pseudo R^2	0.3124	0.1961	0.3210	0.1566

注：所有回归分析均采用了企业层面的稳健调整标准误调整异方差，* p<0.1，** p<0.05，*** p<0.01。

表 11　　民营企业的回归结果

变量	(1)	(2)	(3)	(4)
	lnparent	lnparent	lnparent	lnparent
did	-0.1807*** (-4.1026)	-0.1805*** (-4.1536)	-0.1836*** (-4.1815)	-0.1837*** (-4.2351)
time	0.5508*** (17.5964)	0.5408*** (17.3689)	0.5107*** (11.5131)	0.4955*** (11.2032)
treat	-0.3003*** (-4.3584)	0.0000 (.)	-0.2996*** (-4.3494)	0.0000 (.)
state_share_ratio	0.8540*** (3.7467)	0.8103*** (3.4433)	0.8457*** (3.7943)	0.7984*** (3.4770)

续表

变量	(1)	(2)	(3)	(4)
	lnparent	lnparent	lnparent	lnparent
big_shareholders_ratio	0.2819 * (1.7760)	-0.0069 (-0.0375)	0.1147 ** (2.3229)	0.1147 (0.6218)
roa	0.1782 *** (2.6813)	0.1149 * (1.8150)	0.1333 ** (2.1549)	0.0722 (1.2292)
debt_asset_ratio	0.4668 ** (2.0454)	0.3002 (1.6204)	0.4382 ** (2.1054)	0.2809 * (1.6939)
_cons	2.1307 *** (13.4026)	2.2506 *** (14.3911)	1.9597 *** (12.9615)	2.0602 *** (13.5801)
i. year	No	No	Yes	Yes
fe	No	Yes	No	Yes
N	8 684	8 684	8 684	8 684
pseudo R^2	0.0986	0.1222	0.0984	0.1272

注：所有回归分析均采用了企业层面的稳健调整标准误调整异方差，* $p<0.1$，** $p<0.05$，*** $p<0.01$。

本文发现国有企业的交叉项相关系数显示为正数，但是结果并不显著，民营企业的交叉项系数显示为 -0.1837，相较于整体的交叉项系数 -0.1782 更小，这证明民营企业相较于国有企业对于新《环境保护法》出台带来的政策效应敏感性更大，即民营企业更容易受到新《环境保护法》带来的创新抑制效应。

（二）地区异质性分析

根据国家统计局的分类标准，本文将东北地区（辽宁、吉林、黑龙江）和中部地区（陕西、山西、河南、湖北、湖南、安徽、江西）归为二类，将西部地区（重庆、四川、贵州、云南、西藏、广西、甘肃、宁夏、青海、新疆、内蒙古）归为三类，其他地区即为东部地区，归为一类，回归结果分别对应表 12 中的（2）、（3）、（1）列。由回归结果可知，东部地区在 1% 的显著性水平上满足新法出台抑制了企业创新，且 did 系数 -0.1716 大于总体回归结果，证明东部地区的政策敏感性低于整体，中部地区和东北地区在 5% 的显著性水平上显著，且核心解释变量 did 系数为 -0.2196 小于总体回归结果，证明中部地区的政策敏感性大于整体，新法实施对中部地区的抑制作用更强，西部地区 did 系数虽然也为负数，但其不显著。

表 12　　地区异质性回归结果

变量	(1)	(2)	(3)
	东部地区	中部和东北地区	西部地区
	lnparent	lnparent	lnparent
did	-0.1716*** (-3.1758)	-0.2196** (-2.3020)	-0.0695 (-0.5949)
time	0.5094*** (9.3510)	0.5736*** (6.5488)	0.4287*** (3.1975)
treat	0.0000 (.)	0.0000 (.)	0.0000 (.)
state_share_ratio	0.3890** (2.0758)	0.5964** (2.3055)	0.2547 (0.6920)
big_shareholders_ratio	0.2691 (1.0895)	0.3097 (0.8705)	0.9251 (1.6379)
roa	0.0993 (1.1951)	-0.0220 (-0.1895)	0.2503*** (2.7623)
debt_asset_ratio	0.1835 (1.2676)	0.8348*** (3.6507)	1.0926*** (3.3862)
_cons	2.0560*** (11.0014)	1.5755*** (6.6777)	1.1408*** (2.6359)
i. year	yes	yes	yes
fe	yes	yes	yes
N	5 960	1 904	968
pseudo R^2	0.1326	0.0442	0.0567

注：所有回归分析均采用了企业层面的稳健调整标准误调整异方差，* $p<0.1$，** $p<0.05$，*** $p<0.01$。

七、机制性检验

（一）成本效应

由于我国环境支出披露模式没有明确的法定要求，没有披露固定、规范的形式，因此本文通过考察环境支出不为 0 的企业样本和环境支出为 0 的企业样本可以验证“成本效应”是否存在。如果“成本效应”存在，则环境规制与交互项应该存在明显的负相关关系，且在环境支出不为0的企业有着更强的抑制作用。在表13的回归结果中可以看出环境规制抑制了企业创新产出，且在环境支出不为0的企业样本内的抑制效果显著，环境规制为0的样本不显著，从而验证了“成本效应”，即环境规制通过提高企业的经营成本来抑制创新。

表13　　成本效应检验

变量	(1)	(2)	(3)	(4)
	lnparent	lnparent	lnparent	lnparent
did	-0.1797*** (-3.5369)	-0.1760*** (-3.4784)	-0.1191 (-0.8759)	-0.1622 (-1.1380)
time	0.5631*** (17.9506)	0.4952*** (10.7221)	0.4974*** (3.8617)	0.5888*** (3.6276)
treat	-0.2739*** (-3.7640)	0.0000 (.)	-0.5330*** (-3.4028)	0.0000 (.)
state_share_ratio	0.3272** (2.1502)	0.2793* (1.7542)	0.6418** (2.5609)	0.6659** (2.4789)
big_shareholders_ratio	0.3629** (2.0266)	0.2479 (1.1886)	1.0113*** (2.8759)	0.7542* (1.6842)
roa	0.1546** (2.3037)	0.0582 (0.9584)	0.2802* (1.6589)	0.0825 (0.5425)
debt_asset_ratio	0.4599* (1.8376)	0.2465 (1.4790)	0.7743*** (4.1219)	0.5932*** (2.7513)
_cons	2.0865*** (11.8522)	2.0283*** (12.1957)	1.6749*** (5.9274)	1.4311*** (4.6555)
I. year	No	Yes	No	Yes
fe	No	Yes	No	Yes
N	7 342	7 342	1 490	1 490
pseudo R^2	0.0881	0.0753	0.1614	0.1239

注：所有回归分析均采用了企业层面的稳健调整标准误调整异方差，* $p<0.1$，** $p<0.05$，*** $p<0.01$。

（二）信贷效应

本文将银行借款大于等于平均数的城市作为高信贷企业，将银行借款在平均数以及平均数以下的城市作为一般信贷企业进行了分类回归，回归结果如表14所示。回归结果显示，在仅控制个体固定效应和时间固定效应的条件下，高信贷在不同企业对创新的抑制作用均显著为负。其中，高信贷企业核心解释变量的回归系数为-0.1911，一般信贷企业的回归系数为-0.0909，但不显著，说明在信贷水平更高的企业，环境规制对城市创新的抑制作用越强。上述结果表明，环境规制影响企业创新的"信贷效应"显著存在：环境规制加强使得企业不得不通过高信贷缓解生存压力，创新活力受到抑制。

表14　　信贷效应检验

变量	(1)	(2)	(3)	(4)
	lnparent	lnparent	lnparent	lnparent
did	-0.2044*** (-3.5402)	-0.1911*** (-3.2497)	-0.0900 (-1.3637)	-0.0909 (-1.3639)
time	0.4784*** (12.1993)	0.3879*** (6.3654)	0.5109*** (10.7593)	0.4711*** (6.9736)
treat	-0.2203*** (-3.2662)	0.0000 (.)	-0.4874*** (-5.1916)	0.0000 (.)
state_share_ratio	0.4535** (2.1289)	0.5000** (2.1489)	0.1992 (1.1693)	0.1658 (0.9389)
big_shareholders_ratio	-0.1322 (-0.7315)	-0.1297 (-0.5439)	0.8037*** (3.2306)	0.5964** (1.9656)
roa	0.4460*** (4.2065)	0.2442** (2.2264)	0.1165** (1.9937)	0.0096 (0.1799)
debt_asset_ratio	0.5955*** (3.9154)	0.4643*** (2.6776)	0.1185 (0.9694)	0.0451 (0.5489)
_cons	2.0793*** (15.3800)	1.8890*** (11.1011)	2.2849*** (12.5111)	2.2206*** (10.6774)
I. year	No	Yes	No	Yes
fe	No	Yes	No	Yes
N	4 269	4 269	4 563	4 563
pseudo R^2	0.0646	0.0406	0.0688	0.0283

注：所有回归分析均采用了企业层面的稳健调整标准误调整异方差，* $p<0.1$，** $p<0.05$，*** $p<0.01$。

（三）挤出效应

为了检验“挤出效应”，本文搜集了 2012～2019 年企业营业收入占行业营业总收入的占比数据，并构建以下计量模型：

$$lnparent_{i,t} = \sigma did_{i,t} + \partial mi_{i,t} + \omega income\_ratio_{i,t} + \beta time + \eta treat + \lambda Z_{i,t} + \alpha_{i,t} + \mu_{i,t} \quad (2)$$

其中，$mi_{i,t}$为 did × income_ratio 交互项，$did_{i,t}$为核心解释变量，度量环境规制与企业市场垄断水平，其他变量含义均与模型（1）相同，如果挤出效应存在，预期 ∂ 显著为正，表 15 第（1）列的回归结果显示环境规制和企业营业收入占比显著提升了企业创新，加入时间固定效应后，结果仍然显著，这证明环境规制中的挤出效应并不存在，环境规制并不会通过提高市场准入门槛和挤出生存压力较重的小企业，对企业市场垄断水平造成影响，进而抑制创新，这也进一步补充了上述两条机制检验，成本效应和信贷效应的发挥在维持现有的市场结构基础上进行，不会造成类似熊彼特假说中的破坏效果。

表 15　挤出效应检验

变量	（1）	（2）	（3）	（4）
	lnparent	lnparent	lnparent	lnparent
did	-0.1970*** (-4.4359)	-0.1928*** (-4.3481)	-0.1990*** (-4.4832)	-0.1957*** (-4.4116)
mi	5.2138* (1.9208)	4.2473 (1.4247)	5.1417* (1.8388)	4.2914 (1.3954)
incomeratio	4.5363** (2.4217)	4.7809** (2.4067)	3.7993** (2.0302)	3.8629* (1.9220)
time	0.5483*** (17.7322)	0.5433*** (17.5348)	0.4970*** (11.2422)	0.4901*** (11.0010)
treat	-0.2991*** (-4.4194)	0.0000 (.)	-0.3002*** (-4.4293)	0.0000 (.)
state_share_ratio	0.4120*** (3.0690)	0.3787*** (2.6765)	0.4330*** (3.2624)	0.4008*** (2.8749)
big_shareholders_ratio	0.3654** (2.2447)	0.1832 (0.9758)	0.4440*** (2.7129)	0.2827 (1.5033)
roa	0.1580** (2.4632)	0.1003* (1.6668)	0.1138* (1.9028)	0.0583 (1.0398)

续表

变量	(1)	(2)	(3)	(4)
	lnparent	lnparent	lnparent	lnparent
debt_asset_ratio	0.4632** (2.0792)	0.3149* (1.7071)	0.4385** (2.1421)	0.2978* (1.7857)
_cons	2.0647*** (13.0879)	2.1184*** (13.4260)	1.9037*** (12.6245)	1.9438*** (12.7102)
I. year	No	No	Yes	Yes
fe	No	Yes	No	Yes
N	8 832	8 832	8 832	8 832
pseudo R^2	0.1040	0.1069	0.1027	0.1110

注：所有回归分析均采用了企业层面的稳健调整标准误调整异方差，* p<0.1，** p<0.05，*** p<0.01。

八、进一步分析

本文采用过往文献中通常的被解释变量 ia 即研发投入占企业总资产的比例替代本文的解释变量创新强度即发明性专利数量的对数，回归结果如表 16 所示，得到的结论与过往文献相似，新法的实施在 0.1 的显著性水平下促进了企业的研发投入，而本文认为可能存在滞后性等原因使得研发投入在实验期内转化为研发成果的效果不明显，因而得到新法实施抑制了企业创新强度的结果。

表 16　　ia 为被解释变量的回归结果

变量	(1)	(2)	(3)	(4)
	ia	ia	ia	ia
did	0.0249 (1.4445)	0.0382** (1.9824)	0.0251 (1.4460)	0.0385** (1.9888)
time	-0.0221 (-1.4488)	-0.0286** (-2.0227)	-0.0377 (-1.3807)	-0.0475* (-1.9541)
treat	-0.0209** (-2.0954)	0.0000 (.)	-0.0210** (-2.0931)	0.0000 (.)
state_share_ratio	-0.0730 (-1.5805)	-0.0015 (-0.0861)	-0.0756 (-1.5822)	-0.0040 (-0.2298)

续表

变量	(1)	(2)	(3)	(4)
	ia	ia	ia	ia
big_shareholders_ratio	-0.0169 (-1.2801)	0.0936 (1.2814)	-0.0203 (-1.4170)	0.0797 (1.1764)
roa	0.0666 (1.3631)	0.1020* (1.8082)	0.0667 (1.3752)	0.1018* (1.8224)
debt_asset_ratio	0.3869 (1.3027)	0.7742* (1.9005)	0.3888 (1.3061)	0.7758* (1.9089)
_cons	-0.1303 (-1.0264)	-0.3834* (-1.7039)	-0.1152 (-0.9826)	-0.3616* (-1.6858)
i. year	No	No	Yes	Yes
fe	No	Yes	No	Yes
N	8 832	8 832	8 832	8 832
pseudo R^2	0.0130	0.0096	0.0130	0.0096

注：所有回归分析均采用了企业层面的稳健调整标准误调整异方差，* $p<0.1$，** $p<0.05$，*** $p<0.01$。

九、结论与政策建议

本文选择2012～2019年沪深股市1 338个上市企业面板数据，利用DID方法研究新《环境保护法》出台对上市企业研发成果的影响。结果表明：首先，新法的实施对重污染上市公司的研发成果具有显著的负向影响，因此猜测可能由于存在一定的滞后效应，基于中国企业数据的波特效应还未显现出来。其次，从企业性质上来讲，民营企业相比于国有企业对于新法的政策效应敏感性更强，即民营企业更容易受到新《环境保护法》带来的创新抑制效应，本文猜测此结果由国有企业区别于民营企业的特点所致，如前面所述，包括政府补贴、学费效应、高管组成、银行信贷等方面。最后，环境规制加强在满足不产生熊彼特假说中的破坏效果前提下，通过成本效应和信贷效应的作用机制抑制创新。

新《环境保护法》作为一项命令型的环境规制，在其出台后没有增加企业的创新成果，反而抑制了企业的创新，尽管新《环境保护法》的实施迎合了当今社会公众对环境污染关注度越来越高的趋势，但在实施的过程中仍需要兼顾到企业活力，应该针对不同的企业性质和不同地区如区分国有企业和民营企业，区分东部地区和西部地区采取灵活的执法手段，并对新法造成更为巨大的企业环境成本给予适当的补贴，调动企业的积极性。另外，企业应该用更为开放的态度迎接更加严格的环境规制，利用研发创新作为应对政策影响更为长远的战略部署，发挥企业对经济社会的贡献作用。

本文目前的研究结果表明了新《环境保护法》实施能够促进企业的研发投入而抑制企业的研发成果的产出，猜测可能存在一定的滞后性使得在实验期间内企业的研发投入并未成功地转化为研发成果，那么在新法实施的背景下，研发投入转化为研发成果的机制如何？滞后性是否真实存在？对此进行深入研究可以更好地完善基于中国数据的波特假说，并为中国如何实现环境保护与企业创新的双赢提供依据。

参考文献

1. 李百兴、王博：《新环保法实施增大了企业的技术创新投入吗？——基于 PSM - DID 方法的研究》，载《审计与经济研究》2019 年第 1 期。

2. 陈屹立、曾琳琳：《新〈环境保护法〉实施对重污染企业的影响研究——基于上市公司的分析》，载《山东大学学报（哲学社会科学版）》2018 年第 4 期。

3. 张根文、张王飞：《盈利能力，环境执法与环保法律实施的股价冲击——基于新〈环境保护法〉出台的事件研究》，载《贵州财经大学学报》2017 年第 1 期。

4. 陈屹立、邓雨薇：《环境规制、市场势力与企业创新》，载《贵州财经大学学报》2021 第 1 期。

5. 张根文、邱硕、张王飞：《强化环境规制影响企业研发创新吗——基于新〈环境保护法〉实施的实证分析》，载《广东商学院学报》2018 年第 6 期。

6. 袁文华、孟丽、张金涛：《环境规制对企业全要素生产率的影响——基于中国新〈环保法〉的准自然实验研究》，载《大连理工大学学报（社会科学版）》2021 年第 3 期。

7. 陈琪：《环保投入能提高企业生产率吗？——基于企业创新中介效应的实证分析》，载《南开经济研究》2020 年第 6 期。

8. 诸竹君、黄先海、王煌：《交通基础设施改善促进了企业创新吗？——基于高铁开通的准自然实验》，载《金融研究》2019 年第 11 期。

9. 李树、陈屹立、陈刚：《环保产业发展与区域环境质量改善——来自省级面板数据的证据》，载《中南财经政法大学学报》2011 年第 5 期。

10. 周文山、顾东晓：《环境保护政策，企业创新投入与企业绩效——基于中介效应检验模型的研究》，载《湖北经济学院学报》2020 年第 4 期。

11. 毕鹏、李盼盼：《环境规制，政府支持与企业创新产出》，载《企业经济》2020 年 6 期。

12. 孙慧、郭秋秋：《环境规制、双元创新与企业绩效：环境动态性的调节作用》，载《生态经济》2021 年 5 期。

13. 闫文娟、郭树龙：《中国排污权交易政策与企业就业效应——基于微观企业数据的分析》，载《产经评论》2017 年第 6 期。

14. 沈红波、谢越、陈峥嵘：《企业的环境保护、社会责任及其市场效应——基于紫金矿业环境污染事件的案例研究》，载《中国工业经济》2012 年第 1 期。

15. 颉茂华、王瑾、刘冬梅：《环境规制，技术创新与企业经营绩效》，载《南开管理评论》2014 年第 6 期。

16. 崔静波、张学立、庄子银、程郁：《企业出口与创新驱动——来自中关村企业自主创新数据的证据》，载《管理世界》2021 年第 1 期。

17. 熊航、静峥、展进涛:《不同环境规制政策对中国规模以上工业企业技术创新的影响》，载《资源科学》2020 年第 7 期。

18. 熊广勤、石大千、李美娜:《低碳城市试点对企业绿色技术创新的影响》，载《科研管理》2020 年第 12 期。

19. 汪晓文、陈明月、陈南旭:《环境规制、引致创新与黄河流域经济增长》，载《经济问题》2021 年第 5 期。

20. 王晓祺、郝双光、张俊民:《新〈环保法〉与企业绿色创新:“倒逼”抑或“挤出”?》，载《中国人口资源与环境》2020 年第 7 期。

21. 逯东、孙岩、周玮、杨丹:《地方政府政绩诉求、政府控制权与公司价值研究》，载《经济研究》2014 年第 1 期。

22. 杜龙政、赵云辉、陶克涛、林伟芳:《环境规制，治理转型对绿色竞争力提升的复合效应——基于中国工业的经验证据》2019 年第 10 期。

23. 苗苗、苏远东、朱曦、蒋玉石、张红宇:《环境规制对企业技术创新的影响——基于融资约束的中介效应检验》，载《软科学》2019 年第 12 期。

24. 张东敏、杨佳、刘座铭:《异质性环境政策对企业技术创新能力影响实证分析——基于双向固定效应模型》，载《商业研究》2021 年第 4 期。

25. Baumol W J, Oates W E. The Theory of Environmental Policy. *Cambridge Books*, 1988, 27 (1): 127 - 128.

Do Environmental Regulations Inhibit Corporate Innovation?

Chen Yian　Yang Jie　Li Guiping

Abstract: The nature of public goods of the environment, the externalities of environmental pollution and corporate competition illustrate the necessity of implementing environmental regulations. Based on the R&D innovation data of 1, 338 Shanghai and Shenzhen listed companies from 2012 to 2019, the double difference method was used to evaluate the impact of the new Environmental Protection Law on corporate innovation activities. The study found that the implementation of the new law has a negative impact on the innovation activities of heavily polluting companies, The impact on private enterprises is significant, but the impact on state-owned enterprises is not significant. The research conclusion does not support the “Porter Hypothesis” . The suppression effect on the central and northeastern regions is stronger, and the suppression on the eastern and western regions is weak, showing an inverted “U” . This article also verifies that the strengthening of environmental regulations can restrain innovation through cost and credit effects under the premise of not producing the destructive effects of Schumpeter's hypothesis. This provides a way for the government to take into account the enthusiasm for the innovation of enterprises while enforcing the environment of heavily polluting enterprises.

Key words: *Environmental Protection Law　enterprise innovation　Porter Hypothesis*

竞争氛围、知识隐藏与偏差行为的关系研究

李　丁　李昊辰　江　燕*

摘　要： 基于中国本土企业中的262位员工及其上级领导所构成的领导—员工配对数据，本文从组织情景因素出发，探究了竞争氛围对企业内员工知识隐藏行为、偏差行为的影响机制，以及道德推脱在上述因果关系中的中介效应。实证检验的结果表明，竞争氛围对员工知识隐藏行为具有正向影响作用；道德推脱在竞争氛围和知识隐藏之间起中介作用，即竞争氛围通过正向影响道德推脱进而促进员工知识隐藏行为发生；员工知识隐藏行为对偏差行为的产生具有正向影响。本文的研究结果有助于企业重视组织内竞争氛围对员工行为的影响关系，指导企业采取有效措施减少知识隐藏行为，创新企业人力资源管理实践方式。

关键词： 竞争氛围　道德推脱　知识隐藏　偏差行为

一、引言

知识作为组织资产的一部分，有助于组织获得竞争优势，提升组织创新能力，所以知识越来越受到重视（Obeidat et al.，2016）。在这样的背景之下，众多学者对组织知识管理进行探究，希望以此找到利于组织获取与运用知识的有效机制。帕拉西奥斯等人（Palacios et al.，2008）将知识管理定义为创造、转化、传播和利用知识的管理工具。并且，知识共享是信息时代组织知识管理的主要方面（Geofroy and Evans，2017）。网络和技术工具的兴起使得组织在获取、存储和共享某类型的知识时更为便利（Abbasi et al.，2015），由此组织内的知识管理也应变得更为有效，但事实上知识管理并没有达到理想的效果。原因之一为知识隐藏严重妨碍了知识传递，并且给组织造成了极大的经济损失。虽然组织采取诸多措施以减少组织内部的知识隐藏行为，但是收效不佳。因此对知识隐藏的研究，值得我们高度关注。

目前学者们对于知识隐藏的研究主要为以下几个方面：一是知识隐藏的概念与

* 李丁，山东大学文化传播学院讲师；李昊辰，山东大学商学院；江燕，本文通讯作者，山东大学商学院，E－mail：201800620083@mail.sdu.edu.cn。本文受国家社科基金面上项目“供给侧结构性改革下老工业基地创新要素结构优化研究”（项目编号：21BGL304）的资助。

测量，多以理论分析与实证分析相结合的方式，研究知识隐藏的概念、维度及测量工具（Connelly，2012）；二是知识隐藏的前因变量研究，集中于分析亲社会动机（Babic and Skerlavaj，2015）、组织公平（Abubakar et al.，2019）、工作不安全感（Serenko and Bontis，2016）对知识隐藏的影响；三是知识隐藏的影响结果分析，集中于探究知识隐藏对组织创新能力（Yoo et al.，2017）、报复行为、员工离职以及员工组织承诺水平（Serenko and Bontis，2016）的影响。

知识隐藏行为的研究成果众多，但相关层面的研究仍较少：一是从组织情景层面探究知识隐藏的影响机制。作为组织情景之一的竞争氛围是指员工对组织竞争环境的感知（Fletcher and Nusbaum，2009），会使员工感受到较高的工作压力（Fletcher et al.，2008）。而工作压力是导致组织内部知识隐藏行为的一个重要前因变量（Škerlavaj et al.，2018），因此可以考虑从竞争氛围视角对知识隐藏行为进行分析。二是情景因素对知识隐藏的作用机制。已有研究表明绩效氛围与组织内反社会行为呈正向相关关系，道德推脱在其中起调节作用（Stanger，2018）。道德推脱会促使组织内成员以自我为中心，在面对他人的帮助请求时会选择拒绝（Paciello et al.，2013）。那么可以推测，同为情景因素的竞争氛围也可以通过道德推脱的中介作用，使得个体在面对他人的知识请求时选择拒绝，即产生知识隐藏行为。三是知识隐藏的影响。知识隐藏会导致被隐藏者产生报复行为，在消极互惠关系下，员工会更倾向于做出对组织不利的行为（Serenko and Bontis，2016）。由罗宾逊和贝内特（Robinson and Bennett，1995）首次定义的偏差行为便是一种对组织不利的行为。基于上述分析，本文提出知识隐藏会导致偏差行为。

综上所述，本文基于心理所有权理论、社会认知理论等理论，结合道德推脱的中介作用，探讨组织内竞争氛围对知识隐藏的作用机制，以及知识隐藏行为对偏差行为的影响。深入分析知识隐藏行为的驱动因素以及其影响结果，从而为组织提出减少内部知识隐藏行为、促进知识共享与利用参考的对策与建议。

二、理论基础与研究假设

（一）知识隐藏

知识基础观（Knowledge-based view）认为，知识对于处在信息时代的企业或组织而言是获得持续竞争优势的重要源泉（Hayter，2016）。企业内员工个体知识的共享与组织化是实现企业自身可持续发展的有效途径（Flinchbaugh，2016）。但是大量研究表明，有一种阻碍知识共享的行为——知识隐藏，广泛存在于企业之中（Haas，2010；Connelly et al.，2012）。康奈利等（Connelly et al.，2012）将知识隐藏定义为：组织中的个体面对同事的知识请求时表现出的故意隐瞒或刻意掩饰的行为，这种行为会使组织绩效水平下降。他们进一步将知识隐藏划分为三种类型：推脱隐藏、装傻隐藏和合理隐藏。推脱隐藏指被请求者提供给请求者不正确信息，或者虽答应帮忙，但尽量拖延，并没有真正帮忙的意向，带有欺骗性质。装傻隐藏是指隐藏者假装听不懂从而拒绝帮忙，这种类型的隐藏也具有欺骗性质。合理隐藏指隐藏者以第三方不愿意泄露这一消息或者信息为由而拒绝向请求者提供其想要的知识或信息，这种隐藏不一定涉及欺骗。

以往的研究表明，人际不信任（Connelly et al.，2012）等人际层面因素会对知识隐藏产生影响。知识隐藏的前因变量还包括工作压力（Škerlavaj et al.，2018）、政治感知（Malik et al.，2018）等组织层面因素。此外，人格特质也会影响到组织内的知识隐藏，如黑暗三角人格与知识隐藏呈正相关（Pan et al.，2018），外向性（外向性人格表现为热情、乐群性、独断性、活力、寻求刺激、积极情绪）与装傻隐藏呈正相关，神经质（神经质表现为焦虑、愤怒敌意、抑郁、冲动、脆弱）与装傻隐藏呈负相关（Demirkasimoglu，2016）。虽然目前对知识隐藏的前因变量研究颇多，但组织氛围中竞争氛围对知识隐藏的影响研究还处于初步阶段。同时，对于知识隐藏行为所导致的后果也有待进一步探究。

（二）竞争氛围与知识隐藏

竞争氛围，从员工视角分析是指个体对职场竞争环境的感知，这种竞争环境更多是由于员工对奖励、认可和地位的追求，以及同事之间的竞争行为造成的（Fletcher and Nusbaum，2009）。现阶段，有关竞争氛围的研究主要集中于以下三个方面：一是探究个体情绪如嫉妒心理等对竞争氛围形成的促进作用（Thomas，2017）；二是探讨竞争氛围对员工工作态度、压力和工作表现等方面产生的影响（Fletcher et al.，2008）；三是分析竞争氛围对员工工作绩效、工作效率及工作满意度等的调节作用（Li et al.，2016；Turel et al.，2018）。而本研究将从竞争氛围对员工知识隐藏行为的影响这一角度进行研究。

现实生活中，管理者常鼓励员工之间进行竞争以提高工作效率和组织绩效。然而，研究发现，随着竞争氛围水平的提高，高竞争特质的个体会表现出更高的工作满意度和工作绩效，低竞争特质的个体则表现出更低的工作满意度和工作绩效（Fletcher et al.，2008）。由此可见，竞争氛围并不一定会给组织带来积极影响，因此学者们建议，管理者在鼓励竞争氛围方面应该谨慎一些。竞争氛围易使员工产生嫉妒心理和关系冲突，再加上员工竞争特质力的调节作用，会促进知识隐藏行为的产生，进而阻碍组织创新，给组织带来消极影响（Peng et al.，2020）。

类似的研究表明，员工隐藏知识的行为并非完全取决于主观因素，还会受到组织情境的影响（Anand et al.，2020）。他们指出，职场的竞争行为和绩效导向对员工的知识隐藏行为具有促进作用。而工作场合中的绩效导向与竞争行为是密切相关的，即绩效导向的存在会促进竞争氛围（Semerci，2019）。因此我们可以推测，竞争氛围与员工的知识隐藏行为之间也存在正相关关系。依据资源保护理论，即人们具有保护其所重视的资源的基本动机（Hobfoll，2018），员工在绩效导向形成的竞争氛围下，面对同事的知识请求时，出于对安全和自我保护的生存需要，会更倾向于通过知识隐藏行为来保护自己的绩效。心理所有权理论也为该情境下知识隐藏行为做出了解释。该理论认为，当个体感觉到自己的知识可以带来竞争优势时，他们会表现出保护知识的领地行为（Huo et al.，2016）。另外，古尔德纳（Gouldner，1959）对社会交换理论的研究也为此影响机制奠定了基础。社会交换理论强调，人与人在交往过程中遵循互惠原则。在此基础上，古尔德纳（1959）提出，人们在交往过程中可能表现出互惠负规范。具体而言，当个体在请求知识时被拒绝，他们在面对其他人的请求时，就有可能产生“报复心理”，因而会做出隐藏知识的行为（Khalide et al.，2018；Lanke，2018）。这一结论说明，在竞争氛围下，知识隐藏行为存在着负循环的过程；竞争氛围对员工知识隐藏行为的影响不仅体现在员工个体层面上，还广泛存在于组织范围内。综上所述，本文提出以下假设：

H1：竞争氛围正向影响员工的知识隐藏行为。

（三）道德推脱的中介作用

班杜拉（Bandura，1977）提出了社会学习理论，它着眼于观察学习和自我调节在引发人的行为中的作用，重视人的行为和环境的相互作用。在这个理论的基础上，班杜拉（Bandura，1986）提出了社会认知理论，认为行为是由外部环境和内部认知共同决定的，其中内部认知起着主导作用。后来，基于广义的社会认知理论中道德能动性的概念，即道德能动性既表现为制止不道德行为的权力，也表现为积极的道德行为能力，班杜拉（Bandura，1999）提出在道德能动性不发挥作用的情况下，道德推脱便会出现。道德推脱是指通过道德辩护、美化语言和有利比较等机制，将不道德行为转化为良性行为或通过责任的转移和分散来尽量减少自己对受害人的伤害行为。它解释了个体做出不道德行为却不会感到应有的内疚和痛苦的现象。摩尔（Moore，2008）进一步对道德推脱的概念进行了界定和阐述，将其定义为个体唤起认知的倾向，这种倾向会重组一个人的行为，使其看起来伤害更小，最小化自己对所负责任的理解，或者减弱自己对他人造成痛苦的感知。纽曼（Newman，2019）对工作场所中道德推脱的研究进行了一个系统的回顾，并制定了一个全面的研究议程，在这个议程中指出了理论和实证研究发展的机会。

文献研究表明，绩效氛围对道德推脱有显著影响，但少有学者直接研究竞争氛围与道德推脱之间的关系。斯坦格（Stanger，2018）以青少年运动员为例，论证了道德推脱在绩效氛围与反社会行为之间起中介作用，即绩效氛围强的组织中的成员会更倾向于道德推脱，进而提高其反社会行为发生的可能性。同样以青少年运动员为样本研究绩效氛围对反社会行为的影响机制的佩平（Pepijn，2020）通过研究道德在运动训练和比赛中的作用，发现绩效氛围与反社会行为之间的关系在两种情境下都是由道德推脱所中介的，其中绩效氛围与道德推脱是正相关的关系。同时，在较强的绩效氛围下，竞争氛围也会处于一个较高的状态。涅斯塔德（Nerstad，2013）提出绩效氛围是动机氛围的一个维度，氛围的感受会帮助员工了解什么样的行为是组织期望和鼓励的，在绩效氛围下，社会比较和团队竞争受到重视。因此我们推测在高水平的绩效氛围下，竞争氛围也较高，进而可以推理出竞争氛围对道德推脱的促进作用。

此外，道德推脱的中介作用一直是近几年来的研究热点。如前面所述，斯坦格（2018）和佩平（2020）均研究发现了绩效氛围与反社会行为之间的关系是由道德推脱所中介的。又有研究发现，具有消极情绪的护士更容易进行道德推脱进而促进知识隐藏行为的发生（Hongdan and Qing，2018）。综上所述，竞争氛围会增强员工竞争的意识，员工重视个人利益，产生道德推脱的倾向，进而增大了组织内发生知识隐藏的可能性。故本文提出以下假设：

H2 和 H3：道德推脱在竞争氛围和知识隐藏之间起中介作用，竞争氛围通过促进道德推脱进而促进知识隐藏。

（四）知识隐藏与偏差行为

组织偏差行为也被称为工作场所越轨行为、消极工作行为等，是指员工自主地违反组织规范从而威胁组织或其他成员利益的行为（Robinson and Bennett，1995）。根据行为指向的不同，将偏差行为分为个体偏差行为与组织偏差行为（Robinson and Bennett，2000）。个体偏差行为是指组织中个体对其他个体的不当行为，如取笑、歧视、辱骂同事等；组织偏差行为是组织整体的不当行为，如一个团队有意拖延工作，不配合另一个团队的工作；团队领导为了能从组织获取更多的资金支持而夸大实际需要的预算等。已有研究表明，组织层面因素如工作不安全感（Xiao et al.，2018）、伦理型领导（Gok et al.，2017）以及个人层面因素如个人特质（Chen et al.，2018）等均会对偏差行为产生影响。

知识隐藏会削弱团队以及知识隐藏者的创造力（Fong et al.，2018；Malik et al.，2019），降低组织和团体的绩效水平（Singh，2019），威胁组织的可持续发展（Wang et al.，2019）。此外，康奈利和茨威格（Connelly and Zweig，2015）研究得出个体的知识隐藏行为使自己失去组织内他人的信任，证实了知识隐藏行为会破坏组织内部人际关系，逃避隐藏与装傻隐藏均会使被隐藏者产生负面情绪以及报复心理。同时，已有研究表明人际因素能够很好地预测偏差行为，消极的人际互惠关系下，员工会更倾向于做出损害组织利益的事情，也就是人际关系质量影响员工与组织的关系质量，进而影响了他们的行为（Sluss et al.，2012）。与此相反，积极互惠可以提高工作绩效水平，减少偏差行为的发生（Černe et al.，2014）。所以我们推测，知识隐藏行为导致隐藏者失去他人的信任，并且可能招致他人报复，而这种糟糕的组织内人际关系最终会造成偏差行为的产生。除此之外，辛格（Singh，2019）以社会交换理论、互惠规范和心理所有权理论为基础，指出知识隐藏会促使工作场所越轨行为即偏差行为的出现。综上所述，我们做出以下假设：

H4：知识隐藏正向影响组织内偏差行为的产生。

由上述四个假设，可以得到理论模型，如图1所示。

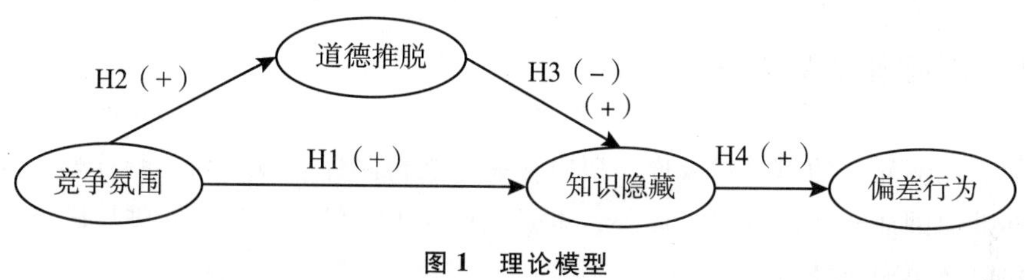

图1　理论模型

三、数据来源与模型构建

（一）样本选择与数据收集

本书选取的公司绝大部分为知识密集型和技术密集型企业，主要集中在山东省内威海、青岛、烟台、济南、济宁等多个城市。我们分别制定了针对于员工与领导的调研问卷，其中员工问卷的研究变量包括道德氛围、知识隐藏、道德推脱、亲社会动机等，领导问卷侧重调查领导对员工偏差行为和组织公民行为等的评价。具体操作过程如下：第一，在符合要求的企业中确定一位联系人，事先向其说明研究目的、内容及流程，提高联系人对研究者的信任度；第二，问卷采取匿名填写的方式，以减少上下级间私人关系、员工间的猜疑比较对数据质量与数据信度的负面影响。

本次调研共发放问卷323份，最终回收有效样本262份，有效回收率为81.15%。在有效样本中，平均年龄为35.3岁，平均工作年限为4.86年。其中男性员工占多数（59.92%），且81.67%的受访者具有本科以上学历，其中硕士以上学历占比22.90%。样本描述性统计结果如表1所示。

表 1 样本人口统计学特征分布

特征	类别	占比（%）	特征	类别	占比（%）
性别	男	59.92	教育程度	高中及以下	4.96
	女	40.08		大专	13.36
年龄	26～30 岁	32.06		本科	58.78
	31～35 岁	28.24		硕士	20.99
	36～40 岁	20.99		博士及以上	1.91
	40 岁以上	18.70			

（二）变量测量工具

为了保证问卷的信度与效度，研究量表均来自国外顶级期刊，所有英文量表均采用标准的翻译—回译程序。此外，本研究成立了专题小组对问卷进行修订，尽可能避免语义模糊或歧义。

知识隐藏采用的是康奈利等（Connelly et al.，2012）开发的十二题项量表，包括“答应帮他，但给他提供一些并非他真正需要的信息”“答应帮他，但不会真正试图去做”“假装不知道他/她在说什么”“向他解释我想提供帮助，但不能帮他”等多个项目。

道德氛围选取的是在维克托和卡伦（Victor and Cullen，1987）开发的 ECQ 量表基础上，由申等（Shin et al.，2012）改变简化的量表，包括“公司有明确的员工道德规范条例”，”如果员工被发现为了私利而做了不道德的事情，他会受到斥责。”等七个项目。

竞争氛围采用的是布朗等（Brown et al.，1998）等编制的四题项问卷；道德推脱采用的是摩尔等（Moore et al.，2012）开发的包含八种机制的系统量表，包括“如果员工按照领导指示做事出了问题，那么不应该追究员工的责任”，“为了保护在意的事情，我认为散布谣言也是可以接受的”等项目；亲社会动机是由格朗特等（Grant et al.，2012）开发的五项量表测量的；偏差行为采用的是贝内特等（Bennett et al.，2000）开发的研究人际偏差行为的量表；组织公民行为是在李和艾伦（Lee and Allen，2002）等开发的量表中进行筛选得到的，包括组织和个人两个层次。

调研问卷均采用利克特（Likert）七级量表计分。在控制变量方面，结合李和崔（Rhee and Choi，2017）关于知识隐藏的实证研究，将员工的性别、年龄、教育程度、工作经历和平均二元任期作为控制变量，从而尽量排除人口统计学特征对研究结果产生的影响。

四、实证分析

（一）共同方法偏差

由于本文中变量竞争氛围、道德推脱、知识隐藏和偏差行为数据收集于同一时间点，因而可能存在共同方法偏差。因此，在四因子模型中加入一个方法因子，以检验共同方法造成的偏差。结果显示，加入方法因子之后模型拟合度与原四因子模型相比并没有显著提升（χ^2 = 1800.971，df = 555，RMSEA = 0.093，CFI = 0.876，TLI = 0.867，NFI = 0.831），可见本研究涉及的四个变量并不存在严重的共同方法偏差。

（二）信度与效度检验

首先，采用 SPSS 24.0 软件进行各个变量量表的信度检验。结果显示，知识隐藏、竞争氛围、道德推脱、偏差行为的 Cronbach's alpha 系数分别为 0.969、0.834、0.925、0.978，均大于 0.7 的临界水平，说明测量问卷具有良好信度。其次，在效度检验方面，本文采用 Amos 24.0 软件进行了验证性因子分析（CFA）。结果表示（见表 2），模型拟合度较好（RMSEA = 0.096，CFI = 0.867，IFI = 0.867，NFI = 0.822，TLI = 0.857）；各个构念题项的标准化载荷系数介于 0.498 ~ 0.959 之间且均大于 0.4；CR 值介于 0.829 ~ 0.978 之间，均大于 0.7；同时其平均方差抽取（AVE）介于 0.549 ~ 0.863 之间，均大于 0.5，因此量表具有较优的聚合效度。另外，如表 3 所示，本研究所假设的四因子模型拟合（χ^2 = 1892.699，df = 556，RMSEA = 0.096，CFI = 0.867，TLI = 0.857，NFI = 0.822）情况优于另外三种替代模型。

表 2　　验证性因子分析结果

变量	测量题项	因子载荷（CFA）	模型适配指标
竞争氛围（CC）（CR = 0.829；AVE = 0.549）	CC1	0.810***	
	CC2	0.701***	
	CC3	0.644***	
	CC4	0.797***	

续表

变量	测量题项	因子载荷（CFA）	模型适配指标
知识隐藏（KH）（CR = 0.970；AVE = 0.734）	EKH1	0.860***	
	EKH2	0.793***	
	EKH3	0.951***	
	EKH4	0.929***	
	PDKH5	0.950***	
	PDKH6	0.958***	
	PDKH7	0.949***	
	PDKH8	0.885***	
	RKH9	0.791***	CMIN/DF = 3.416
	RKH10	0.632***	RMSEA = 0.096
	RKH11	0.699***	CFI = 0.867
	RKH12	0.810***	IFI = 0.867
偏差行为（DB）（CR = 0.978；AVE = 0.864）	DB1	0.912***	NFI = 0.822
	DB2	0.912***	TLI = 0.857
	DB3	0.873***	
	DB4	0.943***	
	DB5	0.959***	
	DB6	0.953***	
	DB7	0.950***	
道德推脱（MD）（CR = 0.928；AVE = 0.622）	MD1	0.900***	
	MD2	0.894***	
	MD3	0.839***	
	MD4	0.498***	
	MD5	0.730***	
	MD6	0.835***	
	MD7	0.803***	
	MD8	0.737***	

注：* $p < 0.05$，** $p < 0.01$，*** $p < 0.001$，下同。

表 3　测量模型的比较

测量模型	χ^2	df	χ^2/df	RMSEA	CFI	IFI	TLI	NFI
四因子模型	1 892.699	556	3.404	0.096	0.867	0.867	0.857	0.822
三因子模型	2 270.538	559	4.062	0.108	0.829	0.830	0.818	0.786

续表

测量模型	χ^2	df	χ^2/df	RMSEA	CFI	IFI	TLI	NFI
二因子模型	2 616. 888	561	4. 665	0. 118	0. 795	0. 796	0. 783	0. 754
单因子模型	5 117. 371	437	11. 71	0. 203	0. 524	0. 525	0. 493	0. 503

注：二因子模型为竞争氛围 + 道德推脱 + 知识隐藏，偏差行为；三因子模型为竞争氛围 + 道德推脱，知识隐藏，偏差行为。

（三）变量描述性统计

本研究所涉及的变量均值、标准差、相关系数如表 4 所示。其中，性别、年龄、受教育程度、平均二元任期为控制变量。由表 4 可知：（1）竞争氛围与道德推脱（$r = 0.268$，$p < 0.01$）显著正相关；（2）竞争氛围与知识隐藏（$r = 0.351$，$p < 0.01$）显著正相关；（3）道德推脱与知识隐藏（$r = 0.811$，$p < 0.01$）显著正相关；（4）知识隐藏与偏差行为（$r = 0.182$，$p < 0.01$）显著正相关。变量相关性分析结果初步验证了本文研究假设。

表 4　变量描述性统计分析结果

变量	Mean	S. E.	1	2	3	4	5	6	7
性别	0. 599	0. 491	—						
年龄	35. 309	6. 994	0. 137*	—					
受教育程度	3. 015	0. 788	-0. 014	-0. 380**	—				
平均二元任期	4. 882	3. 625	-0. 199**	0. 397**	-0. 299**	—			
偏差行为	1. 565	0. 122	-0. 068	0. 107	-0. 043	-0. 029	—		
竞争氛围	4. 520	0. 222	0. 036	0. 086	-0. 128*	0. 097	0. 045	—	
道德推脱	2. 619	0. 182	0. 076	0. 181**	-0. 059	0. 108	0. 162**	0. 268**	—
知识隐藏	2. 481	0. 149	0. 03	0. 220**	-0. 134*	0. 152*	0. 182**	0. 351**	0. 811**

（四）假设检验

对性别、年龄、学历和司龄 4 个变量进行控制以后，得出了路径系数以及相应的显著性。（1）竞争氛围→知识隐藏的路径系数 $\beta = 0.150$，（$p < 0.01$）表明竞争氛围对知识隐藏有着显著的正向影响，假设 H1 成立。（2）竞争氛围→道德推脱的路径系数 $\beta = 0.363$，（$p < 0.01$）表明竞争氛围对道德推脱有着显著的正向影响，

假设 H2 成立。(3) 道德推脱→知识隐藏的路径系数 β = 0.776, ($p < 0.01$) 表明道德推脱对知识隐藏有着显著的正向影响，假设 H3 成立。(4) 知识隐藏→偏差行为的路径系数 β = 0.164, ($p < 0.03$) 表明知识隐藏对偏差行为有着显著的正向影响，假设 H4 成立。

采用 Bootstrap 方法验证道德推脱的中介作用：(5) 竞争氛围→道德推脱→知识隐藏的标准化路径系数 β = 0.283, ($p < 0.05$)。(6) 道德推脱→知识隐藏→偏差行为的标准化路径系数 β = 0.148, ($p < 0.01$)。(7) 竞争氛围→知识隐藏→偏差行为的标准化路径系数为 0.079, ($p < 0.01$)。由此得出中介效应成立。

五、研究结论与讨论

本文研究结论如下：竞争氛围正向影响员工的知识隐藏行为；道德推脱在竞争氛围和知识隐藏之间起中介作用，竞争氛围通过促进道德推脱进而促进知识隐藏；知识隐藏正向影响组织内偏差行为的产生。上述结论具有丰富的理论与实践意义。在理论层面，本文选取竞争氛围这一新视角拓展了员工知识隐藏行为影响因素的研究。研究从组织情境中竞争氛围的角度出发，以资源保护理论、心理所有权理论和社会交换理论为基础，合理解释了竞争氛围下员工做出知识隐藏行为的动机，并将竞争氛围、道德推脱与知识隐藏联系在一起，探究三者之间的作用关系。不仅丰富了知识隐藏在组织层面上的前因变量研究，还对竞争氛围作用机制方面的研究进行了有益补充，同时有助于进一步理解员工知识隐藏行为的形成机制。另外，文章回应了康奈利等（Connelly et al., 2012）关于加强对知识隐藏行为在组织层面上产生的后果的研究，提出偏差行为这一结果变量，在一定程度上推动了知识隐藏的研究。实践层面，在理论指导下：第一，企业在塑造竞争氛围的过程中应注重竞争氛围的负面影响，严格控制竞争强度。企业可以建立科学合理的绩效考核系统，对员工进行公平的绩效评估，帮助员工提升自我认知水平，正视与他人之间的差异。与此同时，企业更应关注员工的心理健康和团队关系建设，帮助员工树立正确的竞争意识。第二，企业应重视道德推脱的中介机制，可以在招聘过程中对应聘者的道德素质进行测试，选择道德推脱倾向较低的候选人成为企业的员工。在日常工作中企业也要加强对员工的道德伦理教育，帮助员工树立正确的道德意识，减少道德推脱发生的可能性，进而有效控制员工之间知识隐藏行为的发生。第三，为控制知识隐藏行为的发生，企业应加强信息管理体系的建设，为员工知识交流提供更多的机会。企业可以通过塑造知识共享文化，创建无风险的共享氛围，鼓励员工之间进行知识共享；也可以对员工进行教育培训，使员工认识到知识隐藏行为的不利影响。通过这些措施，减少组织内的偏差行为，达到规范员工行为的目的。

本研究采取的是横截面数据，无法对变量之间的因果关系做出严谨论断，难以反映竞争氛围对道德推脱、知识隐藏的动态影响过程。未来研究可以考虑采取具有时间跨度的纵向追踪方法深入探讨竞争氛围对知识隐藏的影响机制。此外，竞争氛围对知识隐藏的影响路径非常复杂，除道德推脱这一中介机制外，是否还存在其他中介变量以及竞争氛围与知识隐藏之间、道德推脱与知识隐藏之间是否存在某些调节变量都有待于进一步探讨。

参考文献

1. Abubakar A M, Behravesh E, Rezapouraghdam H, Yildiz S B. Applying artificial intelligence technique to predict knowledge hiding behavior. *International Journal of Information Management*, 2019, 49: 45 – 57.

2. Akhavan P, Hosseini S M, Abbasi M, Manteghi M. Knowledge-sharing determinants, behaviors, and innovative work behaviors. *Aslib Journal of Information Management*, 2015, 67 (5): 562 – 591.

3. Anand A, Centobelli P, Cerchione R. Why should I share knowledge with others? A review-based framework on events leading to knowledge hiding. *Journal of Organizational Change Management*, 2020, 33 (2): 379 – 399.

4. Bandura A. *Social Learning Theory*. Stanford University Press, 1977.

5. Bandura A. *Social foundations of thought and action: A social cognitive theory*. Englewood Cliffs, NJ: Prentice – Hall, 1986

6. Bandura A. Moral disengagement in the perpetuation of inhumanities. *Personality and Social Psychology Review*, 1999, 3: 193 – 209.

7. Bennett R J, Robinson S L. Development of a measure of workplace deviance. *Journal of Applied Psychology*, 2000, 85 (3): 349.

8. Brown S P, Cron W L, Slocum J W. Effects of Trait Competitiveness and Perceived Intraorganizational Competition on Salesperson Goal Setting and Performance. *Journal of Marketing*, 1998, 62 (4): 88 – 98.

9. Černe M, Nerstad C G L, Dysvik A, kerlavaj M. What Goes around Comes Around: Knowledge Hiding, Perceived Motivational Climate, and Creativity. *Academy of Management Journal*, 2014, 57 (1): 172 – 192.

10. Černe M, Babic K, Connelly C E, Skerlavaj M. Team-level knowledge hiding, social leader-member exchange, and prosocial motivation. *Academy of Management Annual Meeting Proceedings*, 2015, (1): 1.

11. Connelly C E, Zweig D, Webster J, Trougakos J P. Knowledge hiding in organizations. *Journal of Organizational Behavior*, 2012, 33 (1): 64 – 88.

12. Connelly C E, Zweig D. How perpetrators and targets construe knowledge hiding in organizations. *European Journal of Work & Organizational Psychology*, 2015, 24 (3): 479 – 489.

13. Chen C T, King B. Shaping the organizational citizenship behavior or workplace deviance: Key determining factors in the hospitality workforce. *Journal of Hospitality and Tourism Management*, 2018, 35: 1 – 8.

14. Demirkasimoglu N. Knowledge Hiding in Academia：Is Personality a Key Factor? . *International Journal of Higher Education*, 2016, 5 (1)：128 – 140.

15. Flinchbaugh C, Li P, Luth M T, et al. Team-level High Involvement Work Practices：Investigating the Role of Knowledge Sharing and Perspective Taking. *Human Resource Management Journal*, 2016, 26 (2)：134 – 150.

16. Fletcher T D, Major D A, Davis D D. The interactive relationship of competitive climate and trait competitiveness with workplace attitudes, stress, and performance. *Journal of Organizational Behavior*, 2008, 29 (7)：899 – 922.

17. Fletcher T D, Nusbaum D N. Development of the Competitive Work Environment Scale：A Multidimensional Climate Construct. *Educational and Psychological Measurement*, 2009, 70 (1)：105 – 124.

18. Fong P S, Men C, Luo J, Jia R. Knowledge hiding and team creativity：the contingent role of task interdependence. *Management Decision*. 2018, 56 (2)：329 – 343.

19. Geofroy Z, Evans M M. Are Emotionally Intelligent Employees Less Likely to Hide Their Knowledge? *Knowledge & Process Management*, 2017, 24 (2)：81 – 95.

20. Gok K, Sumanth J J, Bommer W H, Demirtas O, Arslan A, Eberhard J, Yigit A. You may not reap what you sow：How employees' moral awareness minimizes ethical leadership's positive impact on workplace deviance. *Journal of Business Ethics*, 2017, 146 (2)：257 – 277.

21. Gouldner A W. The Norm of Reciprocity：a Preliminary Statement. *Journal of Social and Personal Relationships*, 1959, 25 (2)：161 – 178.

22. Grant A M. Leading with Meaning：Beneficiary Contact, Prosocial Impact, and the Performance Effects of Transformational Leadership. *Academy of Management Journal*, 2012, 55 (2)：458 – 476.

23. Haas M R, Park S. To share or not to share? Professional norms, reference groups, and information withholding among life scientists. *Organization Science*, 2010, 21 (4)：873 – 891.

24. Hayter C S. Constraining entrepreneurial development：A knowledge-based view of social networks among academic entrepreneurs. *Research Policy*, 2016, 45 (2)：475 – 490.

25. Hobfoll S E, Halbesleben J, Neveu J P, et al. Conservation of Resources in the Organizational Context：The Reality of Resources and Their Consequences. *Annual Review of Organizational Psychology and Organizational Behavior*, 2018, 5 (1).

26. Huo W, Cai Z, Luo J, et al. Antecedents and intervention mechanisms：a multi-level study of RandD team's knowledge hiding behavior. *Journal of Knowledge Management*, 2016, 20 (5)：880 – 897.

27. Hongdan, Zhao Qing, et al. Nurses' negative affective states, moral disengagement, and knowledge hiding：The moderating role of ethical leadership. *Journal of Nursing Management*, 2018, 27 (2)：357 – 370.

28. Khalid, Maria, Bashir, et al. When and how abusive supervision leads to knowledge hiding behaviors：An Islamic work ethics perspective. *Leadership and Organization Development Journal*, 2018, 39 (6)：794 – 806.

29. Lanke P. Knowledge hiding：impact of interpersonal behavior and expertise. *Human Resource*

Management International Digest, 2018, 26 (2): 30 – 32.

30. Lee K, Allen N J. Organizational citizenship behavior and workplace deviance: the role of affect and cognitions. *The Journal of applied psychology*, 2002, 87 (1): 131 – 142.

31. Li J, Wong I K A, Kim W G. Effects of psychological contract breach on attitudes and performance: The moderating role of competitive climate. *International Journal of Hospitality Management*, 2016, 55: 1 – 10.

32. Malik O F, Shahzad A, Raziq M M, Khan M M, Yusaf S, Khan A. Perceptions of organizational politics, knowledge hiding, and employee creativity: The moderating role of professional commitment. *Personality and Individual Differences*, 2019, 142: 232 – 237.

33. María P. Salmador Sánchez, M. ángeles Palacios. Knowledge-based manufacturing enterprises: evidence from a case study. *Journal of Manufacturing Technology Management*, 2008, 19 (4): 447 – 468.

34. Moore C. Moral Disengagement in Processes of Organizational Corruption. *Journal of Business Ethics*, 2008, 80 (1): 129 – 139.

35. Moore C, Detert J R, Treviño L K, Baker V L, Mayer D M. Why Employees Do Bad Things: Moral Disengagement and Unethical Organizational Behavior. *Personnel Psychology*, 2012, 65 (1): 1 – 48.

36. Nerstad C G L, Roberts G C, Richardsen A M. Achieving success at work: The development and validation of the motivational climate at work questionnaire (MCWQ). *Journal of Applied Social Psychology*, 2013, (43): 2231 – 2250.

37. Newman A, Le H, North – Samardzic A, et al. Moral Disengagement at Work: A Review and Research Agenda. *Journal of Business Ethics*, 2019, 167 (3): 535 – 570.

38. Stanger N, Backhouse S H, Jennings A, McKenna J. Linking motivational climate with moral behavior in youth sport: The role of social support, perspective taking and moral disengagement. *Sport, Exercise, and Performance Psychology*, 2018, 7 (4): 392 – 407.

39. Obeidat B Y, Al – Suradi M M, Masa'deh R, Tarhini A. The impact of knowledge management on innovation. *Management Research Review*, 2016, 39 (10): 1214 – 1238.

40. Pepijn K C van de Pol, Maria Kavussanu, Brigitte Claessens. Moral functioning across training and competition in sport, *International Journal of Sport and Exercise Psychology*, 2020, 18 (2): 239 – 255.

41. Paciello M, Fida R, Cerniglia L, Tramontano C, Cole E. High cost helping scenario: The role of empathy, prosocial reasoning and moral disengagement on helping behavior. *Personality & Individual Differences*, 2013, 55 (1): 3 – 7.

42. Pan W, Zhang Q, Teo T S, Lim V K. The dark triad and knowledge hiding. *International Journal of Information Management*, 2018, 42: 36 – 48.

43. Peng H, Bell C, Li Y. How and when intragroup relationship conflict leads to knowledge hiding: the roles of envy and trait competitiveness. *International Journal of Conflict Management*, 2020, ahead-of-print (ahead-of-print).

44. Rhee Y W, Choi J N. Knowledge management behavior and individual creativity: Goal orientations as antecedents and in-group social status as moderating contingency. *Journal of Organizational Be-*

havior, 2017, 38 (6): 813 - 832.

45. Robinson S L, Bennett R J. A typology of deviant workplace behaviors: A multidimensional scaling study. *Academy of Management Journal*, 1995, 38: 555 - 572.

46. Serenko A, Bontis N. Understanding counterproductive knowledgé behavior: antecedents and consequences of intra-organizational knowledge hiding. *Journal of Knowledge Management*, 2016, 20 (6): 1199 - 1224.

47. Shin Y. CEO Ethical Leadership, Ethical Climate, Climate Strength, and Collective Organizational Citizenship Behavior. *Journal of Business Ethics*, 2012, 108 (3): 299 - 312.

48. Singh S K. Territoriality, task performance, and workplace deviance: Empirical evidence on role of knowledge hiding. *Journal of Business Research*, 2019, 97: 10 - 19.

49. Škerlavaj M, Connelly C E, ? erne M, Dysvik A. Tell me if you can: time pressure, prosocial motivation, perspective taking, and knowledge hiding. *Journal of Knowledge Management*, 2018, 22: 1489 - 1509.

50. Sluss D M, Ployhart R E, Cobb M G, Ashforth B E. Generalizing Newcomers' Relational and Organizational Identifications: Processes and Prototypicality. *Academy of Management Journal*, 2012, 55 (4): 949 - 975.

51. Semerci A B. Examination of knowledge hiding with conflict, competition and personal values. *International Journal of Conflict Management*, 2019, 30 (1): 111 - 131.

The Relationships Among Competitive Climate, Knowledge Hiding and Deviant Behaviors

Li Ding　Li Haochen　Jiang Yan

Abstract: Based on the leader-employee matchmaking data of 262 employees and their superior leaders in Chinese local enterprises, this paper explores the influence mechanism of competitive climate on knowledge hiding and deviant behaviors of employees in enterprises, also studying the mediating effect of moral disengagement in the above causal relationships. The empirical results show that the competitive climate has a positive effect on employees' knowledge hiding. Moral disengagement plays a mediating role between competitive climate and knowledge hiding. To be precise, competitive climate promotes employees' knowledge hiding by positively influencing moral disengagement. Besides, employees' knowledge hiding has a positive effect on the generation of deviant behaviors. The results of this paper are conducive to help enterprises pay attention to the influence of organizational competitive climate on employees' behaviors, furthermore guiding them to take effective measures to reduce knowledge hiding, and innovate organizational management practices.

Key words: *competitive climate　moral disengagement　knowledge hiding　deviant behaviors*

养老保险缴费遵从度与企业内部收入差距

何子冕　李雅楠　江　华*

摘　要： 企业内部收入差距的不断扩大是中国收入不平等加剧的重要推手，其可能受养老保险缴费遵从度的影响。本文基于 2013 ~ 2018 年中国 A 股上市公司非平衡面板数据，采用面板固定效应模型考察了养老保险缴费遵从度与企业内部收入差距之间关系。研究结果表明整体上提高养老保险缴费遵从度能明显缩小企业内部收入差距，对核心高管与普通员工薪酬差距的缩减效果高于全体高管与普通员工的薪酬差距。这是通过削减高管薪酬和提高普通员工薪酬的途径来实现的，是由于他们对企业利润的汲取能力不同造成的，高管薪酬与企业盈利联系更紧密，而普通员工薪酬对其变动并不敏感。异质性分析表明收入差距缩减效果是非国有企业强于国有企业、高盈利企业强于低盈利企业、高资本密集度企业要强于低资本密集度企业。以上结论可为现阶段中国加强对养老保险缴费征管、缩小企业内部收入差距，缓解社会收入不平等问题提供相关的经验研究。

关键词： 养老保险　缴费遵从度　内部收入差距　不平等

一、引言

自改革开放后，中国劳动者收入不平等的程度不断扩大（陈斌开等，2009；Xing and Li，2012；Meng et al.，2013），工资不平等主导了整体收入不平等（罗楚亮，2018），而企业高管与普通员工薪酬差距的不断拉大被认为是工资不平等的主要构成部分（朱羿锟，2014），尤其是大型企业内部收入差距（Song et al.，2019）。国内外研究员工薪酬差距多从经营业绩（Hall and Liebman，1998；刘春和孙亮，2010）、资本—技能互补性（Duffy et al.，2004；卢晶亮，2017）、公司薪酬溢价（Abowd et al.，1999；Card et al.，2013）、利润分享（Song et al.，2019；王若兰、刘灿雷，2019）等视角，而作为用工成本重要组成部分的养老保险，其缴费遵从度的不同会对企业盈利能力产生影响，从而可能影响高管和普通员工的薪酬

* 何子冕，福建工程学院互联网经贸学院讲师，E－mail：hezimian1983@126.com；李雅楠，首都经济贸易大学劳动经济学院副教授；江华，首都经济贸易大学劳动经济学院副教授。本文受北京市社科基金、市教委重点项目“首都非京籍常住人口社会保障体系研究”（项目标号：SZ202010038022）的资助。感谢福建工程学院校科研启动基金（GY－S21009）的支持，文责自负。

收入，因此，养老保险能否合规缴纳可能会影响企业内部收入差距，而国内尚无相关研究。

2019年，中国社保基数完全合规的企业占比为29.9%，统一按最低缴费基数参保的企业比例为28.4%[①]。社会保险费用支出是影响企业盈利能力的重要因素，企业为了获得竞争优势，存在利用逃费进行成本控制的动机，而普通员工为了获得更高的当期收入也存在逃费动机。中国养老保险制度由于法定费率过高、退休保障水平偏低、基金可持续性问题等，使得企业和员工从彼此利益角度考虑，选择当期收益最大化的策略，即员工为了提高当期薪酬收入、企业为了缩减人工成本和提高利润率，两者之间会约定按低于实际月工资收入水平或者以当地社会保险最低缴费基数缴纳相关费用（李春根、夏珺，2019）。

绩效薪酬是高管薪酬的主要来源，也是工资不平等加剧的主要原因（Piketty and Saez，2003；Lemieux et al.，2009），表现为企业内部收益分配的底部与顶部分享利润程度不同，利润分配越来越多的份额流向顶部员工（Song et al.，2019）。高管的绩效薪酬与企业业绩挂钩，养老保险合规缴纳对企业用工成本的影响取决于此项费用能否转嫁至员工工资。如果企业员工工资存在刚性，那么增加缴费只能加重企业用工成本，减少企业盈利空间，从而妨碍高管汲取更多的利润。在养老保险费用缴纳由企业代员工向征缴机构申报的前提下，管理者从利益最大化角度出发，存在利用制度缺陷逃费进行成本控制，从而分享更多利润的动机，而普通员工获得的利润份额可能有限，因此企业内部收入差距会越来越大。

上市公司作为中国规模以上优质企业的代表，既存在养老保险缴费遵从度不合规的现象（郑秉文，2019），也存在高管与普通员工的薪酬差距不断加剧的问题（朱羿锟，2014），那么缴费遵从度与企业内部收入差距是何种关系？本文利用中国A股上市公司的数据，从企业角度研究养老保险缴费遵从度对内部收入差距的影响。与已有研究相比，本文的贡献可能体现在以下三个方面：第一，养老保险缴费能否合规缴纳会影响企业利润，从而对企业内部收入差距产生影响，国内尚无相关文献探讨两者之间的关系，本文研究或可弥补不足；第二，探讨缴费遵从度对企业内部薪酬差距的机制效应时，鉴于董监高薪酬和普通员工薪酬对企业利润汲取能力不同，分析提高缴费遵从度是如何影响两者收入的；第三，将上市公司按所有制、盈利水平、资本密集度分样本研究缴费遵从度与企业内部收入差距之间的关系。

① 《中国企业社保白皮书2019》。

二、相关文献回顾

（一）缴费遵从度

养老保险缴费在国外多以工资税形式征收，故研究其缴费遵从度可从逃税视角展开。逃税经济学的理论分析框架始于 A－S 模型（Allingham and Sandmo，1972），该模型早期主要研究个体逃税行为，后期通过加入委托代理结构分析企业逃税行为，其重要的影响因子为税率水平、惩罚方式、代理者薪酬水平（Crockera and Slemrod，2005）。尽管逃税、避税对政府来说减少了收入，但是从个人和企业来看，减轻了自身税负，特别是在高边际税率国家，有利于减缓高税率带来的效率损失及提升企业价值（Graham and Tucker，2006），因此将两者统一定义为税收套利行为（Agell and Persson，2000）。然而，将企业避税行为纳入公司治理的分析框架之后，税收不遵从行为只有在治理结构完善的公司才会提高企业价值（Desai et al.，2007），否则所引发的大量非税成本会有损企业价值（Desai and Dharmapala，2009）。

企业纳税遵从度取决于成本与收益的权衡，收益主要为逃税行为产生的现金流增加，而成本主要体现在逃税行为被查后面临的罚金及声誉损失（Wilson，2009）。因此，逃税所带来的投资可能会增加或减少，取决于税收监管（Baumanm and Friehe，2008）。由于中国法制和税收监管的不健全，企业税费的征收与稽查仍然很薄弱，因此逃税现象十分普遍（马光荣、李力行，2012）。增加工资税率会增加风险中性企业的逃税行为，雇主和雇员可能会共同分享逃税的收益（Blakemore et al.，1996）。俄罗斯曾采用黑色现金交易来逃避过高的工资税，高费率低保障的社会保障制度促使国民相信实得工资要比未来福利更可靠（Yakovlev，2001），由此，形成的影子经济会对国家的福利制度产生挑战（Streit，1984）。

中国社会保险费率是否过高主要聚焦于基本养老保险费率问题，国内学者主要从国际比较（宋晓梧，2017）、企业承受能力（王增文、邓大松，2009）、最优缴费率（景鹏、胡秋明，2017）等视角研究，均表明法定费率过高。究其缘由，是由于养老金的转轨成本（黄庆杰，2012）、个人账户“空账”运转（孙光德、董克用，2008）、老龄化加重社会保险基金支付压力（程朝阳、于凌云，2017）等因素造成的。基本养老保险的高费率并没有带来基本养老金的高替代率，2014 年企业基本养老金的替代率为 42.3%，接近国际劳动组织在《社会保障最低标准公约》中提出的 40% 最低替代率标准（杨翠迎等，2018），高费率、低替代率促使企业与员工合谋逃费，促使其当期收入最大化（李春根、夏珺，2019）。企业主要以法定最低缴费基数、企业内部分档缴费基数、固定工资不含奖金缴费三种方式实施社会保险逃费（房海军，2019）。

（二）企业内部收入差距

劳动力市场关于企业员工工资收入差距的研究理论主要为完全竞争市场和非完全竞争市场。完全竞争市场支持拥有相同技能的员工均能获得同样的工资，而工资差距是由于员工技能水平差异造成的（Sampson，2014）；不完全竞争市场则支持“效率工资”“公平工资”“工资议价模型”，表明工资和利润之间存在正相关关系，员工工资差距既存在技能差异，又存在绩效差异（Helpman et al.，2010；Macis and Schivardi，2016）。工资议价模型中的工资差异取决于企业利润（Martins，2009），利润的内部分享可能有利于高技能员工，主要是其具有更高的个人议价能力及绩效薪酬计划（Lemieux et al.，2009），如受教育程度更高的雇员可享受更多的利润分配比例（Martins，2009）。无论是发达国家还是发展中国家，雇主和雇员之间的利润分享，是解释工资不平等的重要组成部分（Van Reenen，1996；Martins，2009；Bigsten et al.，2003）。

现有经验研究均表明中国上市公司均已建立以业绩为导向的薪酬管理体系（方军雄，2011），高管和普通员工的薪酬均对企业业绩反应敏感，而高管薪酬的业绩敏感度明显高于普通员工（陈冬华等，2015），国内企业高管出于“自利行为”增加了利用盈余管理操作绩效薪酬的动机（权小锋等，2010）。上市公司高管薪酬一直保持高速增长，年均增长率远超 GDP 增长和职工收入增长水平（朱羿锟，2014），逐渐扩大的企业内部收入差距跟其业绩并不匹配，学者运用薪酬尺蠖效应①对其进行解释（方军雄，2011），即企业管理者权力越大，内部收入差距越大（卢锐，2007），高管主导企业内部资源配置，在薪酬议价时处于强势地位，而普通员工则处于不平等、弱势地位，只能是薪酬方案的被动接受者（郭正模、李晓梅，2006）。当企业内部收入差距过大时，高管可能通过盈余管理或薪酬契约中增加较好业绩指标的权重对其薪酬进行辩护，国有企业辩护动机更强，其辩护行为也更明显（缪毅、胡奕明，2016）；民营企业高管薪酬取决于利润，而国有企业在收入达标情况下高管薪酬与利润高度相关，未达标情况下相关性显著降低，国企高管更愿意通过事前谈判减轻收入考核的影响（刘浩等，2014）。

综合以上文献，中国养老保险制度由于历史原因所造成的高负担低保障，且在征管与监管不严的情况下，企业权衡合规缴费成本、逃费收益及逃费惩罚概率，高管和普通员工都存在逃费动机。假设没有惩罚成本，企业在实施养老保险缴费不遵

① 薪酬尺蠖效应：当企业增加薪酬时，高管薪酬增幅高于普通员工薪酬增幅；当企业减薪时，高管没有被减薪或减薪幅度低于普通员工（方军雄，2011）。

从时，普通员工可能获得比合规缴费更高的税后收入，而企业可节省大量的用工成本支出，在产品市场上获得成本竞争优势，有利于其提升盈利空间。由于企业内部高管与普通员工的薪酬议价能力不同，高管作为薪酬方案的设定者，会倾向于制定利于其收入增加的方案，其能从逃费收益中获得更高的利润份额，而普通员工作为薪酬方案的被动接受者，在逃费收益分享中可能获得的仅是其应享受福利的部分变现收入，因此，企业内部收入差距会越来越大。税务部门若全面接管社会保险费用征缴，相对于以往的二元征缴模式，严格征收管理已是趋势。企业以低报缴费基数的逃费模式难以逃避税务部门的监管，不遵从的惩罚成本也会升高，高管薪酬随着遵从度提升或存在缩水现象，而普通员工的薪酬由于其刚性特征未必会因遵从度提升而减少。基于以上分析，本文对养老保险缴费遵从度与内部收入差距之间的关系展开分析：缴费遵从度提高是否会缩小薪酬差距？而这种缩减模式是否是通过员工薪酬提升而高管薪酬减少的途径来实现的？如果是这种机制效应，那么，现阶段提高养老保险企业缴费遵从度，有利于缩小中国企业内部收入差距，缓解由于规则不公平带来的社会不平等。

三、研究设计

（一）样本选择与数据来源

本文选取2013～2018年A股上市公司数据作为研究标的，其中，剔除金融行业上市公司、这六年内借壳上市及有过ST、*ST经历的公司，对样本标的连续性变量进行首尾1%的缩尾，删除主要变量存在缺失值的样本，共获得2 480家公司、11 394个非平衡面板的有效样本。企业为员工缴纳养老保险费用，是根据上一年度的月均工资额进行申报的，本文测度企业实际缴费率为本年人均缴费额与上一年度人均工资比值作为参考标准。法定缴费率通过查阅各省（市）政府网站、人社网和百度搜索等方式获取，多数省（市）缴费率已实现省级统筹，部分未统筹地区落实到市级层面，如广东省、厦门市、大连市。上市公司数据均来自Wind资讯及CSMAR数据库，宏观经济数据来自《中国统计年鉴》。

文中关于用工成本分解的各项数据均来自上市公司报表附注中“应付职工薪酬”所记录的明细科目，如“五险一金”费用均是企业层面负担员工除应得薪酬以外的用工成本，因此本文研究企业用工成本为员工的薪酬与福利（非薪酬的用工成本）之和，采用“应付职工薪酬”本期增加额作为用工成本总额；企业支付给员工的薪酬（不含福利），以会计科目里的“工资、奖金、津贴和补贴”本期增加额作为员工薪酬总额；员工福利总额为用工成本总额与薪酬总额的差值；“基本养老保险”本期增加额作为当年企业层面为员工缴纳的养老保险费用，不含员工个人缴纳部分，员工个人层面缴纳的“五险一金”已包含在其薪酬中。高管薪酬是采用 CSMAR 数据库中高管个人资料项目中所报告其领取的薪酬。

（二）模型设定和变量定义

1. 模型设定

借鉴柳光强和孔高文（2018）的研究模型，本文构建养老保险缴费遵从度与内部收入差距之间关系的基本估计模型如下：

$$Gap_{i,t} = \alpha_0 + \alpha_1 Bias_{i,t} + \alpha_2 X_{i,t} + \alpha_i + \alpha_t + \xi_{i,t} \tag{1}$$

在估计模型中，i 表示企业，t 表示年份，$Gap_{i,t}$表示被解释变量内部收入差距；$Bias_{i,t}$表示养老保险企业缴费遵从度；$X_{i,t}$是多个控制变量构成的向量，包括企业层面的控制变量和地区经济发展水平的控制变量。α_i、α_t 分别表示企业、时间固定效应，$\xi_{i,t}$为随机误差项。

2. 指标选取

（1）被解释变量：内部收入差距。借鉴缪毅和胡奕民明（2016）、柳光强和孔高文（2018）的研究，内部收入差距分别采用核心高管薪酬与普通员工薪酬比值（差距Ⅰ）、董监高平均薪酬与普通员工薪酬比值（差距Ⅱ）作为代理变量，其中，核心高管是指薪酬排名前三的高管人员。

核心高管平均薪酬 = 前三名高管薪酬总额 ÷ 3

董监高平均薪酬 = 董监高薪酬总额 ÷ 董监高人数①

普通员工平均薪酬 =（薪酬总额 − 董监高薪酬总额②）÷（员工总数 − 董监高人数）

差距Ⅰ = 核心高管平均薪酬 ÷ 普通员工平均薪酬

差距Ⅱ = 董监高平均薪酬 ÷ 普通员工平均薪酬

（2）核心解释变量：基本养老保险企业缴费遵从度。该指标与实际缴费率有关，根据基本养老保险缴费法规，企业申报每位员工的缴费基数是上一年度员工月平均工资额，因此本文的基本养老保险实际缴费率测算公式为：

实际缴费率 = 本年度人均养老保险缴费额 ÷ 上年度人均工资

缴费遵从度的计算公式借鉴尼尔森和史密斯（Nielsen and Smyth，2008）的度量方法，用实际缴费率与法定缴费率的偏离除以法定缴费率，此项指标区间［−1，+∞），当实际缴费率低于法定缴费率时，该指标为负值，反之为正值。此

---

① 董监高薪酬总额是指领取薪酬的董监高薪酬总额，不含只领取津贴者的报酬；董监高人数指不含未领取薪酬和只领取津贴的董事、监事及高管人员。

② 董监高薪酬总额不仅指领取薪酬的董监高薪酬总额，还包含领取津贴者的津贴总额。

指标的优点在于，经过标准化后的缴费遵从度可以比较不同法定缴费率的企业缴费遵从度情况。

缴费遵从度 =（实际缴费率 - 法定缴费率）÷ 法定缴费率

（3）其他控制变量：企业层面控制变量分别从企业特征、经营业绩、公司治理、企业价值角度选取。企业特征：资产规模选取企业期末资产总额的自然对数、资本密集度采用固定资产与员工人数比值的自然对数、人力资本为企业本科及以上学历员工占比、企业所有制按是否属于国有企业分类（国有企业为0，非国有企业为1）；经营业绩：成长能力采用营业收入增长率为代理变量、盈利能力采用净资产收益率这一指标、杠杆水平采用资产负债率、现金流采用经营活动产生的现金流量净额与营业收入的比值、税费负担能力指应交税费减去收到税费返还的差值与营业收入的比值；公司治理能力：股权集中度采用前十大股东持股比例、两职合一是采用虚拟变量（董事长和总经理为同一人则取值1，否则为0）、独立董事占比采用独立董事在董事会中所占比例；企业价值采用期末上市公司总市值与资产总额的比值取对数。

3. 统计性描述

表1报告了主要变量的描述性统计。作为被解释变量，差距Ⅰ和差距Ⅱ的均值差为2.773，表明核心高管的平均薪酬要远高于董监高的平均薪酬，核心高管或存在薪酬管理设定时偏向利己方；而核心解释变量养老保险缴费遵从度均值为 -0.375，表明上市公司养老保险逃费现象明显；其他控制变量数值也基本符合预期。

表1　　描述性统计

变量	样本量	均值	标准误	最小值	最大值
差距Ⅰ	11 423	8.504	5.811	1.123	45.990
差距Ⅱ	11 423	5.731	3.485	1.006	26.370
遵从度	11 423	-0.375	0.254	-0.896	0.999
资产规模	11 423	22.17	1.246	19.56	27.100
资本密集度	11 423	14.47	0.843	12.64	17.980
人力资本	11 423	0.284	0.195	0.0310	0.890
所有制	11 423	0.668	0.471	0	1
成长能力	11 423	0.157	0.284	-0.594	2.080
盈利能力	11 423	0.0760	0.0910	-0.730	0.380
杠杆水平	11 423	0.404	0.194	0.0560	0.941
现金流	11 423	0.0910	0.173	-1.552	0.947
税费负担	11 423	0.0130	0.0370	-0.0880	0.338

续表

变量	样本量	均值	标准误	最小值	最大值
股权集中度	11 423	0. 596	0. 143	0. 231	0. 946
两职合一	11 423	0. 275	0. 447	0	1
独立董事占比	11 423	0. 374	0. 0540	0. 200	0. 800
企业价值	11 407	0. 496	0. 880	-2. 9098	3. 448

为了具体研究养老保险缴费遵从度不同情况下企业内部收入差距是何种情况，表 2 基于遵从度四分位，将遵从度在 25% 及以下的企业设定为低遵从度组，25% ~50% 为中低遵从度组，50% ~75% 为中高遵从度组，75% 以上为高遵从度组，分组描述内部收入差距、高管薪酬、普通员工薪酬及福利，具体如表 2 所示。

表 2　　养老保险不同遵从度下的内部收入差距分解（2013 ~2018 年）

变量	低遵从度	中低遵从度	中高遵从度	高遵从度
差距Ⅰ	8. 427	8. 761	8. 641	8. 168
差距Ⅱ	5. 574	5. 809	5. 862	5. 667
核心高管薪酬	69. 340	70. 230	69. 909	60. 526
董监高薪酬	45. 591	46. 230	47. 373	42. 127
员工薪酬	8. 768	8. 382	8. 579	8. 199
员工福利	1. 740	2. 153	2. 801	3. 709
单位用工成本	10. 508	10. 535	11. 340	11. 908
样本量	2 856	2 853	2 854	2 849

注：薪酬均指年平均薪酬，单位为万元；员工指除去高管外的普通员工；单位用工成本 = 员工薪酬 + 员工福利。所有薪酬、福利、用工成本数据均采用各省（市）居民消费物价指数平滑，2013 年为基期。表 7 同。

如表 2 所示，差距Ⅰ与差距Ⅱ在基本养老保险不同遵从度下的表现有所差异，差距Ⅰ在中低遵从度组数值最大，在最高遵从度组中最小；而差距Ⅱ在中高遵从度组中最大，在低遵从度组中最小。进一步分组研究高管薪酬与普通员工薪酬发现，核心高管平均薪酬以中高遵从度最高，董监高平均薪酬以中高遵从度最高，低遵从度与中低遵从度组这两项数值与中高遵从度组相差不多，反而高遵从度组同它们相比，差距相对较大。单位用工成本以高遵从度组最高，低遵从度组最低，但是，将其分解为薪酬与福利后，低遵从度组员工实得薪酬最高、福利最低，而高遵从度组员工实得薪酬最低、福利最高。这两组数据对比在一定程度上表明基本养老保险缴费遵从度提升或挤出员工实得薪酬，但是中低遵从度与中高遵从度组对比，遵从度提升并没有减少员工实际薪酬，反而薪酬和福利都有所增加。四组数据对比，并不能说明遵从度提升会减少员工实际薪酬，但是却表明遵从度提升能明显带来福利的增加。缴费遵从度分组统计性描述虽然不能很明显表现遵从度提升会缩小薪酬差距，但是从一定程度上也表明了遵从度与薪酬差距之间存在联系。

四、实证分析

（一）基准回归

本文主要是研究基本养老保险缴费遵从度对内部收入差距的影响作用，运用企业、年份均固定效应的面板估计方法，根据公式（1）的模型分别从差距Ⅰ、差距Ⅱ两个方面进行实证分析。为了避免模型的标准误低估而造成显著性高估的问题，文中所有回归均在企业层面采用聚类标准误，具体回归结果如表3所示。

表3　基准回归结果

变量	固定效应模型（FE）			
	差距Ⅰ		差距Ⅱ	
缴费遵从度	-2.067*** (0.246)	-1.279*** (0.240)	-1.486*** (0.150)	-0.969*** (0.146)
资产规模		2.632*** (0.246)		1.504*** (0.136)
资本密集度		-2.458*** (0.252)		-1.635*** (0.144)
人力资本		-5.299*** (1.009)		-3.113*** (0.557)
所有制		0.265 (0.569)		0.197 (0.364)
成长能力		-0.022 (0.136)		-0.051 (0.081)
盈利能力		1.553*** (0.600)		1.338*** (0.346)
杠杆水平		-0.449 (0.572)		-0.222 (0.351)

续表

变量	固定效应模型（FE）			
	差距Ⅰ		差距Ⅱ	
现金流		-0.151 (0.255)		-0.016 (0.167)
税费负担		4.497** (1.975)		2.040* (1.122)
股权集中度		-0.507 (0.898)		-0.596 (0.525)
两职合一		0.325** (0.157)		-0.088 (0.083)
独立董事占比		-0.188 (1.341)		0.092 (0.746)
企业价值		0.600*** (0.162)		0.457*** (0.094)
截距项	7.694*** (0.092)	-13.459** (5.256)	5.158*** (0.056)	-3.490 (2.758)
企业效应	Yes	Yes	Yes	Yes
年份效应	Yes	Yes	Yes	Yes
省级×年份	Yes	Yes	Yes	Yes
R^2	0.011	0.083	0.016	0.093
观测值数	11 163	11 148	11 163	11 148
企业个数	2 479	2 476	2 479	2 476

注：*、**、*** 分别表示系数在 0.1、0.05、0.01 的水平上显著；括号内为标准误。下同。

表 3 显示在差距Ⅰ和差距Ⅱ作为被解释变量时，加入控制变量与否都未能改变基本养老保险缴费遵从对薪酬差距的影响方向及显著性，均是负相关、在 1% 的水平上通过了显著性检验，但加入控制变量后，影响系数的绝对值有所变小，表明企业内部收入差距除了受缴费遵从度的影响外，还受其他因素的影响。当控制其他变量不变时，缴费遵从度增加 1%，差距Ⅰ会降低 1.279%，差距Ⅱ会降低 0.969%，表明提高基本养老保险缴费遵从度会显著降低企业内部收入差距，差距Ⅰ的降幅大于差距Ⅱ，这或许是因为核心高管的平均薪酬要高于董监高的平均薪酬，其薪酬对于企业业绩变动更敏感。

具备企业特征的各控制变量除所有制未能通过显著性检验外，其他各特征变量对内部收入差距的影响系数均通过了1%的显著性检验，除了资产规模是正相关外，其余控制变量均是负相关，表明资产规模越大，企业内部收入差距越大；企业资本密集度、人力资本越高，越会降低内部收入差距。反映企业经营状况的各控制变量与内部收入差距之间的关系，除盈利能力、税费负担这两个变量通过了显著性检验外，其他控制变量均未通过显著性检验，表明企业盈利能力越强、税费负担能力越大，内部收入差距也就越大。而反映企业治理能力的控制变量，除两职合一对差距Ⅰ为显著性正相关外，其他控制变量均未能通过显著性检验，在一定程度上也表明了董事长和总经理同为一人，其代表的核心高管权力越大，越有可能为自己谋取更高的薪酬。企业价值对企业内部差距Ⅰ、差距Ⅱ均是显著性正效应，表明企业价值越高，越会加剧企业内部收入差距。

（二）内生性问题

基准回归结果显示企业缴纳基本养老保险遵从度与内部收入差距之间存在显著的相关关系，但是可能存在遗漏变量和反向因果关系这两类内生性问题，从而导致结果偏误。为了解决可能的遗漏变量问题，本文采用面板数据固定效应模型，同时，在回归分析中尽可能加入影响企业内部收入差距的控制变量，在一定程度上可以克服不随时间变化的不可观测变量所带来的内生性问题，但是，对于那些随时间变化且与解释变量相关或残差项相关的内生性问题依然无法克服，而反向因果导致的内生性问题相对更加复杂，因此，需要寻找工具变量探讨内生性问题。参考程虹（2018）对内生性问题的处理思路，本文采用上市公司所属行业—年份的缴费遵从度中位数作为自身的工具变量，检验文中基准回归的有效性如表4所示。

表4　　工具变量估计结果

变量	面板 IV－2SLS	
	差距Ⅰ	差距Ⅱ
缴费遵从度	－3.523** （1.663）	－2.155** （1.020）
控制变量	Yes	Yes
企业、年份固定效应	Yes	Yes
省份×年份	Yes	Yes
R^2	0.078	0.091
识别不足检验：Kleibergen－Paap rk LM statistic（P值）	47.398（0.00）	
弱工具变量检验：Cragg－Donald Wald F统计值	194.063	
Kleibergen－Paap rk Wald F统计值	85.575	

续表

变量	面板 IV - 2SLS	
	差距Ⅰ	差距Ⅱ
Stock - Yogo Weak ID Test Critical Values：10% Maximal IV	16. 38	
观测值数	11 148	
企业数	2 476	

表 4 中工具变量的识别不足检验与弱工具变量检验表明，本文选取的工具变量基本满足有效性的理论假设，不存在识别不足或弱工具变量的问题，该变量作为工具变量是有效的。工具变量回归中，基本养老保险缴费遵从度对企业内部收入差距Ⅰ、差距Ⅱ均是显著性负效应，与基准回归估计结果一致，表明提高缴费遵从度能有效缩减企业内部收入差距，其中，对于核心高管与普通员工收入差距的缩减效应要高于董监高与普通员工的收入差距。

（三）稳健性检验

为了检验基准回归结果的稳健性，本文从内部收入差距变换代理变量、非线性问题等方面展开检验，具体估计结果如表 5 所示。

表 5　　稳健性检验

变量	面板 FE					
	变更因变量		改变因变量测算指标		非线性关系	
	差距Ⅰ	差距Ⅱ	差距Ⅰ	差距Ⅱ	差距Ⅰ	差距Ⅱ
缴费遵从度	-0. 059** (0. 028)	-0. 132*** (0. 036)	-1. 148*** (0. 277)	-0. 900*** (0. 001)	-1. 052*** (0. 280)	-0. 866*** (0. 178)
缴费遵从度 × 缴费遵从度				0. 538 (0. 424)	0. 244 (0. 136)	
控制变量	Yes	Yes	Yes	Yes	Yes	Yes
企业、年份效应	Yes	Yes	Yes	Yes	Yes	Yes
省份 × 年份	Yes	Yes	Yes	Yes	Yes	Yes
R^2	0. 051	0. 0612	0. 086	0. 091	0. 084	0. 093
观测值数	11 148	11 148	10 903	10 904	11 148	11 148
企业个数	2 476	2 476	2 447	2 449	2 476	2 476

1. 内部收入差距代理变量的变换

基准回归内部收入差距采用了高管薪酬与普通员工薪酬的相对比值作为代理变量，为验证基准回归的稳定性，可选用两者的差值取对数作为被解释变量进行相关检验。养老保险缴费遵从度与差距Ⅰ是负相关不显著，而对差距Ⅱ的影响为显著性负效应，因此，用内部收入差距的绝对值作为被解释变量也在一定程度上证明了基准回归的可靠性。

2. 变换企业用工成本总额取值的代理变量

本文的企业用工成本总额这一指标采用的是"应付职工薪酬"本期增加额，将这一指标变换为"支付给职工以及为职工支付的现金"总额求出相应的差距Ⅰ和差距Ⅱ进行估算，回归结果显示基本养老保险缴费遵从度与差距Ⅰ、差距Ⅱ均是显著性负相关。

3. 非线性关系检验

根据表2基于缴费不同遵从度下企业内部收入差距的统计性描述，缴费遵从度可能与薪酬差距存在非线性关系，因此在基准回归的模型中加入缴费遵从度的平方项进行检验，回归结果显示，遵从度的平方项对差距Ⅰ、差距Ⅱ的作用效果均未能通过显著性，表明缴费遵从度与内部收入差距之间不存在非线性关系。

经过一系列检验可以看出，本文基准回归所得的核心结论是稳健的：提高基本养老保险企业缴费遵从度会明显缩减企业内部收入差距。具体而言，在以比值衡量薪酬差距时，提高遵从度对核心高管与普通员工薪酬差距的缩减效应会高于董监高与普通员工的薪酬差距，而以差值作为衡量薪酬差距时，提高遵从度对董监高与普通员工的薪酬差距的缩减效应高于核心高管与普通员工的薪酬差距。是什么原因导致提高企业缴费遵从度缩减企业内部薪酬差距，为何核心高管和董监高与普通员工的薪酬差距反映有所差异呢？接下来通过机制分析展开讨论。

（四）机制分析

基于企业内部收入差距文献分析可知，高管与普通员工对于租金分享的议价能力有明显区别，高管属于薪酬方案的制定者，处于强势地位，而普通员工只能是薪酬方案的被动接受者，则处于弱势地位，而上市公司员工的绩效工资主要是依据企业业绩，在薪酬尺蠖效应作用下，高管汲取了更多的租金。已有研究表明，养老保险企业缴费对员工薪酬具有挤出效应（马双，2014），也有学者表明中国企业员工的工资呈现刚性特征，不易受企业缴纳养老保险的影响（黎志刚和吴明琴，2014）。在提高养老保险缴费遵从度挤出员工工资的这种情况下，会造成企业总劳动力成本不变，企业盈利能力未因费用增加而有所削减，那么高管的薪酬可能未有明显变化，但员工的薪酬是减少的，这样无疑加剧了企业内部收入差距；若工资存在刚性问题，提高缴费遵从度必然会增加企业总劳动力成本，在营收未能有明显变化的前提下，必然会削弱企业盈利能力，影响高管对利润的汲取，从而减少高管薪酬，而员工的薪酬可能有所增加，这样就会削弱企业内部收入差距。本文的机制分析倾向于后一种情况，通过高管、普通员工对企业利润汲取水平的不同，从企业营利角度展开论证，具体估计结果如表6所示。

表6　　机制分析

变量	面板固定效应（FE）					
	高管薪酬	员工薪酬	用工成本	盈利能力	高管薪酬	员工薪酬
缴费遵从度	-0.041** (0.020)	0.162*** (0.017)	0.022*** (0.003)	-0.031*** (0.001)	-0.033 (0.020)	0.161*** (0.017)
盈利能力				0.253*** (0.049)	-0.025 0.035)	
控制变量	Yes	Yes	Yes	Yes	Yes	Yes
企业、年份效应	Yes	Yes	Yes	Yes	Yes	Yes
省份×年份	Yes	Yes	Yes	Yes	Yes	Yes
R^2	0.044	0.268	0.179	0.155	0.049	0.268
观测值数	11 148	11 148	11 137	11 148	11 148	11 148
企业个数	2 476	2 476	2 476	2 476	2 476	2 476

注：控制变量不含盈利能力的代理变量（净资产收益率）。高管薪酬指的是所有领取薪酬的董监高高管年薪的平均值取对数；员工薪酬指的是企业（不含董监高）所有普通员工的年平均薪酬取对数；用工成本采用企业用工总成本与营业收入的比值作为代理变量；盈利能力采用净资产收益率作为代理变量。

表6是研究养老保险缴费遵从度是如何影响高管薪酬与普通员工薪酬的。回归结果显示，提高企业基本养老保险缴费遵从度会明显减少高管薪酬、增加普通员工的薪酬，促进员工薪酬增加效应的系数绝对值强于抑制高管薪酬系数绝对值，表明缴费遵从度提升对于员工薪酬增效更有利。因此，在以比值作为度量企业内部收入差距时，核心高管薪酬与普通员工薪酬差距缩减效应强于董监高与普通员工，而以差值来度量时，这种效应处于较弱的一方。缴费遵从度提升会明显增加企业用工总成本，从而显著性削减企业盈利能力，而高管薪酬与企业业绩的关联度可能更高，普通员工薪酬对企业业绩反映并不敏感。这表明提高养老保险缴费遵从度会增加企业用工成本，企业并未将该项福利成本增加额转嫁至员工薪酬，主要是因为员工工资存在刚性问题，企业难以将该项福利通过工资进行转嫁，而高管薪酬组成结构中

绩效薪酬占比较高，这部分与企业经营业绩直接关联，当养老保险缴费遵从度提高，在缴费不能转嫁为员工工资时，必然会带来企业用工总成本的增加，从而削减企业利润，故其薪酬随着遵从度提升呈现明显的缩减效应。因此，提高企业养老保险缴费遵从度能够明显提高普通员工收入、降低高管收入，从而有效降低企业内部收入差距，以此缓解社会收入不平等问题。

五、进一步拓展：异质性分析

基本养老保险缴费遵从度提升，整体上有利于缩小上市公司内部收入差距，但对于不同类型的企业分样本研究结果也如同基准回归结果吗？本部分先描述上市公司按照所有制属性、盈利能力、资本密集度不同展开分析。

（一）基于上市公司特征不同分组的统计性描述

上市公司由于其特征属性的差异，其缴费遵从度与企业内部收入差距的表现也有所不同。分组统计性描述主要变量依据以下分类：根据所有制属性将上市公司分为国有企业与非国有企业；按照盈利能力（净资产收益率）的均值为界将全样本分为两组，分别为低盈利组和高盈利组；按资本密集度的均值为界，将所有上市公司分为资本密集度高、资本密集度低两组，如表 7 所示。

表 7　　上市公司特征不同分组统计性描述（2013 ~ 2018 年）

变量	所有制		盈利能力		资本密集度	
	国有	非国有	高	低	高	低
差距Ⅰ	8.272	8.619	9.373	7.654	7.740	9.115
差距Ⅱ	5.971	5.612	6.299	5.176	5.213	6.145
遵从度	-0.239	-0.442	-0.407	-0.344	-0.347	-0.397
核心高管	69.951	66.360	77.792	57.541	72.633	63.491
董监高	50.436	42.847	52.180	38.706	48.827	42.601
普通员工	9.160	8.151	8.934	8.047	10.044	7.241
观测值数	3 792	7 631	5 647	5 776	5 074	6 349

注：表中所表示的数据均是对应分组变量的均值，其中，核心高管、董监高、普通员工均是指其年平均薪酬，单位为万元。

表 7 描述了上市公司主要变量均值在不同所有制、盈利、资本密集度的分布特征，整体上，养老保险缴费遵从度表现为：国有企业远高于民营企业；低盈利组高于高盈利组；高资本密集度优于低资本密集度，这与郑秉文（2019）所述一致。

但是，企业内部收入差距的不同代理变量在国有与非国有企业表现有所差异，差距Ⅰ是非国有企业大于国有企业，而差距Ⅱ却是国有企业大于非国有企业，相关核心高管薪酬、董监高薪酬、普通员工薪酬均是国有企业高于非国有企业。而以盈利能力分组，企业内部收入差距的代理变量均是高盈利组高于低盈利组，具体为核心高管、全体高管、普通员工的人均薪酬均是高盈利组高些。按照资本密集度分类，资本密集度低的企业内部收入差距较高，而核心高管、董监高、普通员工薪酬则是资本密集度高的企业较高。

上述统计性描述在一定程度上也呈现出遵从度越低企业内部收入差距越大的特征。表3的基准回归表明，影响企业内部收入差距的因素不止缴费遵从度，还与企业特征、经营绩效、公司治理等因素有关。因此，基于表7的统计性描述，通过对企业特征的异质性分组，进一步分析养老保险缴费遵从度对企业内部收入差距的影响。

（二）基于企业异质性的拓展分析

根据表7数据分析，上市公司因所有制、盈利、板块特征不同，其缴费遵从度与内部收入差距呈现出异质性，那么不同样本的上市公司缴费遵从度与企业内部收入差距关系如何呢？本部分就这一问题展开分析，如表8所示。

表8　　上市公司异质性的估计结果

分样本	面板固定效应（FE）			
	差距Ⅰ		差距Ⅱ	
Panel A：基于上市公司所有制不同的分组				
	国有企业	非国有企业	国有企业	非国有企业
缴费遵从度	-0.863** (0..388)	-1.606*** (0.308)	-0.725*** (0.250)	-1.145*** (0.184)
经验p值	0.120		0.060	
观测值数	3 662	7 365	3 662	7 365
企业个数	720	1 743	720	1 743
Panel B：基于上市公司盈利能力分组				
	低盈利	高盈利	低盈利	高盈利
缴费遵从度	-0.943*** (0.310)	-2.109*** (0.452)	-0.757*** (0.191)	-1.401*** (0.266)
经验p值	0.000		0.005	
观测值数	5 324	5 026	5 324	5 026
企业个数	1 392	1 491	1 392	1 491

续表

分样本	面板固定效应（FE）			
	差距Ⅰ		差距Ⅱ	
Panel C：基于上市公司资本密集度分组				
	低资本密集	高资本密集	低资本密集	高资本密集
缴费遵从度	-0.509 (0.395)	-2.013*** (0.322)	-0.635** (0.247)	-1.245*** (0.193)
经验 p 值			0.005	
观测指数	5 997	4 782	5 997	4 782
企业个数	1 528	1 191	1 528	1 191

注：表 8 回归中控制变量、企业、年份效应及省级×年份均固定；经验 p 值是运用 bdiff 命令检验组间缴费遵从度系数差异的显著性，通过自抽样 200 次得到。

表 8 中 Panel A 显示按企业所有制分样本估计国有企业与非国有企业缴费遵从度与内部收入差距之间的关系。以差距Ⅰ作为被解释变量，国有企业与非国有企业的缴费遵从度对企业收入差距均是显著性负相关，缴费遵从度组间系数差异未能通过相关检验；以差距Ⅱ作为被解释变量，国有企业与非国有企业的缴费遵从度均是显著性为负，缴费遵从度组间系数差异通过相关检验，表明提高养老保险缴费遵从度对非国有企业内部收入差距的缩减效果要高于国有企业。这或许是由于非国有企业的缴费遵从度不合规比例要高于国有企业，其高管通过养老保险缴纳不合规的途径可获得更多的逃费收益，而国有企业高管薪酬未能完全市场化，因此，提高缴费遵从度会对非国有企业内部收入差距的缩减效果更明显。

表 8 中 Panel B 根据上市公司盈利能力不同分样本研究缴费遵从度对企业内部收入差距的影响效果。无论是高盈利组还是低盈利组，提高缴费遵从度对企业内部收入差距Ⅰ、差距Ⅱ都是显著性负效应。其中，高盈利组的缴费遵从度系数均是明显大于低盈利组。根据表 7 数据显示，高盈利组企业的内部收入差距、高管与普通员工的人均薪酬都要高于低盈利组，而缴费遵从度却是低盈利组高于高盈利组，也在一定程度上表明企业缴费遵从度越差，高管与普通员工越能获得逃费收益，但是，高管会比员工获得更高的逃费收益。因此，提高养老保险缴费遵从度可能会有效降低经营业绩好的企业内部收入差距，缓解由于养老保险缴费不合规所造成的收入不平等。

表 8 中 Panel C 是基于上市公司资本密集度分样本研究缴费遵从度与内部收入差距之间的关系。以企业内部收入差距Ⅰ、差距Ⅱ分别作为被解释变量，除缴费遵从度对差距Ⅰ的影响系数是负效应不显著外，其余均是显著为负。其中，资本密集度高的企业对核心员工、董监高与普通员工的收入差距缩减效应要明显高于低资本密集度的企业。表 7 显示资本密集度高的企业，普通员工的薪酬是三类分组中最高

的，这组企业是高新技术企业的可能性更高，其愿意支付高薪酬招募高技能员工为其工作，从而通过创新驱动提升企业盈利能力；而资本密集度低的企业可能更多的是依靠要素投入带来的企业发展，其盈利能力受制于经济发展模式，只有通过要素成本控制，才能维持一定的盈利水平。因此，提高缴费遵从度对于资本密集型企业内部收入差距缩减效果更明显。

以上分样本研究表明提高养老保险缴费遵从度能有效缩减企业内部收入差距。其中，企业内部收入差距缩减效果是非国有企业强于国有企业、高盈利能力的企业强于低盈利能力的企业、资本密集度高的企业强于资本密集度的企业。除缴费遵从度在资本密集度低的企业中未能呈现对企业内部收入差距Ⅰ高于差距Ⅱ外，其他分组均能表现对核心高管薪酬与普通员工薪酬差距的缩减效果高于董监高薪酬与普通员工薪酬的差距。异质性分析是对基准回归的进一步拓展，深入分析表明对于缴费遵从度差、盈利能力强的上市公司，提高养老保险缴纳遵从度对其内部收入差距的缩减效果更有效。因此，加强养老保险征管会有效地遏制缴费不合规企业中的高管与普通员工的薪酬差距。

六、结论

本文研究了基本养老保险缴费遵从度与企业内部收入差距的关系。通过对养老保险缴费遵从度与企业内部收入差距文献的分别梳理，提出本文的研究理论，依据2013～2018年中国A股上市公司非平衡面板数据，运用面板固定效应模型实证分析养老保险缴费遵从度对内部收入差距的影响，为中国基本养老保险征收提供一些经验研究。

研究结论如下：企业提高养老保险缴费遵从度能有效缩小内部收入差距，且对核心高管薪酬与普通员工薪酬差距的缩减效果高于董监高与普通员工的薪酬差距。机制效应表明，该缩减效应主要是提高企业基本养老保险缴费遵从度，会明显减少高管薪酬，增加普通员工的薪酬和企业用工总成本，从而会对企业盈利能力产生挤出效应，而高管薪酬与企业业绩的关联度可能更高，普通员工薪酬对企业业绩反映并不敏感。异质性分析表明，企业内部收入差距缩减效果是非国有企业强于国有企业、高盈利能力的企业强于低盈利能力的企业、资本密集度高的企业强于资本密集度的企业，这在一定程度上也表明了遵从度越低、盈利能力越强的企业，提高其缴费遵从度对缩小企业内部收入差距的经济效应越有效。

上述结果表明，企业提高养老保险缴费遵从度能缩小其内部收入差距，而养老保险征收由税务部门实施有利于提高其缴费遵从度（郑秉文，2019）。《国税地税征管体制改革方案》规定，从2019年1月1日起，各项社会保险费交由税务部门统一征收，该政策引起社会各界广泛关注，社会舆论偏向于企业是否会因养老保险费率过高导致用工成本增加，进而因经营不善实施裁员、关闭等措施。中央为保证在征收体制改革的同时，不增加企业成本负担，对改革进程做出了重大调整，即颁布《降低社会保险费率综合方案》，主要为降低基本养老保险单位缴费比例，调整社保缴费基数，及企业职工各类险种原则上按现行征收体制继续征收，稳定缴费方式，"成熟一省、移交一省"，该方案出台表明社会保险费征收体制改革进程暂缓。2019 年末，新冠肺炎疫情爆发，疫情让各国经济都遭受重大损失。2020 年，中央政府颁布了社保缴费减免政策；2021 年，提出经济发展"共同富裕"目标，即全体人民共同富裕。这都是为了增强市场主体活力，促进经济发展，从而提高人民福祉。基本养老保险作为提高人民福祉的重要制度之一，若能规范征收，其再分配功能会有效促进共同富裕；如果未能规范征收，那么该制度的收入再分配功能存在被弱化倾向。因此，当下如何保证养老保险规范征收，又不加重企业成本负担，可能需要政府出台更细化的"减税降费"政策。

参考文献

1. 陈斌开、杨依山、许伟：《中国城镇居民劳动收入差距演变及其原因：1990－2005》，载《经济研究》2009 年第 12 期。

2. 陈冬华、范从来、沈永建：《高管与员工：激励有效性之比较与互动》，载《管理世界》2015 年第 5 期。

3. 程朝阳、于凌云：《企业的社会保险缴费率是否过高：文献回顾与反思》，载《社会保障研究》2017 年第 3 期。

4. 程虹：《管理提升了企业劳动生产率吗？——来自中国企业—劳动力匹配调查的经验证据》，载《管理世界》2018 年第 2 期。

5. 方军雄：《高管权力与企业薪酬变动的非对称性》，载《经济研究》2011 年第 4 期。

6. 房海军：《社会保险费强制征缴的现实之需、实施困境及其应对》，载《北京理工大学学报（社会科学版）》2019 第 3 期。

7. 郭正模、李晓梅：《工资收入差距与政府宏观调控》，载《社会科学研究》2006 年第 3 期。

8. 黄庆杰：《关于社会保险缴费负担的几点思考》，载《宏观经济管理》2012 年第 10 期。

9. 景鹏、胡秋明：《企业职工基本养老保险统筹账户缴费率潜在下调空间研究》，载《中国人口科学》2017 年第 1 期。

10. 黎志刚、吴明琴：《中国企业养老保险支出挤出了员工工资吗?》，载《经济资料译丛》2014 年第 1 期。

11. 李春根、夏珺：《企业社会保险缴费基数形成逻辑、本质与政策调整——基于利益相关者集体选择视角》，载《税务研究》2019 年第 6 期。

12. 刘春、孙亮：《薪酬差距与企业绩效：来自国企上市公司的经验证据》，载《南开管理评论》2010 第 2 期。

13. 刘浩、许楠、张然：《多业绩指标竞争与事前谈判：高管薪酬合约结构的新视角》，《管理世界》2014 年第 6 期。

14. 柳光强、孔高文：《高管海外经历是否提升了薪酬差距》，载《管理世界》2018 年第 8 期。

15. 卢晶亮:《资本积累与技能工资差距——来自中国的经验证据》，载《经济学（季刊)》2017 第 2 期。

16. 卢锐:《管理层权力、薪酬差距与绩效》，载《南方经济》2007 年第 7 期。

17. 罗楚亮:《城镇居民工资不平等的变化: 1995 - 2013 年》，载《世界经济》2018 年第 11 期。

18. 马光荣、李力行:《政府规模、地方治理与企业逃税》，载《世界经济》2012 年第 6 期。

19. 马双、孟宪芮、甘犁:《养老保险企业缴费对员工工资、就业的影响分析》，载《经济学（季刊)》2014 年第 3 期。

20. 缪毅、胡奕明:《内部收入差距、辩护动机与高管薪酬辩护》，载《南开管理评论》2016 年第 2 期。

21. 权小锋、吴世农、文芳:《管理层权力、私有收益与薪酬操纵》，载《经济研究》2010 年第 11 期。

22. 宋晓梧:《企业社会保险缴费成本与政策调整取向》，载《社会保障评论》2017 年第 1 期。

23. 孙光德、董克用:《社会保障概论》，中国人民大学出版社 2008 年版。

24. 王若兰、刘灿雷:《市场竞争、利润分享与企业间工资不平等——来自外资管制政策调整的证据》，载《中国工业经济》2019 年第 11 期。

25. 王增文、邓大松:《基金缺口、缴费比率与财政负担能力: 基于对社会保障主体的缴费能力研究》，载《中国软科学》2009 年第 10 期。

26. 杨翠迎、汪润泉、沈亦骏:《政策费率与征缴水平: 中国城镇职工社会保险缴费背离性分析》，载《公共行政评论》2018 年第 3 期。

27. 郑秉文:《社会保险降费与规范征收: 基于公共政策分析的思考》，载《税务研究》2019 年第 6 期。

28. 朱羿锟:《收入分配改革与高管薪酬税收调节机制探析》，载《暨南学报（哲学社会科学版)》2014 年第 3 期。

29. Abowd J, Kramarz F, Margolis D. High Wage Workers and High Wage Firms. *Econometrica*, 1999, 67 (2): 251 - 333.

30. Agell J, Persson M. Tax Arbitrage and the Redistributive Properties of Progressive Income Taxation. *Economics Letters*, 1990, 34 (4): 357 - 361

31. Allingham M G., Sandmo A. Income Tax Evasion: A Theoretical Analysis. *Journal of Public Economics*, 1972, 1 (3 - 4): 323 - 338

32. Baumann F, Friehe T. Tax Evasion and Tacit Collusion. *Public Finance Review*, 2013, 41 (5): 633 - 657.

33. Bigsten A, Collier P, Dercon S, et al. Risk Sharing in Labor Markets. *World Bank Economic Review*, 2003, 17: 349 - 366.

34. Blakemore A E, Burgess P L, Low S A, et al. Employer Tax Evasion in the Unemployment Insurance Program. *Journal of Labor Economics*, 1996, 14 (2): 210 - 230.

35. Card D, Heining J, Kline P. Workplace Heterogeneity and the Rise of West German Wage Inequality. *The Quarterly Journal of Economics*, 2013, 128 (3): 967 - 1015.

36. Crocker K J, Slemrod J. Corporate Tax Evasion with Agency Costs. *Journal of Public Economics*. 2005, 89 (9 - 10): 1593 - 1610.

37. Desai M A, Dharmapala D. Corporate Tax Avoidance and Firm Value. *Review of Economics and Statistics*, 2009, 91 (3): 537 -546.

38. Desai M, Dyck A, Zingales L. Theft and Taxes. *Journal of Financial Economics*, 2007, 84 (3): 591 -623.

39. Duffy J, Papageorgiou C, Perez - Sebastian F. Capital - skill Complementarity? Evidence from a Panel of Countries. *The Review of Economics and Statistics*, 2004, 86 (1): 327 -344.

40. Graham J R, Tucker A L. Tax Shelters and Corporate Debt Policy. *Journal of Financial Economics*, 2006, 81 (3): 563 -594.

41. Hall B J, Liebman J B. Are CEO's Really Paid like Bureaucrats. *The Quarterly Journal of Economics*, 1998, 113 (3): 653 -691.

42. Helpman E, Itskhokiand O, Redding S. Inequality and Unemployment in a Global Economy. *Econometrica*, 2010, 78 (4): 1239 - 1283.

43. Lemieux T, Macleod W. B, Parent D. Performance Pay and Wage Inequality. *The Quarterly Journal of Economics*. 2009, 124 (1): 1 -49.

44. Macis M, Schivardi F. Exports and Wages: Rent Sharing, Workforce Composition, or Returns to Skills. *Journal of Labor Economics*, 2016, 34 (4): 945 -978.

45. Martins P S. Rent Sharing before and after the Wage Bill. *Applied Economics*, 2009, 41 (17): 2133 -2151.

46. Meng X, Shen K, Xue S. Economic Reform, Education Expansion, and Earnings Inequality for Urban Males in China, 1988 - 2009. *Journal of Comparative Economics*, 2013, 41 (1): 227 - 244.

47. Nielsen I, Smyth R. Who Bears the Burden of Employer Compliance with Social Security Contributions? Evidence from Chinese Firm Level Data. *China Economic Review*, 2008, 19 (2): 230 -244.

48. Piketty T, Saez E. Income Inequality in the United States, 1913 - 1998. *The Quarterly Journal of Economics*, 2003, 118 (1): 1 -39.

49. Sampson T. Selection Into Trade and Wage Inequality. *American Economic Journal: Microeconomics*, 2014, 6 (3): 157 -202.

50. Song J, Price D J, Guvenen F, et al. Firming up Inequality. *The Quarterly Journal of Economics*. 2019, 134 (1): 1 -50.

51. Streit M E. The Shadow Economy: A Challenge to the Welfare State? . *Ordo Yearbook*, 1984, 35: 109 - 119.

52. Van Reenen J. The Creation and Capture of Rents: Wages and Innovation in a Panel of U. K. Companies. *The Quarterly Journal of Economics*, 1996, 111 (1): 195 -226.

53. Wilson R. An Examination of Corporate Tax Shelter Participants. *The Accounting Review*, 2009, 84 (3): 969 -999.

54. Xing C, Li S. Residual Wage Inequality in Urban China, 1995 - 2007. *China Economic Review*, 2012, 23 (2): 205 -222.

55. Yakovlev A. 'Black Cash' Tax Evasion in Russia: Its Forms, Incentives and Consequences at Firm Level. *BIAN*, 2001, 53 (1): 33 -55.

Endowment Insurance Contribution Compliance and Internal Income Gap

He Zimian　Li Yanan　Jiang Hua

Abstract: The widening pay gap within companies is an important driver of rising income inequality in China, which may be affected by endowment contribution compliance. Based on unbalanced panel data of Chinese A - share listed companies from 2013 to 2018, this paper uses a panel fixed effect model to investigate the relationship between pension compliance and internal income gap. The results show that the overall improvement of pension insurance contribution compliance can significantly reduce the income gap within the enterprise, and the reduction effect on the salary gap between core executives and ordinary employees is higher than that between all senior executives and ordinary employees. This has been achieved by cutting executive pay, which is more closely linked to corporate profits, and by increasing the pay of ordinary workers, which is less sensitive to changes. Heterogeneity analysis shows that non-state-owned enterprises are stronger than state-owned enterprises, high profit enterprises are stronger than low profit enterprises, and high capital intensity enterprises are stronger than low capital intensity enterprises. The above conclusions provide relevant empirical research for strengthening the collection and management of endowment insurance payment, narrowing the income gap within enterprises and alleviating social income inequality in China at the present stage.

Key words: *endowment insurance*　*contribution compliance*　*internal income gap*　*inequality*